컴퓨터 활용능력
EXCEL 2021　2급 실기

발 행 일 : 2023년 11월 01일(초판 1쇄)
개 정 일 : 2025년 02월 03일(2판 1쇄)
I S B N : 978-89-5960-462-3(13000)
정　　가 : 17,000원

집　　필 : 조준현
진　　행 : 안영선

발 행 처 : (주)렉스미디어
발 행 인 : 안광준
주　　소 : 경기도 파주시 정문로 588번길 24
홈페이지 : www.rexmedia.net

※ 이 책은 저작권법에 따라 보호를 받는 저작물이므로 무단 전재와 무단 복제를 금지하며,
　이 책 내용의 전부 또는 일부를 이용하려면 반드시 (주)렉스미디어의 서면동의를 받아야 합니다.

컴퓨터활용능력 2급 실기 자료 다운로드 안내　⋯⋯⋯▶ 다음 페이지

렉스미디어 자료 다운로드 방법

1. 렉스미디어 홈페이지(www.rexmedia.net)에 접속한 후 [자료실]을 클릭합니다. 그런다음 렉스미디어 자료실 페이지가 나타나면 '컴퓨터활용능력'을 검색한 후 [놀자비 컴퓨터활용능력 2급 실기(EXCEL 2021)_학습자료(예제 및 완성)]을 클릭합니다.

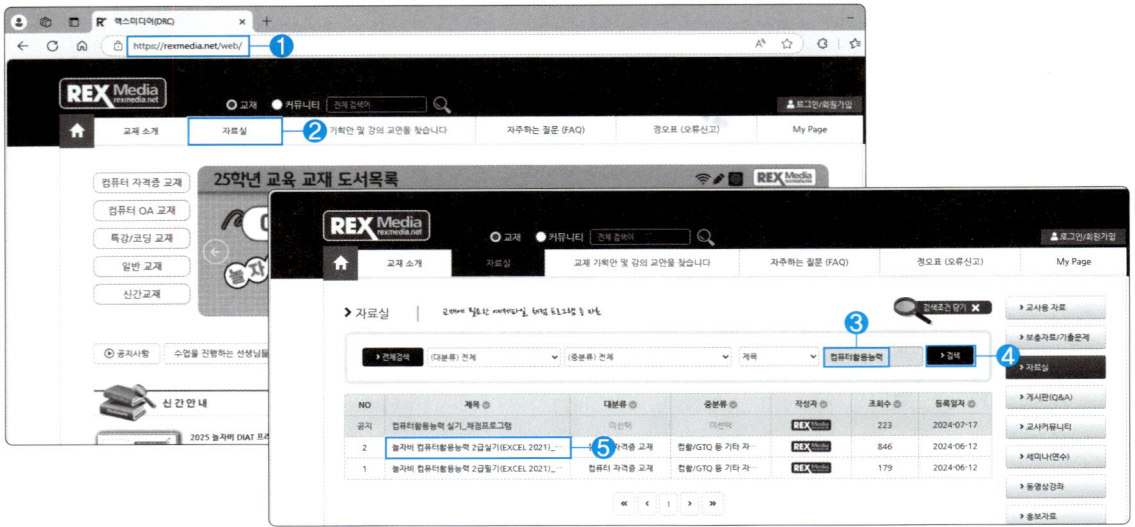

2. '놀자비 컴퓨터활용능력 2급 실기(EXCEL 2021)_학습자료(예제 및 완성)' 게시물이 나타나면 [다운로드] 버튼을 클릭합니다. 다운로드가 완료되면 [폴더에 표시]를 클릭합니다.

3. 다운로드된 파일을 압축 해제하면 다음과 같이 '컴퓨터활용능력 2급 실기' 자료가 다운로드된 것을 확인할 수 있습니다.

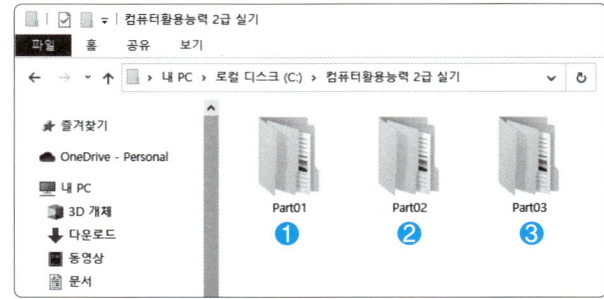

❶ [Part01] 따라하기에서 사용하는 장별, 문제유형 파일과 완성파일이 담겨져있습니다.
❷ [Part02] 실전모의고사에서 다룬 문제 파일 및 완성파일이 담겨져 있습니다.
❸ [Part03] 최신기출문제에서 다룬 문제 파일 및 완성파일이 담겨져 있습니다.

 ## 채점 프로그램 다운로드 방법

1. 렉스미디어 홈페이지(www.rexmedia.net)-[자료실]에서 '컴퓨터활용능력'을 검색한 후 [컴퓨터활용능력 실기_채점프로그램]을 클릭합니다.

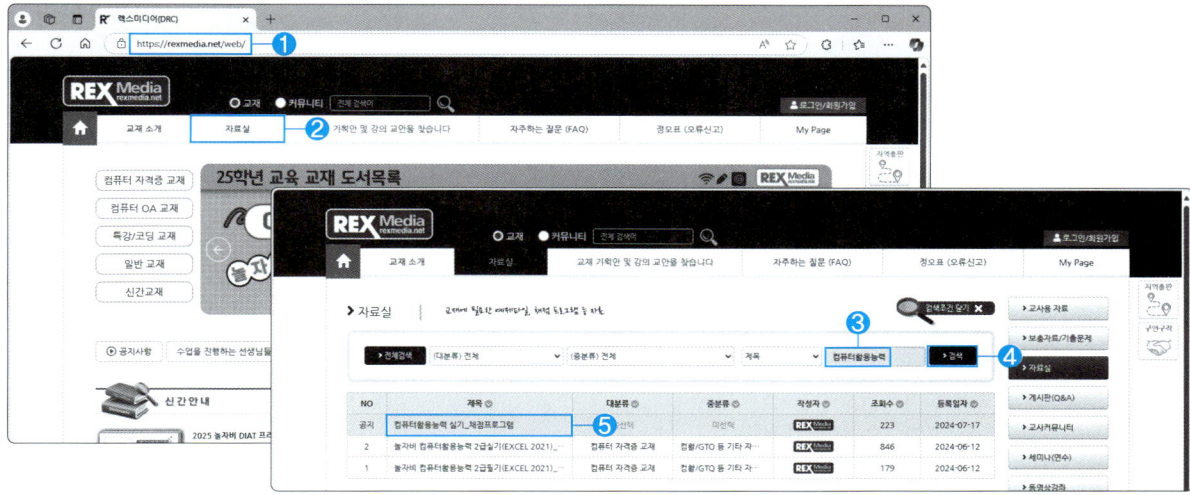

2. '컴퓨터활용능력 실기_채점프로그램' 게시물이 나타나면 ▶다운로드 버튼을 클릭합니다. 다운로드가 완료되면 [폴더에 표시]를 클릭합니다.

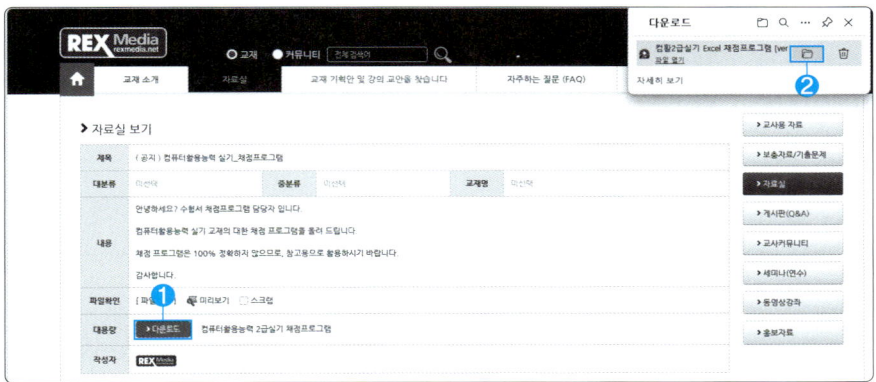

3. 채점프로그램 다운로드 및 설치를 완료한 후 채점을 진행합니다.

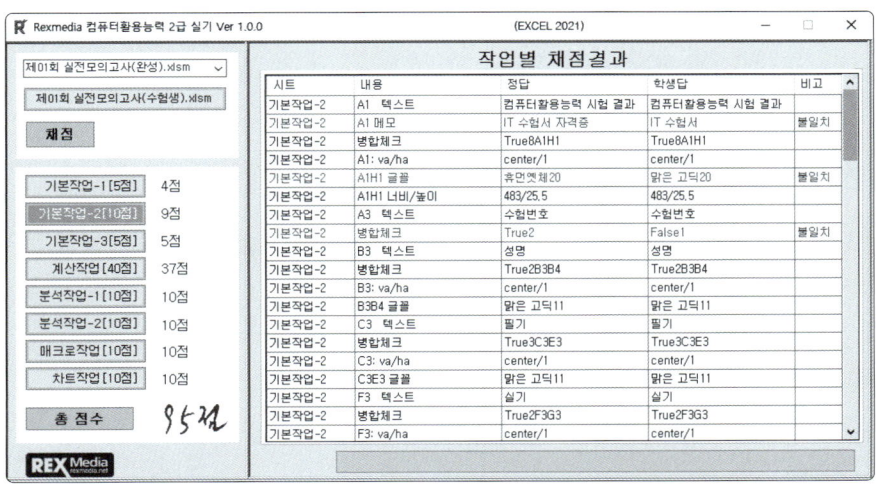

컴퓨터활용능력 시험 안내

◆ 시험 소개

산업계의 정보화가 진전되면서 영업, 재무, 생산 등의 분야에 대한 경영분석은 물론 데이터 관리가 필수적입니다.
〈컴퓨터활용능력〉 검정은 사무자동화의 필수 프로그램인 스프레드시트(SpreadSheet), 데이터베이스(Database) 활용능력을 평가하는 국가기술자격 시험입니다.

◆ 시험 과목

등급	시험방법	시험과목	출제형태	시험시간	합격 결정 기준
1급	필기시험	컴퓨터일반 스프레드시트 일반 데이터베이스 일반	객관식 60문항	60분	과목당 40점 이상 평균 60점 이상
1급	실기시험	스프레드시트 실무 데이터베이스 실무	컴퓨터 작업형 (10문항 이내)	90분 (과목별 45분)	과목당 70점 이상
2급	필기시험	컴퓨터 일반 스프레드시트 일반	객관식 40문항	40분	과목당 40점 이상 평균 60점 이상
2급	실기시험	스프레드시트 실무	컴퓨터 작업형 (5문항 이내)	40분	70점 이상

※ 필기 윈도우 운영체제는 윈도우 10 Home Premium 기준으로 출제

※ 실기프로그램 : 1급 – MS Office LTSC Professional Plus 2021 중 Excel 2021, Access 2021
　　　　　　　　 2급 – MS Office LTSC Professional Plus 2021 중 Excel 2021

◆ 원서 접수 안내

- 각 지역 상공회의소를 방문하거나 인터넷 홈페이지(http://license.korcham.net)에서 접수

◆ 합격자 발표 및 자격증 수령

- 합격자 발표는 대한상공회의소 홈페이지를 통해 확인할 수 있음(발표 후 2개월 동안 확인 가능)
- 필기 합격자는 실기시험 접수 기간에 인터넷을 통해서만 접수 가능(필기 합격자는 합격자 발표일을 기준으로 2년간 필기시험 면제)

○ I·n·f·o·r·m·a·t·i·o·n

• 최종 합격자(필기/실기 합격자)는 자격증 발급 신청자에 한하여 카드 형태의 자격증이 교부됨
  - **자격증 신청 및 수령 방법** : 인터넷 신청만 가능하며, 수령 방법은 우편 등기 배송만 있음
    (자격증 발급 및 등기 배송 비용은 홈페이지(http://license.korcham.net)에서 확인)
  - **신청 접수 기간** : 신청 기간은 따로 없으며, 필요할 때 신청하면 됨
    (단, 신청후 10~15일 사이 수령 가능)
※ 자격증 방문신청 및 방문수령은 진행하지 않사오니 대한상공회의소 자격평가사업단 공식 홈페이지에서 신청하시기 바랍니다.

◆ 출제 기준

구분	내용
스프레드시트 실무 (5문항 이내)	• **응용 프로그램 준비** : 프로그램 환경 설정하기, 파일 관리하기, 통합 문서 관리하기 • **데이터 입력** : 데이터 입력하기, 데이터 편집하기, 서식 설정하기 • **데이터 계산** : 기본 계산식 사용하기 • **데이터 관리** : 기본 데이터 관리하기, 데이터 분석하기 • **차트 활용** : 차트 작성하기, 차트 편집하기 • **출력 작업** : 페이지 레이아웃 설정하기, 인쇄 작업하기 • **매크로 활용** : 매크로 작성하기

◆ 함수 출제 범위

구 분	주요 함수
날짜와 시간함수	DATE, DAY, DAYS, EDATE, EOMONTH, HOUR, MINUTE, MONTH, NOW, SECOND, TIME, TODAY, WEEKDAY, WORKDAY, YEAR
논리 함수	AND, FALSE, IF, IFS, IFERROR, NOT, OR, TRUE, SWITCH
데이터베이스 함수	DAVERAGE, DCOUNT, DCOUNTA, DMAX, DMIN, DSUM
문자열 함수	FIND, LEFT, LEN, LOWER, MID, PROPER, RIGHT, SEARCH, TRIM, UPPER
수학과 삼각함수	ABS, INT, MOD, POWER, RAND, RANDBETWEEN, ROUND, ROUNDDOWN, ROUNDUP, SUM, SUMIF, SUMIFS, TRUNC
찾기와 참조함수	CHOOSE, COLUMN, COLUMNS, HLOOKUP, INDEX, MATCH, ROW, ROWS, VLOOKUP
통계함수	AVERAGE, AVERAGEA, AVERAGEIF, AVERAGEIFS, COUNT, COUNTA, COUNTBLANK, COUNTIF, COUNTIFS, LARGE, MAX, MAXA, MEDIAN, MIN, MINA, MODE.SNGL, RANK.EQ, SMALL, STDEV.S, VAR.S

이 책의 차례

PART 01 따라하기

● **Chapter 01 · 데이터 입력하기**
데이터 입력하기 ··· 11

● **Chapter 02 · 데이터 편집하기**
맞춤 서식과 글꼴 서식 지정하고 행 높이 변경하기 ······················· 15
한자 입력하기 ··· 19
표시 형식 지정하기 ·· 21
메모 삽입하기 ··· 23
테두리 서식 지정하기 ·· 26

● **Chapter 03 · 조건부 서식 지정하기**
조건부 서식 지정하기 ·· 31

● **Chapter 04 · 고급 필터 사용하기**
고급 필터 사용하기 ·· 37

● **Chapter 05 · 자동 필터 사용하기**
자동 필터 사용하기 ·· 43
사용자 지정 필터 사용하기 ··· 44

● **Chapter 06 · 외부 데이터 가져오기**
외부 데이터 가져오기 ·· 49

● **Chapter 07 · 그림 복사하여 붙여 넣기**
그림 복사하여 붙여 넣기 ·· 55

Chapter 08 · 계산 작업하기
요일 구하기 ·· 61
학점 구하기 ·· 64
경영학과 평균 평점 구하기 ·· 65
모든 과목이 70 이상인 학생 수 구하기 ·· 66
입학코드 구하기 ··· 67
※ 출제함수 정리 ·· 68

Chapter 09 · 부분합 구하고 데이터 정렬하기
부분합 구하기 ·· 85
데이터 정렬하기 ··· 89

Chapter 10 · 시나리오 작성하고 데이터 통합하기
이름 정의하기 ·· 97
시나리오 작성하기 ··· 98
데이터 통합하기 ··· 101

Chapter 11 · 피벗 테이블과 데이터 표 작성하기
피벗 테이블 작성하기 ·· 109
데이터 표 작성하기 ·· 116

Chapter 12 · 매크로 작성하기
평균 매크로 작성하기 ·· 123
서식 매크로 작성하기 ·· 128

Chapter 13 · 차트 작성하기
데이터 범위 수정하기 ·· 137
차트 종류 변경하기 ·· 138
차트 제목 편집하기 ·· 139
데이터 레이블 표시하기 ··· 141
데이터 계열 편집하기 ·· 142

 이 책의 차례

PART 02 실전모의고사

제01회 실전모의고사 …………………………………… 148
제02회 실전모의고사 …………………………………… 152
제03회 실전모의고사 …………………………………… 156
제04회 실전모의고사 …………………………………… 160
제05회 실전모의고사 …………………………………… 164
제06회 실전모의고사 …………………………………… 168
제07회 실전모의고사 …………………………………… 172
제08회 실전모의고사 …………………………………… 176
제09회 실전모의고사 …………………………………… 180
제10회 실전모의고사 …………………………………… 184
제11회 실전모의고사 …………………………………… 188
제12회 실전모의고사 …………………………………… 192
제13회 실전모의고사 …………………………………… 196
제14회 실전모의고사 …………………………………… 200
제15회 실전모의고사 …………………………………… 204

PART 03 최신기출문제

제01회 최신기출문제 …………………………………… 210
제02회 최신기출문제 …………………………………… 214
제03회 최신기출문제 …………………………………… 218
제04회 최신기출문제 …………………………………… 222
제05회 최신기출문제 …………………………………… 226

PART 04 정답 및 해설

실전모의고사 …………………………………………………… 232
최신기출문제 …………………………………………………… 292

Computer Specialist in Spreadsheet 2

Part 01

출제유형분석

제01장 데이터 입력하기
제02장 데이터 편집하기
제03장 조건부 서식 지정하기
제04장 고급 필터 사용하기
제05장 자동 필터 사용하기
제06장 외부 데이터 가져오기
제07장 그림 복사하여 붙여 넣기
제08장 계산 작업하기
제09장 부분합 구하고 데이터 정렬하기
제10장 시나리오 작성하고 데이터 통합하기
제11장 피벗 테이블과 데이터 표 작성하기
제12장 매크로 작성하기
제13장 차트 작성하기

Chapter 01 데이터 입력하기

[문제1 기본작업]의 1번 문제는 한글, 영어, 숫자 등이 조합된 형태의 데이터를 입력하는 문제가 출제됩니다. 데이터는 문제에서 주어진 대로 입력해야 합니다. 배점은 5점입니다.

문제1 기본작업(20점) ● 주어진 시트에서 다음 과정을 수행하고 저장하시오.

1. '기본작업-1' 시트에 다음의 자료를 주어진 대로 입력하시오. (5점)

	A	B	C	D	E	F
1	교원확보율					
2						(단위:명)
3	학과코드	학과명	전체 학생수	전체교원	정원/전임(겸임)	전임비율
4	KA-45267	경영정보과	140	6	6/3(3)	50.00%
5	SQ-89163	사회복지과	150	7	7/4(3)	57.14%
6	TB-37245	유아교육과	210	9	9/6(3)	66.67%
7	AV-32896	정보통신과	150	8	8/3(5)	37.50%
8	CT-92578	컴퓨터공학과	105	4	7/3(1)	75.00%
9	PW-41283	식품생명공학과	120	7	7/5(2)	71.43%

작업순서요약

데이터를 문제에서 주어진 대로 입력합니다.

작업 | 데이터 입력하기

Chapter01.xlsx

1 F2셀에 '(단위:명)'을 입력합니다.

	A	B	C	D	E	F	G
1	교원확보율						
2						(단위:명)	①입력
3							
4							
5							
6							
7							
8							
9							
10							
11							
12							
13							
14							

Tip
셀을 선택한 후 F2를 누르거나 셀을 더블클릭하면 데이터를 수정할 수 있습니다.

2 같은 방법으로 다음과 같이 **데이터를 입력**합니다.

	A	B	C	D	E	F	G
1	교원확보율						
2						(단위:명)	
3	학과코드	학과명	전체 학생수	전체교원	정원/전임(겸임)	전임비율	
4	KA-45267	경영정보과	140	6	6/3(3)	50.00%	
5	SQ-89163	사회복지과	150	7	7/4(3)	57.14%	
6	TB-37245	유아교육과	210	9	9/6(3)	66.67%	①입력
7	AV-32896	정보통신과	150	8	8/3(5)	37.50%	
8	CT-92578	컴퓨터공학과	105	4	7/3(1)	75.00%	
9	PW-41283	식품생명공학과	120	7	7/5(2)	71.43%	
10							
11							
12							
13							
14							

한가지 더!

날짜 입력하기
연도, 월, 일을 '2024-9-2'와 같이 하이픈(-)이나 '2024/9/2'와 같이 슬래시(/)로 구분하여 입력합니다.

시간 입력하기
시, 분, 초를 '9:5:32'와 같이 콜론(:)으로 구분하여 입력합니다.

한 셀에 두 줄 이상 입력하기
다음과 같이 Alt+Enter를 사용하면 원하는 곳에서 줄을 바꾸어 한 셀에 두 줄 이상 입력할 수 있습니다.

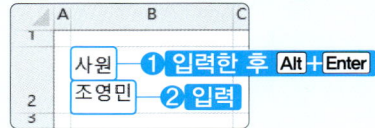

실전문제유형

문제유형 01 주어진 시트에서 다음 과정을 수행하고 저장하시오. 📊 Ch01_문제유형01.xlsx

1. '기본작업-1' 시트에 다음의 자료를 주어진 대로 입력하시오. (5점)

	A	B	C	D	E	F	G
1	상공 마트 인사기록						
2							
3	사번	성명	부서	입사일자	직통번호	주소지	실적
4	Jmk-3585	김충희	경리부	2015-05-18	02) 302-4915	강북구 삼양동	12,530
5	Gpc-2273	박선종	식품부	2017-02-18	02) 853-1520	도봉구 쌍문동	35,127
6	Aud-3927	이국명	총무부	2016-03-01	02) 652-4593	마포구 도화동	65,238
7	Sbu-4528	최미란	가전부	2018-11-15	02) 526-2694	성북구 돈암동	58,260
8	Gpc-1274	태진형	식품부	2019-03-28	02) 853-1521	부평구 작전동	8,352
9	Aud-2029	홍미선	총무부	2018-12-01	02) 652-4594	김포시 사우동	14,053

Hint

입사일자 : D4셀에 연도, 월, 일을 '2015-5-18'과 같이 하이픈(-)이나 '2015/5/18'과 같이 슬래시(/)로 구분하여 입력 → 같은 방법으로 D5:D9셀 범위에 입사일자를 입력

문제유형 02 주어진 시트에서 다음 과정을 수행하고 저장하시오. 📊 Ch01_문제유형02.xlsx

1. '기본작업-1' 시트에 다음의 자료를 주어진 대로 입력하시오. (5점)

	A	B	C	D	E	F
1	상반기 문화 수강생 모집 현황					
2						
3	수강코드	수강명	신청대상	모집인원	수강요일	수강비
4	SANG-001	Hot Music School	전체	30	월요일	120000
5	SANG-002	어린이 발리 댄스	초등학생	25	토요일	80000
6	SANG-003	High Easy English	고등학생	30	월요일	100000
7	SANG-004	수학의 정석	중학생	35	금요일	100000
8	SANG-005	집밥! 어렵지 않아요!	전체	20	수요일	120000
9	SANG-006	피로를 풀어주는 요가	전체	25	수요일	150000

실전문제유형

문제유형 03 주어진 시트에서 다음 과정을 수행하고 저장하시오. Ch01_문제유형03.xlsx

1. '기본작업-1' 시트에 다음의 자료를 주어진 대로 입력하시오. (5점)

	A	B	C	D	E	F	G
1	상공 리조트 객실 현황						
2							
3	구분	객실명	호수	정원/최대인원	1박요금(비)	1박요금(성)	특징
4	일반	무궁화	301호	2/4명	50000	80000	ocean view, bed
5	일반	진달래	303호	4/6명	70000	100000	온돌
6	복층	사자	101호	4/6명	100000	150000	ocean view, bed
7	복층	호랑이	102호	4/6명	100000	150000	온돌
8	Family	믿음	독채101호	6/10명	150000	250000	ocean view, 2room
9	Family	소망	독채102호	8/12명	200000	300000	3room

문제유형 04 주어진 시트에서 다음 과정을 수행하고 저장하시오. Ch01_문제유형04.xlsx

1. '기본작업-1' 시트에 다음의 자료를 주어진 대로 입력하시오. (5점)

	A	B	C	D	E	F	G
1	상공 문화센터 접수 현황						
2							
3	구분	강좌명	강사명	정원	수강요일	수강시간	장소
4	음식(food)	건강밥상	김주형	10	금요일	2시간	장미홀
5	음식(food)	슈가쿠킹	최준홍	15	금요일	2시간	튤립홀
6	미술(art)	감성서양화	강기영	8	수요일	1시간	백합홀
7	미술(art)	냅킨아트	심송희	10	목요일	1시간	튤립홀
8	뷰티(beauty)	뷰티박스	이찬우	14	금요일	2시간	개나리홀
9	건강(health)	슬림요가	이연희	20	토요일	1시간	튤립홀

Chapter 02 데이터 편집하기

[문제1 기본작업]의 2번 문제는 셀 서식(글꼴 서식, 맞춤 서식, 채우기 서식, 테두리 서식, 표시 형식)을 지정하는 문제, 메모를 삽입하는 문제, 이름을 정의하는 문제 등이 출제되는데, 표시 형식은 주로 사용자가 직접 표시 형식을 지정할 수 있는 사용자 지정 표시 형식이 출제됩니다. 5문항의 문제가 출제되며 배점은 각 2점(총 10점)입니다.

문제1 기본작업(20점) ● 주어진 시트에서 다음 과정을 수행하고 저장하시오.

2. '기본작업-2' 시트에 대하여 다음의 지시사항을 처리하시오. (각 2점)

① [A1:G1] 영역은 '병합하고 가운데 맞춤', 글꼴 'HY신명조', 글꼴 크기 '17', 글꼴 스타일 '굵게', 밑줄 '이중 실선', 행 높이 '30'으로 지정하시오.

② [G3] 셀의 '판매량'을 한자 '販賣量'으로 변환하시오.

③ [F4:F15] 영역은 사용자 지정 표시 형식을 이용하여 1000 단위 구분 기호와 숫자 뒤에 '원'을 [표시 예]와 같이 표시하시오. [표시 예 : 1000 → 1,000원, 0 → 0원]

④ [G13] 셀에 '최대판매량'이라는 메모를 삽입한 후 항상 표시되도록 지정하고, 메모 서식에서 맞춤 '자동 크기'를 설정하시오.

⑤ [A3:G15] 영역에 '모든 테두리(⊞)'를 적용한 후 '굵은 바깥쪽 테두리(□)'를 적용하여 표시하시오.

작업순서요약

① 맞춤 서식과 글꼴 서식을 지정한 후 행 높이를 변경합니다.
② 한자를 입력합니다.
③ 표시 형식을 지정합니다.
④ 메모를 삽입합니다.
⑤ 테두리 서식을 지정합니다.

작업1 맞춤 서식과 글꼴 서식 지정하고 행 높이 변경하기

> Chapter02.xlsx

1 맞춤 서식을 지정하기 위해 A1:G1셀 범위를 선택한 후 [홈] 탭-[맞춤] 그룹에서 [병합하고 가운데 맞춤]을 클릭합니다.

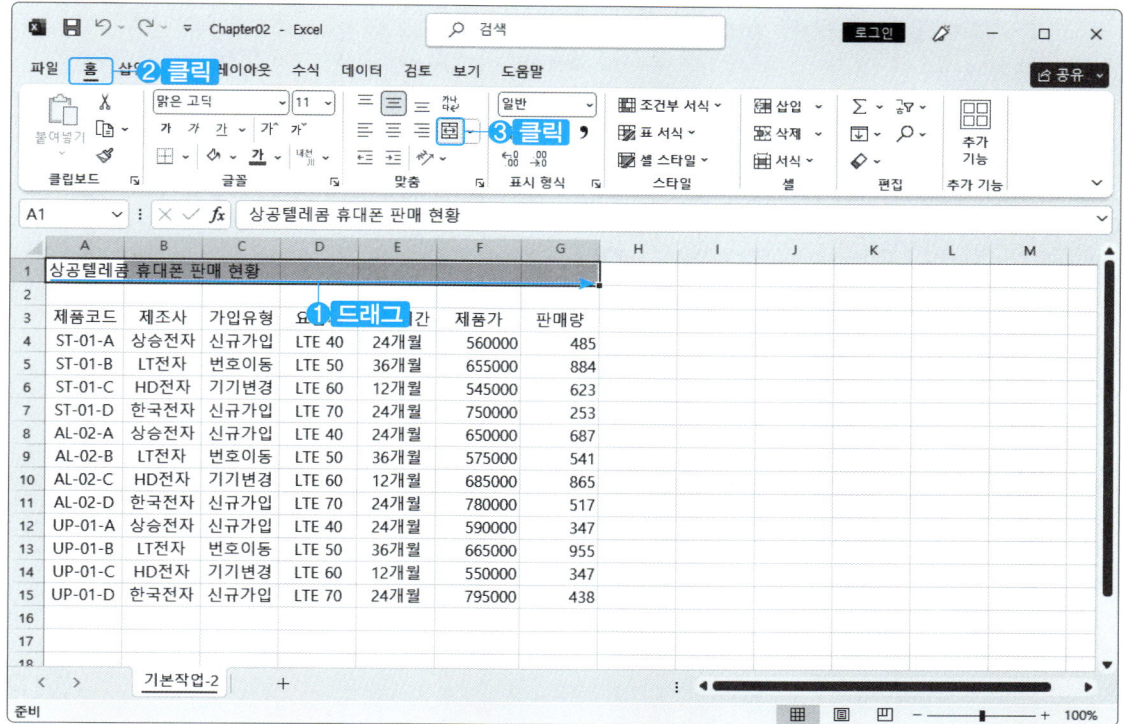

한가지 더!

[맞춤] 그룹

[셀 서식] 대화상자의 [맞춤] 탭이 나타납니다.

❶ **위쪽 맞춤** : 셀의 위쪽에 맞추어 텍스트를 표시합니다.
❷ **가운데 맞춤** : 세로 방향으로 셀의 가운데에 맞추어 텍스트를 표시합니다.
❸ **아래쪽 맞춤** : 셀의 아래쪽에 맞추어 텍스트를 표시합니다.
❹ **방향** : 텍스트를 회전시키거나 세로쓰기를 합니다.
❺ **자동 줄 바꿈** : 열 너비에 맞게 줄을 바꾸어 여러 줄로 텍스트를 표시합니다.
❻ **왼쪽 맞춤** : 셀의 왼쪽에 맞추어 텍스트를 표시합니다.
❼ **가운데 맞춤** : 가로 방향으로 셀의 가운데에 맞추어 텍스트를 표시합니다.
❽ **오른쪽 맞춤** : 셀의 오른쪽에 맞추어 텍스트를 표시합니다.
❾ **내어쓰기** : 셀의 왼쪽 테두리와 텍스트 사이의 여백을 줄입니다.
❿ **들여쓰기** : 셀의 왼쪽 테두리와 텍스트 사이의 여백을 늘립니다.
⓫ **병합하고 가운데 맞춤** : 선택한 셀들을 병합(선택한 셀들을 합쳐서 하나의 셀로 만드는 것)한 후 가로 방향으로 병합된 셀의 가운데에 맞추어 텍스트를 표시합니다.

2 글꼴 서식을 지정하기 위해 [홈] 탭-[글꼴] 그룹에서 **글꼴(HY신명조)을 선택**한 후 **글꼴 크기 (17)를 입력**한 다음 **가[굵게]를 클릭**하고 **밑줄(이중 밑줄)을 선택**합니다.

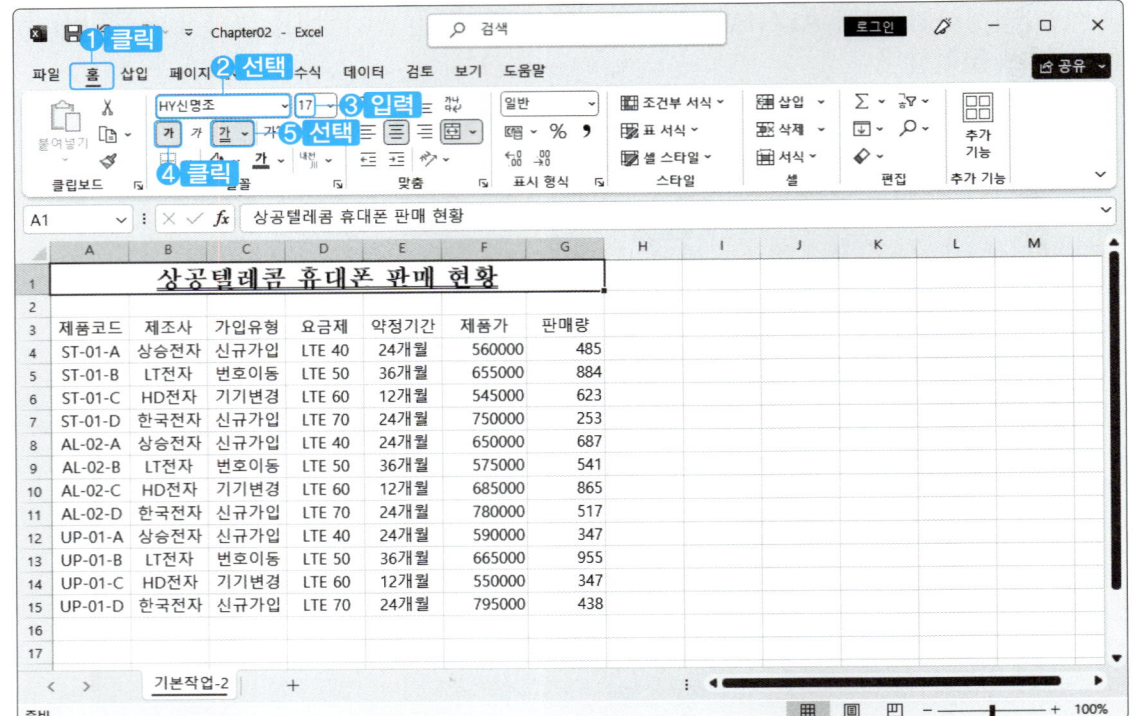

Tip
시험에서 '이중 실선'은 '이중 밑줄'을 말합니다.

한가지 더!

[글꼴] 그룹

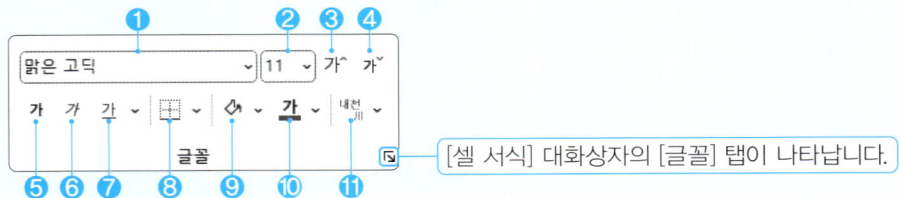

[셀 서식] 대화상자의 [글꼴] 탭이 나타납니다.

① **글꼴** : 텍스트의 모양을 지정합니다.
② **글꼴 크기** : 텍스트의 크기를 지정합니다.
③ **글꼴 크기 크게** : 텍스트의 크기를 크게 합니다.
④ **글꼴 크기 작게** : 텍스트의 크기를 작게 합니다.
⑤ **굵게** : 텍스트를 진하게 표시합니다.
⑥ **기울임꼴** : 텍스트를 오른쪽으로 기울여서 표시합니다.
⑦ **밑줄** : 텍스트 아래에 밑줄(실선)이나 이중 밑줄(이중 실선)을 표시합니다.
⑧ **테두리** : 셀의 테두리에 선을 지정합니다.
⑨ **채우기 색** : 셀에 채우기 색을 지정합니다.
⑩ **글꼴 색** : 텍스트의 색을 지정합니다.
⑪ **윗주 필드 표시/숨기기** : 윗주(본문의 뜻을 알기 쉽게 설명한 내용)를 표시하거나 숨깁니다. [윗주 필드 표시/숨기기]의 [목록] 단추를 클릭하면 윗주를 편집하거나 설정할 수 있습니다.

3 행 높이를 변경하기 위해 **1행의 바로 가기 메뉴에서 [행 높이]를 클릭**합니다.

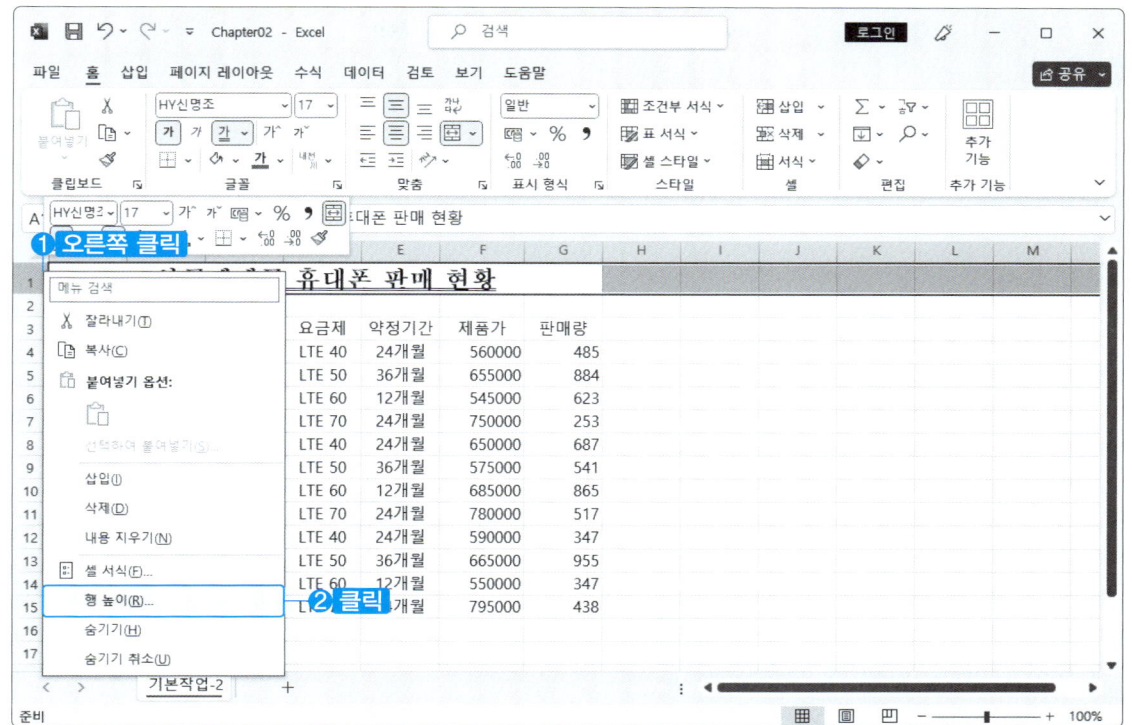

> **Tip**
> [홈] 탭–[셀] 그룹에서 [서식]을 클릭한 후 [행 높이]를 클릭하여 행 높이를 변경할 수도 있습니다.

4 [행 높이] 대화상자가 나타나면 **행 높이(30)를 입력**한 후 [확인] 단추를 클릭합니다.

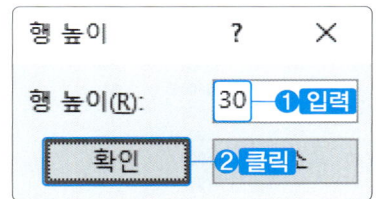

5 다음과 같이 행 높이가 변경됩니다.

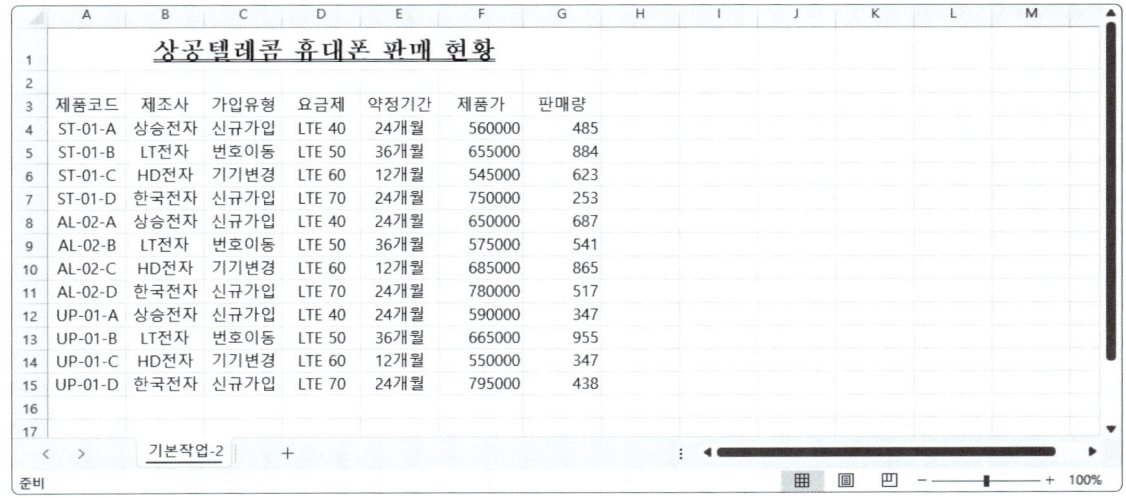

Chapter 02 • 데이터 편집하기 **17**

한가지 더!

셀 스타일 지정하기

셀 스타일은 미리 정의되어 있는 셀 서식을 지정할 수 있는 기능입니다. 다음과 같이 셀을 선택한 후 [홈] 탭-[스타일] 그룹에서 [셀 스타일]을 클릭하면 셀 스타일을 지정할 수 있습니다.

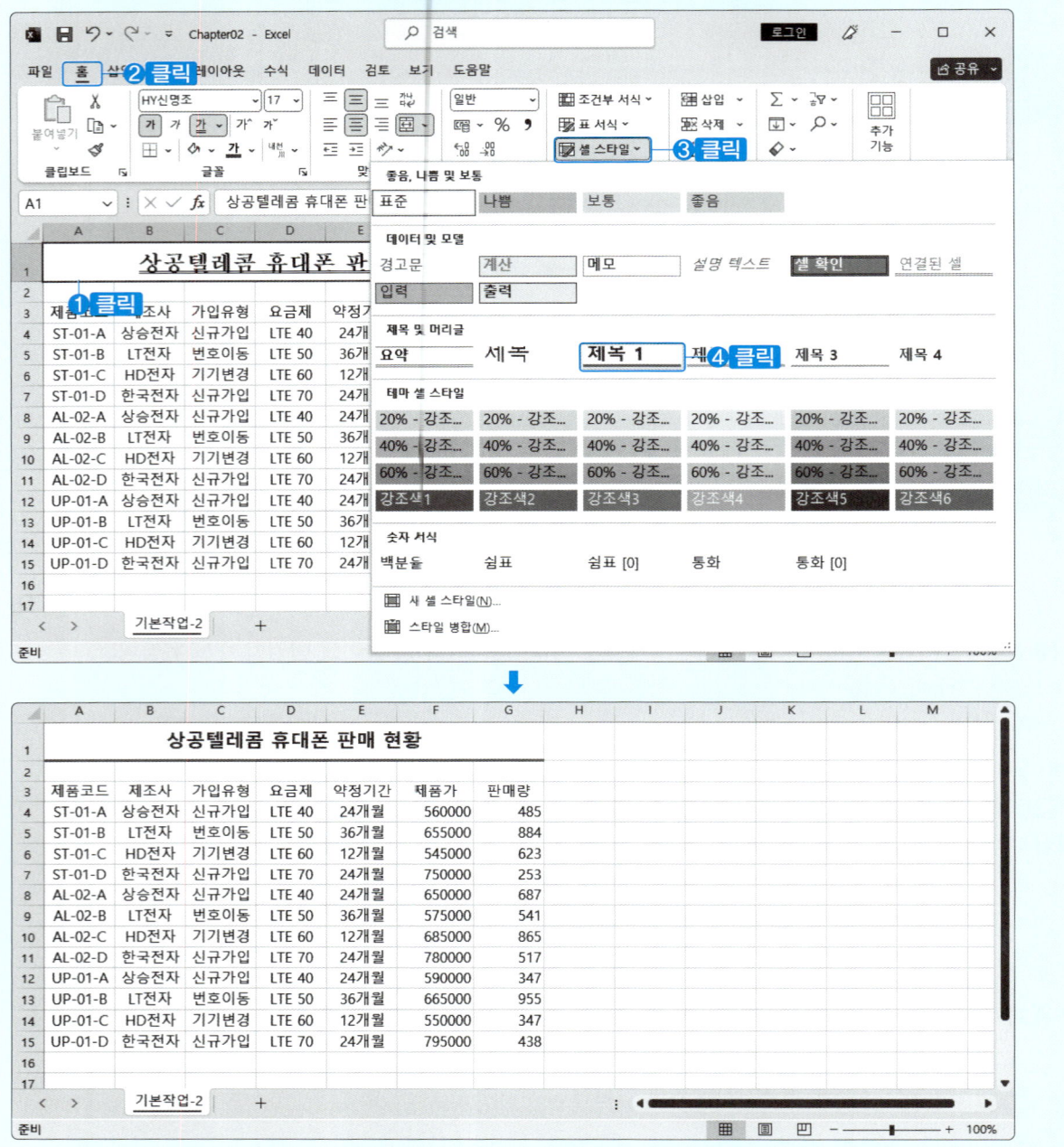

작업2 한자 입력하기

1 G3셀을 **더블클릭**한 후 '판매량'을 드래그하여 **선택**한 다음 [검토] 탭-[언어] 그룹에서 **[한글/한자 변환]**을 클릭합니다.

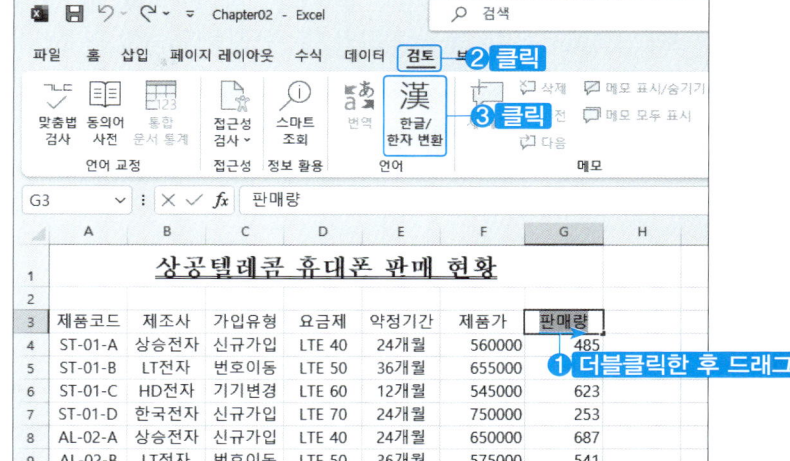

> **Tip**
> G3셀을 더블클릭한 후 '판매량'을 드래그하여 선택한 다음 한자 를 눌러 한자를 입력할 수도 있습니다.

2 [한글/한자 변환] 대화상자가 나타나면 **한자(販賣量)와 입력 형태(漢字)를 선택**한 후 **[변환]** 단추를 클릭합니다.

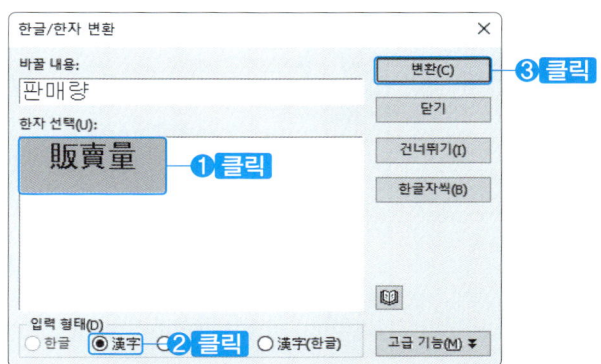

> **Tip**
> [한자 사전] 단추를 클릭하면 한자의 음, 뜻, 획수 등을 확인할 수 있습니다.

한가지 더!

입력 형태
- 한글 : 販賣量 → 판매량
- 漢字 : 판매량 → 販賣量
- 한글(漢字) : 판매량 → 판매량(販賣量)
- 漢字(한글) : 판매량 → 販賣量(판매량)

3 다음과 같이 한글 '판매량'이 한자 '販賣量'으로 변환됩니다.

	A	B	C	D	E	F	G	H
1	상공텔레콤 휴대폰 판매 현황							
2								
3	제품코드	제조사	가입유형	요금제	약정기간	제품가	販賣量	
4	ST-01-A	상승전자	신규가입	LTE 40	24개월	560000	485	
5	ST-01-B	LT전자	번호이동	LTE 50	36개월	655000	884	
6	ST-01-C	HD전자	기기변경	LTE 60	12개월	545000	623	
7	ST-01-D	한국전자	신규가입	LTE 70	24개월	750000	253	
8	AL-02-A	상승전자	신규가입	LTE 40	24개월	650000	687	
9	AL-02-B	LT전자	번호이동	LTE 50	36개월	575000	541	
10	AL-02-C	HD전자	기기변경	LTE 60	12개월	685000	865	
11	AL-02-D	한국전자	신규가입	LTE 70	24개월	780000	517	
12	UP-01-A	상승전자	신규가입	LTE 40	24개월	590000	347	
13	UP-01-B	LT전자	번호이동	LTE 50	36개월	665000	955	
14	UP-01-C	HD전자	기기변경	LTE 60	12개월	550000	347	
15	UP-01-D	한국전자	신규가입	LTE 70	24개월	795000	438	

한가지 더!

특수문자 입력하기

다음과 같이 특수문자(키보드로 입력할 수 없는 ●, ■, ▲ 등)를 입력할 위치에 커서를 둔 후 [삽입] 탭-[기호] 그룹에서 [기호]를 클릭하면 특수문자를 입력할 수 있습니다.

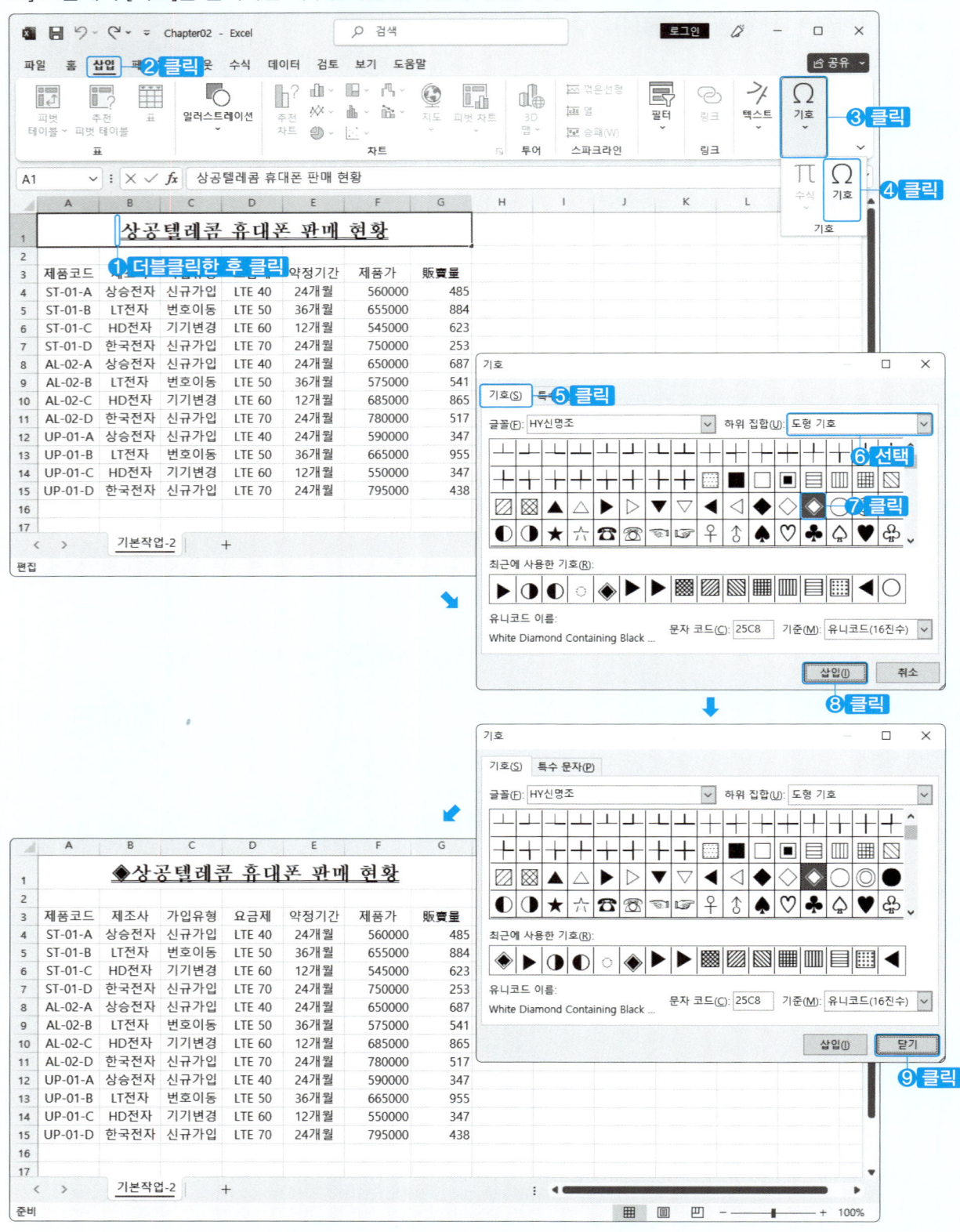

작업3 표시 형식 지정하기

1 F4:F15셀 범위를 선택한 후 [홈] 탭-[표시 형식] 그룹에서 [추가 옵션]을 클릭합니다.

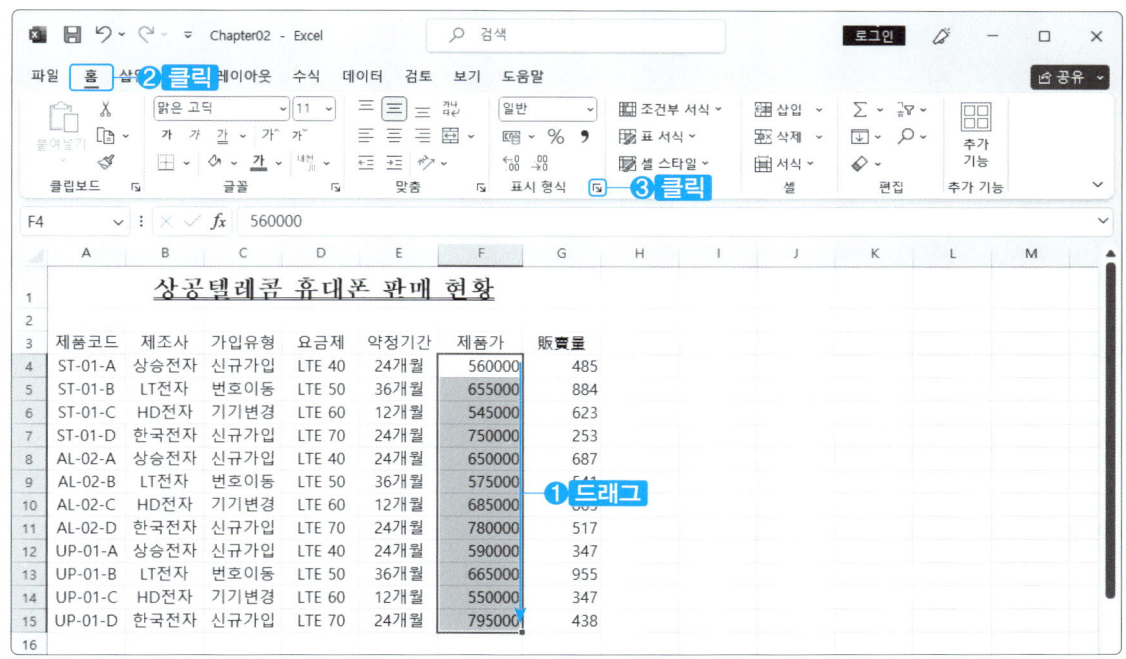

한가지 데!

[표시 형식] 그룹

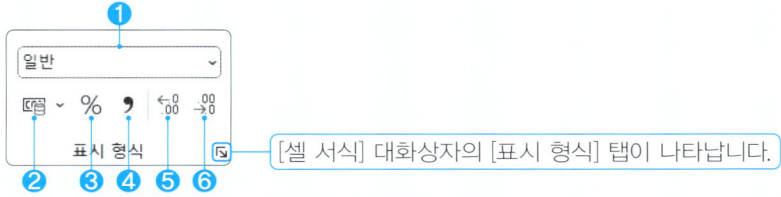

[셀 서식] 대화상자의 [표시 형식] 탭이 나타납니다.

❶ **표시 형식** : 셀 값이 표시되는 방법을 지정합니다. 일반은 표시 형식을 지정하지 않은 것을 말합니다.

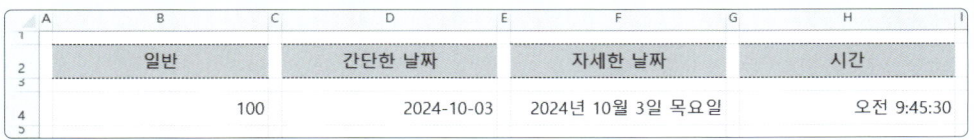

❷ **회계 표시 형식** : 통화 기호를 사용하여 셀 값을 표시합니다.

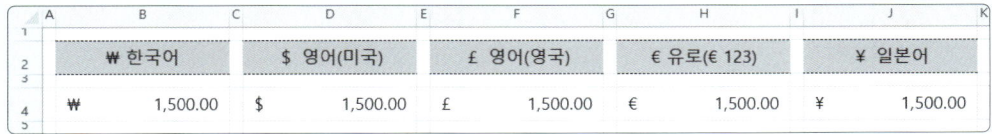

❸ **백분율 스타일** : 셀 값에 100을 곱한 값을 백분율 기호(%)와 함께 표시합니다.

❹ **쉼표 스타일** : 천 단위 구분 기호(,)를 사용하여 셀 값을 표시합니다.
❺ **자릿수 늘림** : 소수 자릿수를 늘려 셀 값을 자세히 표시합니다.
❻ **자릿수 줄임** : 소수 자릿수를 줄여 셀 값을 간단히 표시합니다.

2 [셀 서식] 대화상자의 [표시 형식] 탭이 나타나면 **범주(사용자 지정)를 선택**한 후 **형식(#,##0"원")을 입력**한 다음 [확인] 단추를 클릭합니다.

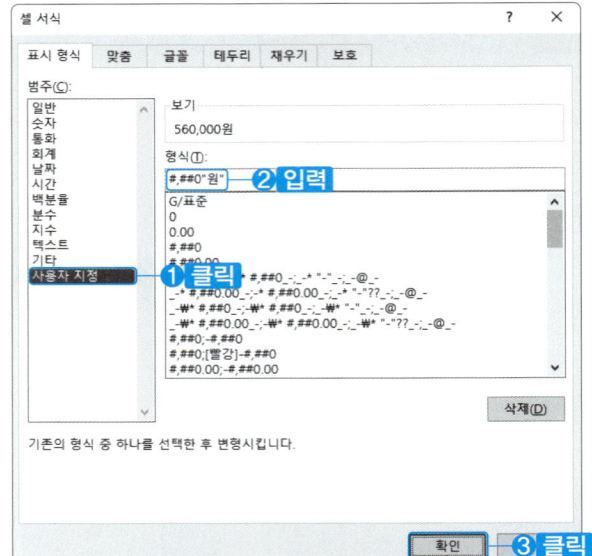

> **Tip**
> 문자를 큰따옴표("")로 묶으면 그대로 표시합니다.

한가지 더!

사용자 지정 표시 형식

사용자 지정 표시 형식은 사용자가 직접 표시 형식을 지정하여 숫자, 날짜, 시간 등을 원하는 형식으로 표시할 수 있는 표시 형식입니다. [셀 서식] 대화상자의 [표시 형식] 탭에서 범주를 '사용자 지정'으로 선택하면 사용자 지정 표시 형식을 지정할 수 있습니다. 다음은 사용자 지정 표시 형식에 사용되는 주요 서식 코드입니다.

서식 코드	설명
#	• 숫자의 자릿수가 형식에 지정된 자릿수보다 많은 경우, 숫자를 반올림하여 형식에 지정된 소수 자릿수로 표시합니다. ❶ • 숫자의 자릿수가 형식에 지정된 자릿수보다 적은 경우, 숫자를 그대로 표시합니다. ❷
0	• 숫자의 자릿수가 형식에 지정된 자릿수보다 많은 경우, 숫자를 반올림하여 형식에 지정된 소수 자릿수로 표시합니다. ❸ • 숫자의 자릿수가 형식에 지정된 자릿수보다 적은 경우, 숫자를 형식에 지정된 자릿수만큼 0을 표시합니다. ❹
,	• 천 단위마다 천 단위 구분 기호(,)를 표시합니다. ❺ • 쉼표 서식 코드 다음에 다른 서식 코드가 없는 경우, 천 단위로 나눈 값을 반올림하여 표시합니다. ❻
@	• 문자의 표시 위치를 지정합니다. ❼

	데이터	형식	결과값
❶	12.56	#.#	12.6
❷	12.56	###.###	12.56
❸	12.56	0.0	12.6
❹	12.56	000.000	012.560
❺	456789	#,##0	456,789
❻	456789	#,	457
❼	아슬란	@" 주식회사"	아슬란 주식회사

3 표시 형식이 지정됩니다.

작업4   메모 삽입하기

1 메모를 삽입하기 위해 **G13셀의 바로 가기 메뉴에서 [메모 삽입]을 클릭**합니다.

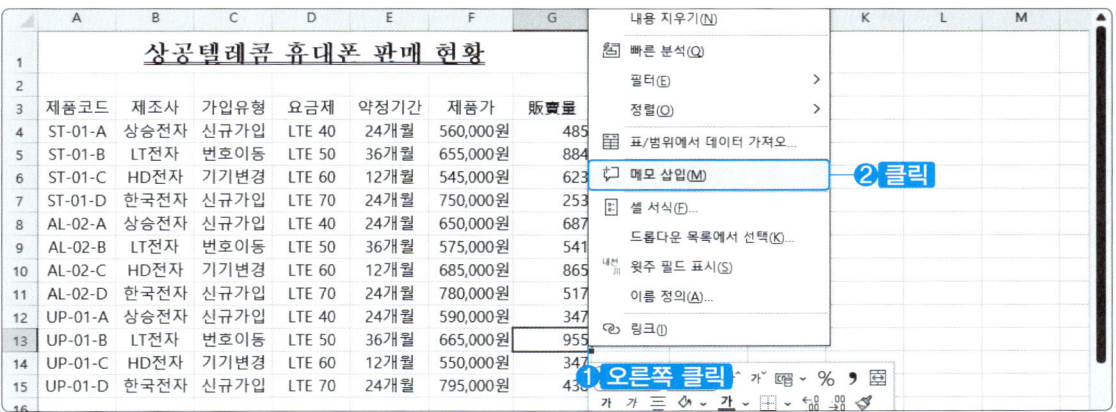

2 메모가 삽입되면 **메모(최대판매량)를 입력**합니다.

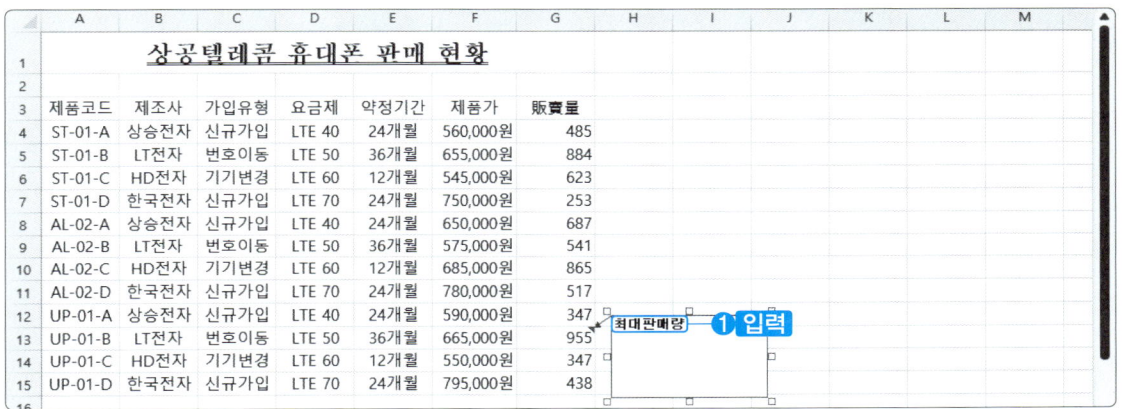

3 메모를 표시하기 위해 **G13셀의 바로 가기 메뉴에서 [메모 표시/숨기기]를 클릭**합니다.

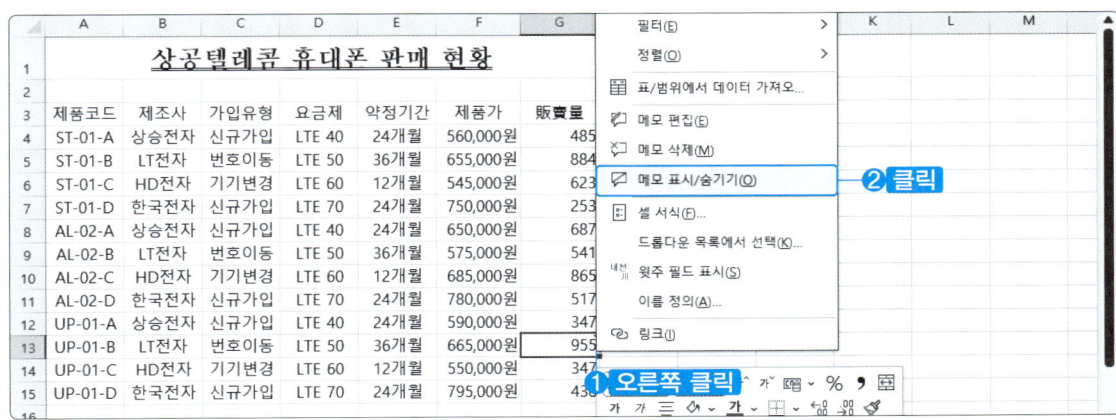

Tip
- 메모가 삽입된 셀의 바로 가기 메뉴에서 [메모 표시/숨기기]를 클릭하면 메모를 표시할 수 있고, 다시 [메모 표시/숨기기]를 클릭하면 메모를 숨길 수 있습니다.
- 메모가 삽입된 셀의 바로 가기 메뉴에서 [메모 삭제]를 클릭하면 메모를 삭제할 수 있습니다.

4 메모 크기를 조정하기 위해 **메모 상자의 바로 가기 메뉴에서 [메모 서식]을 클릭**합니다.

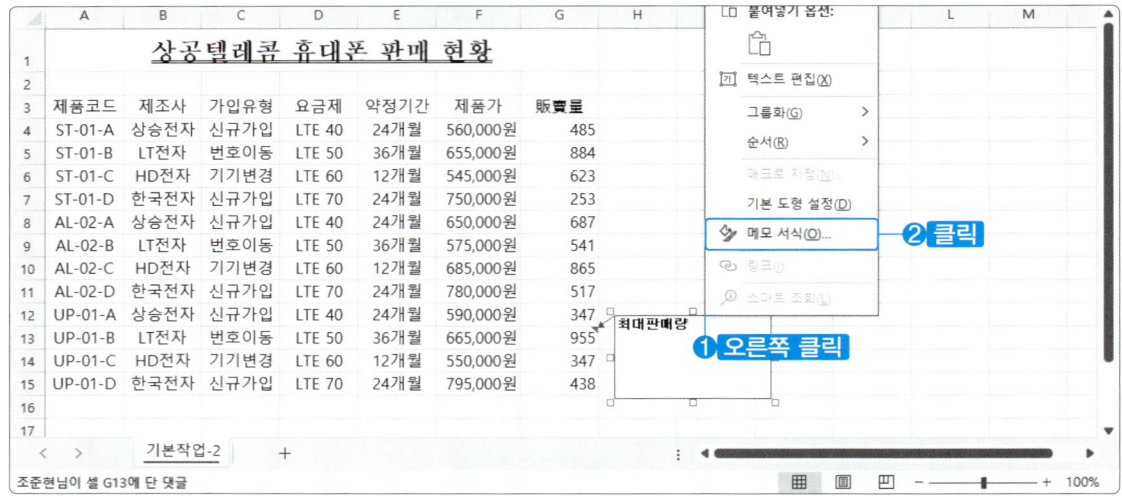

5 [메모 서식] 대화상자가 나타나면 [맞춤] 탭에서 **[자동 크기]를 선택**한 후 **[확인] 단추를 클릭**합니다.

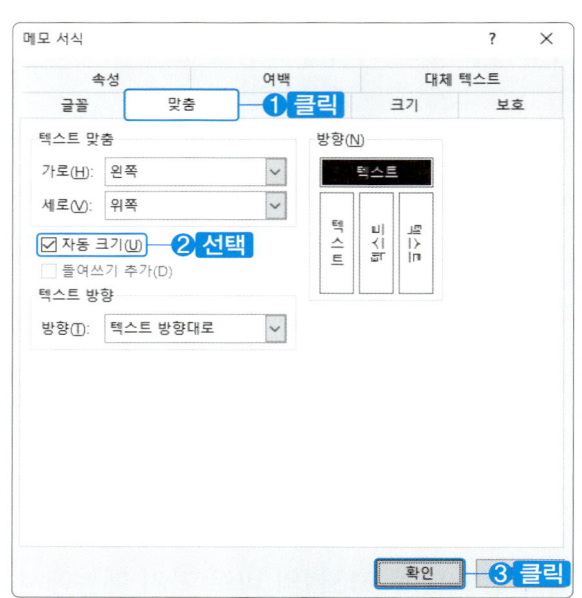

6 다음과 같이 메모 크기가 조정됩니다.

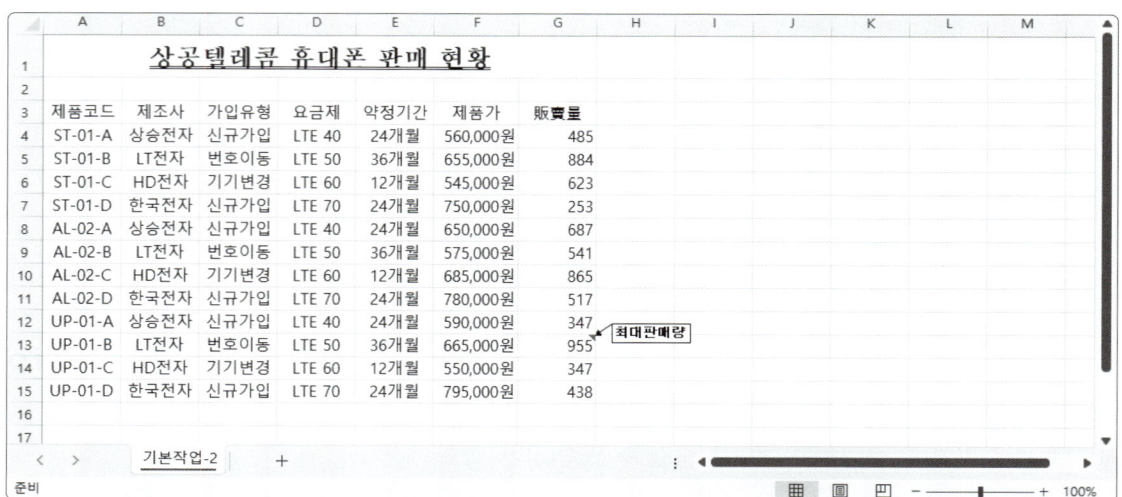

한가지 더!

이름 정의하기

이름 정의는 셀이나 셀 범위에 이름을 지정하여 셀이나 셀 범위를 참조할 때 셀 주소가 아닌 정의된 이름으로 참조할 수 있는 기능입니다. 다음과 같이 셀이나 셀 범위를 선택한 후 [수식] 탭-[정의된 이름] 그룹에서 [이름 정의]를 클릭하면 이름을 정의할 수 있습니다.

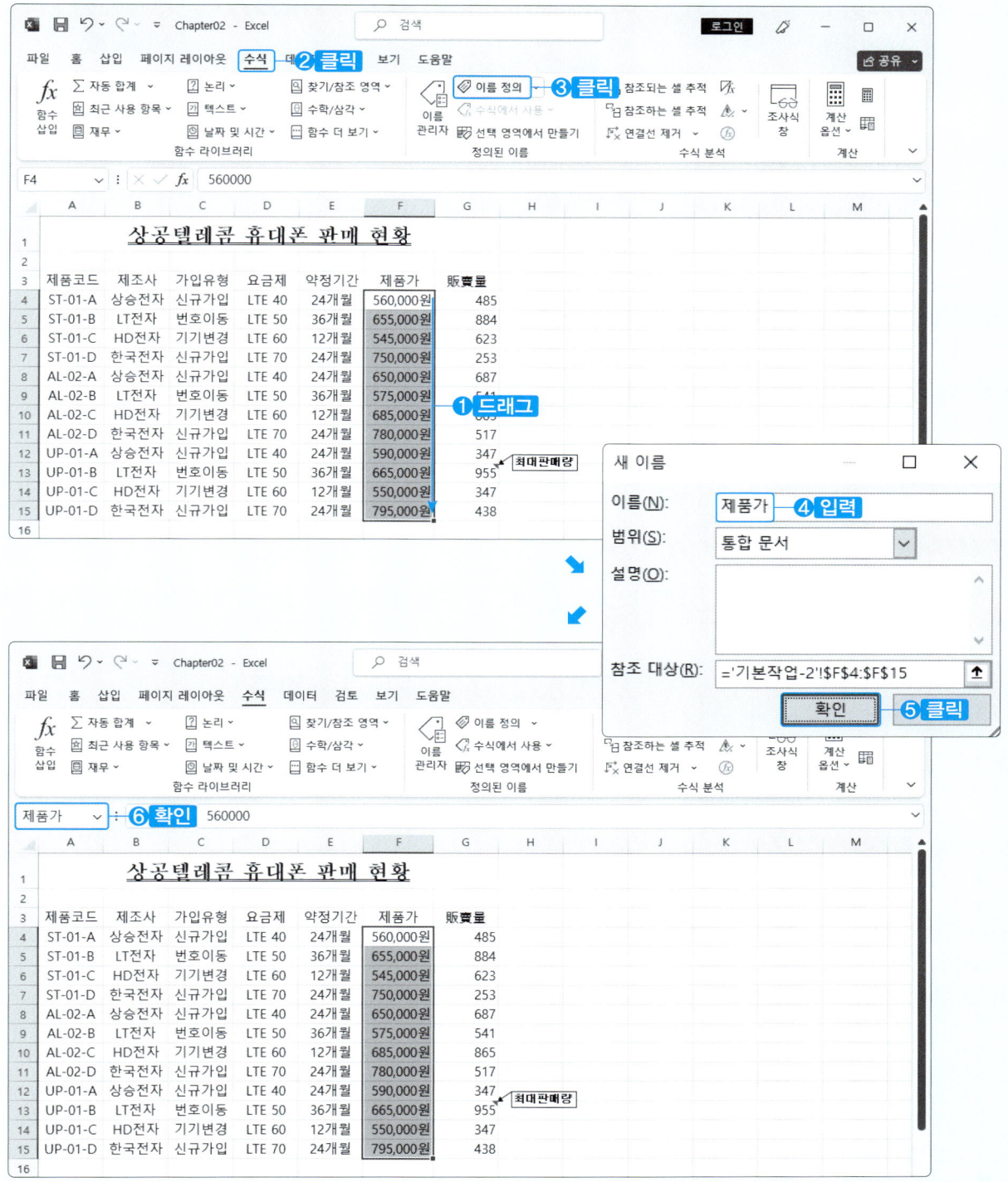

정의된 이름 삭제하기

[수식] 탭-[정의된 이름] 그룹에서 [이름 관리자]를 클릭하면 [이름 관리자] 대화상자가 나타납니다. [이름 관리자] 대화상자에서 정의된 이름을 선택한 후 [삭제] 단추를 클릭하면 정의된 이름을 삭제할 수 있습니다.

작업5 테두리 서식 지정하기

1 A3:G15셀 범위를 선택한 후 [홈] 탭-[글꼴] 그룹에서 [테두리]의 [목록] 단추를 클릭한 다음 [모든 테두리]를 클릭합니다.

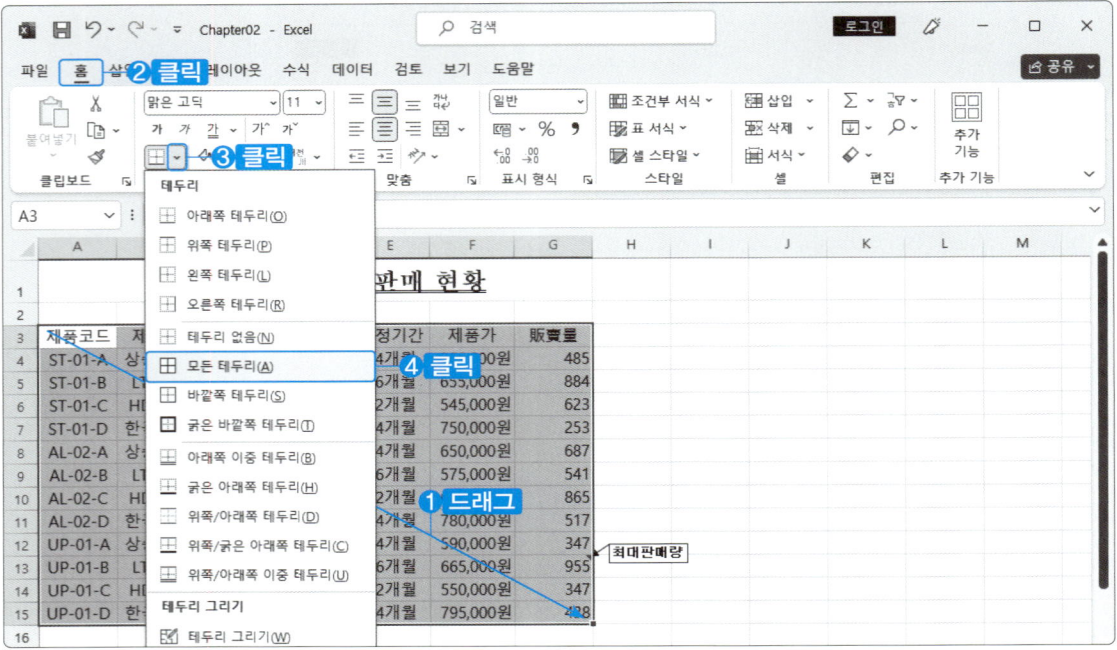

2 [홈] 탭-[글꼴] 그룹에서 [테두리]의 [목록] 단추를 클릭한 후 [굵은 바깥쪽 테두리]를 클릭합니다.

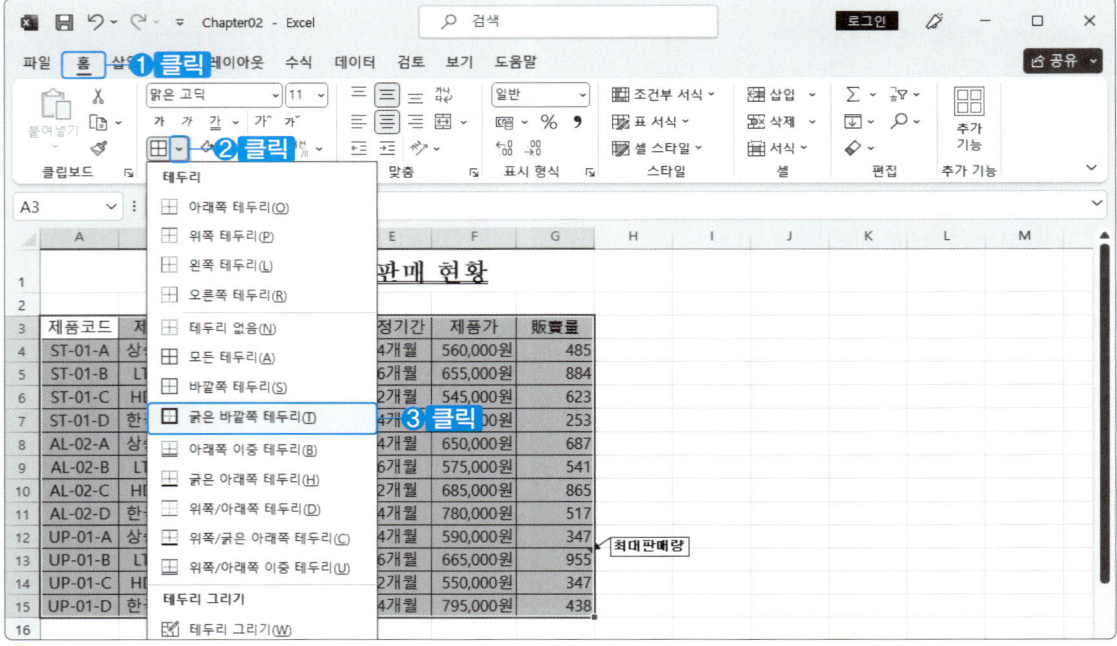

3 테두리 서식이 지정됩니다.

대각선 삽입하기

다음과 같이 셀을 선택한 후 [홈] 탭–[글꼴] 그룹에서 ⌐[추가 옵션]을 클릭하면 [셀 서식] 대화상자가 나타납니다. [셀 서식] 대화상자의 [테두리] 탭에서 선 스타일을 선택한 후 ◰를 클릭하면 ╱ 모양, ◱를 클릭하면 ╲ 모양, ◰와 ◱를 클릭하면 ╳ 모양의 대각선을 삽입할 수 있습니다.

실전문제유형

문제유형 01 주어진 시트에서 다음 과정을 수행하고 저장하시오. 📊 Ch02_문제유형01.xlsx

2. '기본작업-2' 시트에 대하여 다음의 지시사항을 처리하시오. (각 2점)

   ① [A5:A6], [A7:A9], [A10:A12], [A13:B13] 영역은 '병합하고 가운데 맞춤'을 지정하고, [C4:G4] 영역은 글꼴 스타일 '굵게', 채우기 색 '표준 색-노랑'으로 지정하시오.
   ② [C5:H13] 영역은 사용자 지정 표시 형식을 이용하여 1000 단위 구분 기호와 숫자 뒤에 '개'를 [표시 예]와 같이 표시하시오. [표시 예 : 3456 → 3,456개, 0 → 0개]
   ③ [H7] 셀에 '최고인기품목'이라는 메모를 삽입한 후 항상 표시되도록 지정하고, 메모 서식에서 맞춤 '자동 크기'를 설정하시오.
   ④ [B5:B12] 영역의 이름을 '제품명'으로 정의하시오.
   ⑤ [A3:H13] 영역에 '모든 테두리(⊞)'를 적용한 후 '굵은 바깥쪽 테두리(▣)'를 적용하여 표시하시오.

   ### Hint
   ④ B5:B12셀 범위를 선택한 후 [수식] 탭-[정의된 이름] 그룹에서 [이름 정의]를 클릭 → [새 이름] 대화상자에서 이름(제품명)을 입력한 후 [확인] 단추를 클릭

문제유형 02 주어진 시트에서 다음 과정을 수행하고 저장하시오. 📊 Ch02_문제유형02.xlsx

2. '기본작업-2' 시트에 대하여 다음의 지시사항을 처리하시오. (각 2점)

   ① [A1:F1] 영역은 '병합하고 가운데 맞춤', 글꼴 '맑은 고딕', 글꼴 크기 '16', 글꼴 스타일 '굵게', 밑줄 '이중 실선'으로 지정하시오.
   ② [A4:A6], [A7:A9], [B4:B6], [F4:F6], [F7:F9] 영역은 '병합하고 가운데 맞춤'을 지정하고, [A3:F3] 영역은 셀 스타일 '파랑, 강조색5'를 적용하시오.
   ③ [C4:C6] 영역은 사용자 지정 표시 형식을 이용하여 문자 뒤에 '%'를 [표시 예]와 같이 표시하시오. [표시 예 : 80~90 → 80~90%]
   ④ [D4:D9] 영역의 이름을 '배점'으로 정의하시오.
   ⑤ [A3:F9] 영역에 '모든 테두리(⊞)'를 적용한 후 '굵은 바깥쪽 테두리(▣)'를 적용하여 표시하시오.

   ### Hint
   ③ C4:C6셀 범위를 선택한 후 [홈] 탭-[표시 형식] 그룹에서 ⌐[추가 옵션]을 클릭 → [셀 서식] 대화상자의 [표시 형식] 탭에서 범주(사용자 지정)를 선택한 후 형식(@"%")을 입력한 다음 [확인] 단추를 클릭

실전문제유형

문제유형 03 주어진 시트에서 다음 과정을 수행하고 저장하시오.　　Ch02_문제유형03.xlsx

2. '기본작업-2' 시트에 대하여 다음의 지시사항을 처리하시오. (각 2점)

　① [A1:G1] 영역은 '병합하고 가운데 맞춤', 셀 스타일 '제목 1', 행 높이 '30'으로 지정하시오.

　② [A4:A6], [A7:A9], [A10:A12], [A13:A15] 영역은 '병합하고 가운데 맞춤'을 지정하고, [A3:G3], [A4:A15] 영역은 채우기 색 '표준 색-노랑'으로 지정하시오.

　③ 제목의 문자열 앞뒤에 특수문자 '■'을 삽입하시오.

　④ [D4:D15] 영역은 사용자 지정 표시 형식을 이용하여 문자 뒤에 '까지'를 [표시 예]와 같이 표시하시오. [표시 예 : 2024년 1월 → 2024년 1월까지]

　⑤ [A3:G15] 영역에 '모든 테두리(⊞)'를 적용하여 표시하시오.

문제유형 04 주어진 시트에서 다음 과정을 수행하고 저장하시오.　　Ch02_문제유형04.xlsx

2. '기본작업-2' 시트에 대하여 다음의 지시사항을 처리하시오. (각 2점)

　① [A1:H1] 영역은 '병합하고 가운데 맞춤', 글꼴 '굴림체', 글꼴 크기 '20', 행 높이 '35'로 지정하시오.

　② [A4:A5], [B4:B5], [C4:E4], [F4:H4] 영역은 '병합하고 가운데 맞춤'을 지정하고, [A4:H5] 영역은 셀 스타일 '주황, 강조색2'를 적용하시오.

　③ [C6:C17], [E6:F17], [H6:H17] 영역은 사용자 지정 표시 형식을 이용하여 1000 단위 구분 기호와 숫자 뒤에 '만원'을 [표시 예]와 같이 표시하시오. [표시 예 : 1000 → 1,000만원, 0 → 0만원]

　④ [F4] 셀에 '수출지역 : 유럽'이라는 메모를 삽입한 후 항상 표시되도록 지정하고, 메모 서식에서 맞춤 '자동 크기'를 설정하시오.

　⑤ [A4:H17] 영역에 '모든 테두리(⊞)'를 적용한 후 '굵은 바깥쪽 테두리(▣)'를 적용하여 표시하시오.

Chapter 03 조건부 서식 지정하기

[문제1 기본작업]의 3번 문제는 조건부 서식을 지정하는 문제, 고급 필터를 사용하는 문제, 외부 데이터를 가져오는 문제 등이 출제되는데, 여기서는 조건부 서식을 지정하는 방법에 대해 알아보겠습니다. 시험에서는 주로 수식을 사용하여 조건부 서식을 지정하는 문제가 출제됩니다. 배점은 5점입니다.

문제1 기본작업(20점) ● 주어진 시트에서 다음 과정을 수행하고 저장하시오.

3. '기본작업-3' 시트에서 다음의 지시사항을 처리하시오. (5점)
   - [A4:H16] 영역에서 학번이 '2023'으로 시작하는 행 전체에 대하여 글꼴 색을 '표준 색-빨강'으로 지정하는 조건부 서식을 작성하시오.
     ▶ LEFT 함수 사용
     ▶ 단, 규칙 유형은 '수식을 사용하여 서식을 지정할 셀 결정'을 사용하고, 한개의 규칙으로만 작성하시오.

작업순서요약
수식을 사용하여 조건부 서식을 지정합니다.

작업 조건부 서식 지정하기

📘 Chapter03.xlsx

1 A4:H16셀 범위를 **선택**한 후 [홈] 탭-[스타일] 그룹에서 **[조건부 서식]을 클릭**한 다음 **[새 규칙]을 클릭**합니다.

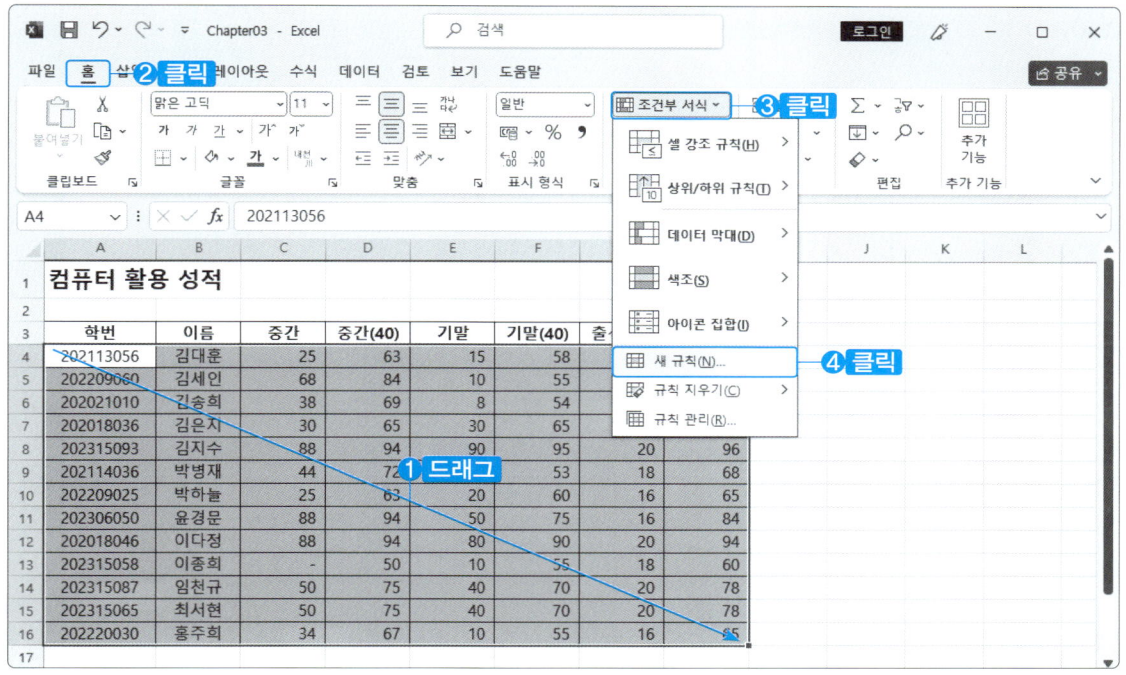

> **Tip**
> 조건부 서식은 조건을 만족하는 경우에만 셀에 지정되는 서식입니다.

2 [새 서식 규칙] 대화상자가 나타나면 **규칙 유형(수식을 사용하여 서식을 지정할 셀 결정)을 선택**한 후 **수식(=LEFT($A4,4)="2023")을 입력**한 다음 [서식] 단추를 **클릭**합니다.

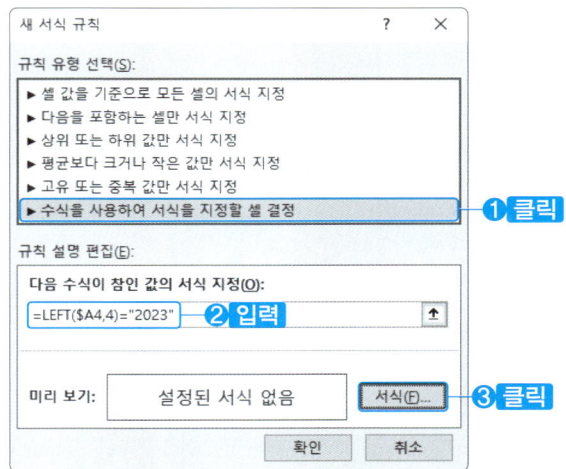

> **Tip**
> =LEFT($A4,4)="2023" : A4:H16셀 범위에서 학번이 '2023'으로 시작하면 논리값 TRUE를 구하고, 그렇지 않으면 논리값 FALSE를 구합니다. 조건부 서식은 조건을 만족하는 경우에만 서식이 지정됩니다. 그리고 A열에 있는 텍스트($A4)에서 왼쪽(LEFT)부터 네 문자(4)가 '2023'과 같다(=)는 것은 학번이 '2023'으로 시작한다는 것입니다. 즉, 논리값 TRUE를 구한 행(학번이 '2023'으로 시작하는 행)에만 서식이 지정됩니다.

3 [셀 서식] 대화상자가 나타나면 [글꼴] 탭에서 **색(빨강)**을 선택한 후 [확인] 단추를 클릭합니다.

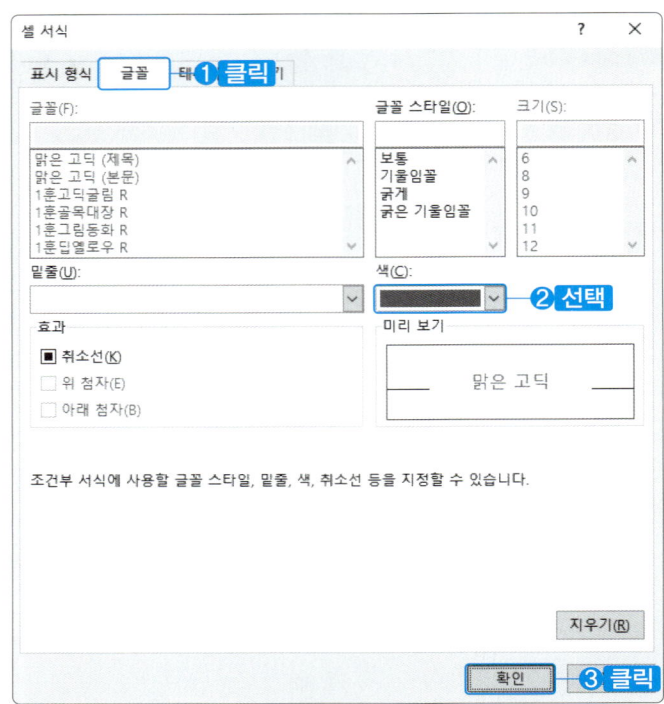

4 [새 서식 규칙] 대화상자가 다시 나타나면 [확인] 단추를 클릭합니다.

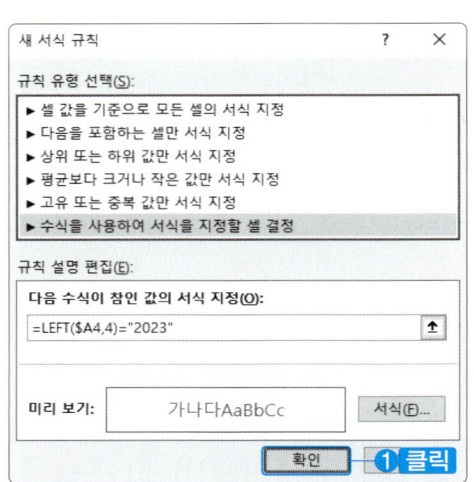

5 다음과 같이 조건부 서식이 지정됩니다.

	A	B	C	D	E	F	G	H
1	컴퓨터 활용 성적							
2								
3	학번	이름	중간	중간(40)	기말	기말(40)	출석(20)	합계
4	202113056	김대훈	25	63	15	58	18	66
5	202209060	김세인	68	84	10	55	16	72
6	202021010	김송희	38	69	8	54	18	67
7	202018036	김은지	30	65	30	65	20	72
8	202315093	김지수	88	94	90	95	20	96
9	202114036	박병재	44	72	5	53	18	68
10	202209025	박하늘	25	63	20	60	16	65
11	202306050	윤경문	88	94	50	75	16	84
12	202018046	이다정	88	94	80	90	20	94
13	202315058	이종희	-	50	10	55	18	60
14	202315087	임천규	50	75	40	70	20	78
15	202315065	최서현	50	75	40	70	20	78
16	202220030	홍주희	34	67	10	55	16	65

조건부 서식 지우기

다음과 같이 조건부 서식이 지정된 셀 범위를 선택한 후 [홈] 탭–[스타일] 그룹에서 [조건부 서식]을 클릭한 다음 [규칙 지우기]–[선택한 셀의 규칙 지우기]를 클릭하면 선택한 셀 범위에 지정된 조건부 서식을 지울 수 있고, [규칙 지우기]–[시트 전체에서 규칙 지우기]를 클릭하면 현재 워크시트에 지정된 모든 조건부 서식을 지울 수 있습니다.

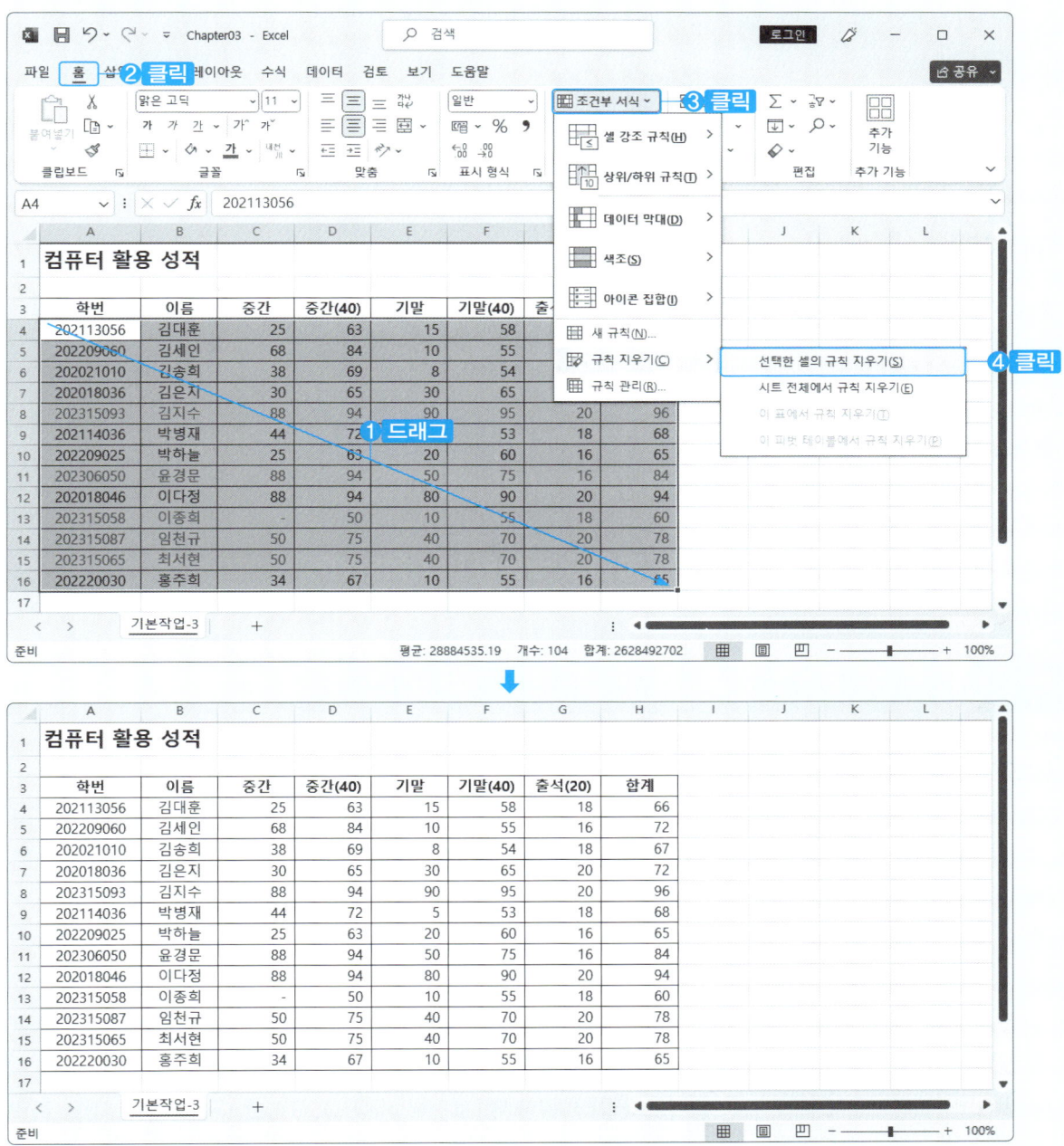

실전문제유형

문제유형 01 주어진 시트에서 다음 과정을 수행하고 저장하시오.
Ch03_문제유형01.xlsx

3. '기본작업-3' 시트에서 다음의 지시사항을 처리하시오. (5점)
   - [A4:G15] 영역에서 직위가 '주임'이면서 총급여가 4,000,000 미만인 행 전체에 대하여 글꼴 스타일을 '굵게', 글꼴 색을 '표준 색-파랑'으로 지정하는 조건부 서식을 작성하시오.
     ▶ AND 함수 사용
     ▶ 단, 규칙 유형은 '수식을 사용하여 서식을 지정할 셀 결정'을 사용하고, 한개의 규칙으로만 작성하시오.

Hint
A4:G15셀 범위를 선택한 후 [홈] 탭-[스타일] 그룹에서 [조건부 서식]을 클릭한 다음 [새 규칙]을 클릭 → [새 서식 규칙] 대화상자에서 규칙 유형(수식을 사용하여 서식을 지정할 셀 결정)을 선택한 후 수식(=AND($C4="주임",$G4<4000000))을 입력한 다음 [서식] 단추를 클릭 → [셀 서식] 대화상자의 [글꼴] 탭에서 글꼴 스타일(굵게)과 색(파랑)을 선택한 후 [확인] 단추를 클릭 → [새 서식 규칙] 대화상자에서 [확인] 단추를 클릭

문제유형 02 주어진 시트에서 다음 과정을 수행하고 저장하시오.
Ch03_문제유형02.xlsx

3. '기본작업-3' 시트에서 다음의 지시사항을 처리하시오. (5점)
   - [A4:G15] 영역에서 상품명이 '골드'이거나 인원수가 5 이상인 행 전체에 대하여 채우기 색을 '표준 색-노랑'으로 지정하는 조건부 서식을 작성하시오.
     ▶ OR 함수 사용
     ▶ 단, 규칙 유형은 '수식을 사용하여 서식을 지정할 셀 결정'을 사용하고, 한개의 규칙으로만 작성하시오.

Hint
A4:G15셀 범위를 선택한 후 [홈] 탭-[스타일] 그룹에서 [조건부 서식]을 클릭한 다음 [새 규칙]을 클릭 → [새 서식 규칙] 대화상자에서 규칙 유형(수식을 사용하여 서식을 지정할 셀 결정)을 선택한 후 수식(=OR($A4="골드",$D4>=5))을 입력한 다음 [서식] 단추를 클릭 → [셀 서식] 대화상자의 [채우기] 탭에서 배경색(노랑)을 선택한 후 [확인] 단추를 클릭 → [새 서식 규칙] 대화상자에서 [확인] 단추를 클릭

실전문제유형

문제유형 03 주어진 시트에서 다음 과정을 수행하고 저장하시오.   Ch03_문제유형03.xlsx

3. '기본작업-3' 시트에서 다음의 지시사항을 처리하시오. (5점)
   - [A4:F15] 영역에서 부서가 '기획부'이면서 급여가 3,000,000 이상인 행 전체에 대하여 글꼴 스타일을 '굵게', 글꼴 색을 '표준 색-빨강'으로 지정하는 조건부 서식을 작성하시오.
     ▶ AND 함수 사용
     ▶ 단, 규칙 유형은 '수식을 사용하여 서식을 지정할 셀 결정'을 사용하고, 한개의 규칙으로만 작성하시오.

문제유형 04 주어진 시트에서 다음 과정을 수행하고 저장하시오.   Ch03_문제유형04.xlsx

3. '기본작업-3' 시트에서 다음의 지시사항을 처리하시오. (5점)
   - [A4:H16] 영역에서 제품코드가 'TM'으로 시작하는 행 전체에 대하여 채우기 색을 '표준 색-노랑'으로 지정하는 조건부 서식을 작성하시오.
     ▶ LEFT 함수 사용
     ▶ 단, 규칙 유형은 '수식을 사용하여 서식을 지정할 셀 결정'을 사용하고, 한개의 규칙으로만 작성하시오.

Chapter 04 고급 필터 사용하기

[문제1 기본작업]의 3번 문제는 고급 필터를 사용하는 문제, 조건부 서식을 지정하는 문제, 외부 데이터를 가져오는 문제 등이 출제되는데, 여기서는 고급 필터를 사용하는 방법에 대해 알아보겠습니다. 시험에서는 주로 고급 필터를 사용하여 다른 위치에 조건을 만족하는 데이터만 표시하는 문제가 출제됩니다. 배점은 5점입니다.

문제1 기본작업(20점) ● 주어진 시트에서 다음 과정을 수행하고 저장하시오.

3. '기본작업-3' 시트에서 다음의 지시사항을 처리하시오. (5점)
   - '상공 호텔 예약 현황' 표에서 상품명이 '골드'이거나 할인금액이 100,000 이상인 데이터를 고급 필터를 사용하여 검색하시오.
     ▶ 고급 필터 조건은 [A15:D17] 범위 내에 알맞게 입력하시오.
     ▶ 고급 필터 결과 복사 위치는 동일 시트의 [A19] 셀에서 시작하시오.

작업순서요약
고급 필터를 사용하여 다른 위치에 조건을 만족하는 데이터만 표시합니다.

작업 | 고급 필터 사용하기

Chapter04.xlsx

1 다음과 같이 A15:B17셀 범위에 조건을 입력합니다. 그런 다음 고급 필터를 사용하기 위해 A3셀을 선택한 후 [데이터] 탭-[정렬 및 필터] 그룹에서 [고급]을 클릭합니다.

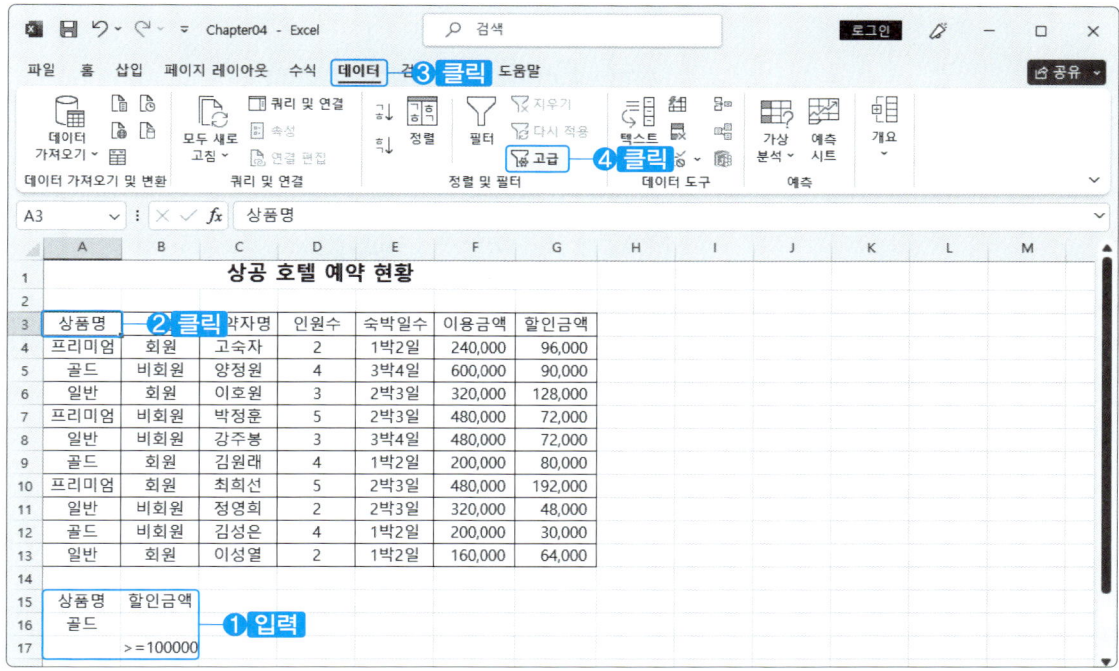

Tip

많은 데이터 중에서 원하는 데이터(조건을 만족하는 데이터)만 표시하는 작업을 '필터링'이라고 합니다. 고급 필터는 입력한 조건을 사용하여 필터링을 할 수 있는 기능입니다. 그러므로 고급 필터를 사용하려면 먼저 조건을 해당하는 필드명(열의 이름(여기서는 상품명, 구분, 예약자명 등))과 함께 입력해야 합니다.

한가지 더!

조건 입력하기

다음과 같이 같은 행에 조건을 입력하면 AND 조건으로 입력한 조건을 모두 만족하는 데이터만 표시하고, 다른 행에 조건을 입력하면 OR 조건으로 입력한 조건 중에서 하나라도 만족하는 데이터만 표시합니다.

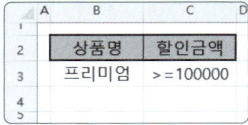

▲ 상품명이 '프리미엄'이면서 할인금액이 100,000 이상인 데이터(AND 조건)

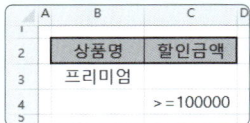

▲ 상품명이 '프리미엄'이거나 할인금액이 100,000 이상인 데이터(OR 조건)

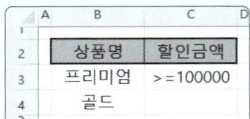

▲ 상품명이 '프리미엄'이면서 할인금액이 100,000 이상이거나 상품명이 '골드'인 데이터(AND 조건과 OR 조건)

2 [고급 필터] 대화상자가 나타나면 [다른 장소에 복사]를 선택한 후 목록 범위($A$3:$G$13), 조건 범위($A$15:$B$17), 복사 위치($A$19)를 입력한 다음 [확인] 단추를 클릭합니다.

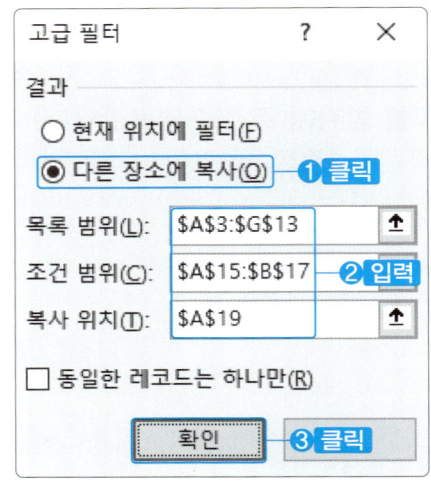

Tip
목록 범위는 데이터가 있는 셀 범위, 조건 범위는 조건이 있는 셀 범위, 복사 위치는 조건을 만족하는 데이터를 표시할 위치입니다.

한가지 더!

필터링이 제대로 안 되는 경우
목록 범위에 있는 필드명과 조건 범위에 있는 필드명이 서로 달라 필터링이 제대로 안 되는 경우가 있습니다. 예를 들어 '상품명'을 '상품맹'과 같이 잘못 입력하거나 '상품명 '과 같이 공백을 입력한 경우입니다. 조건 범위에 있는 필드명을 직접 입력하지 않고 목록 범위에 있는 필드명을 복사하여 붙여 넣으면 이런 실수를 미연에 방지할 수 있습니다.

3 다음과 같이 다른 위치에 상품명이 '골드'이거나 할인금액이 100,000 이상인 데이터만 표시됩니다.

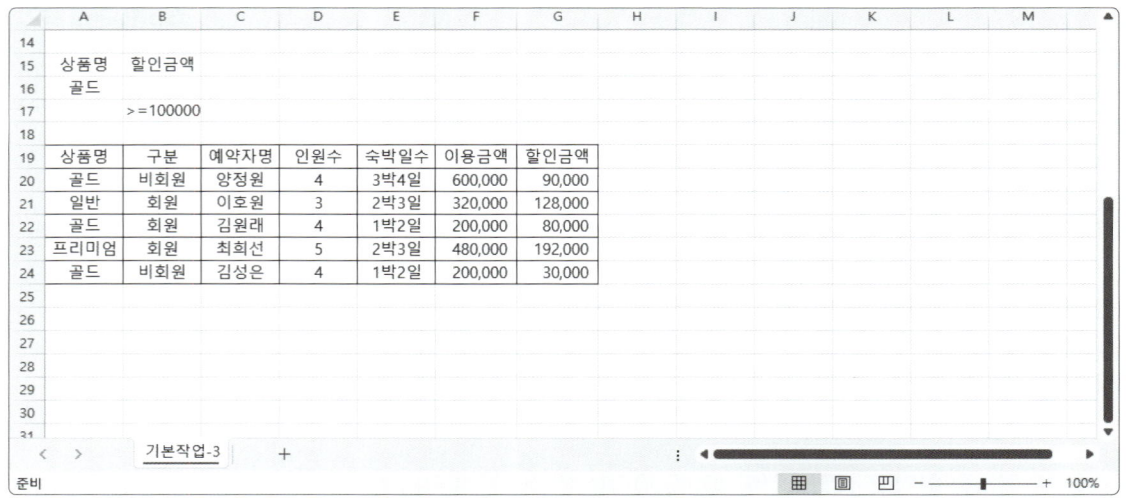

Tip
예약자명이 '양정원', '김원래', '김성은'인 데이터는 상품명이 '골드'이기 때문에 표시된 것이고, 예약자명이 '이호원'인 데이터와 '최희선'인 데이터는 할인금액이 '100,000' 이상이기 때문에 표시된 것입니다.

한가지 더!

다른 위치에 원하는 데이터의 원하는 필드만 표시하기

다음과 같이 원하는 필드의 필드명을 입력한 후 [고급 필터] 대화상자에서 [복사 위치]에 필드명이 입력되어 있는 셀 범위를 입력하면 다른 위치에 원하는 데이터의 원하는 필드만 표시할 수 있습니다.

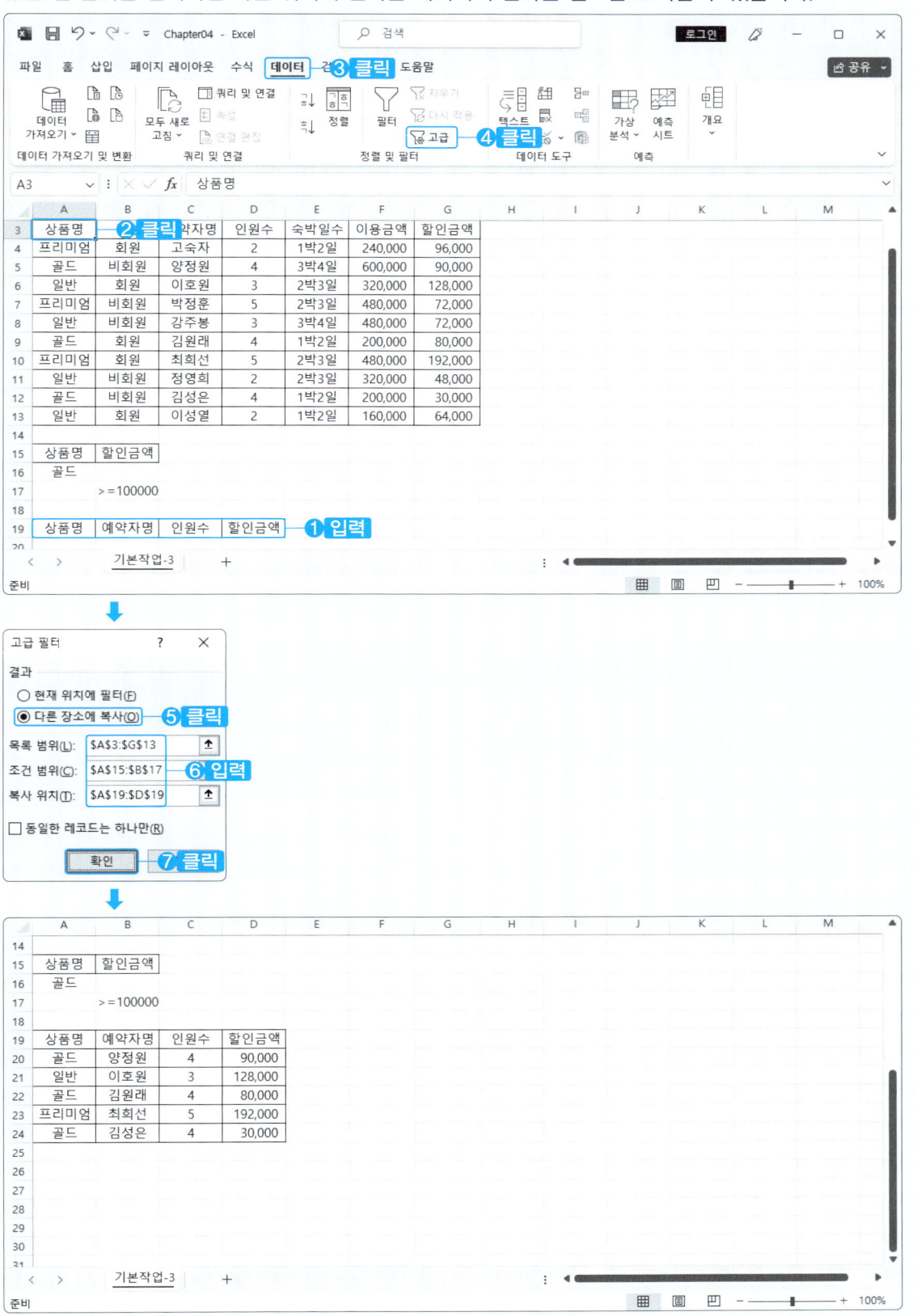

실전문제유형

문제유형 01 주어진 시트에서 다음 과정을 수행하고 저장하시오.　　Ch04_문제유형01.xlsx

3. '기본작업-3' 시트에서 다음의 지시사항을 처리하시오. (5점)
   - '3월분 급여지급명세서' 표에서 직위가 '과장'이거나 총급여가 5,000,000 이상인 데이터를 고급 필터를 사용하여 검색하시오.
     ▶ 고급 필터 조건은 [A17:D19] 범위 내에 알맞게 입력하시오.
     ▶ 고급 필터 결과 복사 위치는 동일 시트의 [A21] 셀에서 시작하시오.

문제유형 02 주어진 시트에서 다음 과정을 수행하고 저장하시오.　　Ch04_문제유형02.xlsx

3. '기본작업-3' 시트에서 다음의 지시사항을 처리하시오. (5점)
   - '컴퓨터 활용 성적' 표에서 이름이 '김'으로 시작하면서 합계가 70 이하인 데이터를 고급 필터를 사용하여 검색하시오.
     ▶ 고급 필터 조건은 [A18:C20] 범위 내에 알맞게 입력하시오.
     ▶ 고급 필터 결과 복사 위치는 동일 시트의 [A22] 셀에서 시작하시오.

> **Hint**
>
> **조건 입력** : A18셀에 '이름', A19셀에 '김*', B18셀에 '합계', B19셀에 '<=70'을 입력(별표(*)는 와일드카드 문자로 임의의 여러 문자를 의미)

실전문제유형

문제유형 03 주어진 시트에서 다음 과정을 수행하고 저장하시오.   Ch04_문제유형03.xlsx

3. '기본작업-3' 시트에서 다음의 지시사항을 처리하시오. (5점)
   - '아슬란 주식회사 인사 관리 현황' 표에서 부서가 '경리부'이거나 급여가 4,000,000 이상인 데이터를 고급 필터를 사용하여 검색하시오.
     ▶ 고급 필터 조건은 [A18:C20] 범위 내에 알맞게 입력하시오.
     ▶ 고급 필터 결과 복사 위치는 동일 시트의 [A23] 셀에서 시작하시오.

문제유형 04 주어진 시트에서 다음 과정을 수행하고 저장하시오.   Ch04_문제유형04.xlsx

3. '기본작업-3' 시트에서 다음의 지시사항을 처리하시오. (5점)
   - '사무용품 관리 현황' 표에서 제품코드가 'TM'으로 시작하면서 입고량이 250 미만인 데이터의 '제품코드', '제품명', '입고량', '판매량'만을 고급 필터를 사용하여 검색하시오.
     ▶ 고급 필터 조건은 [A18:D20] 범위 내에 알맞게 입력하시오.
     ▶ 고급 필터 결과 복사 위치는 동일 시트의 [A22] 셀에서 시작하시오.

> **Hint**
>
> **조건 입력** : A18셀에 '제품코드', A19셀에 'TM*', B18셀에 '입고량', B19셀에 '<250', A22셀에 '제품코드', B22셀에 '제품명', C22셀에 '입고량', D22셀에 '판매량'을 입력

Chapter 05 자동 필터 사용하기

[문제1 기본작업]의 3번 문제는 자동 필터를 사용하는 문제, 조건부 서식을 지정하는 문제, 외부 데이터를 가져오는 문제 등이 출제되는데, 여기서는 자동 필터를 사용하는 방법에 대해 알아보겠습니다. 시험에서는 주로 직접 조건을 지정하여 필터링을 할 수 있는 자동 필터인 사용자 지정 필터를 사용하여 조건을 만족하는 데이터만 표시하는 문제가 출제됩니다. 배점은 5점입니다.

문제1 기본작업(20점) ● 주어진 시트에서 다음 과정을 수행하고 저장하시오.

3. '기본작업-3' 시트에서 다음의 지시사항을 처리하시오. (5점)
   - '3월분 급여지급명세서' 표에서 직위가 '대리'이면서 제수당이 350,000 이상, 500,000 미만인 데이터를 사용자 지정 필터를 사용하여 검색하시오.
     ▶ 사용자 지정 필터의 결과는 [A4:G15] 영역의 데이터를 이용하여 추출하시오.

작업순서요약

① 자동 필터를 사용하여 조건을 만족하는 데이터만 표시합니다.
② 사용자 지정 필터를 사용하여 조건을 만족하는 데이터만 표시합니다.

작업1 자동 필터 사용하기

Chapter05.xlsx

1 자동 필터를 사용하기 위해 **A3셀을 선택**한 후 [데이터] 탭-[정렬 및 필터] 그룹에서 **[필터]**를 클릭합니다.

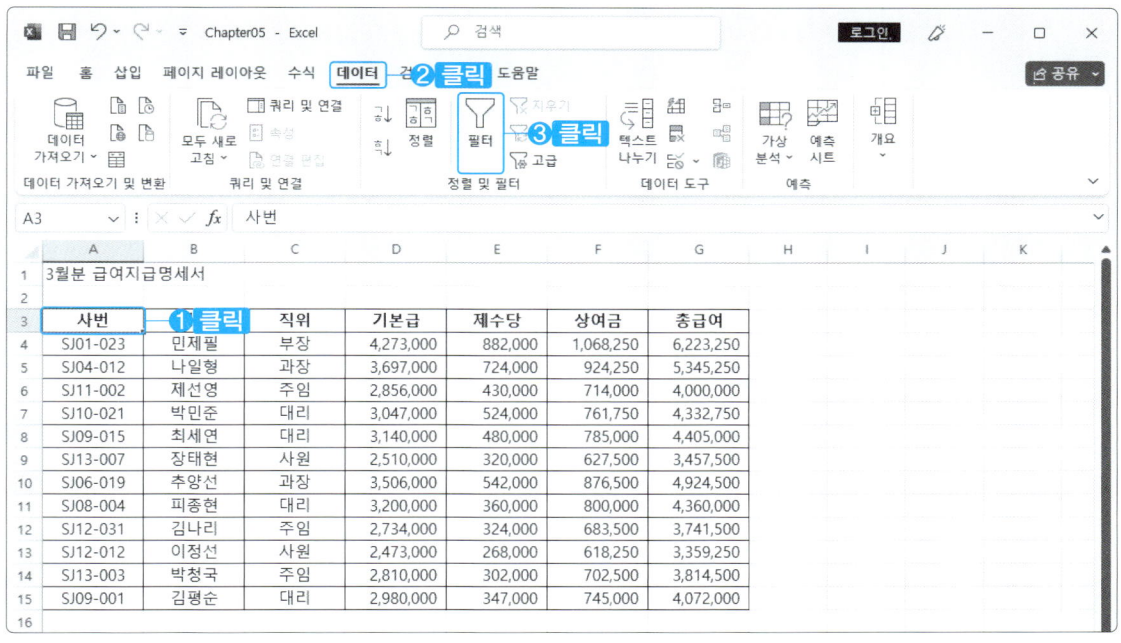

> **Tip**
> 자동 필터는 필터 목록을 사용하여 필터링을 할 수 있는 기능입니다.

2 [직위] 필드의 [필터 목록] 단추를 클릭한 후 [모두 선택]을 선택 해제한 다음 [대리]를 선택하고 [확인] 단추를 클릭합니다.

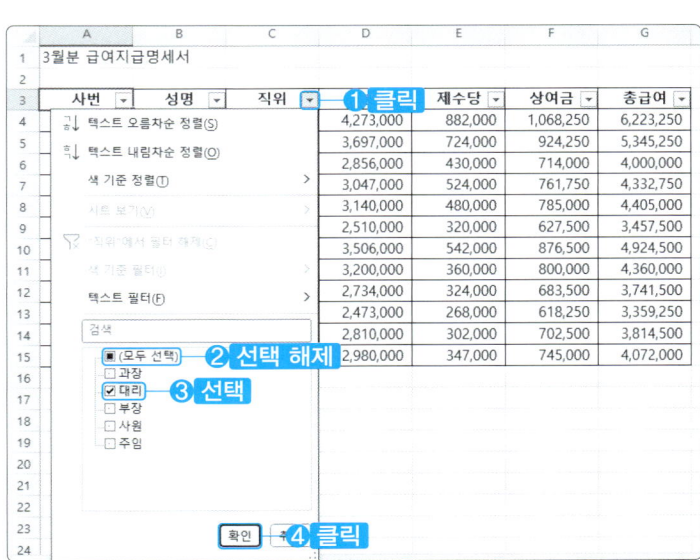

> **Tip**
> • 데이터에서 열을 '필드'라고 하고, 열의 이름(여기서는 사번, 성명, 직위 등)을 '필드명'이라고 합니다.
> • 자동 필터를 사용하면 필드명에 [필터 목록] 단추가 나타납니다.

3 직위가 '대리'인 데이터만 표시됩니다.

> **Tip**
> 필터링을 하면 해당 필드의 [필터 목록] 단추가 모양으로 변경되고, 행 번호도 파란색으로 변경됩니다.

작업2 사용자 지정 필터 사용하기

1 사용자 지정 필터를 사용하기 위해 [제수당] 필드의 ▼[필터 목록] 단추를 클릭한 후 [숫자 필터]-[사용자 지정 필터]를 클릭합니다.

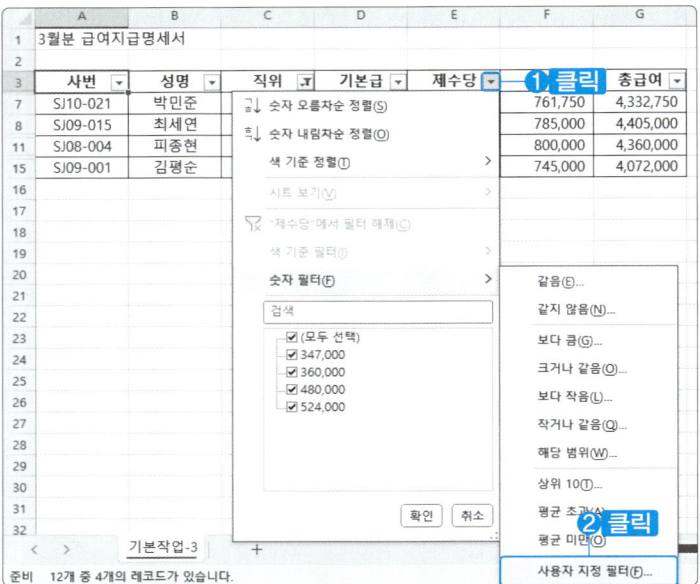

> **Tip**
> 사용자 지정 필터는 직접 조건을 지정하여 필터링을 할 수 있는 자동 필터입니다.

한가지 더!

필터 목록

필드에 있는 데이터에 따라 필터 목록이 다르게 나타납니다. 필드에 있는 데이터가 문자 데이터이면 텍스트 필터 목록(시작 문자, 끝 문자 등)이 나타나고, 숫자 데이터이면 숫자 필터 목록(보다 큼, 크거나 같음, 보다 작음, 작거나 같음 등)이 나타나며 날짜 데이터이면 날짜 필터 목록(내일, 오늘, 어제 등)이 나타납니다.

2 [사용자 지정 자동 필터] 대화상자가 나타나면 다음과 같이 조건을 지정한 후 [확인] 단추를 클릭합니다.

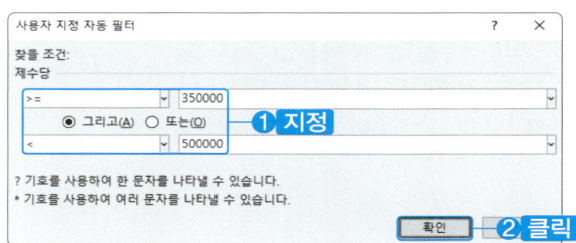

> **Tip**
> '그리고'는 AND 조건으로 두 조건을 모두 만족해야 하는 경우에 선택하고, '또는'은 OR 조건으로 두 조건 중에서 하나라도 만족하면 되는 경우에 선택합니다.

3 다음과 같이 직위가 '대리'이면서 제수당이 350,000 이상, 500,000 미만인 데이터만 표시됩니다.

> **Tip**
> 여러 필드에 조건이 지정되어 있는 경우에는 여러 필드에 지정되어 있는 조건을 모두 만족하는 데이터만 표시됩니다.

한가지 더!

지우기와 필터 해제

여러 필드에 조건이 지정되어 있는 경우, [데이터] 탭–[정렬 및 필터] 그룹에 있는 [지우기]는 여러 필드에 지정되어 있는 조건을 모두 지우고, 필터 목록에 있는 [필터 해제]는 해당 필드에 지정되어 있는 조건만 지웁니다. 다음은 [직위] 필드와 [제수당] 필드에 조건(직위가 '대리'이면서 제수당이 350,000 이상, 500,000 미만인 데이터만 표시)을 지정한 후 [직위] 필드의 [필터 목록] 단추를 클릭한 다음 ["직위"에서 필터 해제]를 클릭한 경우입니다.

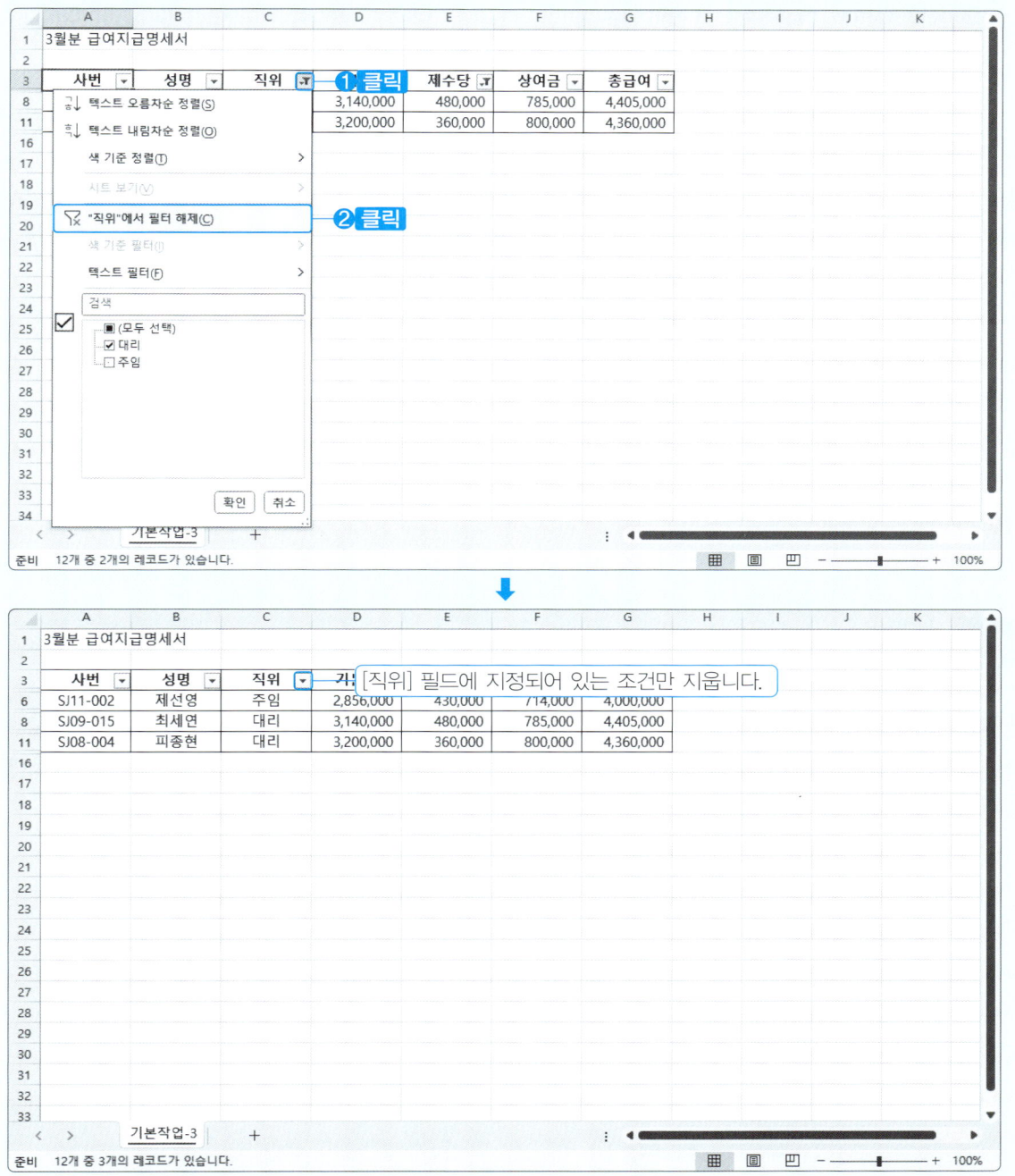

실전문제유형

문제유형 01 주어진 시트에서 다음 과정을 수행하고 저장하시오.   Ch05_문제유형01.xlsx

3. '기본작업-3' 시트에서 다음의 지시사항을 처리하시오. (5점)
    - '사무용품 관리 현황' 표에서 입고량이 200 이상, 300 미만이면서 제품명이 '프'로 끝나는 데이터를 사용자 지정 필터를 사용하여 검색하시오.
        ▶ 사용자 지정 필터의 결과는 [A4:H16] 영역의 데이터를 이용하여 추출하시오.

> **Hint**
>
> **제품명이 '프'로 끝나는 데이터** : [제품명] 필드의 ▼[필터 목록] 단추를 클릭한 후 [텍스트 필터]-[끝 문자]를 클릭 → [사용자 지정 자동 필터] 대화상자에서 조건(끝 문자, '프')을 지정한 후 [확인] 단추를 클릭

문제유형 02 주어진 시트에서 다음 과정을 수행하고 저장하시오.   Ch05_문제유형02.xlsx

3. '기본작업-3' 시트에서 다음의 지시사항을 처리하시오. (5점)
    - '컴퓨터 활용 성적' 표에서 중간과 기말이 80 이상인 데이터를 사용자 지정 필터를 사용하여 검색하시오.
        ▶ 사용자 지정 필터의 결과는 [A4:H16] 영역의 데이터를 이용하여 추출하시오.

실전문제유형

문제유형 03 주어진 시트에서 다음 과정을 수행하고 저장하시오.   Ch05_문제유형03.xlsx

3. '기본작업-3' 시트에서 다음의 지시사항을 처리하시오. (5점)
   - '아슬란 주식회사 인사 관리 현황' 표에서 성별이 '남'이면서 급여가 3,000,000 이상인 데이터를 사용자 지정 필터를 사용하여 검색하시오.
     ▶ 사용자 지정 필터의 결과는 [A4:F15] 영역의 데이터를 이용하여 추출하시오.

   Hint

   성별이 '남'인 데이터 : [성별] 필드의 ▼[필터 목록] 단추를 클릭한 후 [모두 선택]을 선택 해제한 다음 [남]을 선택하고 [확인] 단추를 클릭

문제유형 04 주어진 시트에서 다음 과정을 수행하고 저장하시오.   Ch05_문제유형04.xlsx

3. '기본작업-3' 시트에서 다음의 지시사항을 처리하시오. (5점)
   - '상공 호텔 예약 현황' 표에서 구분이 '회원'이면서 이용금액이 200,000 이상, 300,000 미만인 데이터를 사용자 지정 필터를 사용하여 검색하시오.
     ▶ 사용자 지정 필터의 결과는 [A4:G13] 영역의 데이터를 이용하여 추출하시오.

Chapter 06 외부 데이터 가져오기

[문제1 기본작업]의 3번 문제는 외부 데이터를 가져오는 문제, 조건부 서식을 지정하는 문제, 고급 필터를 사용하는 문제 등이 출제되는데, 여기서는 외부 데이터를 가져오는 방법에 대해 알아보겠습니다. 시험에서는 주로 텍스트 파일에서 데이터를 가져오는 문제가 출제됩니다. 배점은 5점입니다.

문제1 기본작업(20점) ● 주어진 시트에서 다음 과정을 수행하고 저장하시오.

3. '기본작업-3' 시트에서 다음의 지시사항을 처리하시오. (5점)
   - 다음의 텍스트 파일을 열고, 생성된 데이터를 '기본작업-3' 시트의 [A3:G15] 영역에 붙여 넣으시오.
     - ▶ 외부 데이터 파일명은 '3월분 급여지급명세서.txt'임
     - ▶ 외부 데이터는 탭으로 구분되어 있음
     - ▶ 열 너비는 조정하지 않음

작업순서요약
텍스트 파일에서 데이터를 가져옵니다.

작업 외부 데이터 가져오기

1 [데이터] 탭-[데이터 가져오기 및 변환] 그룹에서 [텍스트/CSV에서]를 클릭합니다.

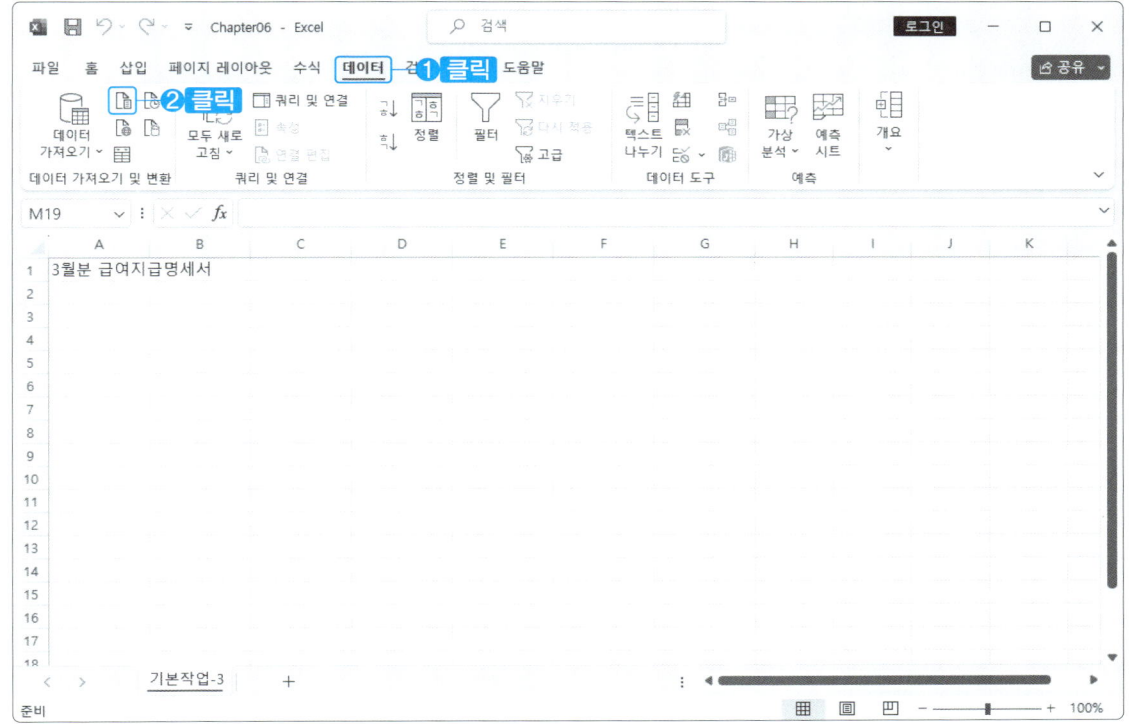

Tip
외부 데이터 가져오기는 다른 프로그램에서 작성한 데이터를 엑셀에서 사용할 수 있도록 가져오는 기능입니다.

2 [데이터 가져오기] 대화상자가 나타나면 **위치(C:₩컴퓨터활용능력 2급 실기₩Part01₩Chapter06)를 선택**한 후 **파일(3월분 급여지급명세서)을 선택**한 다음 **[가져오기] 단추를 클릭**합니다.

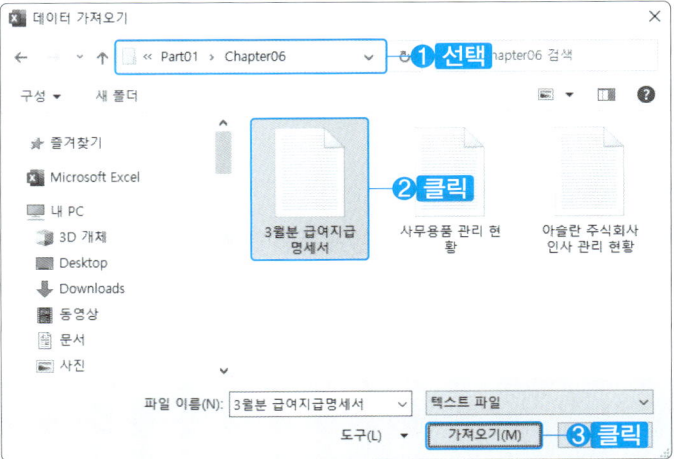

Chapter 06 • 외부 데이터 가져오기 **49**

3 로드/데이터 변환 화면이 나타나면 **구분 기호(탭)를 선택**한 후 [로드]의 [목록] 단추를 클릭한 다음 [**다음으로 로드**]를 클릭합니다.

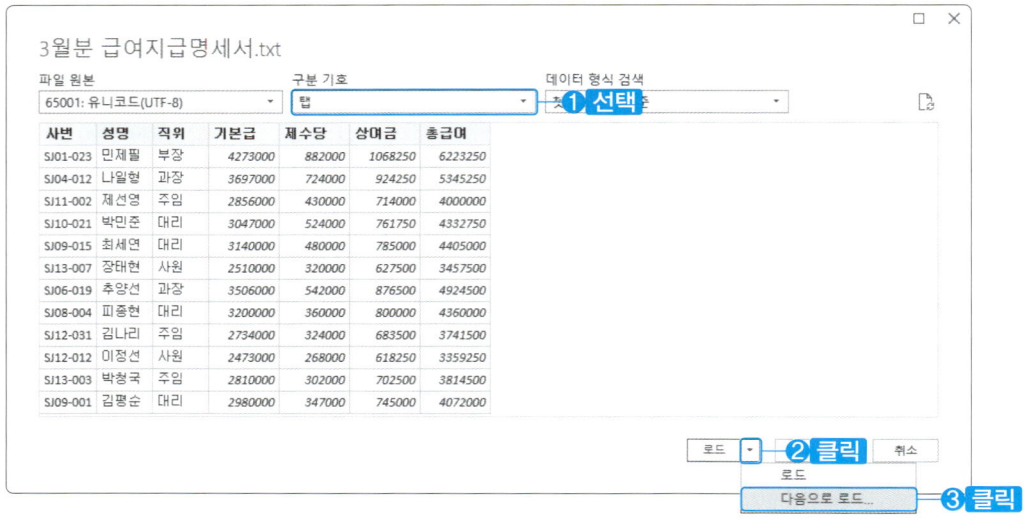

> **Tip**
> 시험에서 구분 기호를 확인한 후 선택합니다.

4 [데이터 가져오기] 대화상자가 나타나면 [**기존 워크시트**] **선택**한 후 **위치(A3)를 입력**한 다음 [**확인**] 단추를 클릭합니다.

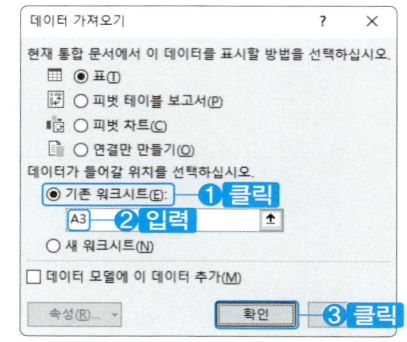

5 다음과 같이 외부 데이터가 가져와집니다.

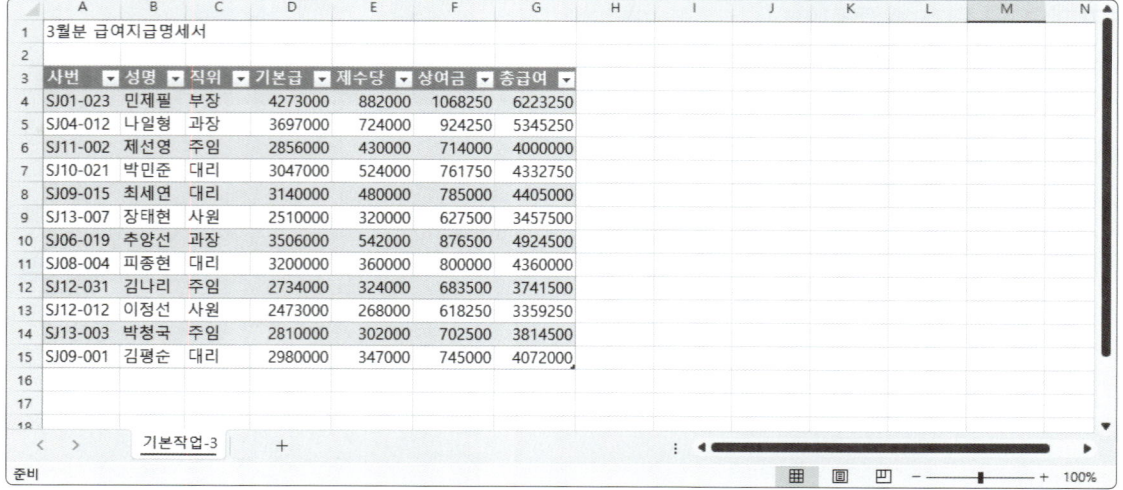

50 컴퓨터활용능력 2급 실기

한가지 더!

텍스트 나누기

텍스트 나누기는 텍스트가 한 열에 입력되어 있는 경우, 탭이나 공백 등으로 구분하여 여러 열로 나눌 수 있는 기능입니다. 다음과 같이 텍스트를 선택한 후 [데이터] 탭-[데이터 도구] 그룹에서 [텍스트 나누기]를 클릭하면 텍스트를 나눌 수 있습니다.

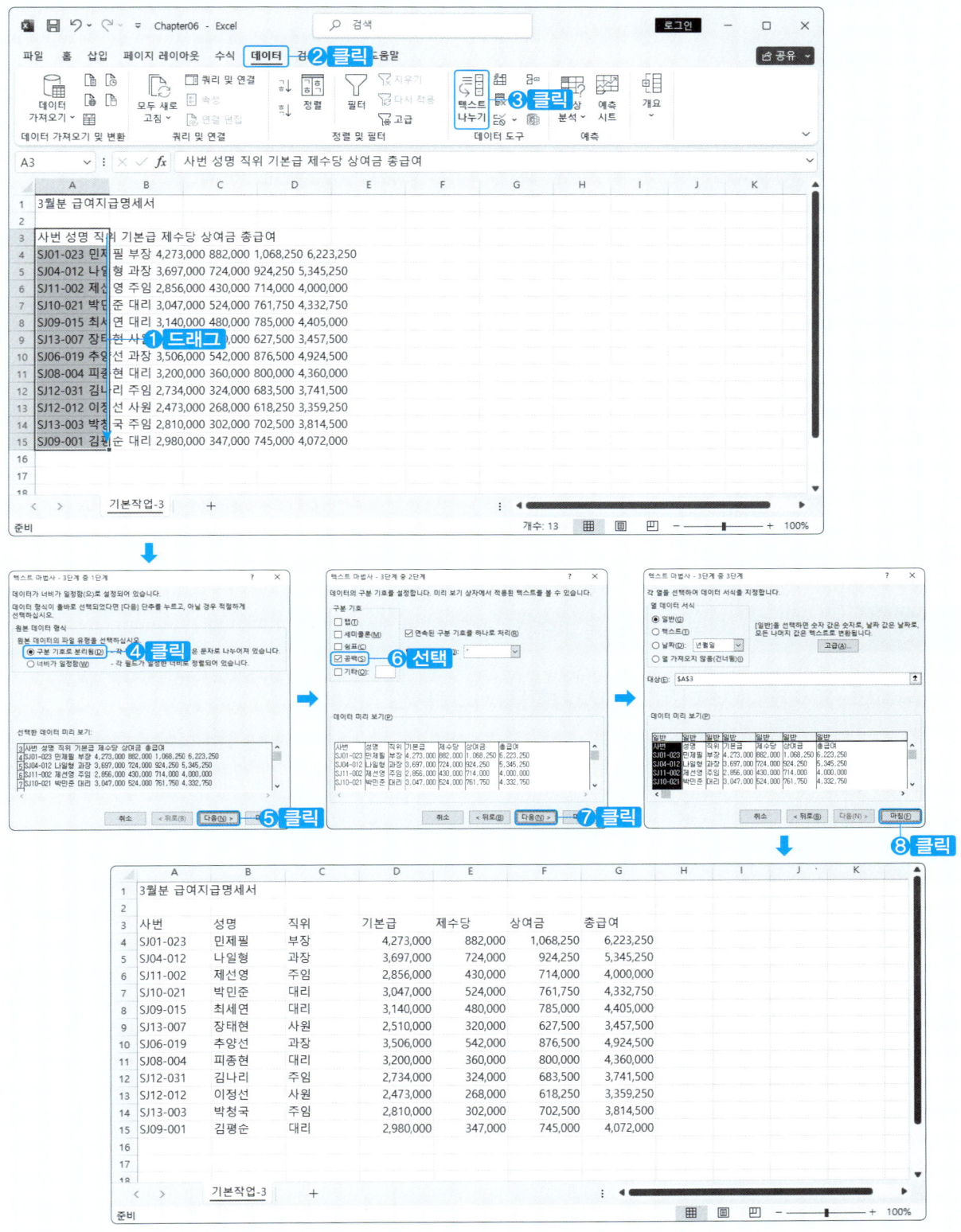

Chapter 06 · 외부 데이터 가져오기 51

실전문제유형

문제유형 01 주어진 시트에서 다음 과정을 수행하고 저장하시오. Ch06_문제유형01.xlsx

3. '기본작업-3' 시트에서 다음의 지시사항을 처리하시오. (5점)
   - 다음의 텍스트 파일을 열고, 생성된 데이터를 '기본작업-3' 시트의 [A3:H16] 영역에 붙여 넣으시오.
     ▶ 외부 데이터 파일명은 '사무용품 관리 현황.txt'임
     ▶ 외부 데이터는 공백으로 구분되어 있음
     ▶ 열 너비는 조정하지 않음

문제유형 02 주어진 시트에서 다음 과정을 수행하고 저장하시오. Ch06_문제유형02.xlsx

3. '기본작업-3' 시트에서 다음의 지시사항을 처리하시오. (5점)
   - 다음의 텍스트 파일을 열고, 생성된 데이터를 '기본작업-3' 시트의 [A3:F15] 영역에 붙여 넣으시오.
     ▶ 외부 데이터 파일명은 '아슬란 주식회사 인사 관리 현황.txt'임
     ▶ 외부 데이터는 세미콜론(;)으로 구분되어 있음
     ▶ 열 너비는 조정하지 않음

실전문제유형

문제유형 03 주어진 시트에서 다음 과정을 수행하고 저장하시오.
Ch06_문제유형03.xlsx

3. '기본작업-3' 시트에서 다음의 지시사항을 처리하시오. (5점)
   - [A3:A16] 영역의 데이터를 텍스트 나누기를 사용하여 [A3:H16] 영역에 표시하시오.
     ▶ 데이터는 쉼표(,)로 구분되어 있음
     ▶ 열 너비는 조정하지 않음

문제유형 04 주어진 시트에서 다음 과정을 수행하고 저장하시오.
Ch06_문제유형04.xlsx

3. '기본작업-3' 시트에서 다음의 지시사항을 처리하시오. (5점)
   - [A3:A13] 영역의 데이터를 텍스트 나누기를 사용하여 [A3:G13] 영역에 표시하시오.
     ▶ 데이터는 공백으로 구분되어 있음
     ▶ 열 너비는 조정하지 않음

Chapter 07 그림 복사하여 붙여 넣기

[문제1 기본작업]의 3번 문제는 그림 복사하여 붙여 넣는 문제, 조건부 서식을 지정하는 문제, 고급 필터를 사용하는 문제 등이 출제되는데, 여기서는 그림 복사하여 붙여 넣는 방법에 대해 알아보겠습니다. 시험에서는 주로 셀 범위를 그림 복사하여 붙여 넣는 문제가 출제됩니다. 배점은 5점입니다.

문제1 기본작업(20점) ● 주어진 시트에서 다음 과정을 수행하고 저장하시오.

3. '기본작업-3' 시트에서 다음의 지시사항을 처리하시오. (5점)
   - '급여명세서'에서 [J14:M15] 영역을 [그림 복사] 기능을 이용하여 [F2:H2] 영역에 위치시키시오.
     ▶ 그림 복사 작업이 끝나면 14, 15행 삭제

작업순서요약
셀 범위를 그림 복사하여 붙여 넣습니다.

작업 그림 복사하여 붙여 넣기

Chapter07.xlsx

1 결재란(J14:M15셀 범위)을 그림으로 복사하기 위해 **J14:M15셀 범위를 선택**한 후 [홈] 탭-[클립보드] 그룹에서 [복사]의 [목록] 단추를 클릭한 다음 [그림으로 복사]를 클릭합니다.

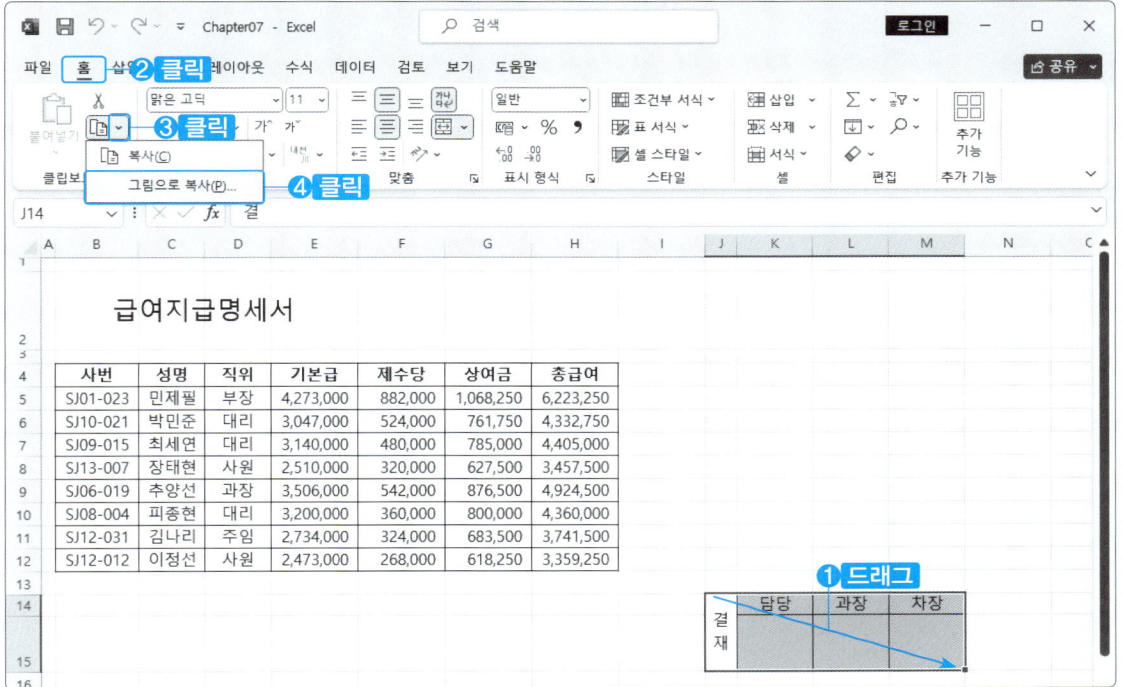

2 [그림 복사] 대화상자가 나타나면 **모양(화면에 표시된 대로)을 선택**한 후 **형식(그림)을 선택**한 다음 [확인] 단추를 클릭합니다.

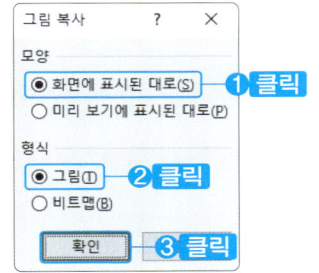

3 결재란 그림을 붙여 넣기 위해 **F2셀을 선택**한 후 [홈] 탭-[클립보드] 그룹에서 [붙여넣기]를 클릭합니다.

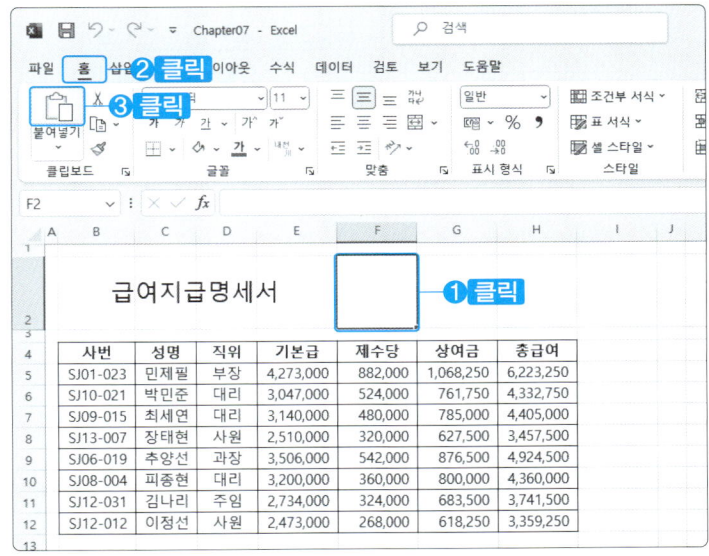

4 14:15행을 삭제하기 위해 **14:15행 머리글을 선택**한 후 [홈] 탭–[셀] 그룹에서 **[삭제]를 클릭**합니다.

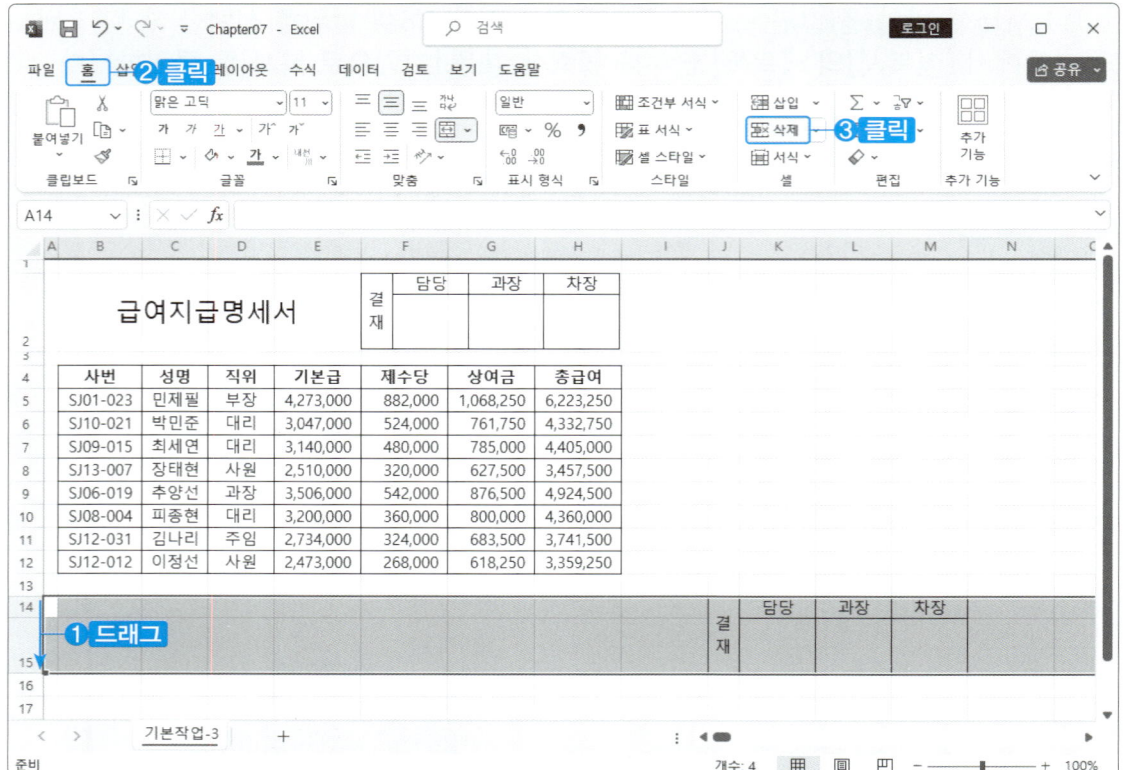

Tip

14:15행 머리글의 바로 가기 메뉴에서 [삭제]를 클릭하여 14:15행을 삭제할 수도 있습니다.

5 다음과 같이 기존의 14:15행이 삭제됩니다.

Tip

기존의 14:15행이 삭제되면서 J14:M15셀 범위에 있는 결재란도 삭제됩니다.

한가지 더!

연결하여 그림 붙여 넣기

연결하여 그림 붙여 넣기는 셀 범위(원본 데이터)를 복사하여 연결된 그림(사본 데이터)으로 붙여 넣어 원본 데이터를 수정하면 사본 데이터도 수정되도록 하는 기능입니다. 다음과 같이 셀 범위를 복사한 후 [홈] 탭-[클립보드] 그룹에서 [붙여넣기]의 [목록] 단추를 클릭한 다음 [연결된 그림]을 클릭하면 연결하여 그림 붙여 넣기를 할 수 있습니다.

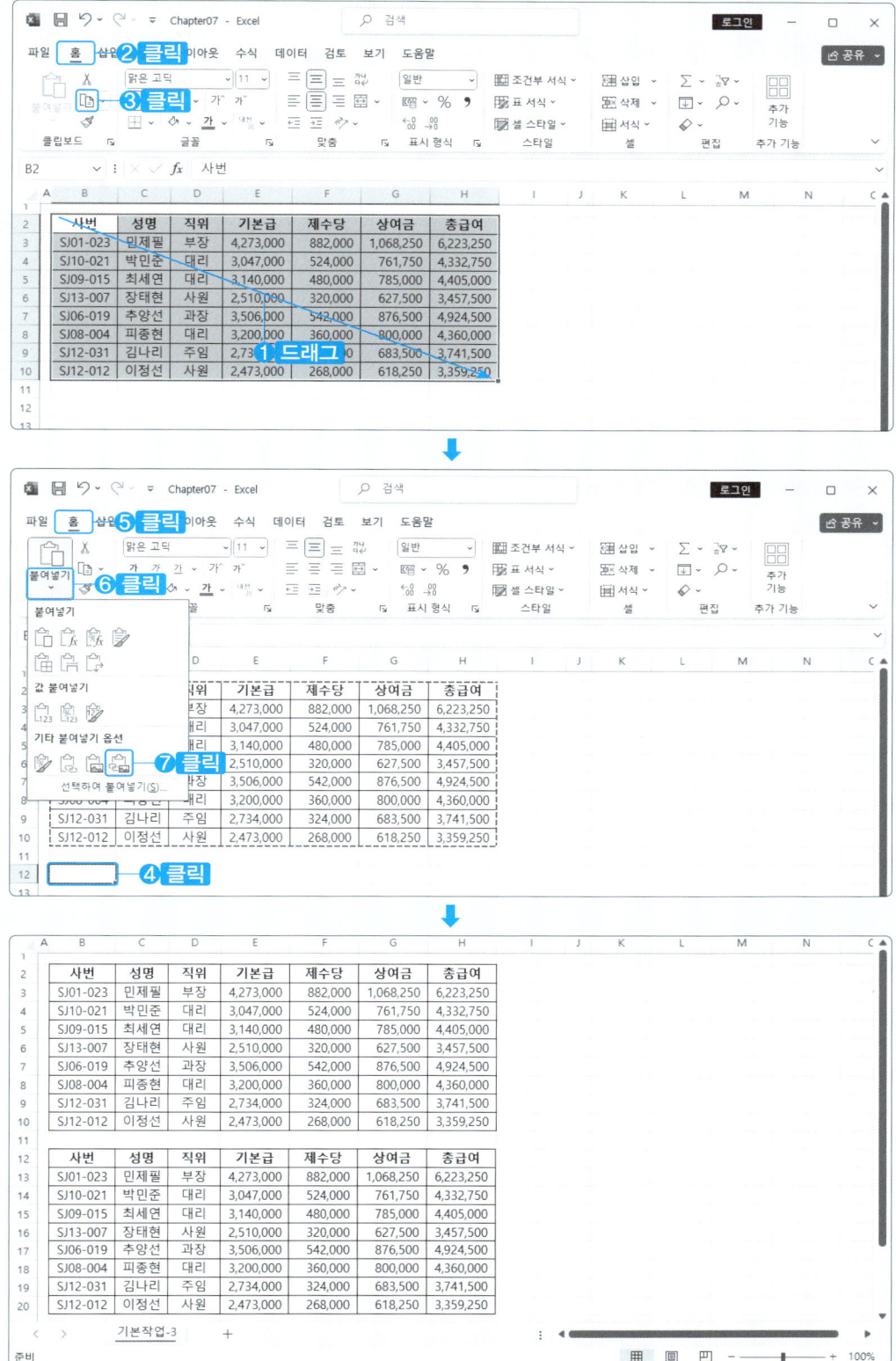

실전문제유형

문제유형 01 주어진 시트에서 다음 과정을 수행하고 저장하시오.　　Ch07_문제유형01.xlsx

3. '기본작업-3' 시트에서 다음의 지시사항을 처리하시오. (5점)
   - '사무용품 관리 현황'에서 [K2:N3] 영역을 [그림 복사] 기능을 이용하여 [G2:I3] 영역에 위치시키시오.
     ▶ 그림 복사 작업이 끝나면 K, L, M, N열 삭제

문제유형 02 주어진 시트에서 다음 과정을 수행하고 저장하시오.　　Ch07_문제유형02.xlsx

3. '기본작업-3' 시트에서 다음의 지시사항을 처리하시오. (5점)
   - '상공 호텔 예약 현황'에서 [J14:M15] 영역을 [그림 복사] 기능을 이용하여 [F2:H2] 영역에 위치시키시오.
     ▶ 그림 복사 작업이 끝나면 14, 15행 삭제

실전문제유형

문제유형 03 주어진 시트에서 다음 과정을 수행하고 저장하시오. Ch07_문제유형03.xlsx

3. '기본작업-3' 시트에서 다음의 지시사항을 처리하시오. (5점)
- '결재란' 시트의 [B2:E3] 영역을 복사한 다음 '기본작업-3' 시트의 [E2] 셀에 '연결하여 그림 붙여 넣기'를 이용하여 붙여 넣으시오.
  ▶ 단, 원본 데이터는 삭제하지 마시오.

문제유형 04 주어진 시트에서 다음 과정을 수행하고 저장하시오. Ch07_문제유형04.xlsx

3. '기본작업-3' 시트에서 다음의 지시사항을 처리하시오. (5점)
- [B17:I30] 영역을 복사한 다음 [B2] 셀에 '연결하여 그림 붙여 넣기'를 이용하여 붙여 넣으시오.
  ▶ 단, 원본 데이터는 삭제하지 마시오.

Chapter 08 계산 작업하기

[문제2 계산작업]은 함수를 사용하여 값을 구하는 문제가 출제됩니다. 값은 문제에서 주어진 함수를 사용하여 구해야 하며 주로 2개 이상의 함수를 중첩해 사용하여 값을 구하는 문제가 출제됩니다. 5문항의 문제가 출제되며 배점은 각 8점(총 40점)입니다.

문제2 계산작업(40점) ● '계산작업' 시트에서 다음 과정을 수행하고 저장하시오.

1. [표1]에서 응시일[C3:C9]이 월요일부터 금요일이면 '평일', 그 외에는 '주말'로 요일[D3:D9]에 표시하시오. (8점)
   - ▶ 단, 요일 계산 시 월요일이 1인 유형으로 지정
   - ▶ IF, WEEKDAY 함수 사용

2. [표2]에서 중간고사[G3:G9], 기말고사[H3:H9]와 학점기준표[G12:K14]를 참조하여 학점[I3:I9]을 계산하시오. (8점)
   - ▶ 평균은 각 학생의 중간고사와 기말고사로 구함
   - ▶ AVERAGE, HLOOKUP 함수 사용

3. [표3]에서 학과[A14:A21]가 '경영학과'인 학생들의 평점에 대한 평균을 [D24] 셀에 계산하시오. (8점)
   - ▶ 평균은 소수점 이하 셋째 자리에서 반올림하여 둘째 자리까지 표시 [표시 예 : 3.5623 → 3.56]
   - ▶ [A24:A25] 영역에 조건 입력
   - ▶ DAVERAGE, ROUND 함수 사용

4. [표4]에서 커뮤니케이션[B29:B35], 회계[C29:C35], 경영전략[D29:D35]이 모두 70 이상인 학생 수를 [D37] 셀에 계산하시오. (8점)
   - ▶ COUNT, COUNTIF, COUNTIFS 함수 중 알맞은 함수 사용

5. [표5]에서 학과[F29:F36]의 앞 세 문자와 입학일자[G29:G36]의 연도를 이용하여 입학코드[H29:H36]를 표시하시오. (8점)
   - ▶ 학과의 첫 글자만 대문자로 표시
   [표시 예 : 학과가 'HEALTHCARE', 입학일자가 '2015-03-02'인 경우 → Hea2015]
   - ▶ LEFT, PROPER, YEAR 함수와 & 연산자 사용

작업순서요약

① IF 함수와 WEEKDAY 함수를 중첩해 사용하여 요일을 구합니다.
② AVERAGE 함수와 HLOOKUP 함수를 중첩해 사용하여 학점을 구합니다.
③ DAVERAGE 함수와 ROUND 함수를 중첩해 사용하여 경영학과 평균 평점을 구합니다.
④ COUNTIFS 함수를 사용하여 모든 과목이 70 이상인 학생 수를 구합니다.
⑤ LEFT, PROPER, YEAR 함수와 & 연산자를 중첩해 사용하여 입학코드를 구합니다.

작업1 요일 구하기

Chapter08.xlsx

1 D3셀에 '=IF(WEEKDAY(C3,2)<=5,"평일","주말")'을 입력합니다.

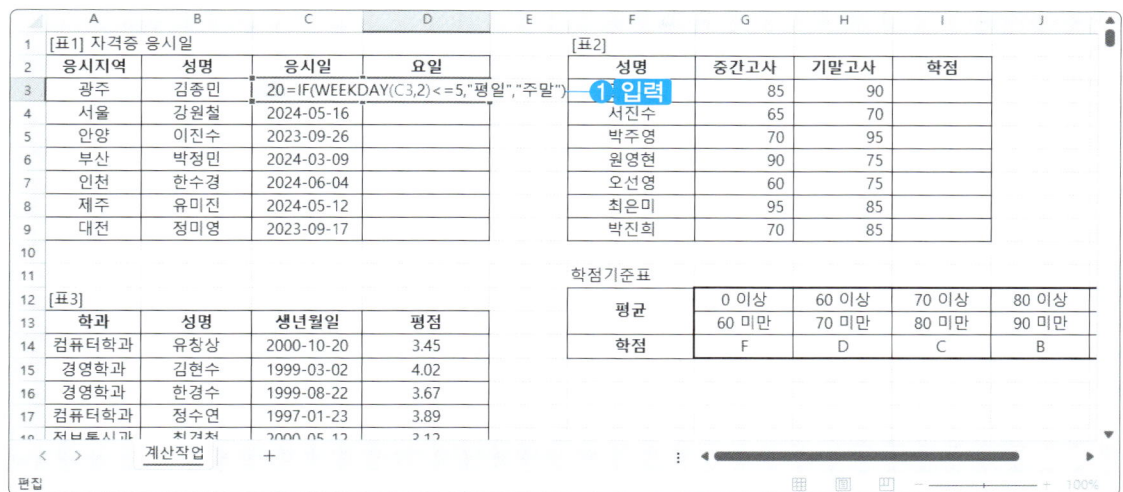

> **Tip**
> 여기에서 다루는 함수 이외의 함수는 [출제 함수 정리](P68~P79)를 참고합니다.

수식 꼼꼼히 보기

IF 함수
- 구문 : IF(logical_test, [value_if_true], [value_if_false])
- 설명 : logical_test가 참이면 value_if_true를 구하고, 거짓이면 value_if_false를 구합니다.

WEEKDAY 함수
- 구문 : WEEKDAY(serial_number, [return_type])
- 설명 : serial_number의 요일을 나타내는 값을 구합니다. return_type은 결과값의 유형을 지정한 값으로 다음과 같이 1, 2, 3 중의 하나입니다. return_type을 생략하면 1로 간주합니다.

return_type	요일을 나타내는 값						
	일	월	화	수	목	금	토
1	1	2	3	4	5	6	7
2	7	1	2	3	4	5	6
3	6	0	1	2	3	4	5

=IF(WEEKDAY(C3,2)<=5,"평일","주말")
　　　　❷　　　　❶

❶ ❷에서 구한 값이 5 이하이면(<=) '평일'을 구하고, 그렇지 않으면 '주말'을 구합니다.
❷ 2023-12-06(C3)의 요일을 나타내는 값을 구합니다. 2023년 12월 6일이 수요일이고 return_type이 2이므로 3을 구합니다.

2 D3셀을 선택한 후 채우기 핸들을 D9셀까지 드래그합니다.

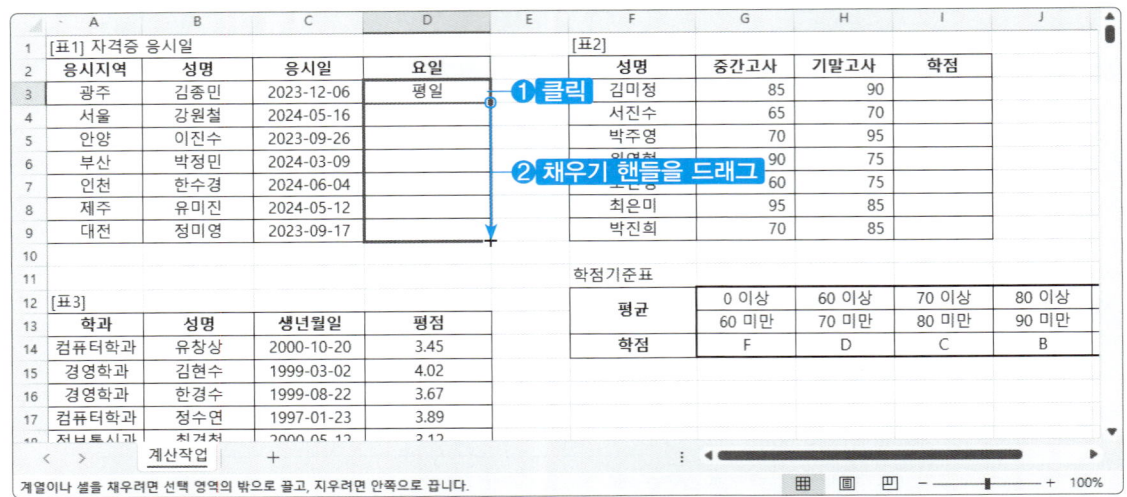

> **Tip**
> 채우기 핸들은 셀 포인터 오른쪽 아래에 있는 정사각형( )을 말합니다.

3 다음과 같이 요일이 구해집니다.

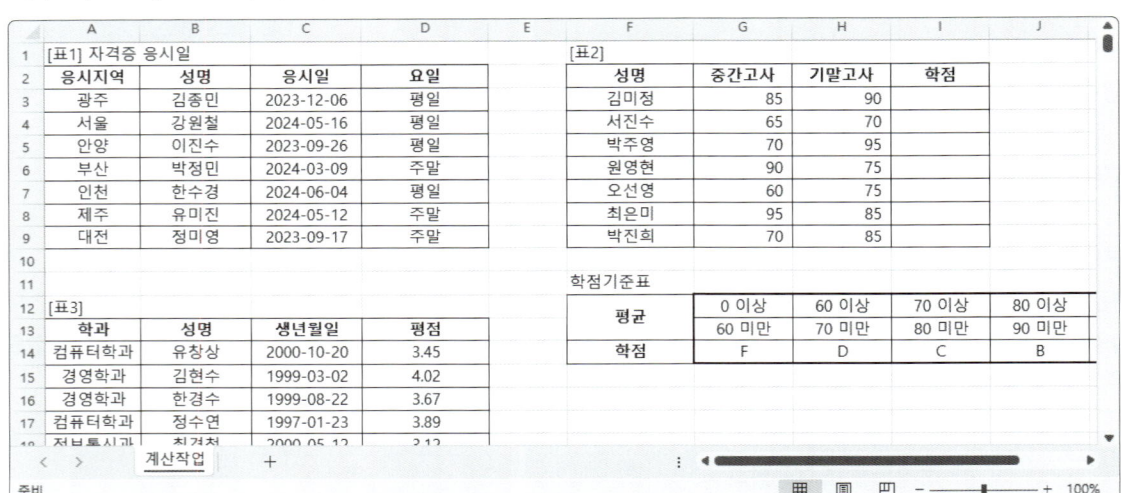

한가지 더!

수식 알아보기

엑셀에서 수식은 셀 값을 계산하기 위한 식으로 등호, 함수, 연산자, 참조, 상수로 구성되어 있습니다.

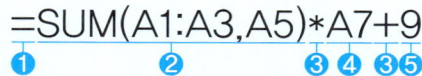

❶ **등호** : 다음에 오는 내용이 수식이라는 것을 나타내는 기호입니다. 엑셀에서 수식을 입력할 때는 먼저 등호를 입력해야 합니다. 등호를 입력하지 않고 'SUM(A1:A3,A5)*A7+9'만 입력하면 수식이 아닌 문자 데이터로 인식하여 계산할 수 없습니다.

❷ **함수** : 수식을 쉽고 빠르게 입력할 수 있도록 미리 정의되어 있는 수식으로 '인수'라는 특정값을 사용하여 결과값을 구합니다. TODAY 함수처럼 인수가 필요 없는 함수도 있지만 거의 대부분의 함수는 인수를 필요로 합니다. 인수는 괄호 안에 입력하며 괄호 안에서 인수와 인수를 구분할 때는 쉼표(,)를 사용합니다.

=SUM(A1:A3,A5)
함수 이름 인수1 인수2

❸ **연산자** : 계산의 종류를 나타내는 기호입니다. 연산자에는 산술 연산자, 비교 연산자, 텍스트 연결 연산자 등이 있습니다.

- **산술 연산자** : 더하기, 빼기, 곱하기, 나누기 등과 같이 기본적인 계산을 하는 연산자입니다.

연산자	기능	사용 방법	연산자	기능	사용 방법
+	더하기	=A1+A2	–	음수	=–A1
–	빼기	=A1–A2	%	백분율	=A1%
*	곱하기	=A1*A2	^	거듭제곱	=A1^2
/	나누기	=A1/A2			

- **비교 연산자** : 두 값을 비교하여 참이면 논리값 TRUE를 구하고, 거짓이면 논리값 FALSE를 구하는 연산자입니다.

연산자	기능	사용 방법	연산자	기능	사용 방법
=	같다	=A1=A2	>=	크거나 같다(이상)	=A1>=A2
>	크다(초과)	=A1>A2	<=	작거나 같다(이하)	=A1<=A2
<	작다(미만)	=A1<A2	<>	같지 않다	=A1<>A2

- **텍스트 연결 연산자** : 여러 값을 연결하여 하나의 텍스트로 만드는 연산자입니다.

연산자	기능	사용 방법
&	여러 값을 연결	="엑셀"&A1

❹ **참조** : A7셀 값이 2인 경우, 셀 주소인 '=A7'을 입력하면 A7셀 값인 2를 가져오는데, 이렇게 셀 주소를 사용하여 셀 값을 가져오는 것을 '참조'라고 합니다. 참조에는 상대 참조, 절대 참조, 혼합 참조가 있으며 셀 주소를 입력한 후 F4를 누르면 F4를 누를 때마다 다음과 같은 순서로 참조가 변경됩니다.

- **상대 참조** : 수식을 복사하면 셀 주소가 상대적으로 변경됩니다(예 A1).
- **절대 참조** : 수식을 복사해도 셀 주소가 변경되지 않습니다(예 $A$1).
- **혼합 참조** : 상대 참조와 절대 참조의 혼합으로 수식을 복사하면 행과 열 중에서 $ 기호가 없는 행(또는 열)은 상대적으로 변경되고, $ 기호가 있는 행(또는 열)은 변경되지 않습니다(예 A$1, $A1).

❺ **상수** : 수식에 직접 입력하는 문자나 숫자입니다.

작업2 학점 구하기

1 I3셀에 '=HLOOKUP(AVERAGE(G3:H3), $G$12:$K$14,3,TRUE)'를 입력합니다.

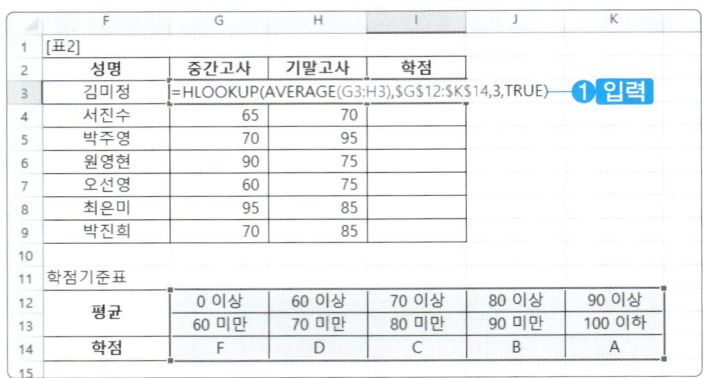

수식 꼼꼼히 보기

HLOOKUP 함수
- 구문 : HLOOKUP(lookup_value, table_array, row_index_num, [range_lookup])
- 설명 : table_array의 첫 번째 행에서 lookup_value를 검색한 후 row_index_num에서 lookup_value와 같은 열에 있는 값을 구합니다. range_lookup이 FALSE(0)이면 table_array의 첫 번째 행에서 lookup_value와 정확하게 일치하는 값을 검색하고, TRUE(1)이거나 생략되면 lookup_value와 유사하게 일치하는 값을 검색합니다.

AVERAGE 함수
- 구문 : AVERAGE(number1, [number2], …)
- 설명 : number1, [number2], …의 평균을 구합니다.

=HLOOKUP(AVERAGE(G3:H3),$G$12:$K$14,3,TRUE)
　　　　　　❶　　　　❷

❶ 학점기준표($G$12:$K$14)의 첫 번째 행(G12:K14셀 범위에서 첫 번째 행이므로 G12:K12셀 범위(평균))에서 ❷에서 구한 값을 검색(유사하게 일치(TRUE))한 후 세 번째 행(G12:K14셀 범위에서 세 번째 행이므로 G14:K14셀 범위(학점))에서 ❷에서 구한 값과 같은 열에 있는 학점을 구합니다.
❷ 중간고사와 기말고사(G3:H3)의 평균을 구합니다.

2 I3셀을 선택한 후 채우기 핸들을 I9셀까지 드래그합니다.

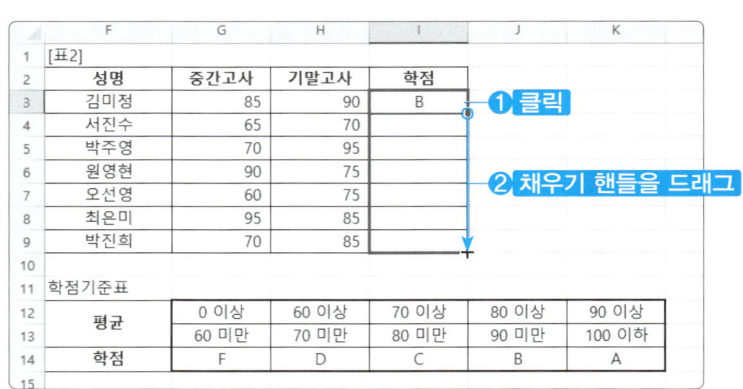

3 학점이 구해집니다.

작업3   경영학과 평균 평점 구하기

1 A24셀에 '학과', A25셀에 '경영학과'를 입력한 후 D24셀에 '=ROUND(DAVERAGE(A13:D21,D13, A24:A25),2)'를 입력합니다.

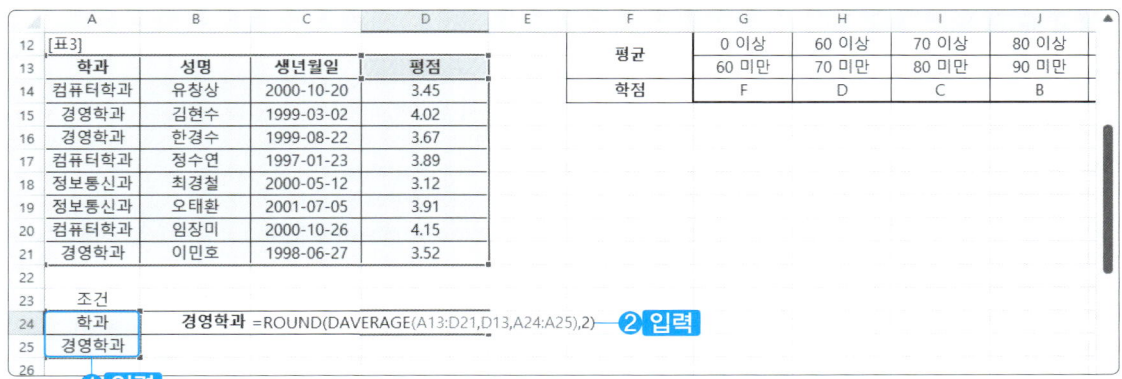

수식 꼼꼼히 보기

ROUND 함수
- 구문 : ROUND(number, num_digits)
- 설명 : number를 num_digits 아래에서 반올림하여 num_digits로 구합니다.

DAVERAGE 함수
- 구문 : DAVERAGE(database, field, criteria)
- 설명 : database에서 criteria를 만족하는 데이터의 field 평균을 구합니다.

$$=ROUND(DAVERAGE(A13:D21,D13,A24:A25),2)$$

❶ ❷에서 구한 값을 소수 3자리에서 반올림하여 소수 2자리(2)로 구합니다.
❷ 데이터베이스(A13:D21)에서 학과가 경영학과(A24:A25)인 데이터의 평점(D13) 평균을 구합니다. 데이터베이스는 레코드(행)와 필드(열)로 이루어진 관련 데이터 목록을 말합니다.

2 다음과 같이 경영학과 평균 평점이 구해집니다.

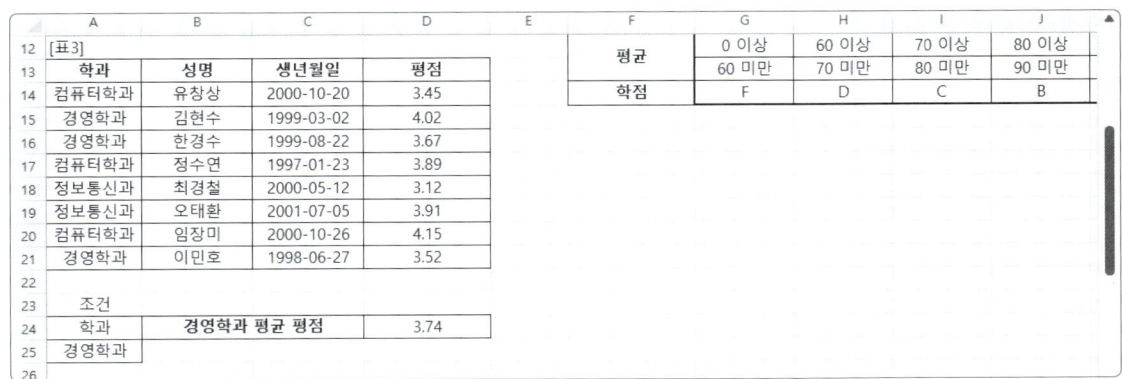

작업4　모든 과목이 70 이상인 학생 수 구하기

1 D37셀에 '=COUNTIFS(B29:B35,">=70",C29:C35,">=70",D29:D35,">=70")'을 입력합니다.

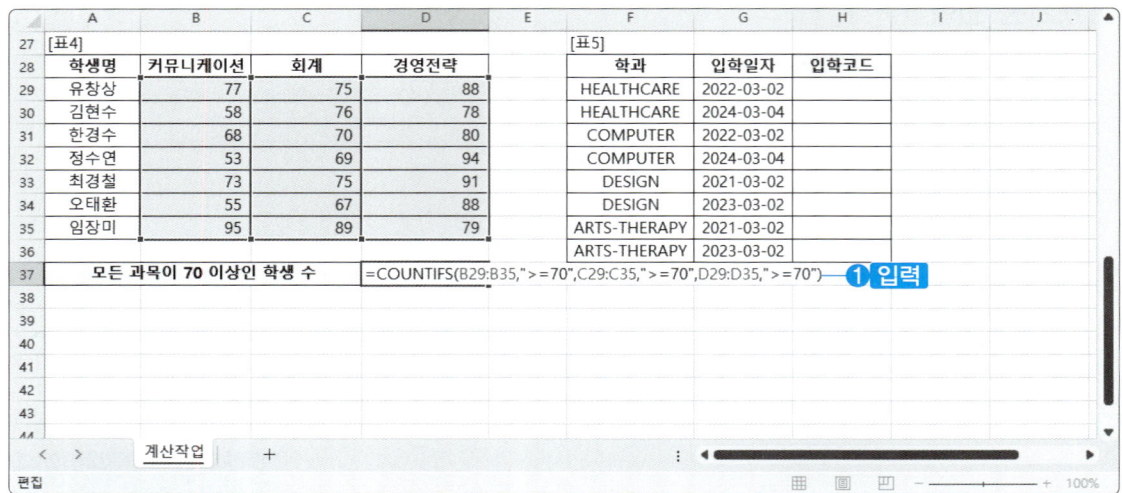

> **수식 꼼꼼히 보기**
>
> **COUNTIFS 함수**
> - 구문 : COUNTIFS(criteria_range1, criteria1, [criteria_range2, criteria2], …)
> - 설명 : criteria(criteria_range1에서는 criteria1을 만족, criteria_range2에서는 criteria2를 만족)을 모두 만족하는 셀의 개수를 구합니다.
>
> =COUNTIFS(B29:B35,">=70",C29:C35,">=70",D29:D35,">=70")
>
> 커뮤니케이션(B29:B35)이 70 이상(>=), 회계(C29:C35)가 70 이상(>=), 경영전략(D29:D35)이 70 이상(>=)인 셀의 개수를 구합니다.

2 다음과 같이 모든 과목이 70 이상인 학생 수가 구해집니다.

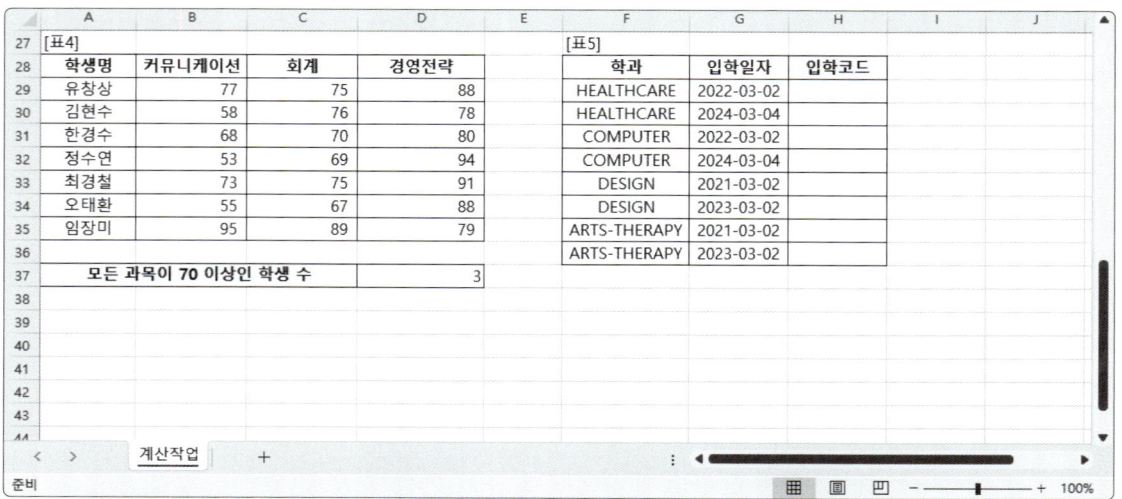

작업5 입학코드 구하기

1 H29셀에 '=PROPER(LEFT(F29,3))& YEAR(G29)'를 입력합니다.

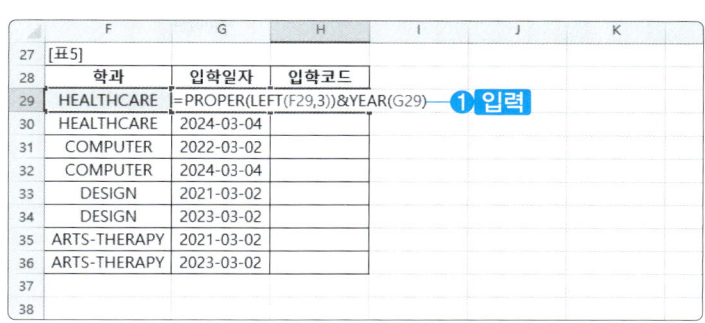

수식 꼼꼼히 보기

PROPER 함수
- 구문 : PROPER(text)
- 설명 : text에서 첫 번째 영문자는 대문자로 변환하고, 나머지 영문자는 소문자로 변환합니다.

LEFT 함수
- 구문 : LEFT(text, [num_chars])
- 설명 : text에서 왼쪽부터 num_chars만큼의 문자를 구합니다. num_chars를 생략하면 1로 간주합니다.

YEAR 함수
- 구문 : YEAR(serial_number)
- 설명 : serial_number에서 연도를 구합니다.

❶ ❷에서 구한 값과 ❹에서 구한 값을 연결(&)하여 'Hea2018'과 같이 표시합니다.
❷ ❸에서 구한 값에서 첫 번째 영문자는 대문자로 변환하고, 나머지 영문자는 소문자로 변환합니다.
❸ 학과(F29)에서 왼쪽부터 세 문자(3)를 구합니다.
❹ 입학일자(G29)에서 연도를 구합니다.

2 H29셀을 선택한 후 채우기 핸들을 H36셀까지 드래그합니다.

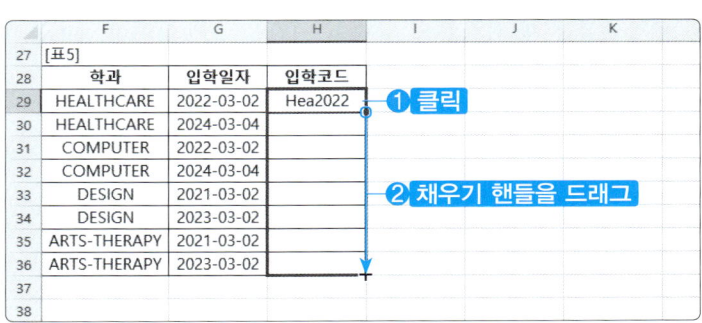

3 입학코드가 구해집니다.

Chapter 08 • 계산 작업하기 **67**

출제 함수 정리

날짜 및 시간 함수

▶ MONTH 함수
- 구문 : MONTH(serial_number)
- 설명 : serial_number에서 월을 구합니다.

▶ DAY 함수
- 구문 : DAY(serial_number)
- 설명 : serial_number에서 일을 구합니다.
- MONTH, DAY 함수 사용 방법

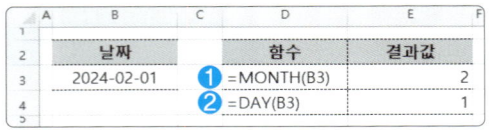

❶ 2024-02-01(B3)에서 월을 구합니다.
❷ 2024-02-01(B3)에서 일을 구합니다.

▶ HOUR 함수
- 구문 : HOUR(serial_number)
- 설명 : serial_number에서 시를 구합니다.

▶ MINUTE 함수
- 구문 : MINUTE(serial_number)
- 설명 : serial_number에서 분을 구합니다.

▶ SECOND 함수
- 구문 : SECOND(serial_number)
- 설명 : serial_number에서 초를 구합니다.
- HOUR, MINUTE, SECOND 함수 사용 방법

❶ 13:20:35(B3)에서 시를 구합니다.
❷ 13:20:35(B3)에서 분을 구합니다.
❸ 13:20:35(B3)에서 초를 구합니다.

▶ NOW 함수
- 구문 : NOW( )
- 설명 : 현재 시스템의 날짜와 시간을 표시합니다. NOW 함수에는 인수가 필요 없습니다.

▶ TODAY 함수
- 구문 : TODAY( )
- 설명 : 현재 시스템의 날짜를 표시합니다. TODAY 함수에는 인수가 필요 없습니다.
- NOW, TODAY 함수 사용 방법

❶ 현재 시스템의 날짜와 시간을 표시합니다.
❷ 현재 시스템의 날짜를 표시합니다.

출제 함수 정리

▶ DATE 함수
- 구문 : DATE(year, month, day)
- 설명 : year, month, day를 조합하여 날짜를 구합니다.

▶ TIME 함수
- 구문 : TIME(hour, minute, second)
- 설명 : hour, minute, second를 조합하여 시간을 구합니다.
- DATE, TIME 함수 사용 방법

	A	B	C	D	E	F	G
2		연도	월	일		함수	결과값
3		2024	6	5	❶	=DATE(B3,C3,D3)	2024-06-05
4		시	분	초	❷	=TIME(B5,C5,D5)	3:17 AM
5		3	17	59			

❶ 2024(B3), 6(C3), 5(D3)를 조합하여 날짜를 구합니다.
❷ 3(B5), 17(C5), 59(D5)를 조합하여 시간을 구합니다. G4셀의 데이터는 '3:17:59'이지만 사용자 지정 표시 형식으로 'h:mm AM/PM'이 지정되어 '3:17 AM'이 표시된 것입니다.

▶ DAYS 함수
- 구문 : DAYS(end_date, start_date)
- 설명 : start_date와 end_date 사이의 일 수를 구합니다.

▶ EDATE 함수
- 구문 : EDATE(start_date, months)
- 설명 : start_date로부터 달이 months만큼 전(months가 음수인 경우)이나 후(months가 양수인 경우)인 날짜 일련번호를 구합니다.

▶ EOMONTH 함수
- 구문 : EOMONTH(start_date, months)
- 설명 : start_date로부터 달이 months만큼 전(months가 음수인 경우)이나 후(months가 양수인 경우)인 달에서 마지막 날의 날짜 일련번호를 구합니다.

▶ WORKDAY 함수
- 구문 : WORKDAY(start_date, days, [holidays])
- 설명 : start_date로부터 주말이나 휴일(holidays를 지정한 경우)을 제외한 날이 days만큼 전(days가 음수인 경우)이나 후(days가 양수인 경우)인 날짜 일련번호를 구합니다.
- DAYS, EDATE, EOMONTH, WORKDAY 함수 사용 방법

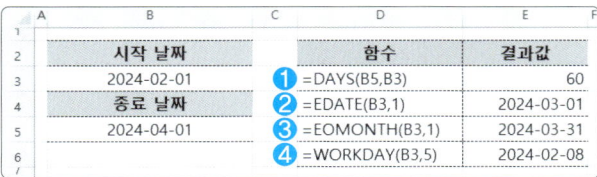

❶ 2024-02-01(B3)과 2024-04-01(B5) 사이의 일 수를 구합니다.
❷ 2024-02-01(B3)로부터 1달 후인 날짜 일련번호를 구합니다. E4셀의 데이터는 '45352'이지만 사용자 지정 표시 형식으로 'yyyy-mm-dd'가 지정되어 '2024-03-01'이 표시된 것입니다.
❸ 2024-02-01(B3)로부터 1달 후인 달에서 마지막 날의 날짜 일련번호를 구합니다. E5셀의 데이터는 '45382'이지만 사용자 지정 표시 형식으로 'yyyy-mm-dd'가 지정되어 '2024-03-31'이 표시된 것입니다.
❹ 2024-02-01(B3)로부터 주말을 제외한 날이 5일 후인 날짜 일련번호를 구합니다. '2024-02-01'로부터 5일 후인 날은 '2024-02-06'이지만 '2024-02-03'은 토요일이고, '2024-02-04'은 일요일이므로 '2024-02-08'의 날짜 일련번호를 구합니다. E5셀의 데이터는 '45330'이지만 사용자 지정 표시 형식으로 'yyyy-mm-dd'가 지정되어 '2024-02-08'이 표시된 것입니다.

출제 함수 정리

데이터베이스 함수

▶ DSUM 함수
- 구문 : DSUM(database, field, criteria)
- 설명 : database에서 criteria를 만족하는 데이터의 field 합계를 구합니다.

▶ DMAX 함수
- 구문 : DMAX(database, field, criteria)
- 설명 : database에서 criteria를 만족하는 데이터의 field 중 가장 큰 값을 구합니다.

▶ DMIN 함수
- 구문 : DMIN(database, field, criteria)
- 설명 : database에서 criteria를 만족하는 데이터의 field 중 가장 작은 값을 구합니다.

▶ DCOUNT 함수
- 구문 : DCOUNT(database, field, criteria)
- 설명 : database에서 criteria를 만족하는 데이터의 field 중 숫자가 있는 셀의 개수를 구합니다.

▶ DCOUNTA 함수
- 구문 : DCOUNTA(database, field, criteria)
- 설명 : database에서 criteria를 만족하는 데이터의 field 중 비어 있지 않은 셀의 개수를 구합니다.

- 데이터베이스 함수 사용 방법

	A	B	C	D	E	F	G	H
1								
2		날짜	지점	입고량	출고량		함수	결과값
3		12월 01일	강북점	10		❶	=DSUM(B2:E8,D2,C2:C3)	60
4		12월 05일	강북점		5	❷	=DMAX(B2:E8,D2,C2:C3)	30
5		12월 08일	강남점	15		❸	=DMIN(B2:E8,D2,C2:C3)	10
6		12월 14일	강북점	20	확인	❹	=DCOUNT(B2:E8,E2,C2:C3)	2
7		12월 19일	강북점	30	40	❺	=DCOUNTA(B2:E8,E2,C2:C3)	3
8		12월 21일	강남점	확인	확인			

❶ 데이터베이스(B2:E8)에서 지점이 강북점(C2:C3)인 데이터의 입고량(D2) 합계를 구합니다.
❷ 데이터베이스(B2:E8)에서 지점이 강북점(C2:C3)인 데이터의 입고량(D2) 중 가장 많은 입고량을 구합니다.
❸ 데이터베이스(B2:E8)에서 지점이 강북점(C2:C3)인 데이터의 입고량(D2) 중 가장 적은 입고량을 구합니다.
❹ 데이터베이스(B2:E8)에서 지점이 강북점(C2:C3)인 데이터의 출고량(E2) 중 숫자가 있는 셀의 개수를 구합니다.
❺ 데이터베이스(B2:E8)에서 지점이 강북점(C2:C3)인 데이터의 출고량(E2) 중 비어 있지 않은 셀의 개수를 구합니다.

텍스트 함수

▶ RIGHT 함수
- 구문 : RIGHT(text, [num_chars])
- 설명 : text에서 오른쪽부터 num_chars만큼의 문자를 구합니다. num_chars를 생략하면 1로 간주합니다.

▶ MID 함수
- 구문 : MID(text, start_num, num_chars)
- 설명 : text에서 start_num 번째 문자부터 num_chars만큼의 문자를 구합니다.

▶ LEN 함수
- 구문 : LEN(text)
- 설명 : text의 문자 수를 구합니다.

출제 함수 정리

▶ TRIM 함수
- **구문** : TRIM(text)
- **설명** : text 앞뒤에 있는 공백 문자열(" ")을 모두 제거합니다. 그리고 문자와 문자 사이에 있는 공백 문자열은 1자리의 공백 문자열만 남기고 나머지 공백 문자열은 모두 제거합니다.

▶ LOWER 함수
- **구문** : LOWER(text)
- **설명** : text의 모든 영문자를 소문자로 변환합니다.

▶ UPPER 함수
- **구문** : UPPER(text)
- **설명** : text의 모든 영문자를 대문자로 변환합니다.
- RIGHT, MID, LEN, TRIM, LOWER, UPPER 함수 사용 방법

	데이터		함수	결과값
	MS 엑셀 2021	❶	=RIGHT(B3,7)	엑셀 2021
	오~ 필승	❷	=MID(B3,4,2)	엑셀
	Korea	❸	=LEN(B3)	10
		❹	=TRIM(B4)	오~ 필승
		❺	=LOWER(B5)	korea
		❻	=UPPER(B5)	KOREA

❶ MS 엑셀 2021(B3)에서 오른쪽부터 일곱 문자(7)를 구합니다. '엑셀'과 '2021' 사이에 1자리의 공백 문자열(" ")이 있습니다. 공백 문자열도 하나의 문자입니다.
❷ MS 엑셀 2021(B3)에서 네 번째 문자(4)부터 두 문자(2)를 구합니다. 'MS'와 '엑셀' 사이에 1자리의 공백 문자열이 있습니다. 'MS 엑셀 2021'에서 네 번째 문자는 '엑'입니다.
❸ MS 엑셀 2021(B3)의 문자 수를 구합니다.
❹ 오~ 필승(B4)에서 '오~ 필승' 앞뒤에 있는 공백 문자열을 모두 제거합니다. 그리고 '오~'와 '필승' 사이에 있는 공백 문자열은 1자리의 공백 문자열만 남기고 나머지 공백 문자열은 모두 제거합니다. '오~ 필승' 앞뒤에 2자리의 공백 문자열이 있고, '오~'와 '필승' 사이에 2자리의 공백 문자열이 있습니다.
❺ Korea(B5)의 모든 영문자를 소문자로 변환합니다.
❻ Korea(B5)의 모든 영문자를 대문자로 변환합니다.

▶ FIND 함수
- **구문** : FIND(find_text, within_text, [start_num])
- **설명** : within_text에서 find_text의 위치를 구합니다. start_num을 생략하면 처음부터 찾고, start_num을 지정하면 지정한 위치부터 찾습니다. FIND 함수는 대/소문자를 구분합니다.

▶ SEARCH 함수
- **구문** : SEARCH(find_text, within_text, [start_num])
- **설명** : within_text에서 find_text의 위치를 구합니다. start_num을 생략하면 처음부터 찾고, start_num을 지정하면 지정한 위치부터 찾습니다. SEARCH 함수는 대/소문자를 구분하지 않습니다.
- FIND, SEARCH 함수 사용 방법

	데이터		함수	결과값
	원 TWO THREE four	❶	=FIND("o",B3,5)	14
		❷	=SEARCH("o",B3,5)	5

❶ 원 TWO THREE four(B3)의 다섯 번째 위치(5) 즉, 'O'부터 'o'를 찾아 'o'의 위치 14를 구합니다.
❷ 원 TWO THREE four(B3)의 다섯 번째 위치(5) 즉, 'O'부터 'o'를 찾아 'o'의 위치 5를 구합니다. SEARCH 함수는 대/소문자를 구분하지 않으므로 열네 번째에 있는 'o'의 위치가 아닌 다섯 번째에 있는 'O'의 위치를 구합니다.

출제 함수 정리

수학/삼각 함수

▶ ROUNDUP 함수
- 구문 : ROUNDUP(number, num_digits)
- 설명 : number를 num_digits 아래에서 올림하여 num_digits로 구합니다.

▶ ROUNDDOWN 함수
- 구문 : ROUNDDOWN(number, num_digits)
- 설명 : number를 num_digits 아래에서 내림하여 num_digits로 구합니다.
- ROUNDUP, ROUNDDOWN 함수 사용 방법

	A	B	C	D	E	F
1						
2		데이터		함수	결과값	
3		123.321	❶	=ROUNDUP(B3,1)	123.4	
4		789.987	❷	=ROUNDUP(B3,0)	124	
5			❸	=ROUNDUP(B3,-1)	130	
6			❹	=ROUNDDOWN(B4,2)	789.98	
7			❺	=ROUNDDOWN(B4,0)	789	
8			❻	=ROUNDDOWN(B4,-2)	700	

❶ 123.321(B3)을 소수 2자리에서 올림하여 소수 1자리(1)로 구합니다.
❷ 123.321(B3)을 소수 1자리에서 올림하여 일의 자리(0)로 구합니다.
❸ 123.321(B3)을 일의 자리에서 올림하여 십의 자리(-1)로 구합니다.
❹ 789.987(B4)을 소수 3자리에서 내림하여 소수 2자리(2)로 구합니다.
❺ 789.987(B4)을 소수 1자리에서 내림하여 일의 자리(0)로 구합니다.
❻ 789.987(B4)을 십의 자리에서 내림하여 백의 자리(-2)로 구합니다.

▶ SUM 함수
- 구문 : SUM(number1, [number2], …)
- 설명 : number1, [number2], …의 합계를 구합니다.

▶ SUMIF 함수
- 구문 : SUMIF(range, criteria, [sum_range])
- 설명 : range에서 criteria를 만족하는 데이터를 검색한 후 sum_range에서 이와 대응하는 데이터의 합계를 구합니다.

▶ SUMIFS 함수
- 구문 : SUMIFS(sum_range, criteria_range1, criteria1, [criteria_range2, criteria2], …)
- 설명 : criteria(criteria_range1에서는 criteria1을 만족, criteria_range2에서는 criteria2를 만족)를 모두 만족하는 데이터를 검색한 후 sum_range에서 이와 대응하는 데이터의 합계를 구합니다.
- SUM, SUMIF, SUMIFS 함수 사용 방법

	A	B	C	D	E	F	G	H	I
1									
2		날짜	부서	품목	수량		함수	결과값	
3		12월 01일	영업1부	알뜰형PC	100	❶	=SUM(E3:E7)	400	
4		12월 04일	영업2부	알뜰형PC	60	❷	=SUMIF(C3:C7,"영업2부",E3:E7)	130	
5		12월 07일	영업1부	알뜰형PC	80	❸	=SUMIFS(E3:E7,C3:C7,C3,D3:D7,D3)	180	
6		12월 15일	영업1부	보급형PC	90				
7		12월 21일	영업2부	보급형PC	70				
8									

❶ 수량(E3:E7) 합계를 구합니다.
❷ 부서(C3:C7)가 영업2부인 데이터의 수량(E3:E7) 합계를 구합니다.
❸ 부서(C3:C7)가 영업1부(C3)이고 품목(D3:D7)이 알뜰형PC(D3)인 데이터의 수량(E3:E7) 합계를 구합니다.

▶ ABS 함수
- 구문 : ABS(number)
- 설명 : number의 절대값을 구합니다. 절대값은 부호를 제외한 숫자를 말합니다.

출제 함수 정리

▶ INT 함수
- 구문 : INT(number)
- 설명 : number보다 크지 않은 정수를 구합니다.

▶ TRUNC 함수
- 구문 : TRUNC(number, [num_digits])
- 설명 : number에서 num_digits만 남기고 나머지 자리는 버린 값을 구합니다. num_digits를 생략하면 0으로 간주합니다.

▶ MOD 함수
- 구문 : MOD(number, divisor)
- 설명 : number를 divisor로 나눈 나머지를 구합니다.

▶ POWER 함수
- 구문 : POWER(number, power)
- 설명 : number를 power만큼 거듭제곱한 값을 구합니다.
- ABS, INT, TRUNC, MOD, POWER 함수 사용 방법

데이터	함수	결과값
8.48	❶ =ABS(B3)	8.48
-8.48	❷ =ABS(B4)	8.48
24	❸ =INT(B3)	8
2	❹ =INT(B4)	-9
	❺ =TRUNC(B3,1)	8.4
	❻ =MOD(B5,5)	4
	❼ =POWER(B6,3)	8

❶ 8.48(B3)의 절대값을 구합니다.
❷ -8.48(B4)의 절대값을 구합니다. 절대값은 부호를 제외한 숫자를 말합니다.
❸ 8.48(B3)보다 크지 않은 정수를 구합니다.
❹ -8.48(B4)보다 크지 않은 정수를 구합니다. -8은 -8.48보다 큰 정수입니다. -9를 구합니다.
❺ 8.48(B3)에서 소수 1자리(1)만 남기고 나머지 자리는 버린 값을 구합니다.
❻ 24(B5)를 5로 나눈 나머지를 구합니다.
❼ 2(B6)를 3만큼 거듭제곱한 값을 구합니다. 즉, '2×2×2'를 구합니다.

▶ RAND 함수
- 구문 : RAND()
- 설명 : 0 이상 1 미만인 난수를 구합니다. '0.747951449'와 같이 실수로 구하며 워크시트를 계산할 때마다 새로운 난수를 구합니다. RAND 함수에는 인수가 필요 없습니다.

▶ RANDBETWEEN 함수
- 구문 : RANDBETWEEN(bottom, top)
- 설명 : bottom 이상 top 이하인 난수를 구합니다. '3'과 같이 정수로 구하며 워크시트를 계산할 때마다 새로운 난수를 구합니다.
- RAND, RANDBETWEEN 함수 사용 방법

함수	결과값
❶ =RAND()	0.747951449
❷ =RANDBETWEEN(1,5)	3

❶ 0 이상 1 미만인 난수를 구합니다.
❷ 1 이상 5 이하인 난수를 구합니다.

출제 함수 정리

통계 함수

▶ AVERAGEA 함수
- 구문 : AVERAGEA(value1, [value2], …)
- 설명 : value1, [value2], …의 평균을 구합니다. AVERAGEA 함수는 셀 범위 등에 텍스트(0으로 간주)나 논리값(TRUE는 1, FALSE는 0으로 간주)이 있을 경우 무시하지 않고 계산에 참여시킵니다.

▶ AVERAGEIF 함수
- 구문 : AVERAGEIF(range, criteria, [average_range])
- 설명 : range에서 criteria를 만족하는 데이터를 검색한 후 average_range에서 이와 대응하는 데이터의 평균을 구합니다.

▶ AVERAGEIFS 함수
- 구문 : AVERAGEIFS(average_range, criteria_range1, criteria1, [criteria_range2, criteria2], …)
- 설명 : criteria(criteria_range1에서는 criteria1을 만족, criteria_range2에서는 criteria2를 만족)를 모 두 만족하는 데이터를 검색한 후 average_range에서 이와 대응하는 데이터의 평균을 구합니다.
- AVERAGEA, AVERAGEIF, AVERAGEIFS 함수 사용 방법

	A	B	C	D	E	F	G	H	I
1									
2		날짜	부서	품목	입고량		함수	결과값	
3		12월 01일	영업1부	알뜰형PC	25	❶	=AVERAGEA(E3:E7)	14	
4		12월 04일	영업1부	알뜰형PC	15	❷	=AVERAGEIF(C3:C7,"영업2부",E3:E7)	15	
5		12월 07일	영업2부	알뜰형PC	20	❸	=AVERAGEIFS(E3:E7,C3:C7,C3,D3:D7,D3)	20	
6		12월 15일	영업1부	보급형PC	입고연기				
7		12월 21일	영업2부	보급형PC	10				
8									

❶ 입고량(E3:E7) 평균을 구합니다. E6셀의 값은 텍스트이므로 무시하지 않고 0으로 간주하여 계산에 참여시킵니다. 즉, '(25+15+20+0+10)/5'를 구합니다.
❷ 부서(C3:C7)가 영업2부인 데이터의 입고량(E3:E7) 평균을 구합니다.
❸ 부서(C3:C7)가 영업1부(C3)이고 품목(D3:D7)이 알뜰형PC(D3)인 데이터의 입고량(E3:E7) 평균을 구합니다.

▶ RANK.EQ 함수
- 구문 : RANK.EQ(number, ref, [order])
- 설명 : ref에서 number의 순위를 구합니다. order가 0이거나 생략되면 가장 큰 number가 1위가 되고, 0 이외의 숫자이면 가장 작은 number가 1위가 됩니다. number가 같은 경우에는 가장 높은 순위를 구합니다.
- RANK.EQ 함수 사용 방법

	A	B	C	D	E	F	G
1							
2		부서	판매량		함수	결과값	
3		영업1부	200	❶	=RANK.EQ(C3,C3:C7,0)	2	
4		영업2부	200	❷	=RANK.EQ(C7,C3:C7,1)	1	
5		영업3부	180				
6		영업4부	250				
7		영업5부	180				
8							

❶ 모든 부서의 판매량(C3:C7)에서 영업1부의 판매량(C3)이 몇 번째로 많은 판매량인지(0)를 구합니다. 영업1부의 판매량은 영업4부의 판매량 다음으로 많고 영업2부의 판매량과 같으므로 가장 높은 순위인 2위입니다. 즉, 영업4부의 판매량은 1위, 영업1부와 영업2부의 판매량은 2위, 영업3부와 영업5부의 판매량은 4위입니다.
❷ 모든 부서의 판매량(C3:C7)에서 영업5부의 판매량(C7)이 몇 번째로 적은 판매량인지(1)를 구합니다. 영업5부의 판매량은 가장 적고 영업3부의 판매량과 같으므로 가장 높은 순위인 1위입니다. 즉, 영업3부와 영업5부의 판매량은 1위, 영업1부와 영업2부의 판매량은 3위, 영업4부의 판매량은 5위입니다.

▶ COUNT 함수
- 구문 : COUNT(value1, [value2], …)
- 설명 : value1, [value2], …에서 숫자가 있는 셀의 개수를 구합니다.

COUNTA 함수
- 구문 : COUNTA(value1, [value2], …)
- 설명 : value1, [value2], …에서 비어 있지 않은 셀의 개수를 구합니다.

COUNTBLANK 함수
- 구문 : COUNTBLANK(range)
- 설명 : range에서 비어 있는 셀의 개수를 구합니다.

COUNTIF 함수
- 구문 : COUNTIF(range, criteria)
- 설명 : range에서 criteria를 만족하는 셀의 개수를 구합니다.
- COUNT, COUNTA, COUNTBLANK, COUNTIF 함수 사용 방법

날짜	지점	품목	판매량	함수	결과값
12월 01일	강북점	알뜰형PC	15	❶ =COUNT(E3:E8)	3
	강동점	알뜰형PC		❷ =COUNTA(E3:E8)	4
12월 07일	강북점	보급형PC	확인	❸ =COUNTBLANK(E3:E8)	2
	강서점	보급형PC	20	❹ =COUNTIF(C3:C8,C3)	3
12월 09일	강남점	알뜰형PC			
	강북점	알뜰형PC	30		

❶ 판매량(E3:E8)에서 숫자가 있는 셀의 개수를 구합니다.
❷ 판매량(E3:E8)에서 비어 있지 않은 셀의 개수를 구합니다.
❸ 판매량(E3:E8)에서 비어 있는 셀의 개수를 구합니다.
❹ 지점(C3:C8)이 강북점(C3)인 셀의 개수를 구합니다.

LARGE 함수
- 구문 : LARGE(array, k)
- 설명 : array에서 k 번째로 큰 값을 구합니다.

SMALL 함수
- 구문 : SMALL(array, k)
- 설명 : array에서 k 번째로 작은 값을 구합니다.

MEDIAN 함수
- 구문 : MEDIAN(number1, [number2], …)
- 설명 : number1, [number2], …의 중간값을 구합니다.

MODE.SNGL 함수
- 구문 : MODE.SNGL(number1, [number2], …)
- 설명 : number1, [number2], … 중 최빈값을 구합니다. 최빈값은 가장 많이 나타난 값을 말합니다.
- LARGE, SMALL, MEDIAN, MODE.SNGL 함수 사용 방법

부서	판매량	함수	결과값
영업1부	160	❶ =LARGE(C3:C7,1)	200
영업2부	200	❷ =SMALL(C3:C7,2)	140
영업3부	140	❸ =MEDIAN(C3:C7)	160
영업4부	130	❹ =MEDIAN(C3:C6)	150
영업5부	160	❺ =MODE.SNGL(C3:C7)	160

❶ 판매량(C3:C7)에서 첫 번째(1)로 많은 판매량을 구합니다.
❷ 판매량(C3:C7)에서 두 번째(2)로 적은 판매량을 구합니다.
❸ 판매량(C3:C7)의 중간값을 구합니다. 판매량을 오름차순 정렬하면 130, 140, 160, 160, 200 순입니다. 판매량의 개수가 홀수 개인 경우, 중간에 있는 판매량(160)을 구합니다.
❹ 판매량(C3:C6)의 중간값을 구합니다. 판매량을 오름차순 정렬하면 130, 140, 160, 200 순입니다. 판매량의 개수가 짝수 개인 경우, 가운데에 있는 두 판매량(여기서는 140과 160)의 평균을 구합니다.
❺ 판매량(C3:C7) 중 최빈값을 구합니다.

출제 함수 정리

▶ MAX 함수
- 구문 : MAX(number1, [number2], …)
- 설명 : number1, [number2], … 중 가장 큰 값을 구합니다.

▶ MAXA 함수
- 구문 : MAXA(value1, [value2], …)
- 설명 : value1, [value2], … 중 가장 큰 값을 구합니다. MAXA 함수는 셀 범위 등에 텍스트(0으로 간주)나 논리값(TRUE는 1, FALSE는 0으로 간주)이 있을 경우 무시하지 않고 계산에 참여시킵니다.

▶ MIN 함수
- 구문 : MIN(number1, [number2], …)
- 설명 : number1, [number2], … 중 가장 작은 값을 구합니다.

▶ MINA 함수
- 구문 : MINA(value1, [value2], …)
- 설명 : value1, [value2], … 중 가장 작은 값을 구합니다. MINA 함수는 셀 범위 등에 텍스트(0으로 간주)나 논리값(TRUE는 1, FALSE는 0으로 간주)이 있을 경우 무시하지 않고 계산에 참여시킵니다.

- MAX, MAXA, MIN, MINA 함수 사용 방법

지점	판매량	함수	결과값
강동점	200	❶ =MAX(C3:C6)	210
강서점	판매연기	❷ =MAXA(C3:C6)	210
강남점	180	❸ =MIN(C3:C6)	180
강북점	210	❹ =MINA(C3:C6)	0

❶ 판매량(C3:C6) 중 가장 많은 판매량을 구합니다.
❷ 판매량(C3:C6) 중 가장 많은 판매량을 구합니다. C4셀의 값은 텍스트이므로 무시하지 않고 0으로 간주하여 계산에 참여시킵니다.
❸ 판매량(C3:C6) 중 가장 적은 판매량을 구합니다.
❹ 판매량(C3:C6) 중 가장 적은 판매량을 구합니다. C4셀의 값은 텍스트이므로 무시하지 않고 0으로 간주하여 계산에 참여시킵니다.

▶ VAR.S 함수
- 구문 : VAR.S(number1, [number2], …)
- 설명 : number1, [number2], …의 분산을 구합니다. 분산은 편차(각 값에서 평균을 뺀 값)를 제곱한 값의 평균을 말합니다.

▶ STDEV.S 함수
- 구문 : STDEV.S(number1, [number2], …)
- 설명 : number1, [number2], …의 표준편차를 구합니다. 표준편차는 분산의 양의 제곱근을 말합니다.

- VAR.S, STDEV.S 함수 사용 방법

날짜	지점	판매량	함수	결과값
12월 01일	강북점	20	❶ =VAR.S(D3:D6)	42.25
	강동점	5	❷ =STDEV.S(D3:D6)	6.5
12월 07일	강북점	17		
	강서점	15		

❶ 판매량(D3:D6)의 분산을 구합니다.
❷ 판매량(D3:D6)의 표준편차를 구합니다.

찾기/참조 영역 함수

▶ CHOOSE 함수
- 구문 : CHOOSE(index_num, value1, [value2], …)
- 설명 : value1, [value2], … 중 index_num 번째에 있는 값(index_num이 1이면 value1, index_num이 2이면 value2, …)을 구합니다.

▶ VLOOKUP 함수
- 구문 : VLOOKUP(lookup_value, table_array, col_index_num, [range_lookup])
- 설명 : table_array의 첫 번째 열에서 lookup_value를 검색한 후 col_index_num에서 lookup_value와 같은 행에 있는 값을 구합니다. range_lookup이 FALSE(0)이면 table_array의 첫 번째 열에서 lookup_value와 정확하게 일치하는 값을 검색하고, TRUE(1)이거나 생략되면 lookup_value와 유사하게 일치하는 값을 검색합니다.
- CHOOSE, VLOOKUP 함수 사용 방법

	A	B	C	D	E	F	G	H
2		상품코드	상품명	생산량		함수	결과값	
3		SC	스캐너	120	❶	=CHOOSE(2,"봄","여름","가을","겨울")	여름	
4		PR	프린터	600	❷	=VLOOKUP("PR",B3:D5,3,FALSE)	600	
5		CA	카메라	90				

❶ 봄, 여름, 가을, 겨울 중 두 번째(2)에 있는 값을 구합니다.
❷ B3:D5셀 범위의 첫 번째 열(B3:D5셀 범위에서 첫 번째 열이므로 B3:B5셀 범위(상품코드))에서 PR을 검색(정확하게 일치(FALSE))한 후 세 번째 열(B3:D5셀 범위에서 세 번째 열이므로 D3:D5셀 범위(생산량))에서 PR과 같은 행에 있는 생산량을 구합니다.

▶ INDEX 함수
- 구문 : INDEX(array, row_num, [column_num])
- 설명 : array에서 row_num행 column_num열에 있는 값을 구합니다.

▶ MATCH 함수
- 구문 : MATCH(lookup_value, lookup_array, [match_type])
- 설명 : lookup_array에서 lookup_value의 위치를 구합니다. match_type은 검색 방법을 지정한 값으로 1, 0, -1이 있으며 생략하면 1로 간주합니다. 다음은 match_type에 대한 설명입니다.

match_type	설명
1	lookup_array에서 lookup_value보다 작거나 같은 값 중 최대값을 구합니다. lookup_array는 반드시 오름차순으로 정렬되어 있어야 합니다.
0	lookup_array에서 lookup_value와 같은 첫 번째 값을 구합니다. lookup_array는 임의의 순서여도 됩니다.
-1	lookup_array에서 lookup_value보다 크거나 같은 값 중 최소값을 구합니다. lookup_array는 반드시 내림차순으로 정렬되어 있어야 합니다.

▶ ROW 함수
- 구문 : ROW([reference])
- 설명 : reference의 행 번호를 구합니다. reference를 생략하면 ROW 함수를 입력한 셀의 행 번호를 구합니다.

▶ ROWS 함수
- 구문 : ROWS(array)
- 설명 : array의 행 수를 구합니다.

출제 함수 정리

▶ COLUMN 함수
- 구문 : COLUMN([reference])
- 설명 : reference의 열 번호를 구합니다. reference를 생략하면 COLUMN 함수를 입력한 셀의 열 번호를 구합니다.

▶ COLUMNS 함수
- 구문 : COLUMNS(array)
- 설명 : array의 열 수를 구합니다.
- INDEX, MATCH, ROW, ROWS, COLUMN, COLUMNS 함수 사용 방법

	A	B	C	D	E	F	G
1							
2		데이터			함수	결과값	
3		5	21	❶	=INDEX(B3:C5,3,2)	34	
4		7	9	❷	=MATCH(21,C3:C5,0)	1	
5		19	34	❸	=ROW(B5)	5	
6				❹	=ROWS(B3:B5)	3	
7				❺	=COLUMN(C4)	3	
8				❻	=COLUMNS(B3:C3)	2	

❶ 데이터(B3:C5)에서 3행 2열에 있는 값을 구합니다. 여기에서 3행 2열은 B3:C5셀 범위를 표로 보고 새로 부여한 행 번호와 열 번호입니다. 다음 표를 보면 3행 2열이 C5셀인 것을 확인할 수 있습니다.

	1열	2열
1행	B3셀	C3셀
2행	B4셀	C4셀
3행	B5셀	C5셀

❷ 데이터(C3:C5)에서 21의 위치를 구합니다.
❸ B5셀의 행 번호를 구합니다.
❹ B3:B5셀 범위의 행 수를 구합니다.
❺ C4셀의 열 번호를 구합니다.
❻ B3:C3셀 범위의 열 수를 구합니다.

논리 함수

▶ AND 함수
- 구문 : AND(logical1, [logical2], …)
- 설명 : logical이 모두 참이면 논리값 TRUE를 구하고, 하나라도 거짓이면 논리값 FALSE를 구합니다.

▶ OR 함수
- 구문 : OR(logical1, [logical2], …)
- 설명 : logical이 하나라도 참이면 논리값 TRUE를 구하고, 모두 거짓이면 논리값 FALSE를 구합니다.
- AND, OR 함수 사용 방법

	A	B	C	D	E	F
1						
2		데이터		함수	결과값	
3		3	❶	=AND(B3>=3,B4>=5)	TRUE	
4		5	❷	=AND(B3>=3,B4>=10)	FALSE	
5			❸	=OR(B3>=10,B4>=10)	FALSE	
6			❹	=OR(B3>=10,B4>=5)	TRUE	

❶ logical1(B3)=3과 logical2(B4)=5가 모두 참이므로 논리값 TRUE를 구합니다.
❷ logical2(B4)=10가 거짓이므로 논리값 FALSE를 구합니다.
❸ logical1(B3)=10과 logical2(B4)=10가 모두 거짓이므로 논리값 FALSE를 구합니다.
❹ logical2(B4)=5가 참이므로 논리값 TRUE를 구합니다.

▶ TRUE 함수
- 구문 : TRUE()
- 설명 : 논리값 TRUE를 구합니다. TRUE 함수에는 인수가 필요 없습니다.

출제 함수 정리

▶ FALSE 함수
- 구문 : FALSE()
- 설명 : 논리값 FALSE를 구합니다. FALSE 함수에는 인수가 필요 없습니다.

▶ NOT 함수
- 구문 : NOT(logical)
- 설명 : logical이 참이면 논리값 TRUE의 역인 논리값 FALSE를 구하고, 거짓이면 논리값 FALSE의 역인 논리값 TRUE를 구합니다.
- TRUE, FALSE, NOT 함수 사용 방법

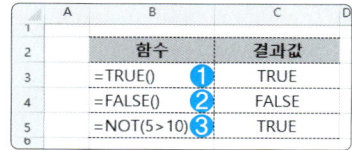

❶ 논리값 TRUE를 구합니다.
❷ 논리값 FALSE를 구합니다.
❸ logical(5>10)이 거짓이므로 논리값 TRUE를 구합니다.

▶ IFS 함수
- 구문 : IFS(logical_test1, value_if_true1, [logical_test2, value_if_true2], …)
- 설명 : logical_test1을 만족하면 value_if_true1, logical_test2를 만족하면 value_if_true2, …를 구합니다.

▶ SWITCH 함수
- 구문 : SWITCH(expression, value1, result1, [value2, result2], …)
- 설명 : expression의 값이 value1과 같으면 result1, value2와 같으면 result2, …를 구합니다.
- IFS, SWITCH 함수 사용 방법

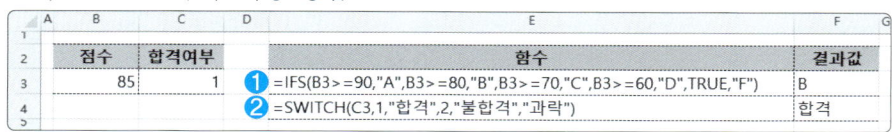

❶ 점수(B3)가 90 이상(>=)이면 'A', 80 이상(>=)이면 'B', 70 이상(>=)이면 'C', 60 이상(>=)이면 'D', 그 외의 모든 값(TRUE)이면 'F'를 구합니다.
❷ 합격여부(C3)가 1이면 '합격', 2이면 '불합격', 그 외의 모든 값이면 '과락'을 구합니다.

▶ IFERROR 함수
- 구문 : IFERROR(value, value_if_error)
- 설명 : value에서 오류가 발생하지 않으면 value를 구하고, 오류가 발생하면 value_if_error를 구합니다.
- IFERROR 함수 사용 방법

❶ 엑셀에서는 '=5/0'과 같이 0으로 나눌 경우 #DIV/0! 오류가 발생합니다. 목표불량률(C3)을 실적불량률(D3)로 나누면 오류가 발생하므로 '-'을 표시합니다.
❷ 목표불량률(C4)을 실적불량률(D4)로 나누면 오류가 발생하지 않으므로 목표불량률(C4)을 실적불량률(D4)로 나눈 값을 구합니다.

실전문제유형

문제유형 01 '계산작업' 시트에서 다음 과정을 수행하고 저장하시오. ▣ Ch08_문제유형01.xlsx

1. [표1]에서 지점[A3:A10]이 '동부'인 매출액[C3:C10]의 합계를 [C13] 셀에 계산하시오. (8점)
   - ▶ 동부지점 합계는 백의 자리에서 올림하여 천의 자리까지 표시
     [표시 예 : 1,234,123 → 1,235,000]
   - ▶ [A12:A13] 영역에 조건 입력
   - ▶ DSUM, ROUND, ROUNDUP, ROUNDDOWN 함수 중 알맞은 함수 사용

2. [표2]에서 상여금[J3:J10]이 1,200,000 보다 크면서 기본급이 기본급의 평균 이상인 인원 수를 [J12] 셀에 표시하시오. (8점)
   - ▶ 계산된 인원 수 뒤에 '명'을 포함하여 표시 [표시 예 : 2명]
   - ▶ AVERAGE, COUNTIFS 함수와 & 연산자 사용

3. [표3]에서 주민등록번호[C17:C24]의 왼쪽에서 여덟 번째 문자가 '1' 또는 '3'이면 '남', '2' 또는 '4'이면 '여'를 성별[D17:D24]에 표시하시오. (8점)
   - ▶ CHOOSE, MID 함수 사용

4. [표4]에서 총점[I17:I24]이 첫 번째로 높은 사람은 '최우수', 두 번째로 높은 사람은 '우수', 그렇지 않은 사람은 공백을 순위[J17:J24]에 표시하시오. (8점)
   - ▶ IF, LARGE 함수 사용

5. [표5]에서 원서번호[A29:A36]의 왼쪽에서 첫 번째 문자와 [B38:D39] 영역을 참조하여 지원학과[D29:D36]를 표시하시오. (8점)
   - ▶ 단, 오류발생시 지원학과에 '코드오류'로 표시
   - ▶ IFERROR, HLOOKUP, LEFT 함수 사용

> **Hint**
> 1. **동부지점 합계** : A12셀에 '지점', A13셀에 '동부'를 입력한 후 C13셀에 '=ROUNDUP(DSUM(A2:D10,C2,A12:A13),-3)'을 입력
> 5. **지원학과** : D29셀에 '=IFERROR(HLOOKUP(LEFT(A29,1),$B$38:$D$39,2,FALSE),"코드오류")'를 입력 → D29셀을 선택한 후 채우기 핸들을 D36셀까지 드래그

실전문제유형

문제유형 02 '계산작업' 시트에서 다음 과정을 수행하고 저장하시오.　Ch08_문제유형02.xlsx

1. [표1]에서 제품코드[A3:A12]의 첫 번째 문자가 'M'이면 '남성용', 'W'이면 '여성용', 'O'이면 '아웃도어'로 구분[D3:D12]에 표시하시오. (8점)
   ▶ IF, LEFT 함수 사용

2. [표2]에서 다운로드[H3:H12]를 기준으로 순위를 1~3위는 '1위', '2위', '3위'로 표시하고, 나머지는 공백을 순위[I3:I12]에 표시하시오. (8점)
   ▶ 다운로드가 가장 많은 것이 1위
   ▶ CHOOSE, RANK.EQ 함수 사용

3. [표3]에서 구분[B16:B24]이 '국산'이면서 판매총액[E16:E24]이 200,000 이상 300,000 미만인 과일 수를 [E25] 셀에 계산하시오. (8점)
   ▶ 계산된 과일 수 뒤에 '개'를 포함하여 표시 [표시 예 : 3개]
   ▶ SUMIFS, AVERAGEIFS, COUNTIFS 함수 중 알맞은 함수와 & 연산자 사용

4. [표4]에서 직위[I16:I24]가 '과장'인 직원들의 지급액[J16:J24] 평균을 [J25] 셀에 계산하시오. (8점)
   ▶ 지급액 평균은 백의 자리에서 반올림하여 천의 자리까지 표시 [표시 예 : 45,678 → 46,000]
   ▶ ROUND, DAVERAGE 함수 사용

5. [표5]에서 구입액[C29:C37]과 등급표[F29:G32]를 이용하여 등급[D29:D37]을 표시하시오. (8점)
   ▶ VLOOKUP, HLOOKUP, INDEX 함수 중 알맞은 함수 사용

> **Hint**
> 2. 순위 : I3셀에 '=CHOOSE(RANK.EQ(H3,$H$3:$H$12),"1위","2위","3위","","","","","","","")'를 입력 → I3셀을 선택한 후 채우기 핸들을 I12셀까지 드래그

실전문제유형

문제유형 03 '계산작업' 시트에서 다음 과정을 수행하고 저장하시오. Ch08_문제유형03.xlsx

1. [표1]에서 판매량[C3:C11]이 150 이상이고, 총판매액[D3:D11]이 전체 총판매액의 중앙값 이상이면 '효자상품', 그렇지 않으면 공백을 비고[E3:E11]에 표시하시오. (8점)
   ▶ IF, AND, MEDIAN 함수 사용

2. [표2]에서 기준일[K1]과 입사일[I3:I11], 주민등록번호[J3:J11]를 이용하여 년차와 나이를 [K3:K11] 영역에 표시하시오. (8점)
   ▶ 년차 : 기준일 년도 − 입사일 년도
   ▶ 나이 : 기준일 년도 − (1900 + 주민등록번호 앞 2자리)
   ▶ 결과 표시 예 : 입사일이 '2010년'이고 주민등록번호가 '900101-123****'이면 '12년차(32)'로 표시
   ▶ YEAR, LEFT 함수와 & 연산자 사용

3. [표3]에서 중간고사[B15:B22]와 기말고사[C15:C22]의 평균이 80 이상이면 '우수', 60 이상 80 미만이면 '보통', 60 미만이면 '저조'를 결과[D15:D22]에 표시하시오. (8점)
   ▶ HLOOKUP, AVERAGE 함수 사용

4. [표4]에서 제조회사[G15:G26]가 '상공전자'인 스마트폰의 최고 판매가[I15:I26]와 최저 판매가의 차이를 [J26] 셀에 계산하시오. (8점)
   ▶ DMAX, DMIN 함수 사용

5. [표5]에서 구분[A30:A38]이 '미술'인 제품들의 판매총액[E30:E38] 합계를 계산하여 [E39] 셀에 표시하시오. (8점)
   ▶ 판매총액은 백의 자리에서 올림하여 천 단위까지 표시 [표시 예 : 12,300 → 13,000]
   ▶ ROUNDUP, SUMIF 함수 사용

Hint

1. **비고** : E3셀에 '=IF(AND(C3>=150,D3>=MEDIAN($D$3:$D$11)),"효자상품","")'을 입력 → E3셀을 선택한 후 채우기 핸들을 E11셀까지 드래그

2. **년차(나이)** : K3셀에 '=YEAR($K$1)−YEAR(I3)&"년차("&YEAR($K$1)−(1900+LEFT(J3,2))&")"'를 입력 → K3셀을 선택한 후 채우기 핸들을 K11셀까지 드래그

실전문제유형

문제유형 04 '계산작업' 시트에서 다음 과정을 수행하고 저장하시오. Ch08_문제유형04.xlsx

1. [표1]에서 필기[C3:C12]가 필기 평균 이상이고, 실기[D3:D12]가 실기 평균 이상이면 '합격', 그렇지 않으면 공백을 결과[E3:E12]에 표시하시오. (8점)
   - ▶ IF, AND, AVERAGE 함수 사용

2. [표2]에서 제품코드[G3:G12]의 다섯 번째 문자가 '1'이면 '기억장치', '2'이면 '입력장치', '3'이면 '출력장치', 그 외에는 '코드오류'를 분류[J3:J12]에 표시하시오. (8점)
   - ▶ IFERROR, CHOOSE, MID 함수 사용

3. [표3]에서 지역[A16:A25]이 '수원'이거나 '용인'인 지역의 처리비용[D16:D25]의 평균을 계산하여 [D26] 셀에 표시하시오. (8점)
   - ▶ [E24:E26] 영역에 조건 입력
   - ▶ 결과값은 천의 자리에서 내림하여 만의 자리까지 표시 [표시 예 : 123,456 → 120,000]
   - ▶ DAVERAGE, ROUNDDOWN 함수 사용

4. [표4]에서 제품코드[G16:G26]와 수량[H16:H26], 제품단가표[K17:L20]를 이용하여 판매액[I16:I26]을 계산하시오. (8점)
   - ▶ 판매액 = 수량 × 단가
   - ▶ 제품단가표의 의미 : 제품코드의 앞 두 자리가 'SS'이면 단가는 12,500, 'AA'이면 15,000, 'NN'이면 16,500, 'GG'이면 18,000임
   - ▶ VLOOKUP, LEFT 함수 사용

5. [표5]에서 장르[B30:B39]가 '코미디'이면서 관람등급[C30:C39]이 '전체'인 영화들의 예매총액[E30:E39] 합계를 계산하여 [F39] 셀에 표시하시오. (8점)
   - ▶ 숫자 뒤에 '만원'을 표시 [표시 예 : 123만원]
   - ▶ COUNTIFS, SUMIFS, AVERAGEIFS 중 알맞은 함수와 & 연산자 사용

Hint

5. 코미디-전체 예매총액 합계 : F39셀에 '=SUMIFS(E30:E39,B30:B39,"코미디",C30:C39,"전체")&"만원"'을 입력

Chapter 09 부분합 구하고 데이터 정렬하기

[문제3 분석작업]은 부분합을 구하는 문제, 데이터를 정렬하는 문제, 시나리오를 작성하는 문제 등이 출제되는데, 여기서는 부분합을 구하는 방법과 데이터를 정렬하는 방법에 대해 알아보겠습니다. 부분합은 주로 두 종류의 부분합을 구하는 문제가 출제됩니다. 2문항의 문제가 출제되며 배점은 각 10점(총 20점)입니다.

문제3 분석작업(20점) ● 주어진 시트에서 다음 작업을 수행하고 저장하시오.

1. '분석작업-1' 시트에 대하여 다음의 지시사항을 처리하시오. (10점)
   - [부분합] 기능을 이용하여 '소양인증포인트 현황' 표에 〈그림〉과 같이 학과별 '합계'의 최대를 계산한 후 '기본영역', '인성봉사', '교육훈련'의 평균을 계산하시오.
     ▶ 정렬은 '학과'를 기준으로 오름차순으로 처리하시오.
     ▶ 최대와 평균은 위에 명시된 순서대로 처리하시오.

	A	B	C	D	E	F
1	소양인증포인트 현황					
2						
3	학과	성명	기본영역	인성봉사	교육훈련	합계
4	경영정보	정소영	85	75	75	235
5	경영정보	주경철	85	85	75	245
6	경영정보	한기철	90	70	85	245
7	경영정보 평균		87	77	78	
8	경영정보 최대					245
9	유아교육	강소미	95	65	65	225
10	유아교육	한보미	80	70	90	240
11	유아교육 평균		88	68	78	
12	유아교육 최대					240
13	정보통신	김경호	95	75	95	265
14	정보통신	박주영	85	50	80	215
15	정보통신 평균		90	63	88	
16	정보통신 최대					265
17	전체 평균		88	70	81	
18	전체 최대값					265

2. '분석작업-2' 시트에 대하여 다음의 지시사항을 처리하시오. (10점)
   - [정렬] 기능을 이용하여 [표1]에서 '포지션'을 투수-포수-내야수-외야수 순으로 정렬하고, 동일한 포지션인 경우 '가입기간'의 셀 색이 'RGB(216,228,188)'인 값이 위에 표시되도록 정렬하시오.

작업순서요약
① 부분합을 구합니다.
② 데이터를 정렬합니다.

작업1 부분합 구하기

📊 Chapter09.xlsx

1 [분석작업-1] 시트에서 학과를 기준으로 오름차순 정렬하기 위해 시트 탭에서 **[분석작업-1] 시트를 선택**한 후 **A3셀을 선택**한 다음 [데이터] 탭-[정렬 및 필터] 그룹에서 ↓[**텍스트 오름차순 정렬**]을 클릭합니다.

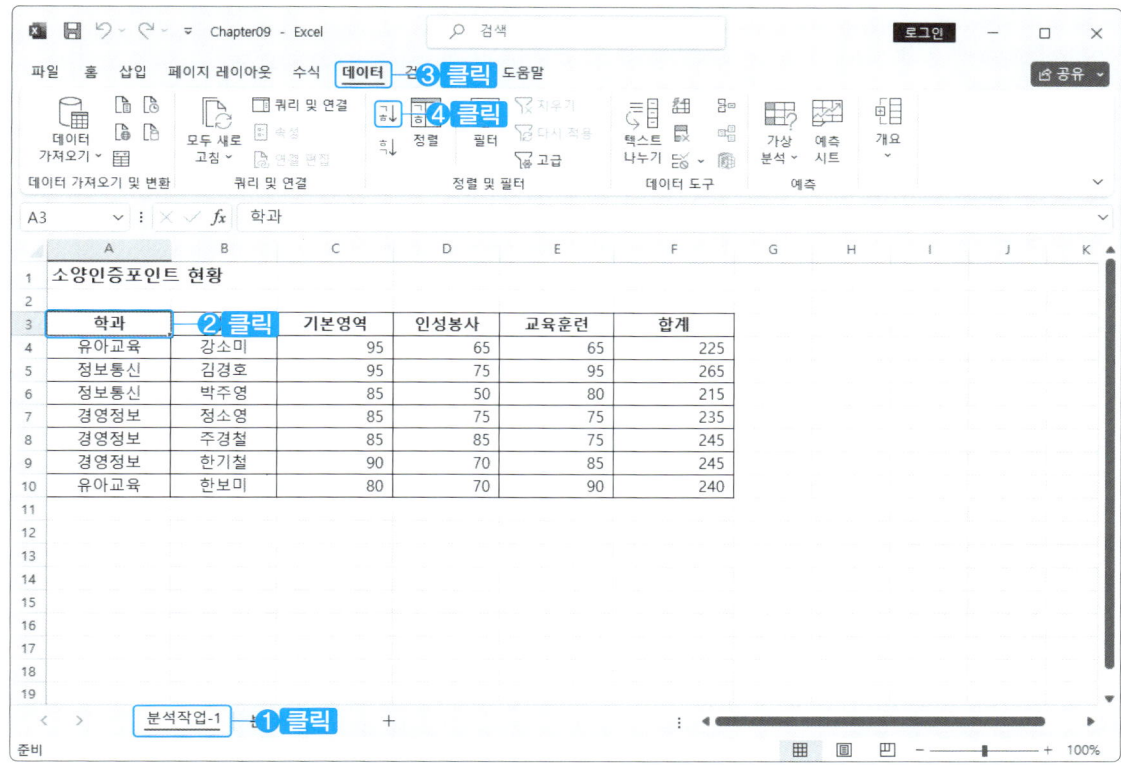

Tip

- 부분합을 제대로 구하려면 먼저 그룹화할 항목(여기서는 학과)을 기준으로 정렬해야 합니다.
- 정렬은 데이터를 일정한 순서에 의해 차례대로 재배열하는 기능입니다.
- A3셀을 선택한 후 [데이터] 탭-[정렬 및 필터] 그룹에서 ↓[텍스트 내림차순 정렬]을 클릭하면 학과를 기준으로 내림차순 정렬을 할 수 있습니다.

한가지 더!

정렬 순서

정렬에는 작은 값에서 큰 값 순으로 재배열하는 오름차순 정렬과 큰 값에서 작은 값 순으로 재배열하는 내림차순 정렬이 있습니다.

- **오름차순 정렬** : 숫자(작은 숫자 → 큰 숫자) ➡ 문자(A → Z → ㄱ → ㅎ) ➡ 논리값(FALSE → TRUE) ➡ 오류값 ➡ 빈 셀(데이터가 없는 셀)
- **내림차순 정렬** : 오류값 ➡ 논리값(TRUE → FALSE) ➡ 문자(ㅎ → ㄱ → Z → A) ➡ 숫자(큰 숫자 → 작은 숫자) ➡ 빈 셀(데이터가 없는 셀)

2 학과를 기준으로 오름차순 정렬됩니다.

3 학과별로 합계의 최대를 구하기 위해 **A3셀을 선택**한 후 [데이터] 탭-[개요] 그룹에서 [**부분합**]을 **클릭**합니다.

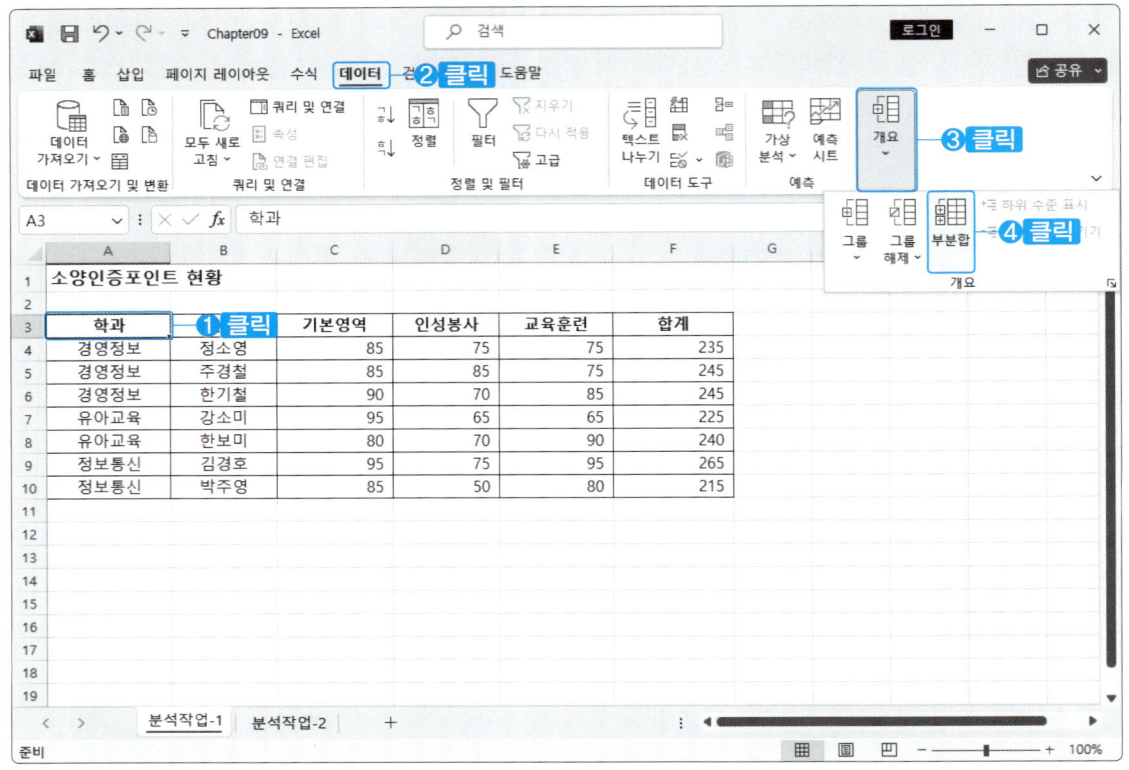

Tip
부분합은 데이터를 특정 항목별로 그룹화한 후 그룹별로 요약하는 기능입니다.

4 [부분합] 대화상자가 나타나면 **그룹화할 항목(학과), 사용할 함수(최대), 부분합 계산 항목(합계)을 선택**한 후 [**확인**] 단추를 **클릭**합니다.

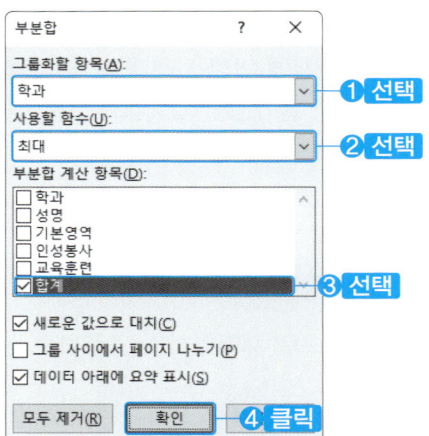

한가지 더!

[부분합] 대화상자의 항목
- **그룹화할 항목** : 데이터를 그룹화할 때 기준이 되는 항목입니다.
- **사용할 함수** : 그룹별로 계산할 때 사용할 함수입니다.
- **부분합 계산 항목** : 그룹별로 계산할 항목입니다.

5 학과별로 합계의 최대가 구해지면 학과별로 기본영역, 인성봉사, 교육훈련의 평균을 구하기 위해 **A3셀을 선택**한 후 [데이터] 탭-[개요] 그룹에서 **[부분합]**을 클릭합니다.

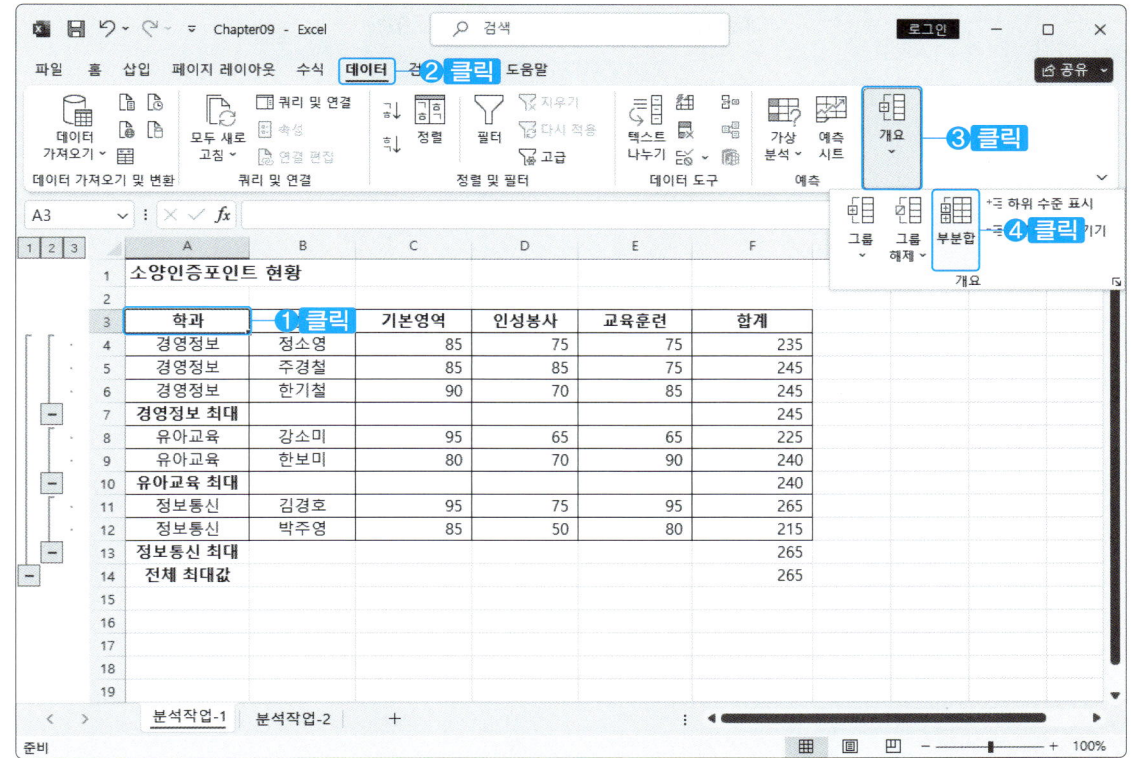

Tip

- 부분합을 구하면 워크시트 왼쪽에 하위 그룹을 숨기거나 나타나게 할 수 있는 1, 2, 3 등의 윤곽 기호가 나타납니다.
- 부분합을 잘못 구한 경우에는 [부분합] 대화상자에서 [모두 제거] 단추를 클릭하여 부분합을 제거한 후 다시 부분합을 구합니다.

한가지 더!

데이터를 그룹화할 항목을 기준으로 정렬하지 않고 부분합을 구한 경우

데이터를 그룹화할 항목인 학과를 기준으로 정렬하지 않고 부분합을 구한 경우에는 다음과 같이 학과가 다를 때마다 다른 그룹으로 인식하여 합계의 최대가 구해집니다.

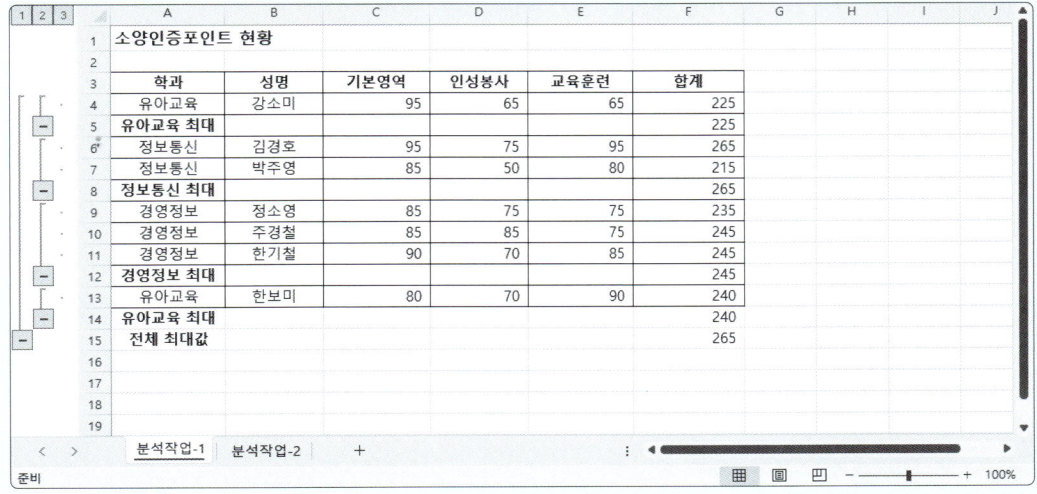

6 [부분합] 대화상자가 나타나면 **그룹화 할 항목(학과), 사용할 함수(평균), 부분합 계산 항목(기본영역, 인성봉사, 교육훈련)을 선택**한 후 [새로운 값으로 대치]를 선택 해제한 다음 [확인] 단추를 클릭합니다.

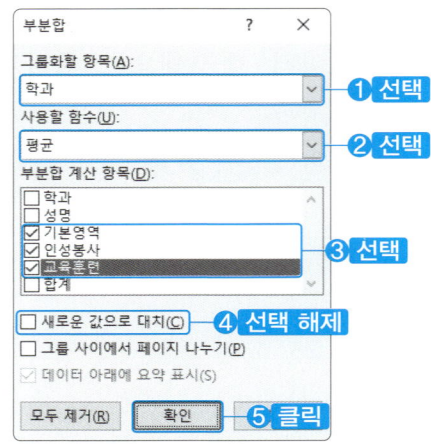

7 다음과 같이 학과별로 기본영역, 인성봉사, 교육훈련합계의 평균이 구해집니다.

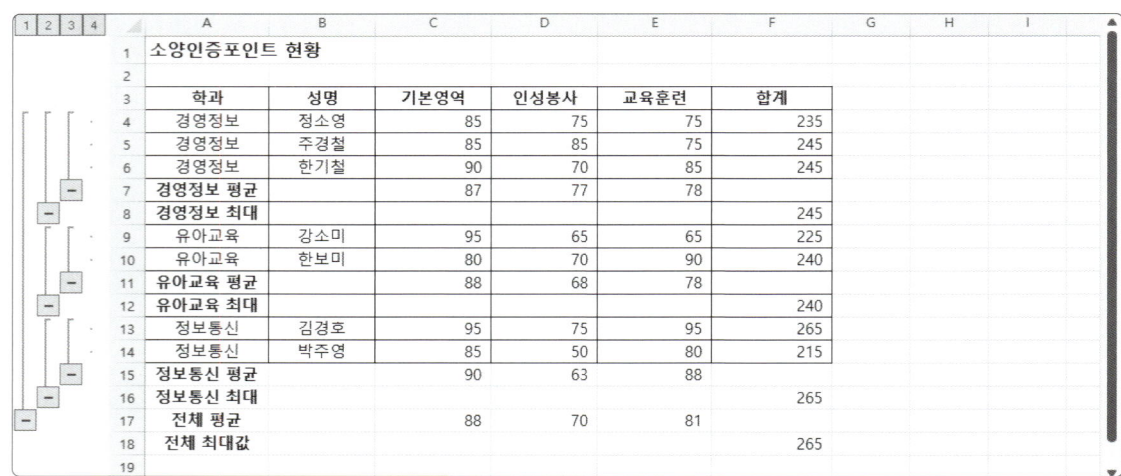

Tip
기존에 구한 부분합을 그대로 둔 상태에서 새로 구한 부분합이 기존에 구한 부분합 위에 나타납니다.

한가지 더!

[부분합] 대화상자에서 [새로운 값으로 대치]를 선택한 경우

[부분합] 대화상자에서 [새로운 값으로 대치]를 선택한 경우에는 다음과 같이 기존에 구한 부분합(여기서는 합계의 최대)을 제거한 후 새로 구한 부분합(여기서는 기본영역, 인성봉사, 교육훈련합계의 평균)이 나타나므로 반드시 선택 해제해야 합니다.

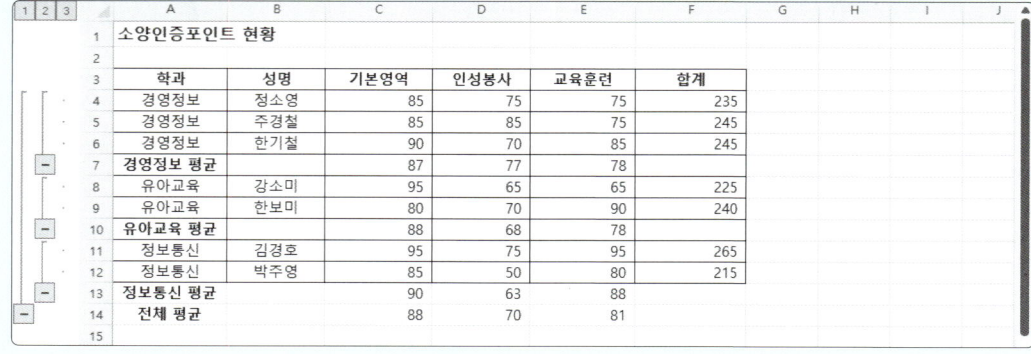

작업2   데이터 정렬하기

1 [분석작업-2] 시트에서 포지션과 가입기간을 기준으로 데이터를 정렬하기 위해 시트 탭에서 **[분석작업-2] 시트를 선택**한 후 **A3셀을 선택**한 다음 [데이터] 탭-[정렬 및 필터] 그룹에서 **[정렬]**을 클릭합니다.

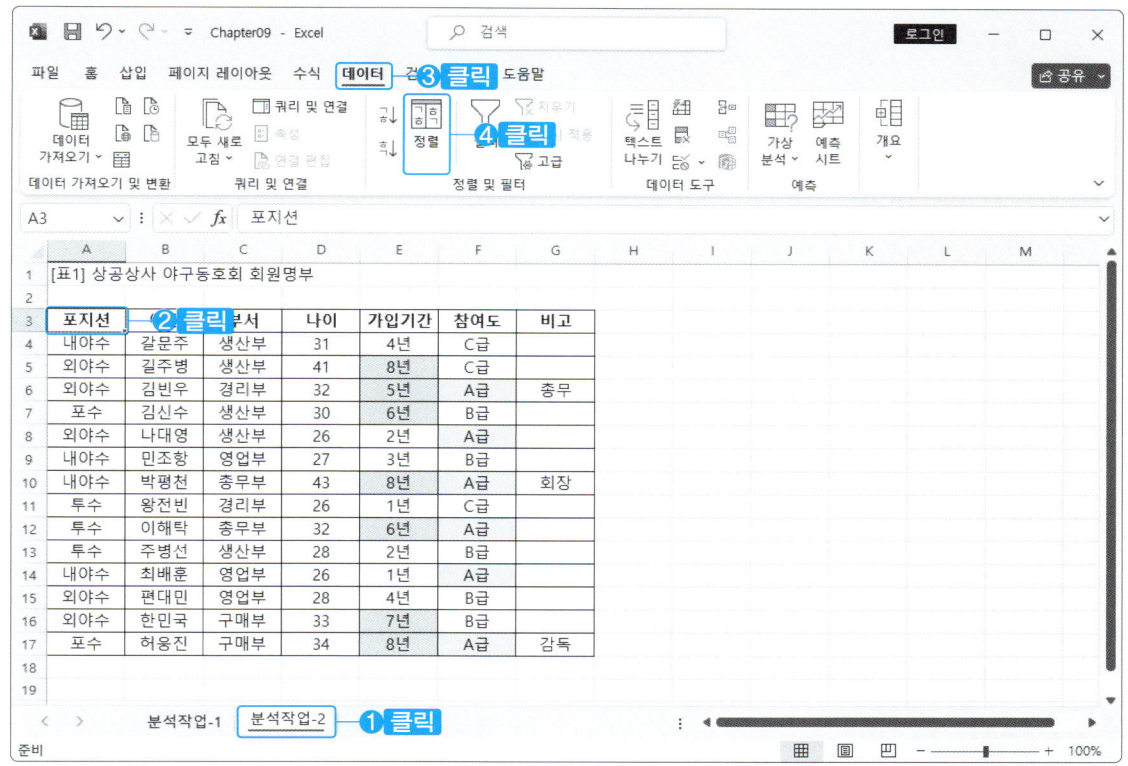

2 [정렬] 대화상자가 나타나면 정렬 기준에서 **열(포지션)과 정렬 기준(셀 값)을 선택**한 후 **정렬의 [목록] 단추를 클릭**한 다음 **[사용자 지정 목록]을 클릭**합니다.

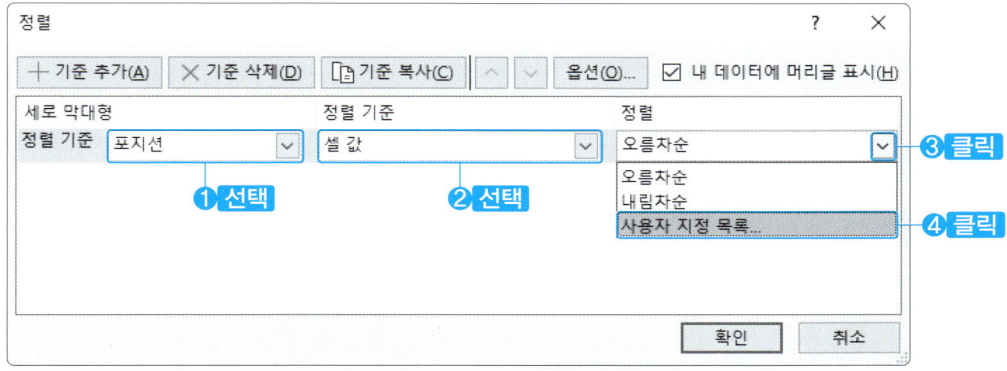

> **Tip**
>
> 포지션을 기준으로 오름차순 정렬을 하면 내야수, 외야수, 투수, 포수 순으로 정렬되고, 내림차순 정렬을 하면 포수, 투수, 외야수, 내야수 순으로 정렬되지만 여기서는 정렬 순서를 직접 지정하여 투수, 포수, 내야수, 외야수 순으로 정렬할 것입니다.

Chapter 09 • 부분합 구하고 데이터 정렬하기   **89**

3 [사용자 지정 목록] 대화상자가 나타나면 **목록 항목(투수, 포수, 내야수, 외야수)을 입력**한 후 **[추가] 단추를 클릭**합니다. 그런 다음 목록 항목이 사용자 지정 목록에 등록되면 **[확인] 단추를 클릭**합니다.

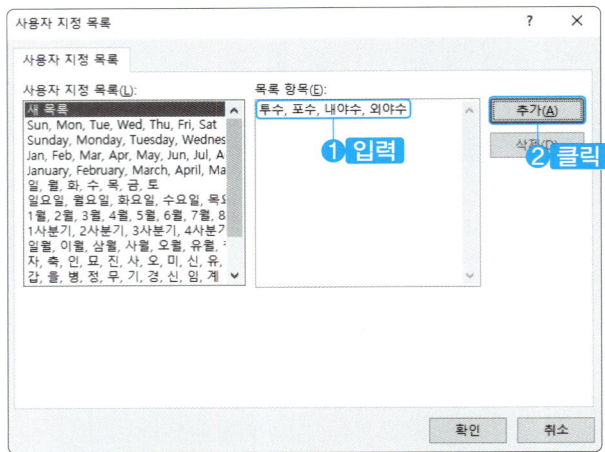 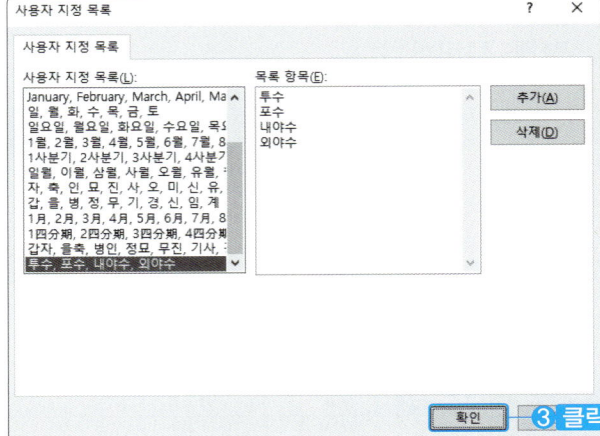

한가지 더!

목록 항목 입력하기

다음과 같이 목록 항목은 Enter 를 누르거나 쉼표(,)로 구분하여 입력합니다.

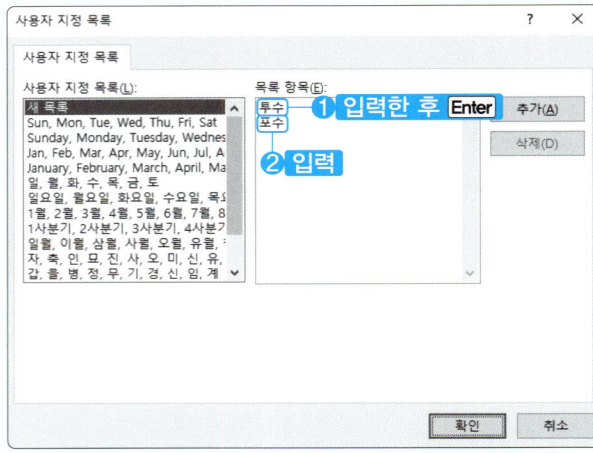

4 [정렬] 대화상자가 다시 나타나면 **[기준 추가] 단추를 클릭**합니다.

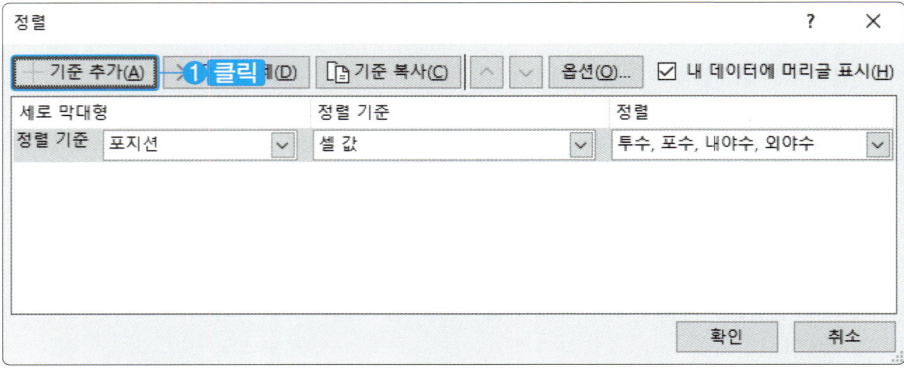

5 다음 기준이 추가되면 다음 기준에서 **열(가입기간), 정렬 기준(셀 색), 정렬(셀 색(RGB(216, 228, 188)), 위에 표시)을 선택**한 후 [확인] 단추를 클릭합니다.

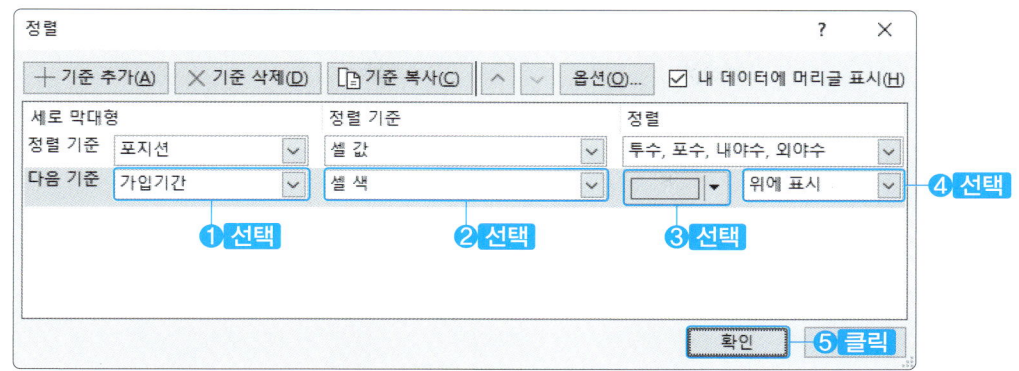

> **Tip**
> 정렬 기준(첫 번째 정렬 기준)을 선택한 후 ⌄[아래로 이동] 단추를 클릭하거나 다음 기준(두 번째 정렬 기준)을 선택한 후 ⌃[위로 이동] 단추를 클릭하면 정렬 기준의 우선 순위를 바꿀 수 있습니다.

6 다음과 같이 포지션을 기준으로 투수, 포수, 내야수, 외야수 순으로 정렬되고, 포지션이 같으면 가입기간을 기준으로 셀 색이 'RGB(216, 228, 188)'인 데이터가 위에 표시됩니다.

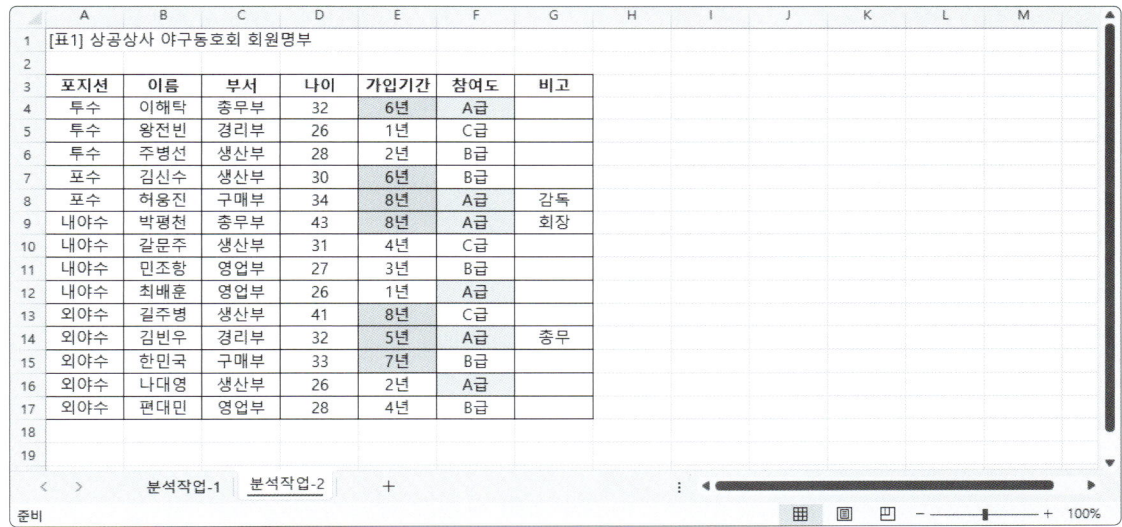

실전문제유형

문제유형 01 주어진 시트에서 다음 작업을 수행하고 저장하시오.　　Ch09_문제유형01.xlsx

1. '분석작업-1' 시트에 대하여 다음의 지시사항을 처리하시오. (10점)
   - [부분합] 기능을 이용하여 '1학기 중간고사 성적 현황' 표에 〈그림〉과 같이 반별 '국어', '영어', '수학', '과학', '사회'의 합계를 계산한 후 '평균'의 최대를 계산하시오.
     ▶ 정렬은 '반'을 기준으로 오름차순으로 처리하시오.
     ▶ 합계와 최대는 위에 명시된 순서대로 처리하시오.

	A	B	C	D	E	F	G	H	I
1	1학년 중간고사 성적 현황								
2									
3	성명	반	국어	영어	수학	과학	사회	합계	평균
4	이영호	1	94	92	90	97	93	466	93.2
5	유지은	1	88	87	84	85	89	433	86.6
6	이지원	1	94	91	98	90	90	463	92.6
7	박지훈	1	84	82	76	84	88	414	82.8
8		1 최대							93.2
9		1 요약	360	352	348	356	360		
10	황하윤	2	91	88	76	90	92	437	87.4
11	김은주	2	79	81	80	85	86	411	82.2
12		2 최대							87.4
13		2 요약	170	169	156	175	178		
14	한지영	3	86	75	80	81	82	404	80.8
15	김유진	3	76	80	75	77	69	377	75.4
16	강하준	3	77	84	80	81	79	401	80.2
17		3 최대							80.8
18		3 요약	239	239	235	239	230		
19	최영식	4	57	61	57	62	68	305	61.0
20	송성수	4	84	82	88	85	86	425	85.0
21	김도윤	4	68	66	64	69	71	338	67.6
22	정수연	4	76	84	82	83	68	393	78.6
23		4 최대							85.0
24		4 요약	285	293	291	299	293		
25		전체 최대값							93.2
26		총합계	1054	1053	1030	1069	1061		

2. '분석작업-2' 시트에 대하여 다음의 지시사항을 처리하시오. (10점)
   - [정렬] 기능을 이용하여 [표1]에서 '배송지역'을 기준으로 내림차순으로 정렬하고, 동일한 배송지역인 경우 '수령인'의 셀 색이 'RGB(146,208,80)'인 값이 아래에 표시되도록 정렬하시오.

> **Hint**
> 부분합 : 부분합에서 요약은 합계를 말합니다.

실전문제유형

문제유형 02 주어진 시트에서 다음 작업을 수행하고 저장하시오. Ch09_문제유형02.xlsx

1. '분석작업-1' 시트에 대하여 다음의 지시사항을 처리하시오. (10점)
   - [부분합] 기능을 이용하여 'ICT 기반 스마트 팜 현황' 표에 〈그림〉과 같이 ICT 제어수준별 '품목명'의 개수를 계산한 후 '시공비', '농가면적'의 평균을 계산하시오.
     ▶ 정렬은 'ICT 제어수준'을 기준으로 내림차순으로 처리하시오.
     ▶ 개수와 평균은 위에 명시된 순서대로 처리하시오.

	A	B	C	D	E	F	G
1	ICT 기반 스마트 팜 현황						
2							
3	관리코드	품목명	ICT 제어수준	시공업체	도입날짜	시공비	농가면적
4	J-A004	복숭아	병해충제어	스마트팜코리아	2022-10-10	1,200,000원	3,200평
5	L-O110	망고	병해충제어	엔씽	2022-02-05	1,600,000원	7,550평
6			병해충제어 평균			1,400,000원	5,375평
7		2	병해충제어 개수				
8	P-A001	사과	관수제어	그린온실	2023-03-20	1,550,000원	5,250평
9	P-O100	감귤	관수제어	그린첨단	2021-06-05	3,250,000원	12,500평
10	S-P011	수박	관수제어	ICT스마트팜	2022-11-01	1,580,000원	6,800평
11			관수제어 평균			2,126,667원	8,183평
12		3	관수제어 개수				
13	L-P010	배	관수/병해충제어	K스마트팜	2022-09-02	2,000,000원	8,500평
14	K-A008	딸기	관수/병해충제어	토탈팜	2022-02-15	1,850,000원	8,250평
15	H-A005	포도	관수/병해충제어	친환경팜	2023-02-15	3,150,000원	11,500평
16			관수/병해충제어 평균			2,333,333원	9,417평
17		3	관수/병해충제어 개수				
18			전체 평균			2,022,500원	7,944평
19		8	전체 개수				

2. '분석작업-2' 시트에 대하여 다음의 지시사항을 처리하시오. (10점)
   - [정렬] 기능을 이용하여 [표1]에서 '분류'를 체육-공예-음악 순으로 정렬하고, 동일한 분류인 경우 '강의요일'의 셀 색이 'RGB(249,251,157)'인 값이 위에 표시되도록 정렬하시오.

실전문제유형

문제유형 03 주어진 시트에서 다음 작업을 수행하고 저장하시오. Ch09_문제유형03.xlsx

1. '분석작업-1' 시트에 대하여 다음의 지시사항을 처리하시오. (10점)
   - [정렬] 기능을 이용하여 [표1]에서 '구분'을 기준으로 오름차순으로 정렬하고, 동일한 구분인 경우 '강좌명'의 글꼴 색이 'RGB(255,0,0)'인 값이 위에 표시되도록 정렬하시오.

2. '분석작업-2' 시트에 대하여 다음의 지시사항을 처리하시오. (10점)
   - [부분합] 기능을 이용하여 '서진중학교 캠프 참가 현황' 표에 〈그림〉과 같이 과정별 '캠프명'의 개수를 계산한 후 '기간', '신청인원', '비용'의 최소를 계산하시오.
     ▶ 정렬은 '과정'을 기준으로 내림차순으로 처리하시오.
     ▶ 개수와 최소는 위에 명시된 순서대로 처리하시오.

	A	B	C	D	E	F	G
1	서진중학교 캠프 참가 현황						
2							
3	관리번호	캠프명	과정	시작일	기간	신청인원	비용
4	SJ-205	낙농체험	체험	2023-08-13	3일	29명	200,000원
5	SJ-208	진로진학	체험	2023-08-08	5일	43명	295,000원
6			체험 최소		3일	29명	200,000원
7		2	체험 개수				
8	SJ-301	스피치	리더십	2023-07-29	3일	34명	190,000원
9	SJ-304	인성개발	리더십	2023-08-01	2일	15명	150,000원
10	SJ-106	프레젠테이션	리더십	2023-07-29	3일	18명	230,000원
11			리더십 최소		2일	15명	150,000원
12		3	리더십 개수				
13	SJ-103	휴머노이드	과학	2023-09-05	3일	25명	220,000원
14	SJ-107	지질탐구	과학	2023-09-04	4일	32명	385,000원
15	SJ-202	우주과학	과학	2023-08-05	5일	41명	370,000원
16			과학 최소		3일	25명	220,000원
17		3	과학 개수				
18			전체 최소값		2일	15명	150,000원
19		8	전체 개수				

> **Hint**
>
> **정렬** : [분석작업-1] 시트를 선택한 후 A3셀을 선택한 다음 [데이터] 탭-[정렬 및 필터] 그룹에서 [정렬]을 클릭 → [정렬] 대화상자의 정렬 기준에서 열(구분), 정렬 기준(셀 값), 정렬(오름차순)을 선택한 후 [기준 추가] 단추를 클릭 → [정렬] 대화상자의 다음 기준에서 열(가입기간), 정렬 기준(글꼴 색), 정렬(셀 색(RGB(255,0,0)), 위에 표시)을 선택한 후 [확인] 단추를 클릭

실전문제유형

문제유형 04 주어진 시트에서 다음 작업을 수행하고 저장하시오. Ch09_문제유형04.xlsx

1. '분석작업-1' 시트에 대하여 다음의 지시사항을 처리하시오. (10점)
   - [부분합] 기능을 이용하여 '네펜데스 1가구 타일 조사' 표에 〈그림〉과 같이 타입별 '사용개수'의 합계를 계산한 후 '가격', '시공비용'의 평균을 계산하시오.
   ▶ 정렬은 '타입'을 기준으로 내림차순으로 처리하시오.
   ▶ 합계와 평균은 위에 명시된 순서대로 처리하시오.

	A	B	C	D	E	F	G
1	네펜데스 1가구 타일 조사						
2							
3	모델코드	제품명	제조국	타입	사용개수	가격	시공비용
4	MP-0062	파스텔컬러	한국	전통문양	7BOX	31,000원	49,000원
5	BC-1522	메탈릭엔틱	한국	전통문양	9BOX	105,000원	67,500원
6	DG-0011	헤르메스메탈	중국	전통문양	3BOX	49,000원	10,000원
7				전통문양 평균		61,667원	42,167원
8				전통문양 요약	19BOX		
9	DG-0601	로라	싱가폴	스칸디나비아	6BOX	21,000원	35,400원
10	MP-1522	아쿠렐로	이탈리아	스칸디나비아	7BOX	84,000원	52,000원
11	BC-3202	에보	이탈리아	스칸디나비아	15BOX	79,000원	108,000원
12				스칸디나비아 평균		61,333원	65,133원
13				스칸디나비아 요약	28BOX		
14	DG-0601	레아	덴마크	북유럽	17BOX	92,000원	101,000원
15	MP-0222	샤이니메탈	스웨덴	북유럽	4BOX	36,000원	24,000원
16				북유럽 평균		64,000원	62,500원
17				북유럽 요약	21BOX		
18				전체 평균		62,125원	55,863원
19				총합계	68BOX		

2. '분석작업-2' 시트에 대하여 다음의 지시사항을 처리하시오. (10점)
   - [정렬] 기능을 이용하여 [표1]에서 '출판사'를 웅진-문학동네-한국헤밍웨이 순으로 정렬하고, 동일한 출판사인 경우 '구입가격'을 기준으로 내림차순으로 정렬하시오.

Chapter 10 시나리오 작성하고 데이터 통합하기

[문제3 분석작업]은 시나리오를 작성하는 문제, 데이터를 통합하는 문제, 부분합을 구하는 문제 등이 출제되는데, 여기서는 시나리오를 작성하는 방법과 데이터를 통합하는 방법에 대해 알아보겠습니다. 시나리오는 주로 이름을 정의한 후 시나리오를 작성하는 문제가 출제됩니다. 2문항의 문제가 출제되며 배점은 각 10점(총 20점)입니다.

문제3 분석작업(20점) ● 주어진 시트에서 다음 작업을 수행하고 저장하시오.

1. '분석작업-1' 시트에 대하여 다음의 지시사항을 처리하시오. (10점)
   - [시나리오 관리자] 기능을 이용하여 [표1]에서 집행률계[D10]가 다음과 같이 변동하는 경우 집행액합계[C10]의 변동 시나리오를 작성하시오.
     ▶ [C10] 셀의 이름은 '집행액합계', [D10] 셀의 이름은 '집행률계'로 정의하시오.
     ▶ 시나리오1 : 시나리오 이름은 '비율인상', 집행률계를 80으로 설정하시오.
     ▶ 시나리오2 : 시나리오 이름은 '비율인하', 집행률계를 50으로 설정하시오.
     ▶ 시나리오 요약 시트는 '분석작업-1' 시트의 바로 왼쪽에 위치해야 함
   ※ 시나리오 요약 보고서 작성 시 정답과 일치하여야 하며, 오자로 인한 부분점수는 인정하지 않음

2. '분석작업-2' 시트에 대하여 다음의 지시사항을 처리하시오. (10점)
   - 데이터 도구 [통합] 기능을 이용하여 [표1], [표2], [표3]에 대한 학과별 '정보인증', '국제인증', '전공인증'의 합계를 [표4]의 [G5:I8] 영역에 계산하시오.

작업순서요약

① 이름을 정의합니다.
② 시나리오를 추가한 후 시나리오를 요약합니다.
③ 데이터를 통합합니다.

작업1 이름 정의하기

Chapter10.xlsx

1 시트 탭에서 [분석작업-1] 시트를 선택한 후 C10셀을 선택한 다음 이름 상자에 '집행액합계'를 입력하고 Enter 를 누릅니다.

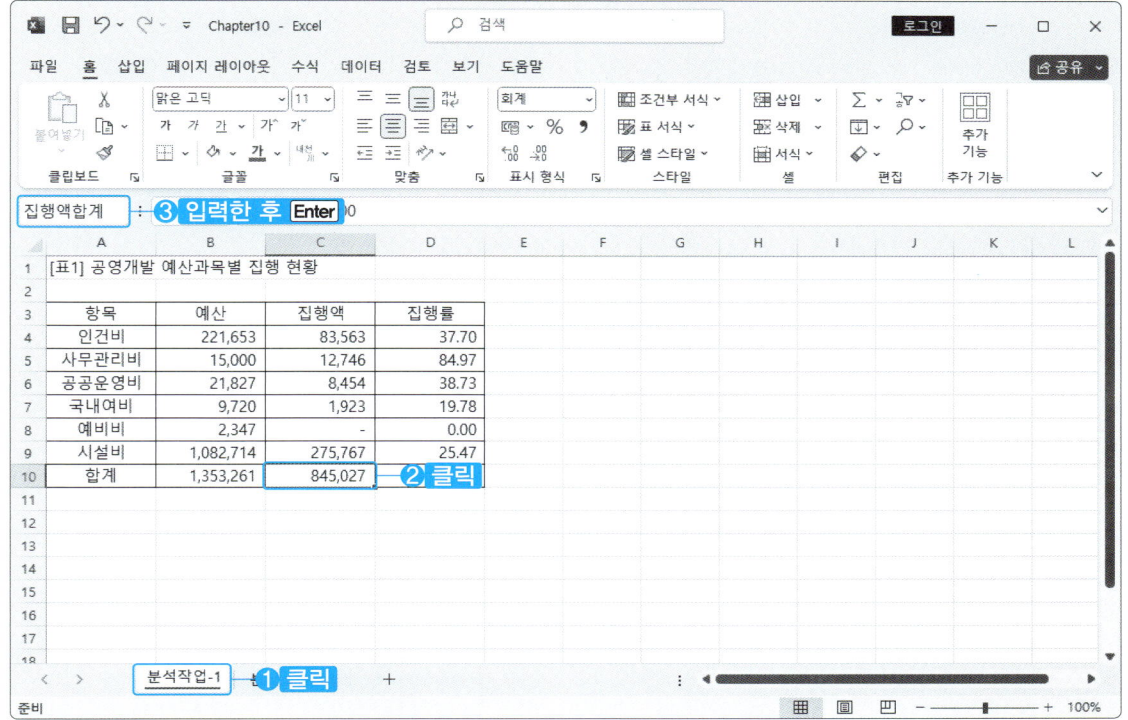

> **Tip**
> 시트 탭에서 [분석작업-1] 시트를 선택한 후 C10셀을 선택한 다음 [수식] 탭-[정의된 이름] 그룹에서 [이름 정의]를 클릭하여 이름을 정의할 수도 있습니다.

2 D10셀을 선택한 후 이름 상자에 '집행률계'를 입력한 다음 Enter 를 누릅니다.

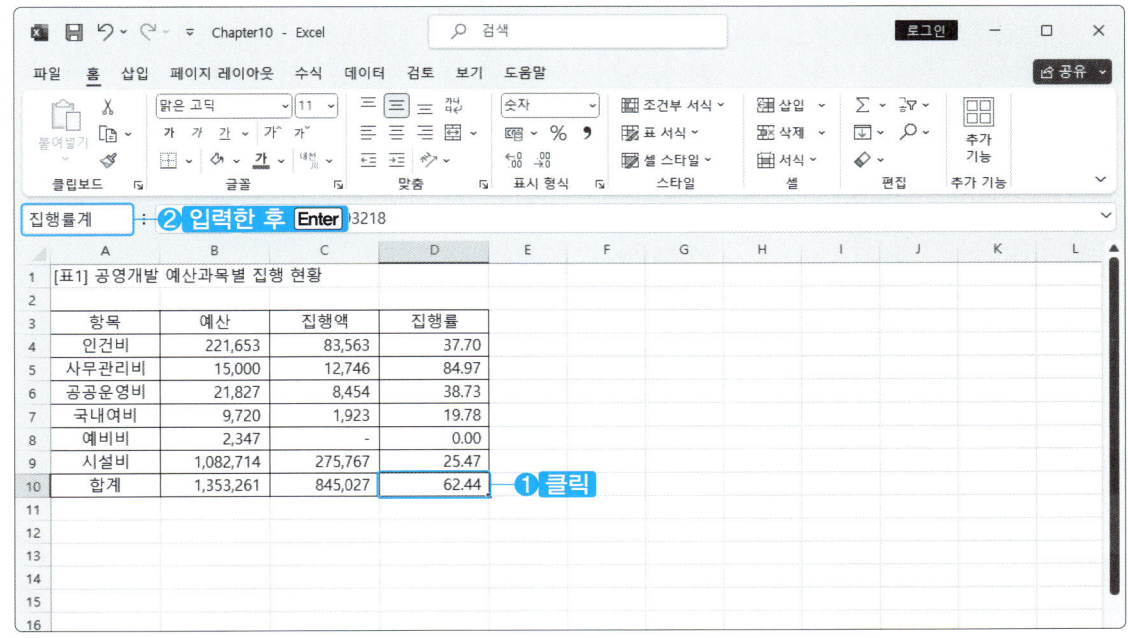

Chapter 10 • 시나리오 작성하고 데이터 통합하기 **97**

작업2 시나리오 작성하기

1 시나리오를 추가하기 위해 [데이터] 탭-[예측] 그룹에서 **[가상 분석]을 클릭**한 후 **[시나리오 관리자]를 클릭**합니다.

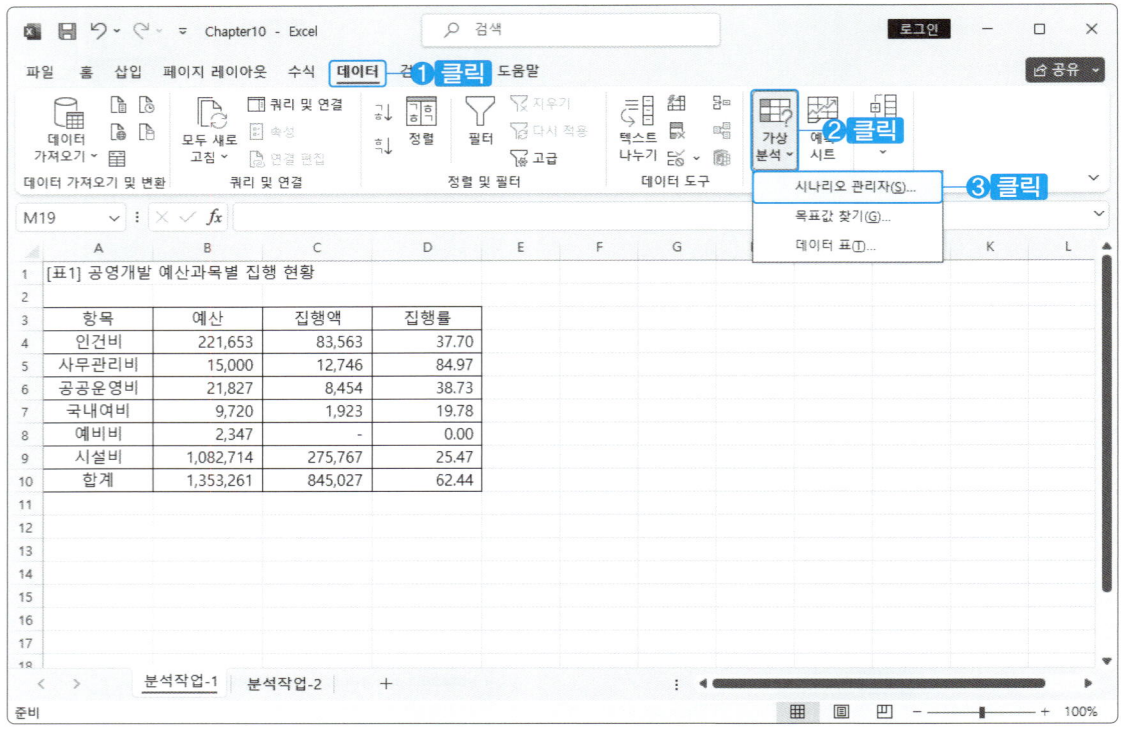

> Tip
> 시나리오는 여러 가지 가상 상황에 따른 결과값을 예측하고 분석할 수 있는 기능입니다.

2 [시나리오 관리자] 대화상자가 나타나면 **[추가] 단추를 클릭**합니다.

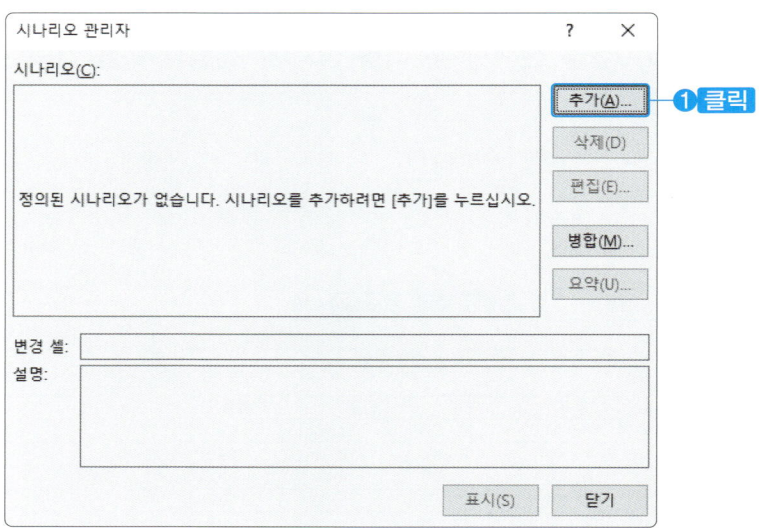

3 [시나리오 추가] 대화상자가 나타나면 **시나리오 이름(비율인상)을 입력**한 후 **변경 셀(D10)을 입력**한 다음 **[확인] 단추를 클릭**합니다.

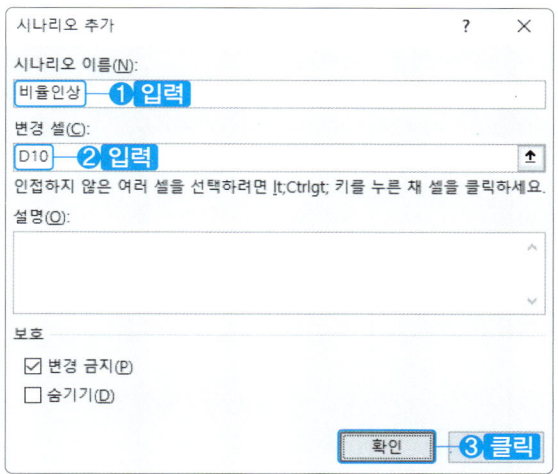

4 [시나리오 값] 대화상자가 나타나면 **집행률계(80)를 입력**한 후 **[추가] 단추를 클릭**합니다.

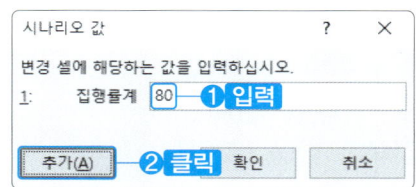

> Tip
> 추가할 시나리오가 있으면 [추가] 단추를 클릭하고, 추가할 시나리오가 없으면 [확인] 단추를 클릭합니다. 여기서는 '비율인하' 시나리오를 추가해야 하므로 [추가] 단추를 클릭합니다.

5 [시나리오 추가] 대화상자가 다시 나타나면 **시나리오 이름(비율인하)을 입력**한 후 **변경 셀(D10)을 입력**한 다음 **[확인] 단추를 클릭**합니다.

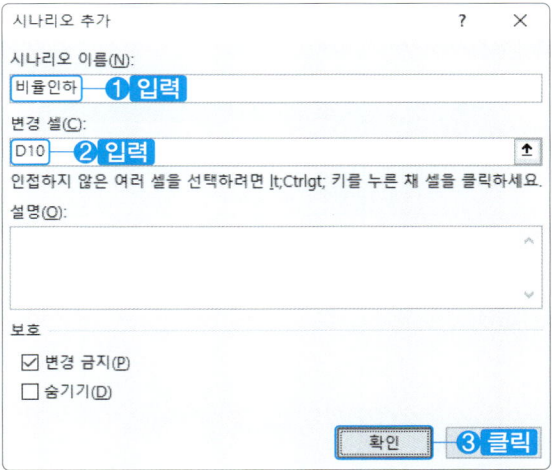

6 [시나리오 값] 대화상자가 다시 나타나면 **집행률계(50)를 입력**한 후 **[확인] 단추를 클릭**합니다.

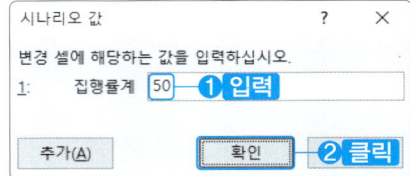

7 [시나리오 관리자] 대화상자가 다시 나타나면 시나리오를 요약하기 위해 **[요약] 단추를 클릭**합니다.

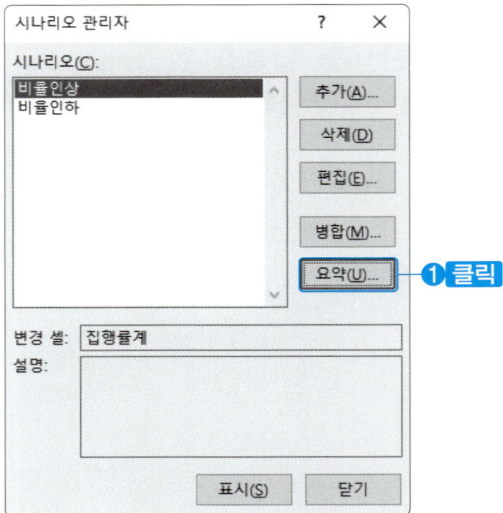

8 [시나리오 요약] 대화상자가 나타나면 **보고서 종류(시나리오 요약)를 선택**한 후 **결과 셀(C10)을 입력**한 다음 **[확인] 단추를 클릭**합니다.

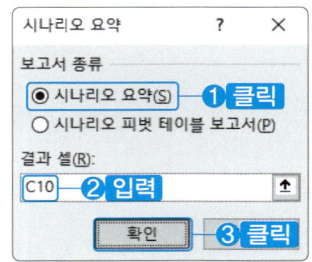

9 다음과 같이 [시나리오 요약] 시트가 삽입됩니다.

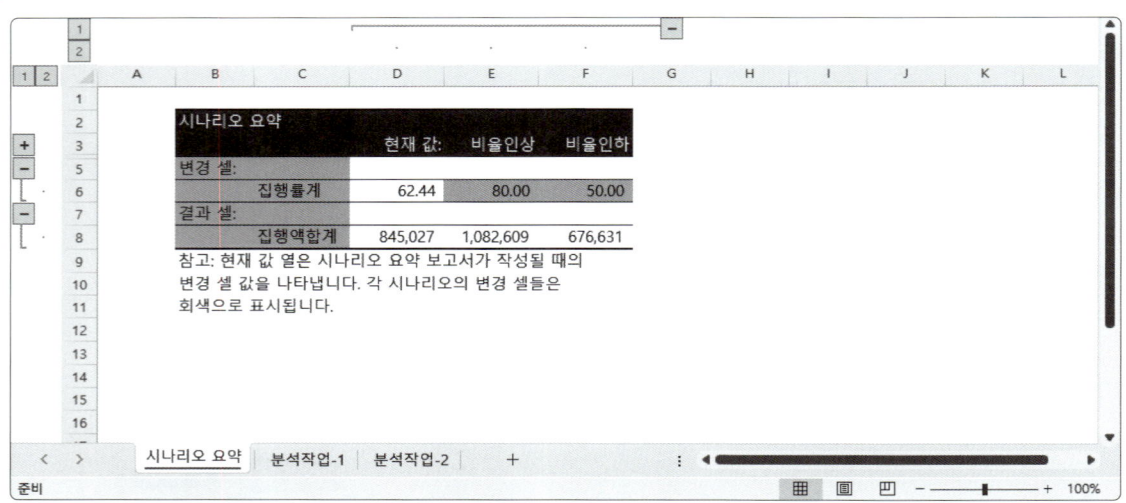

> **Tip**
> [시나리오 요약] 시트는 [분석작업-1] 시트 바로 앞에(바로 왼쪽에) 삽입됩니다.

작업3 데이터 통합하기

1 시트 탭에서 [분석작업-2] 시트를 선택한 후 F4:I8셀 범위를 선택한 다음 [데이터] 탭-[데이터 도구] 그룹에서 [통합]을 클릭합니다.

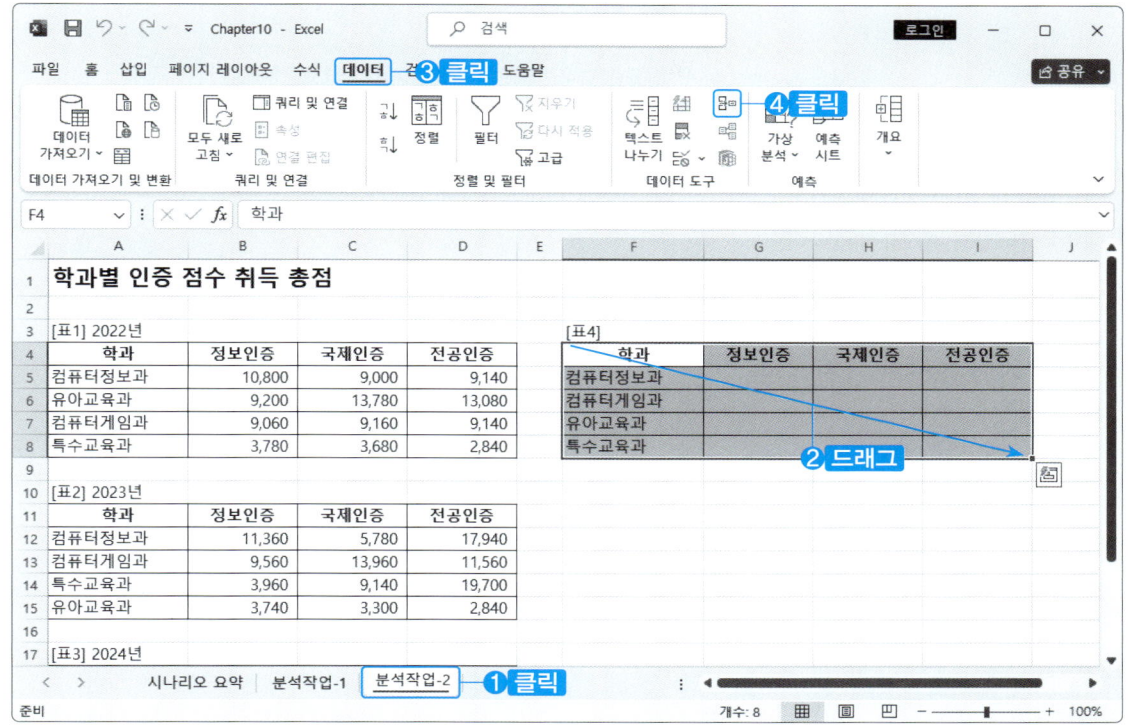

> **Tip**
> • 통합은 같은 문서의 같은 워크시트, 같은 문서의 다른 워크시트, 다른 문서의 워크시트 등에 분산되어 있는 데이터를 하나로 합칠 수 있는 기능입니다.
> • F4:I8셀 범위는 통합한 데이터를 표시할 셀 범위입니다.

2 [통합] 대화상자가 나타나면 **함수(합계)를 선택**한 후 **참조(A4:D8)를 입력**한 다음 **[추가] 단추를 클릭**합니다.

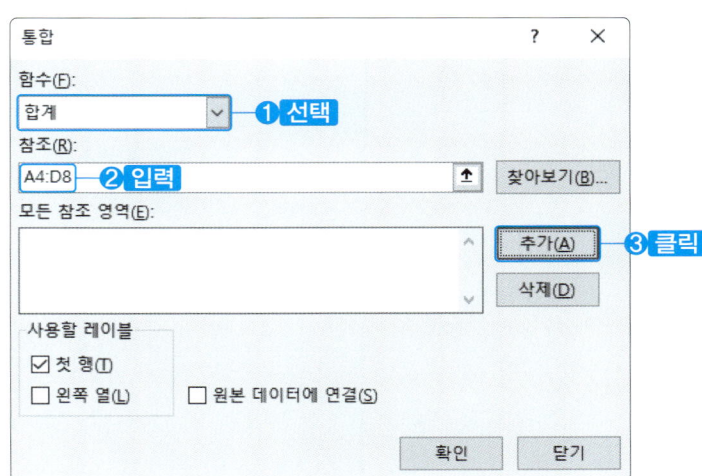

> **Tip**
> A4:D8셀 범위는 [표1]의 데이터가 있는 셀 범위입니다.

3 같은 방법으로 다음과 같이 A11:D15셀 범위와 A18:D22셀 범위를 추가한 후 사용할 레이블([첫 행] 선택, [왼쪽 열] 선택)을 선택한 다음 [확인] 단추를 클릭합니다.

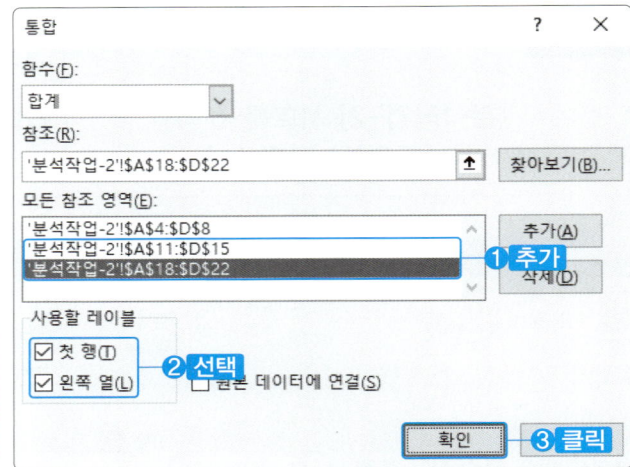

Tip

A11:D15셀 범위는 [표2]의 데이터가 있는 셀 범위이고, A18:D22셀 범위는 [표3]의 데이터가 있는 셀 범위입니다.

4 다음과 같이 데이터가 통합됩니다.

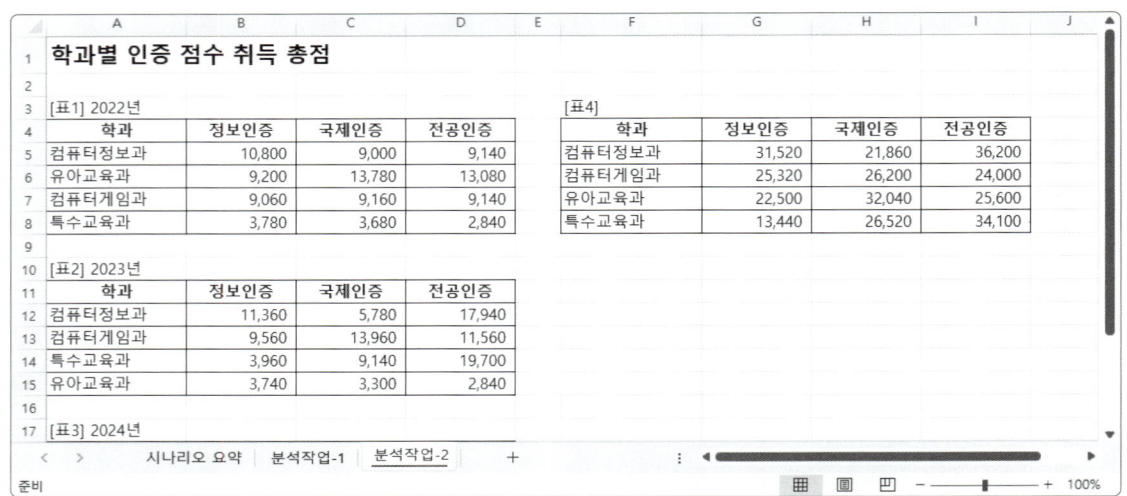

한가지 더!

목표값 찾기

목표값 찾기는 결과값은 알지만 결과값을 구하는데 필요한 입력값을 모르는 경우에 사용하는 기능으로 [데이터] 탭-[예측] 그룹에서 [가상 분석]을 클릭한 후 [목표값 찾기]를 클릭하면 목표값을 찾을 수 있습니다. 다음은 예산 합계(B10셀)가 1,400,000이 되려면 예비비(B8셀)가 얼마가 되어야 하는지 목표값을 찾는 경우입니다. 예산 합계(B10셀)에는 반드시 수식이 입력되어 있어야 합니다.

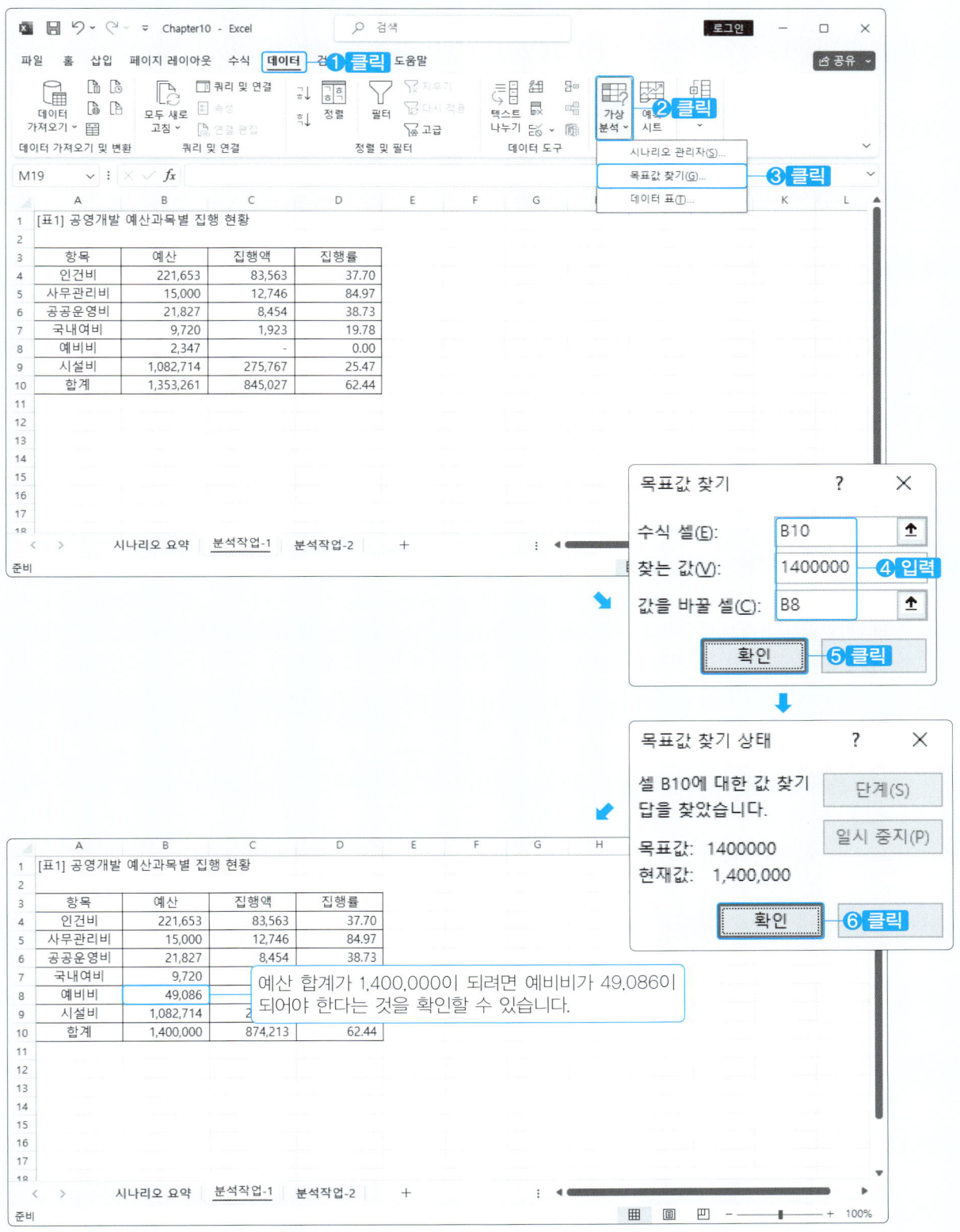

Chapter 10 · 시나리오 작성하고 데이터 통합하기

실전문제유형

문제유형 01 주어진 시트에서 다음 작업을 수행하고 저장하시오. 　　Ch10_문제유형01.xlsx

1. '분석작업-1' 시트에 대하여 다음의 지시사항을 처리하시오. (10점)
   - [시나리오 관리자] 기능을 이용하여 '월별 주문 내역서' 표에서 세율[B18]이 다음과 같이 변동하는 경우 월별 세금 합계[G7, G12, G16]의 변동 시나리오를 작성하시오.
     ▶ [B18] 셀의 이름은 '세율', [G7] 셀의 이름은 '소계1월', [G12] 셀의 이름은 '소계2월', [G16] 셀의 이름은 '소계3월'로 정의하시오.
     ▶ 시나리오1 : 시나리오 이름은 '세율인상', 세율을 15%로 설정하시오.
     ▶ 시나리오2 : 시나리오 이름은 '세율인하', 세율을 9%로 설정하시오.
     ▶ 시나리오 요약 시트는 '분석작업-1' 시트의 바로 왼쪽에 위치해야 함
   ※ 시나리오 요약 보고서 작성 시 정답과 일치하여야 하며, 오자로 인한 부분점수는 인정하지 않음

2. '분석작업-2' 시트에 대하여 다음의 지시사항을 처리하시오. (10점)
   - 데이터 도구 [통합] 기능을 이용하여 [표1], [표2], [표3]에 대한 프로그램별 '첫째주', '둘째주', '셋째주', '넷째주'의 평균을 '2/4분기 드라마 시청률(%)' 표의 [H15:K23] 영역에 계산하시오.

Hint

- **이름 정의** : B18셀을 선택한 후 이름 상자에 '세율'을 입력한 다음 Enter를 누름 → 같은 방법으로 G7셀의 이름은 '소계1월', G12셀의 이름은 '소계2월', G16셀의 이름은 '소계3월'로 정의

- **시나리오 작성** : [데이터] 탭-[예측] 그룹에서 [가상 분석]을 클릭한 다음 [시나리오 관리자]를 클릭 → [시나리오 관리자] 대화상자에서 [추가] 단추를 클릭 → [시나리오 추가] 대화상자에서 시나리오 이름(세율인상)을 입력한 후 변경 셀(B18)을 입력한 다음 [확인] 단추를 클릭 → [시나리오 값] 대화상자에서 세율(15%)을 입력한 후 [추가] 단추를 클릭 → [시나리오 추가] 대화상자에서 시나리오 이름(세율인하)을 입력한 후 변경 셀(B18)을 입력한 다음 [확인] 단추를 클릭 → [시나리오 값] 대화상자에서 세율(9%)을 입력한 후 [확인] 단추를 클릭 → [시나리오 관리자] 대화상자에서 [요약] 단추를 클릭 → [시나리오 요약] 대화상자에서 보고서 종류(시나리오 요약)를 선택한 후 결과 셀(G7,G12,G16)을 입력한 다음 [확인] 단추를 클릭

실전문제유형

문제유형 02 주어진 시트에서 다음 작업을 수행하고 저장하시오.
Ch10_문제유형02.xlsx

1. '분석작업-1' 시트에 대하여 다음의 지시사항을 처리하시오. (10점)
   - [시나리오 관리자] 기능을 이용하여 [표1]에서 48LCD의 수리금액[D6]이 다음과 같이 변동하는 경우 48LCD의 결제금액[F6]의 변동 시나리오를 작성하시오.
     ▶ [D6] 셀의 이름은 '수리금액', [F6] 셀의 이름은 '결제금액'으로 정의하시오.
     ▶ 시나리오1 : 시나리오 이름은 '수리금액인상', 수리금액을 552,000으로 설정하시오.
     ▶ 시나리오2 : 시나리오 이름은 '수리금액인하', 수리금액을 548,000으로 설정하시오.
     ▶ 시나리오 요약 시트는 '분석작업-1' 시트의 바로 왼쪽에 위치해야 함
   ※ 시나리오 요약 보고서 작성 시 정답과 일치하여야 하며, 오자로 인한 부분점수는 인정하지 않음

2. '분석작업-2' 시트에 대하여 다음의 지시사항을 처리하시오. (10점)
   - '고객별 적금 만기 지급액' 표에서 김은소의 만기지급액[E5]이 7,000,000이 되려면 납입기간(월)[D5]이 얼마가 되어야 하는지 [목표값 찾기] 기능을 이용하여 계산하시오.

Hint

목표값 찾기 : [데이터] 탭-[예측] 그룹에서 [가상 분석]을 클릭한 후 [목표값 찾기]를 클릭 → [목표값 찾기] 대화상자에서 수식 셀(E5), 찾는 값(7,000,000), 값을 바꿀 셀(D5)을 입력한 후 [확인] 단추를 클릭 → [목표값 찾기 상태] 대화상자에서 [확인] 단추를 클릭

실전문제유형

문제유형 03 주어진 시트에서 다음 작업을 수행하고 저장하시오. Ch10_문제유형03.xlsx

1. '분석작업-1' 시트에 대하여 다음의 지시사항을 처리하시오. (10점)
   - [시나리오 관리자] 기능을 이용하여 [표1]에서 TOP879의 단가[D10]가 다음과 같이 변동하는 경우 TOP879의 거래총액[F10]의 변동 시나리오를 작성하시오.
     ▶ [D10] 셀의 이름은 '단가', [F10] 셀의 이름은 '거래총액'으로 정의하시오.
     ▶ 시나리오1 : 시나리오 이름은 '단가인상', 단가를 650,000으로 설정하시오.
     ▶ 시나리오2 : 시나리오 이름은 '단가인하', 단가를 646,000으로 설정하시오.
     ▶ 시나리오 요약 시트는 '분석작업-1' 시트의 바로 왼쪽에 위치해야 함
   ※ 시나리오 요약 보고서 작성 시 정답과 일치하여야 하며, 오자로 인한 부분점수는 인정하지 않음

2. '분석작업-2' 시트에 대하여 다음의 지시사항을 처리하시오. (10점)
   - '체인점 관리 현황' 표에서 전체 등록고객수 평균[F12]이 1,400이 되려면 강남점의 등록고객수[E4]가 얼마가 되어야 하는지 [목표값 찾기] 기능을 이용하여 계산하시오.

실전문제유형

문제유형 04 주어진 시트에서 다음 작업을 수행하고 저장하시오.　Ch10_문제유형04.xlsx

1. '분석작업-1' 시트에 대하여 다음의 지시사항을 처리하시오. (10점)
   - [시나리오 관리자] 기능을 이용하여 [표1]에서 할인율[B16]이 다음과 같이 변동하는 경우 제품별 매출액 합계[F6, F10, F14]의 변동 시나리오를 작성하시오.
     ▶ [B16] 셀의 이름은 '할인율', [F6] 셀의 이름은 '에어컨소계', [F10] 셀의 이름은 '세탁기소계', [F14] 셀의 이름은 'TV소계'로 정의하시오.
     ▶ 시나리오1 : 시나리오 이름은 '할인율인상', 할인율을 12%로 설정하시오.
     ▶ 시나리오2 : 시나리오 이름은 '할인율인하', 할인율을 8%로 설정하시오.
     ▶ 시나리오 요약 시트는 '분석작업-1' 시트의 바로 왼쪽에 위치해야 함
   ※ 시나리오 요약 보고서 작성 시 정답과 일치하여야 하며, 오자로 인한 부분점수는 인정하지 않음

2. '분석작업-2' 시트에 대하여 다음의 지시사항을 처리하시오. (10점)
   - 데이터 도구 [통합] 기능을 이용하여 [표1], [표2], [표3]에 대한 제품명별 '1월생산량', '2월생산량', '3월생산량'의 합계를 '1분기 아이스크림 생산 현황' 표의 [G13:I19] 영역에 계산하시오.

Chapter 11 피벗 테이블과 데이터 표 작성하기

[문제3 분석작업]은 피벗 테이블을 작성하는 문제, 데이터 표를 작성하는 문제, 부분합을 구하는 문제 등이 출제되는데, 여기서는 피벗 테이블을 작성하는 방법과 데이터 표를 작성하는 방법에 대해 알아보겠습니다. 피벗 테이블은 주로 동일 시트에 피벗 테이블을 삽입한 후 피벗 테이블 옵션을 지정하는 문제가 출제됩니다. 2문항의 문제가 출제되며 배점은 각 10점(총 20점)입니다.

문제3 분석작업(20점) ● 주어진 시트에서 다음 작업을 수행하고 저장하시오.

1. '분석작업-1' 시트에 대하여 다음의 지시사항을 처리하시오. (10점)
   - '택배 배송 현황' 표를 이용하여 배송시간대는 '보고서 필터', 배송지역은 '행 레이블', 물품종류는 '열 레이블'로 처리하고, '값'에 거리(m)의 평균과 배송료의 합계를 순서대로 계산한 후 'Σ 값'을 '행 레이블'로 설정하는 피벗 테이블을 작성하시오.
     ▶ 피벗 테이블 보고서는 동일 시트의 [A18] 셀에서 시작하시오.
     ▶ 피벗 테이블 보고서는 레이블이 있는 셀 병합 및 가운데 맞춤을 지정하고 빈 셀은 '*'로 표시한 후 행의 총합계만 표시하시오.
     ▶ 숫자에는 '쉼표 스타일'을 지정하시오.

2. '분석작업-2' 시트에 대하여 다음의 지시사항을 처리하시오. (10점)
   - '4월 영업이익' 표는 판매가[B2], 판매량[B3], 생산원가[B5], 임대료[B6], 인건비[B7]를 이용하여 영업이익[B8]을 계산한 것이다. [데이터 표] 기능을 이용하여 판매가와 판매량의 변동에 따른 영업이익의 변화를 [C15:G20] 영역에 계산하시오.

작업순서요약
① 피벗 테이블을 작성합니다.
② 데이터 표를 작성합니다.

작업1 피벗 테이블 작성하기

Chapter11.xlsx

1 피벗 테이블을 삽입하기 위해 시트 탭에서 **[분석작업-1] 시트를 선택**한 후 **A3:F12셀 범위를 선택**한 다음 [삽입] 탭-[표] 그룹에서 **[피벗 테이블]을 클릭**합니다.

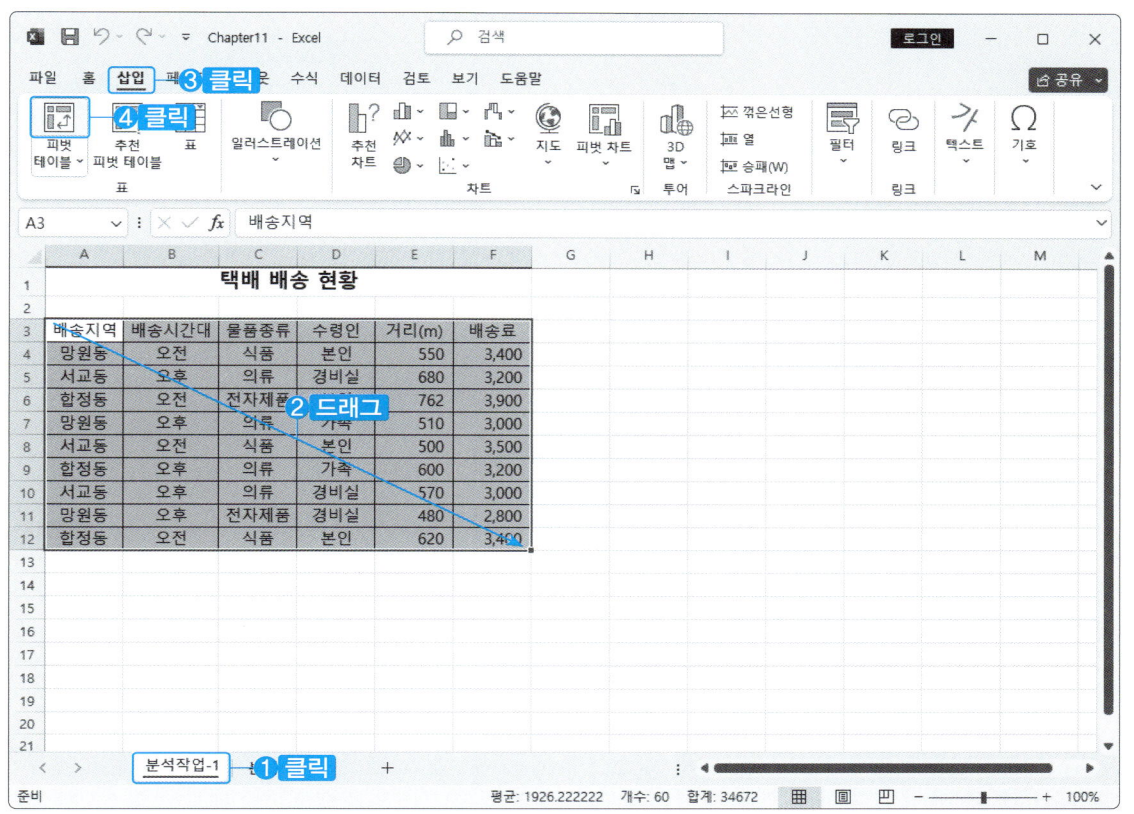

> **Tip**
> 피벗 테이블은 데이터를 빠르게 요약하고 다각도로 분석하는데 사용하는 대화형 표입니다.

2 [표 또는 범위의 피벗 테이블] 대화상자가 나타나면 **[기존 워크시트]를 선택**한 후 **위치(A18)를 입력**한 다음 **[확인] 단추를 클릭**합니다.

> **Tip**
> 다른 시트의 셀을 참조하는 경우에는 '분석작업-2!A18'과 같이 '다른 시트의 이름!셀 주소' 형식으로 입력합니다.

Chapter 11 • 피벗 테이블과 데이터 표 작성하기

3 피벗 테이블이 삽입되면 필드 구역에 있는 [배송시간대] 필드의 바로 가기 메뉴에서 [보고서 필터에 추가]를 클릭합니다.

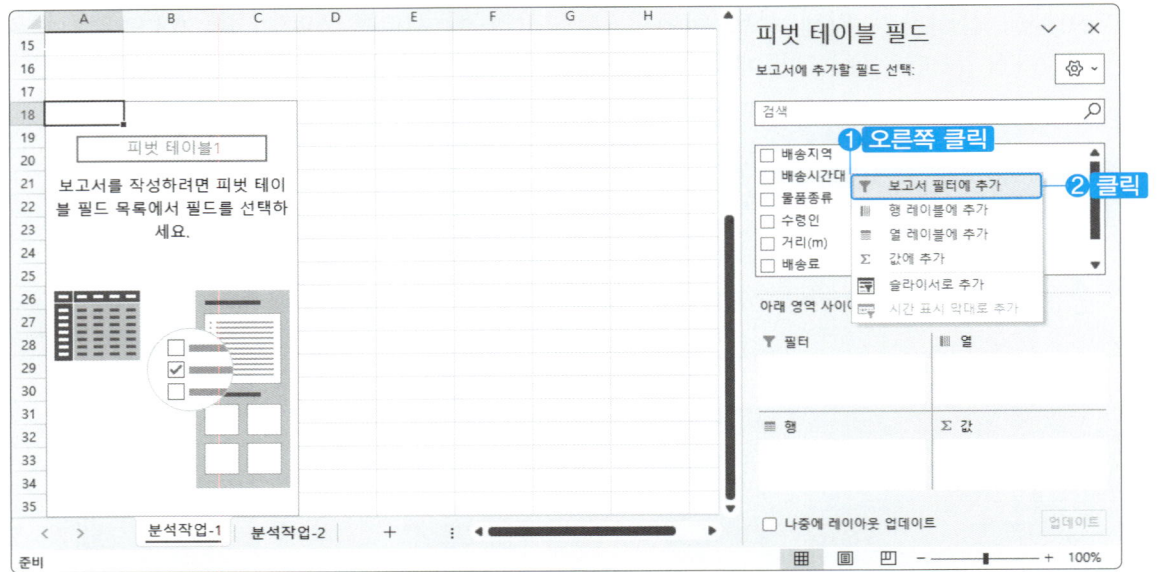

Tip

필드 구역에 있는 [배송시간대] 필드를 보고서 필터 영역으로 드래그하여 [배송시간대] 필드를 보고서 필터 영역에 추가할 수도 있습니다.

4 같은 방법으로 다음과 같이 필드 구역에 있는 [배송지역] 필드는 행 레이블 영역, [물품종류] 필드는 열 레이블 영역, [거리(m)] 필드와 [배송료] 필드는 값 영역에 배치합니다.

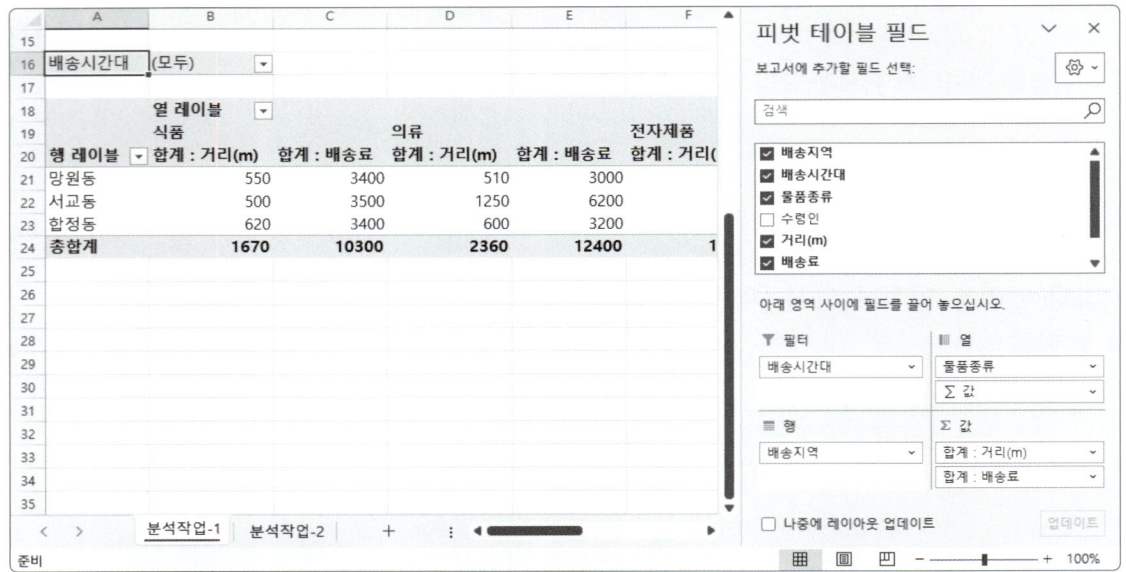

Tip

- 값 영역에 2개 이상의 필드가 추가되면 행 레이블 영역이나 열 레이블 영역에 [값] 필드가 나타납니다.
- 영역 구역(보고서 필터 영역, 행 레이블 영역, 열 레이블 영역, 값 영역)에 있는 필드를 필드 구역으로 드래그하거나 필드 구역에서 선택된 필드를 선택 해제하면 영역 구역에서 필드를 제거할 수 있습니다.

5 값 필드를 설정하기 위해 **값 영역에 있는 [합계 : 거리(m)] 필드를 클릭**한 후 **[값 필드 설정]을 클릭**합니다.

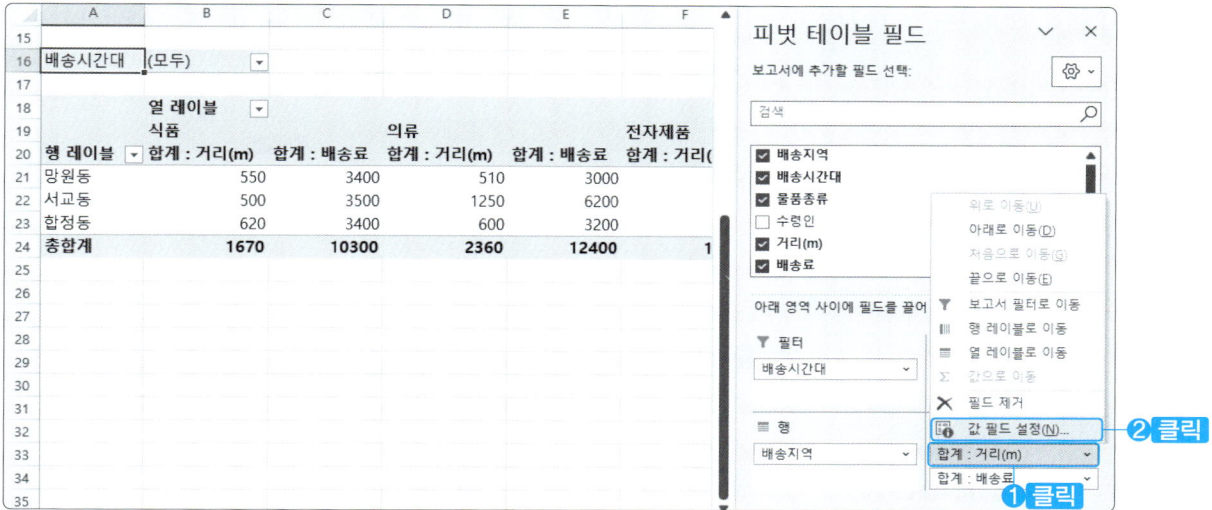

6 [값 필드 설정] 대화상자가 나타나면 [값 요약 기준] 탭에서 **요약에 사용할 계산 유형(평균)을 선택**한 후 **사용자 지정 이름(평균 : 거리(m))을 입력**한 다음 [확인] 단추를 클릭합니다.

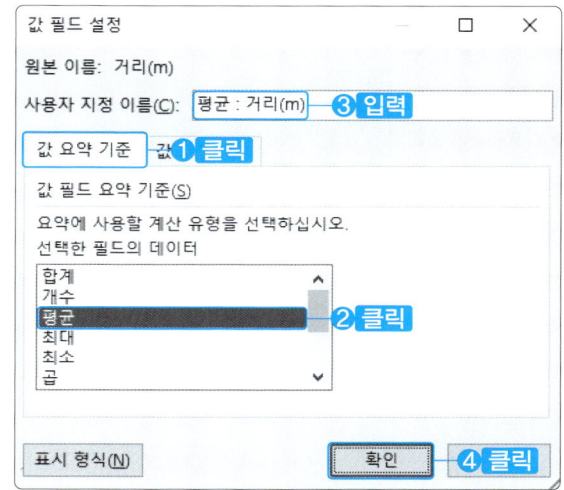

7 [값] 필드를 행 레이블 영역으로 이동하기 위해 **값 영역에 있는 [값] 필드를 클릭**한 후 **[행 레이블로 이동]을 클릭**합니다.

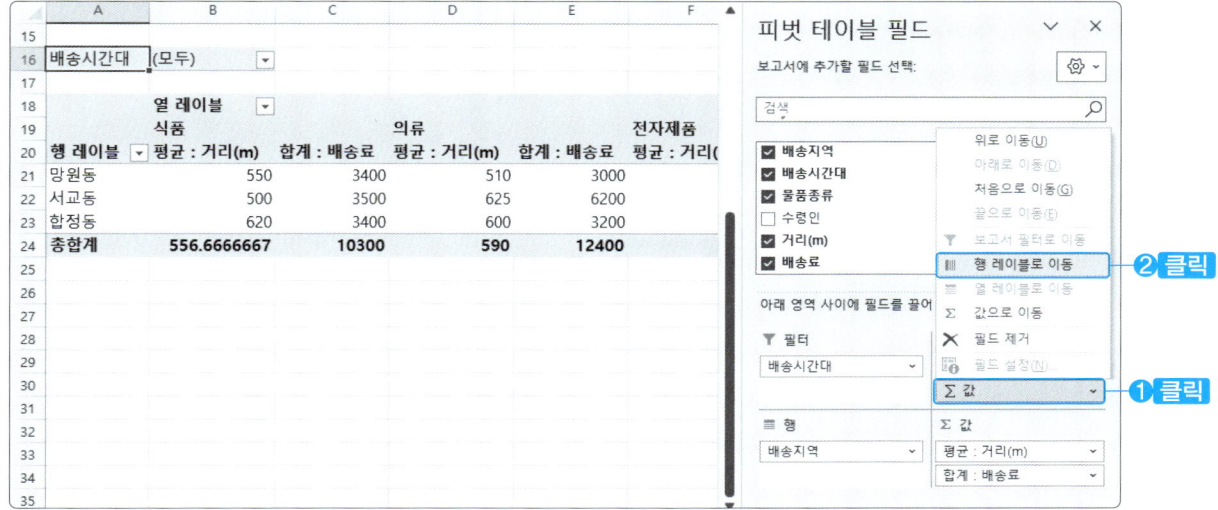

보고서 레이아웃 지정하기

[디자인] 탭-[레이아웃] 그룹에서 [보고서 레이아웃]을 클릭하면 보고서 레이아웃을 지정할 수 있습니다. 다음은 보고서 레이아웃을 '개요 형식으로 표시'로 지정한 경우입니다. 보고서 레이아웃을 '개요 형식으로 표시'로 지정하면 필드명이 표시됩니다.

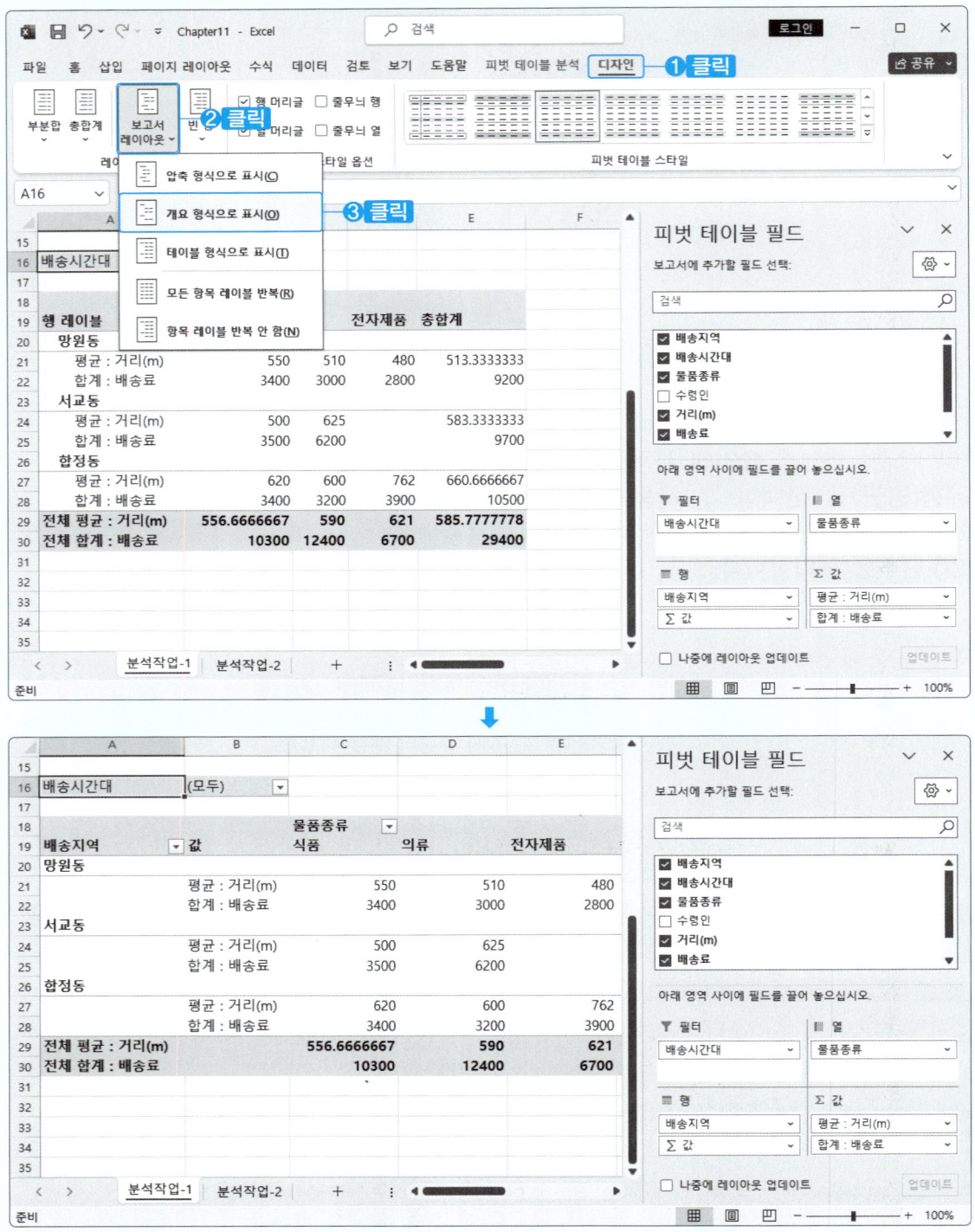

8 피벗 테이블 옵션을 지정하기 위해 [피벗 테이블 분석] 탭-[피벗 테이블] 그룹에서 **[옵션]**을 클릭합니다.

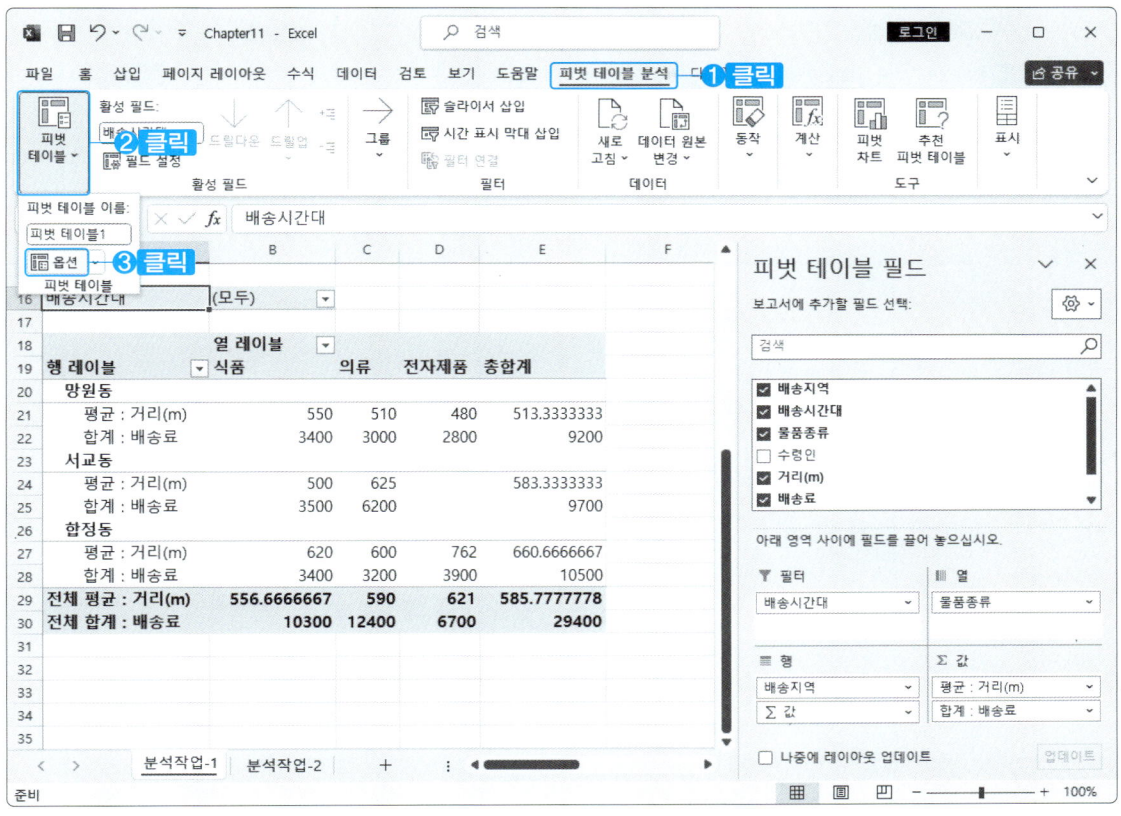

9 [피벗 테이블 옵션] 대화상자가 나타나면 [레이아웃 및 서식] 탭에서 **[레이블이 있는 셀 병합 및 가운데 맞춤]**을 선택한 후 **빈 셀 표시(*)**를 입력한 다음 [요약 및 필터] 탭을 클릭합니다. 그런 다음 [피벗 테이블 옵션] 대화상자의 [요약 및 필터] 탭이 나타나면 **[열 총합계 표시]**를 선택 해제한 후 **[확인]** 단추를 클릭합니다.

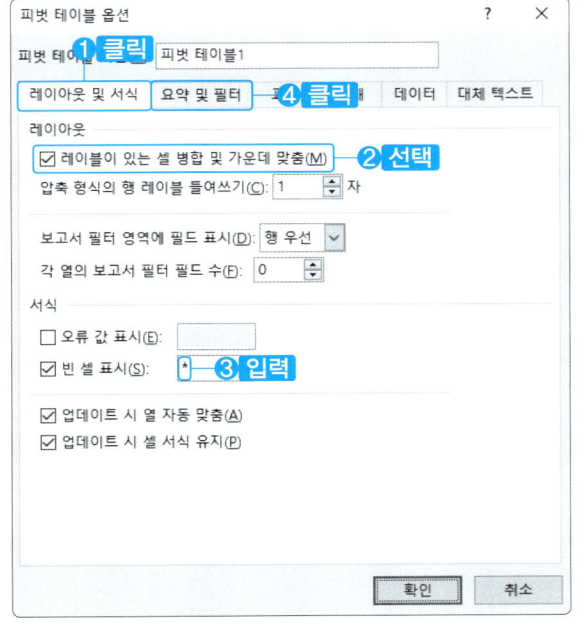
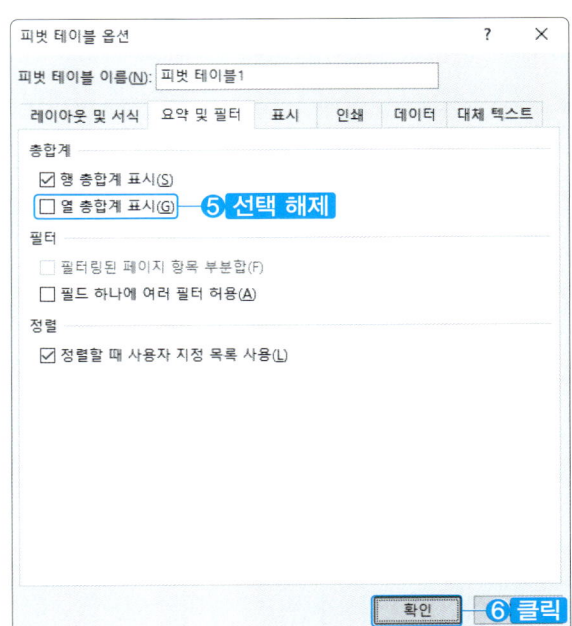

Chapter 11 • 피벗 테이블과 데이터 표 작성하기 **113**

10 피벗 테이블에 표시 형식을 지정하기 위해 **B21:E28셀 범위를 선택**한 후 [홈] 탭-[표시 형식] 그룹에서 **[쉼표 스타일]을 클릭**합니다.

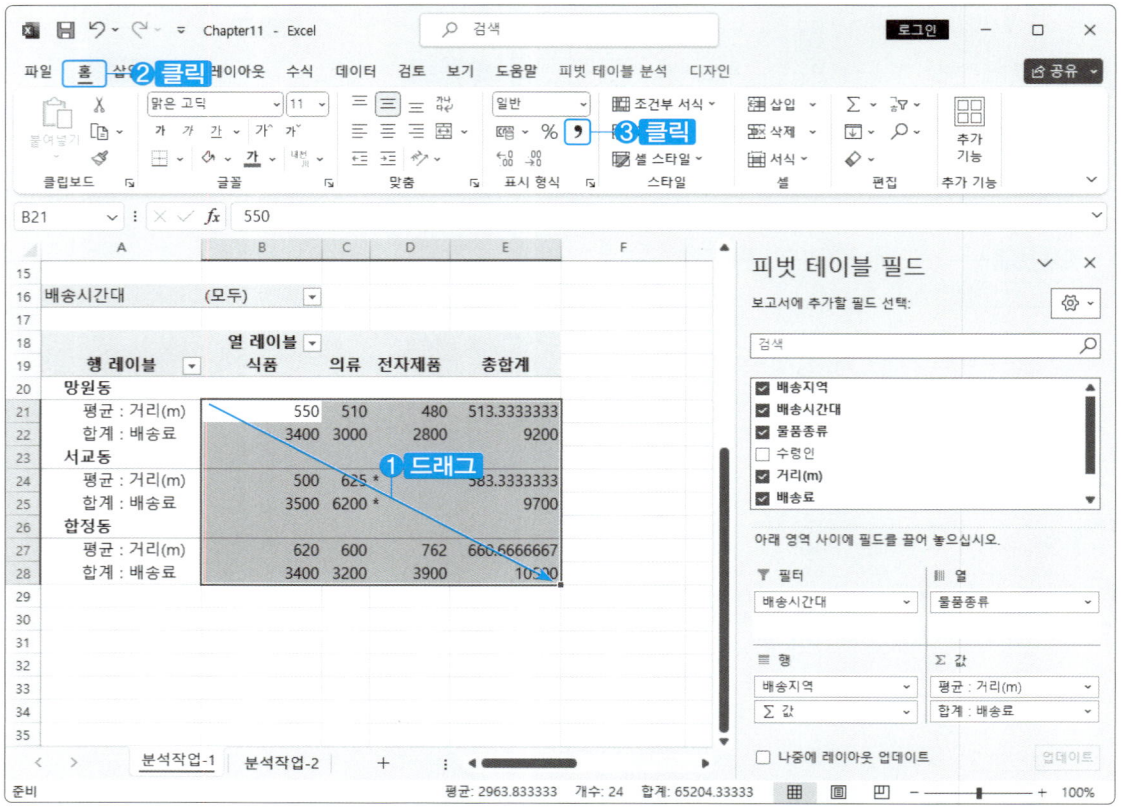

11 다음과 같이 피벗 테이블에 표시 형식이 지정됩니다.

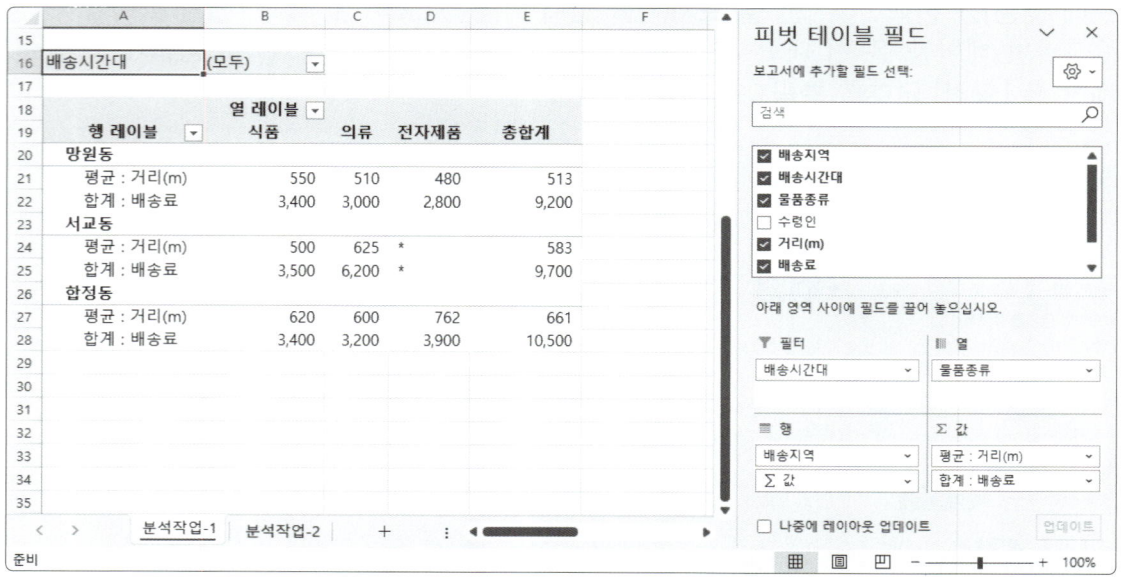

한가지 더!

피벗 테이블 스타일 지정하기

[디자인] 탭-[피벗 테이블 스타일] 그룹에서 [자세히] 단추를 클릭하면 피벗 테이블 스타일을 지정할 수 있습니다. 다음은 피벗 테이블 스타일을 '연한 파랑, 피벗 스타일 보통 6'으로 지정한 경우입니다.

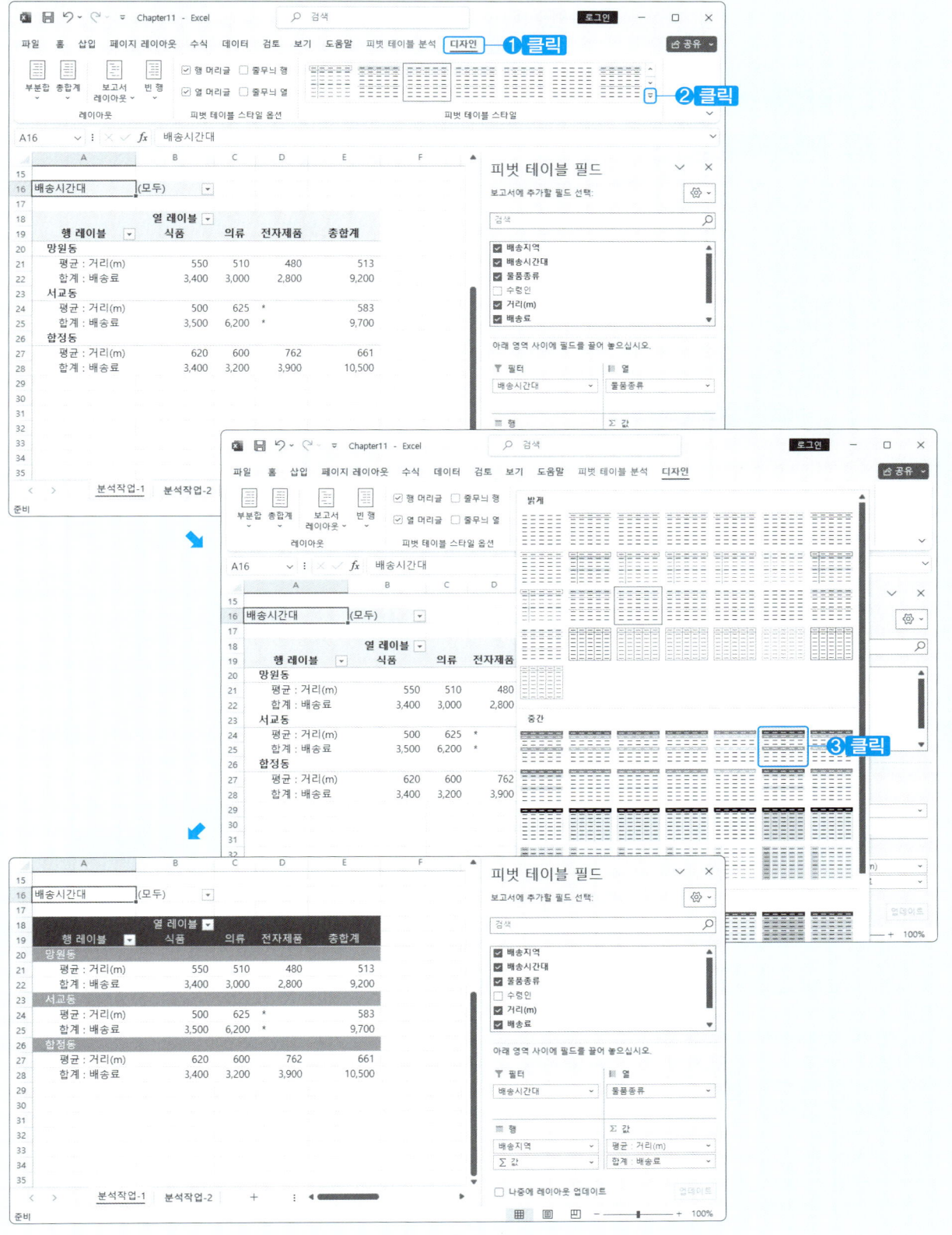

작업2   데이터 표 작성하기

1 영업이익 수식을 복사하기 위해 시트 탭에서 **[분석작업-2] 시트를 선택**한 후 **B8셀의 수식을 선택**한 다음 [홈] 탭–[클립보드] 그룹에서 [복사]를 클릭합니다. 그런 다음 B8셀의 수식을 선택한 것을 해제하기 위해 Esc를 누릅니다.

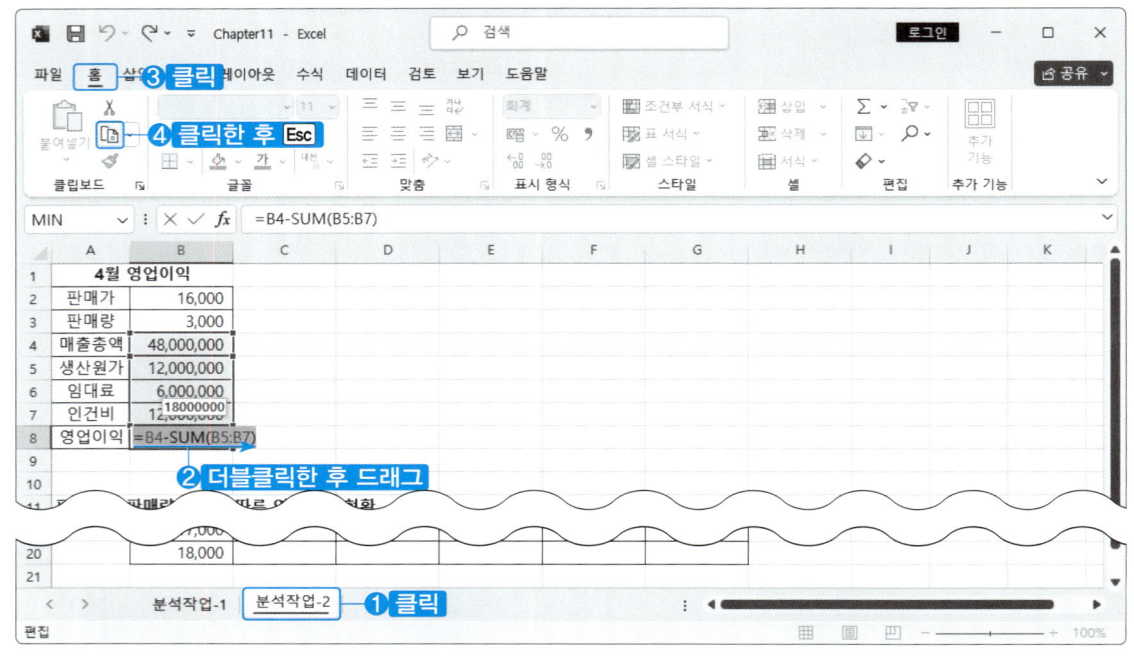

> **Tip**
> 데이터 표는 특정값의 변화에 따른 결과값을 표로 한 번에 확인할 수 있는 기능입니다.

2 영업이익 수식을 붙여 넣기 위해 **B14셀을 선택**한 후 [홈] 탭–[클립보드] 그룹에서 **[붙여넣기]**를 클릭합니다.

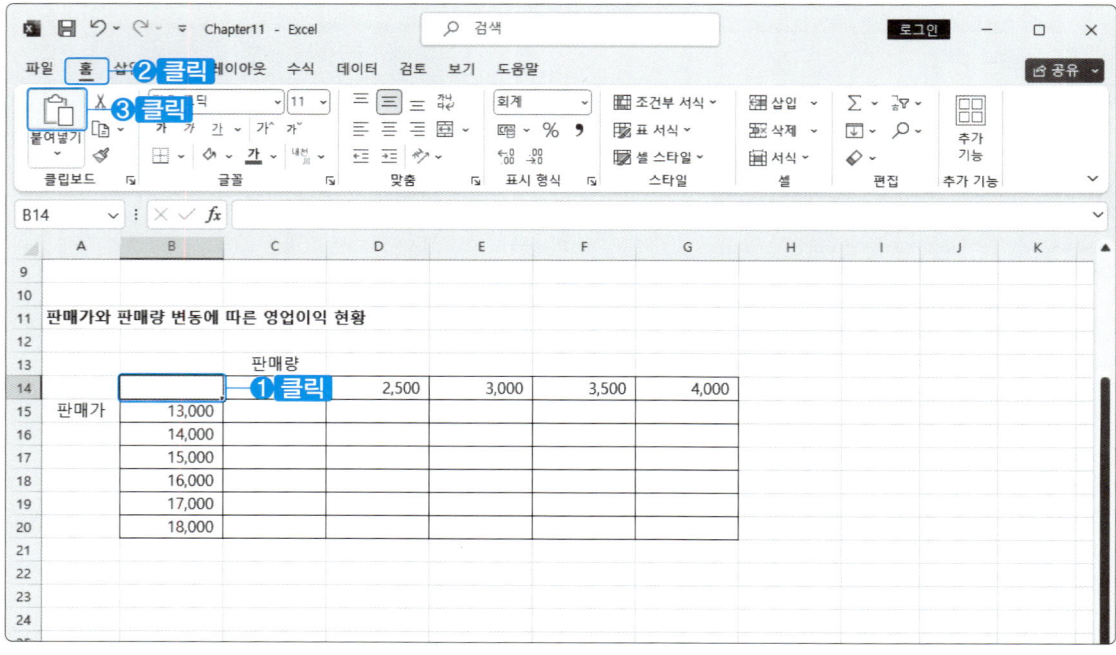

3 영업이익 수식이 붙여 넣어지면 **B14:G20셀 범위를 선택**한 후 [데이터] 탭-[예측] 그룹에서 **[가상 분석]을 클릭**한 다음 **[데이터 표]를 클릭**합니다.

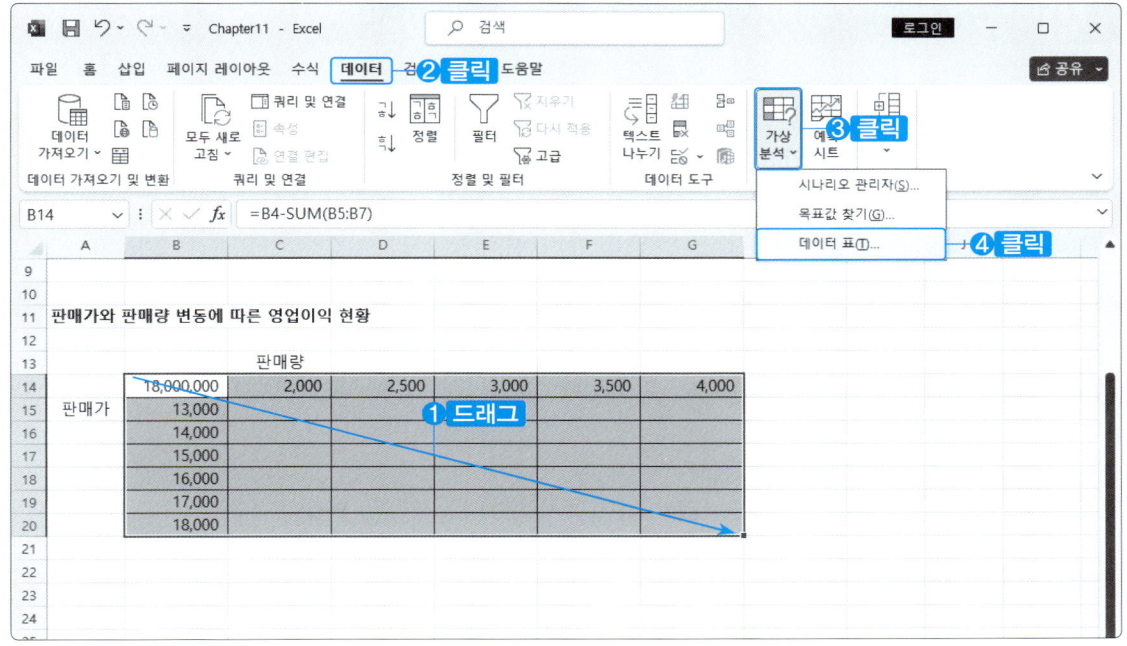

4 [데이터 테이블] 대화상자가 나타나면 **행 입력 셀($B$3)과 열 입력 셀($B$2)을 입력**한 후 [확인] 단추를 클릭합니다.

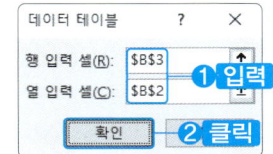

> **Tip**
> 판매가와 판매량 변동에 따른 영업이익 현황(B14:G20셀 범위)을 보면 행은 판매량의 변동이고, 열은 판매가의 변동인 것을 확인할 수 있습니다.

5 다음과 같이 데이터 표가 작성됩니다.

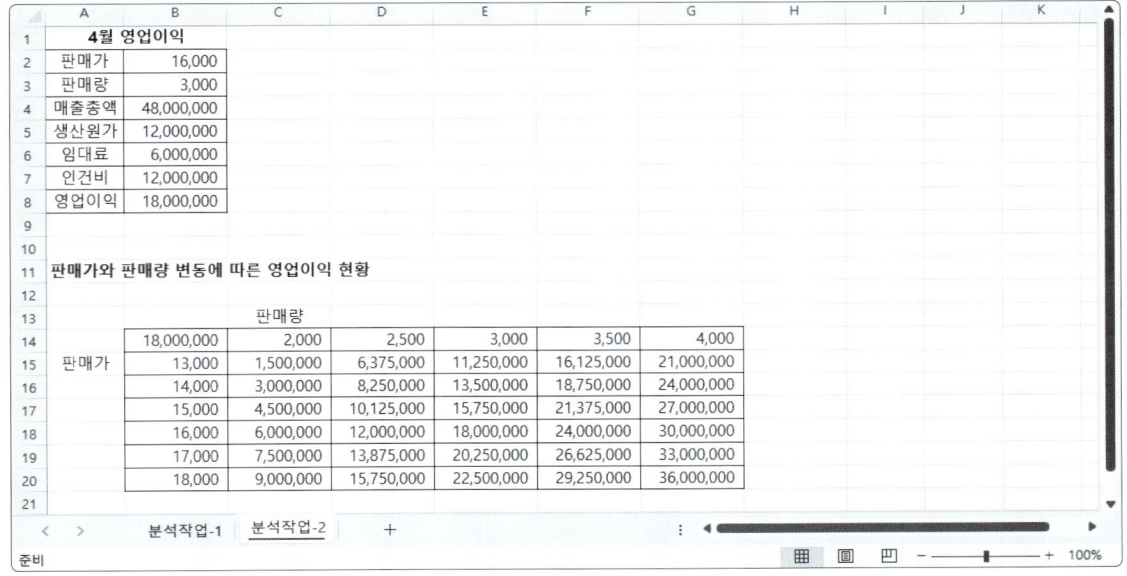

실전문제유형

문제유형 01 주어진 시트에서 다음 작업을 수행하고 저장하시오. Ch11_문제유형01.xlsx

1. '분석작업-1' 시트에 대하여 다음의 지시사항을 처리하시오. (10점)
   - 'IT 관련 종사자 현황' 표를 이용하여 월평균 임금은 '행 레이블', 업무는 '열 레이블'로 처리하고, '값'에 분류코드의 개수와 종사자 수의 평균을 순서대로 계산하는 피벗 테이블을 작성하시오.
     ▶ 피벗 테이블 보고서는 동일 시트의 [A15] 셀에서 시작하시오.
     ▶ 피벗 테이블 보고서는 레이블이 있는 셀 병합 및 가운데 맞춤을 지정하고 열의 총합계만 표시하시오.
     ▶ 월평균 임금은 1000001~2000000, 2000001~3000000, 3000001~4000000 그룹으로 표시하시오.

2. '분석작업-2' 시트에 대하여 다음의 지시사항을 처리하시오. (10점)
   - '월납부액' 표는 대출원금[B2], 연이율[B3], 상환기간[B4]을 이용하여 월납부액[B5]을 계산한 것이다. [데이터 표] 기능을 이용하여 연이율과 상환기간의 변동에 따른 월납부액의 변화를 [C12:G17] 영역에 계산하시오.

> **Hint**
>
> **월평균 임금 그룹화** : A18셀('1,950,000' 항목)을 선택한 후 [피벗 테이블 분석] 탭-[그룹] 그룹에서 [필드 그룹화]를 클릭 → [그룹화] 대화상자에서 시작(1000001), 끝(4000000), 단위(1000000)를 입력한 후 [확인] 단추를 클릭

실전문제유형

문제유형 02 주어진 시트에서 다음 작업을 수행하고 저장하시오.   Ch11_문제유형02.xlsx

1. '분석작업-1' 시트에 대하여 다음의 지시사항을 처리하시오. (10점)
   - '홈쇼핑 주문 현황' 표를 이용하여 고객번호는 '보고서 필터', 결제방법은 '행 레이블', 주문날짜는 '열 레이블'로 처리하고, '값'에 수량의 합계와 결제금액의 최대를 순서대로 계산한 후 'Σ 값'을 '행 레이블'로 설정하는 피벗 테이블을 작성하시오.
     ▶ 피벗 테이블 보고서는 동일 시트의 [A17] 셀에서 시작하시오.
     ▶ 보고서 레이아웃은 '개요 형식으로 표시'로 지정하시오.
     ▶ 숫자에는 '쉼표 스타일'을 지정하시오.

2. '분석작업-2' 시트에 대하여 다음의 지시사항을 처리하시오. (10점)
   - '수익금' 표는 투자금[B2], 투자기간(년)[B3], 수익률[B4]을 이용하여 수익금[B5]을 계산한 것이다. [데이터 표] 기능을 이용하여 투자기간(년)과 수익률의 변동에 따른 수익금의 변화를 [C12:G21] 영역에 계산하시오.

   > **Hint**
   > 보고서 레이아웃 지정 : A15셀을 선택한 후 [디자인] 탭-[레이아웃] 그룹에서 [보고서 레이아웃]을 클릭한 다음 [개요 형식으로 표시]를 클릭

실전문제유형

문제유형 03 주어진 시트에서 다음 작업을 수행하고 저장하시오.   Ch11_문제유형03.xlsx

1. '분석작업-1' 시트에 대하여 다음의 지시사항을 처리하시오. (10점)
   - '댄싱스타오디션 Top 8 현황' 표를 이용하여 구분은 '행 레이블', 참가지역은 '열 레이블'로 처리하고, '값'에 성(팀)명의 개수와 심사위원 점수의 최소를 순서대로 계산하는 피벗 테이블을 작성하시오.
     ▶ 피벗 테이블 보고서는 동일 시트의 [A15] 셀에서 시작하시오.
     ▶ 피벗 테이블 보고서는 레이블이 있는 셀 병합 및 가운데 맞춤을 지정하고 빈 셀은 '*'로 표시한 후 열의 총합계만 표시하시오.
     ▶ 피벗 테이블 스타일은 '연한 파랑, 피벗 스타일 보통 9'로 지정하시오.

2. '분석작업-2' 시트에 대하여 다음의 지시사항을 처리하시오. (10점)
   - '월 불입금액' 표는 목표금액[B2], 연 이자율[B4], 목표년수[B5]를 이용하여 월 불입금액[B3]을 계산한 것이다. [데이터 표] 기능을 이용하여 연 이자율의 변동에 따른 월 불입금액의 변화를 [C12:C20] 영역에 계산하시오.

   Hint
   - 피벗 테이블 스타일 지정 : A15셀을 선택한 후 [디자인] 탭-[피벗 테이블 스타일] 그룹에서 ▼[자세히] 단추를 클릭한 다음 ▦[연한 파랑, 피벗 스타일 보통 9]를 클릭
   - 데이터 표 작성 : B3셀의 수식을 선택한 후 [홈] 탭-[클립보드] 그룹에서 [복사]를 클릭한 다음 Esc를 누름 → C11셀을 선택한 후 [홈] 탭-[클립보드] 그룹에서 [붙여넣기]를 클릭 → B11:C20셀 범위를 선택한 후 [데이터] 탭-[예측] 그룹에서 [가상 분석]을 클릭한 다음 [데이터 표]를 클릭 → [데이터 테이블] 대화상자에서 열 입력 셀($B$4)을 입력한 후 [확인] 단추를 클릭

실전문제유형

문제유형 04 주어진 시트에서 다음 작업을 수행하고 저장하시오.   Ch11_문제유형04.xlsx

1. '분석작업-1' 시트에 대하여 다음의 지시사항을 처리하시오. (10점)
   - '학점은행제 수강 현황' 표를 이용하여 평가점수 평균은 '행 레이블', 교과구분은 '열 레이블'로 처리하고, '값'에 교과명의 개수와 수강자의 최대를 순서대로 계산하는 피벗 테이블을 작성하시오.
     ▶ 피벗 테이블 보고서는 동일 시트의 [A15] 셀에서 시작하시오.
     ▶ 피벗 테이블 보고서의 빈 셀은 '**'로 표시하고 행의 총합계만 표시하시오.
     ▶ 평가점수 평균은 3.4~3.7, 3.7~4, 4~4.3 그룹으로 표시하시오.

2. '분석작업-2' 시트에 대하여 다음의 지시사항을 처리하시오. (10점)
   - '7월 영업이익' 표는 판매가[B2], 판매량[B3], 생산원가[B5], 임대료[B6], 인건비[B7]를 이용하여 영업이익[B8]을 계산한 것이다. [데이터 표] 기능을 이용하여 임대료와 인건비의 변동에 따른 영업이익의 변화를 [C15:G20] 영역에 계산하시오.

> **Hint**
>
> **평가점수 평균 그룹화** : A18셀('3.59' 항목)을 선택한 후 [피벗 테이블 분석] 탭-[그룹] 그룹에서 [필드 그룹화]를 클릭 → [그룹화] 대화상자에서 시작(3.4), 끝(4.3), 단위(0.3)를 입력한 후 [확인] 단추를 클릭

Chapter 12 매크로 작성하기

[문제4 기타작업]의 1번 문제는 매크로를 작성하는 문제가 출제됩니다. 매크로는 셀 포인트의 위치에 상관없이 현재 통합문서에서 실행되어야 하며 주로 합계나 평균 등을 계산하는 매크로와 셀 서식을 지정하는 매크로를 작성하는 문제가 출제됩니다. 2문항의 문제가 출제되며 배점은 각 5점(총 10점)입니다.

문제4 기타작업(20점) ● 주어진 시트에서 다음 작업을 수행하고 저장하시오.

1. '매크로작업' 시트의 [표1]에서 다음과 같은 기능을 수행하는 매크로를 현재 통합 문서에 작성하고 실행하시오. (각 5점)

   ① [H4:H14] 영역에 1월부터 6월까지의 평균을 계산하는 매크로를 생성하여 실행하시오.
   - ▶ 매크로 이름 : 평균
   - ▶ AVERAGE 함수 사용
   - ▶ [개발 도구]-[컨트롤]-[삽입]-[양식 컨트롤]의 '단추'를 동일 시트의 [D16:E17] 영역에 생성하고, 텍스트를 '평균'으로 입력한 후 단추를 클릭할 때 '평균' 매크로가 실행되도록 설정하시오.

   ② [B3:B14], [F3:F14] 영역에 글꼴 색을 '표준 색-빨강'으로 적용하는 매크로를 생성하여 실행하시오.
   - ▶ 매크로 이름 : 서식
   - ▶ [삽입]-[일러스트레이션]-[도형]-[기본 도형]의 '사각형: 빗면(□)'을 동일 시트의 [G16:H17] 영역에 생성하고, 텍스트를 '서식'으로 입력한 후 도형을 클릭할 때 '서식' 매크로가 실행되도록 설정하시오.

   ※ 셀 포인터의 위치에 상관없이 현재 통합 문서에서 매크로가 실행되어야 정답으로 인정됨

작업순서요약
① 평균 매크로를 작성합니다.
② 서식 매크로를 작성합니다.

작업1 평균 매크로 작성하기

:page_facing_up: Chapter12.xlsm

1 단추를 삽입하기 위해 [개발 도구] 탭-[컨트롤] 그룹에서 **[삽입]**을 **클릭**한 후 ▭**[단추(양식 컨트롤)]를 클릭**합니다.

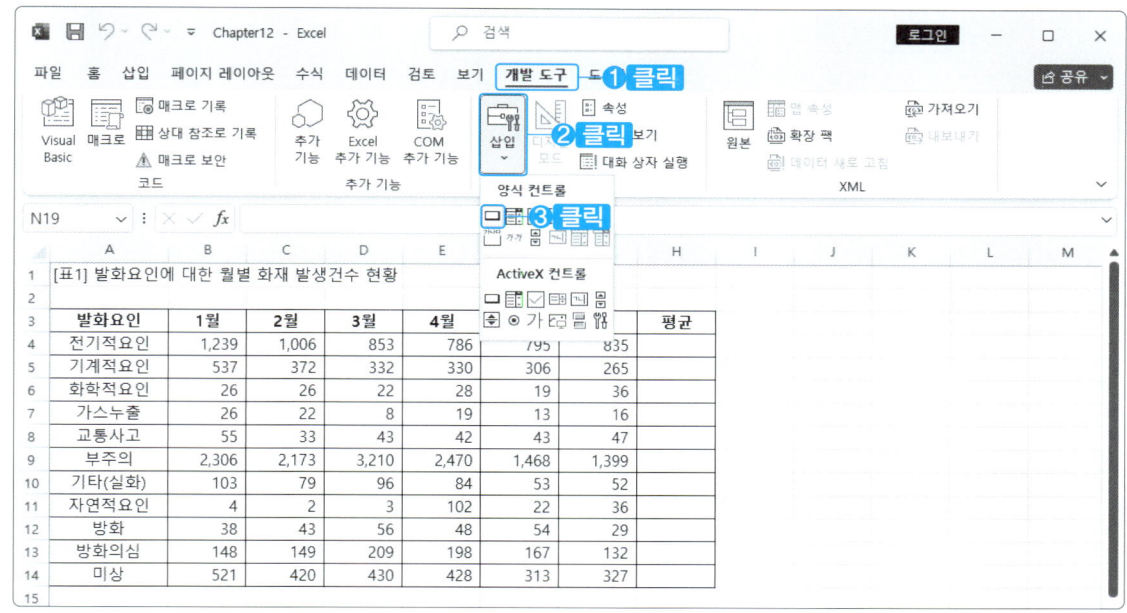

> **Tip**
> 매크로를 작성하려면 리본 메뉴에 [개발 도구] 탭이 표시되어 있어야 합니다.

한가지 더!

리본 메뉴에 [개발 도구] 탭 표시하기

[파일] 탭을 클릭한 후 [옵션]을 클릭하면 다음과 같이 [Excel 옵션] 대화상자가 나타납니다. [Excel 옵션] 대화상자에서 [리본 사용자 지정]을 클릭한 후 리본 메뉴 사용자 지정(기본 탭)을 선택한 다음 [개발 도구]를 선택하고 [확인] 단추를 클릭하면 리본 메뉴에 [개발 도구] 탭을 표시할 수 있습니다.

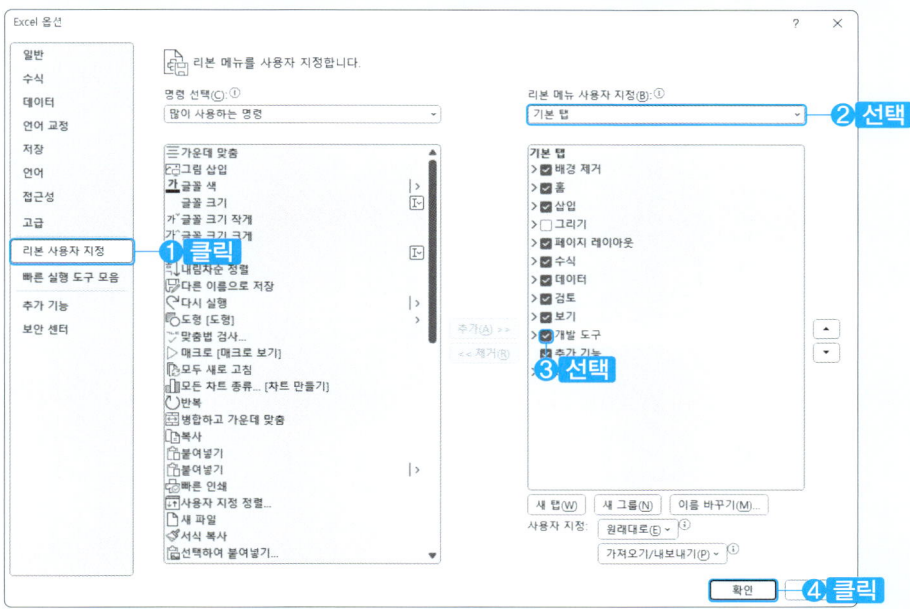

2 마우스 포인터가 + 모양으로 변경되면 Alt 를 누른 상태에서 드래그하여 D16:E17셀 범위에 단추를 삽입합니다.

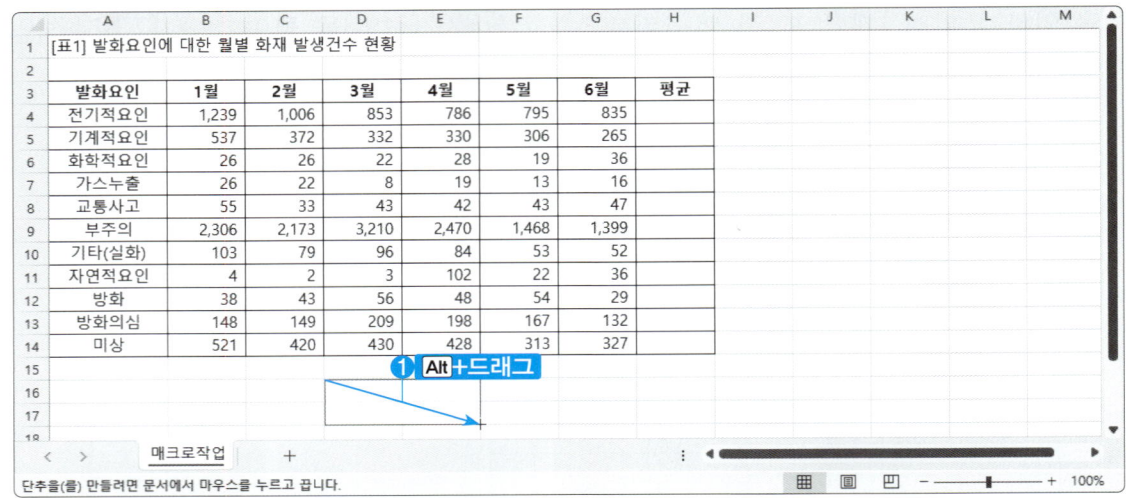

> **Tip**
> Alt 를 누른 상태에서 드래그하면 단추를 눈금선에 맞추어 삽입할 수 있습니다.

3 [매크로 지정] 대화상자가 나타나면 **매크로 이름(평균)을 입력**한 후 [기록] 단추를 클릭합니다.

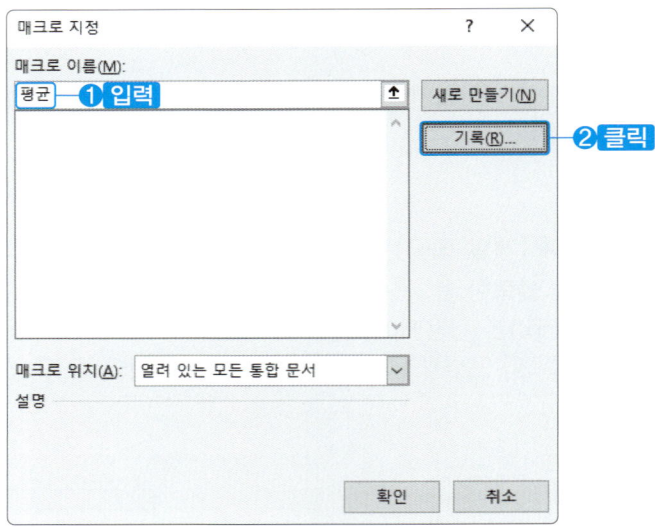

> **Tip**
> [매크로 지정] 대화상자는 단추를 삽입하자마자 나타납니다.

4 [매크로 기록] 대화상자가 나타나면 **매크로 이름(평균)을 확인**한 후 [확인] 단추를 클릭합니다.

> **Tip**
> [매크로 기록] 대화상자에서 [확인] 단추를 클릭한 다음부터 작업하는 과정을 순서대로 기록합니다.

5 H4셀에 '=AVERAGE(B4:G4)'를 입력합니다.

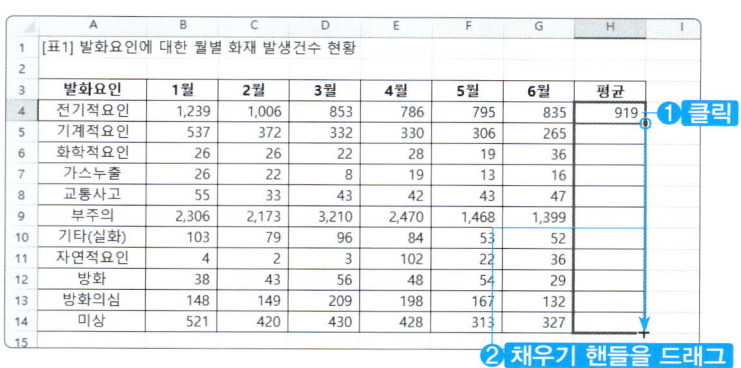

6 H4셀을 선택한 후 채우기 핸들을 H14셀까지 드래그합니다.

7 임의의 셀(여기서는 A1셀)을 선택한 후 매크로 기록을 중지하기 위해 [개발 도구] 탭-[코드] 그룹에서 [기록 중지]를 클릭합니다.

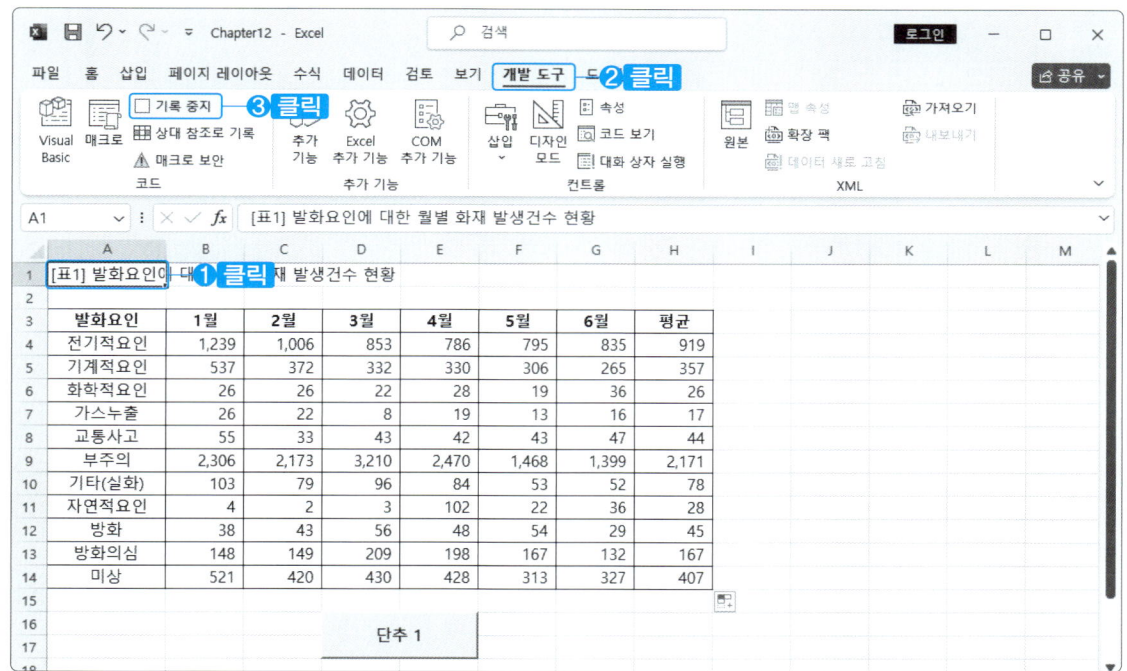

> **Tip**
> - H4:H14셀 범위가 선택된 상태에서 매크로 기록을 중지한 후 매크로를 실행하면 H4:H14셀 범위가 선택된 상태에서 매크로가 종료됩니다. H4:H14셀 범위가 선택된 상태보다 A1셀이 선택된 상태가 보기에 좋기 때문에 A1셀을 선택한 후 매크로 기록을 중지한 것입니다.
> - [기록 중지]를 클릭하기 전까지 작업한 과정이 순서대로 기록됩니다.

8 단추 텍스트를 변경하기 위해 **단추의 바로 가기 메뉴에서 [텍스트 편집]을 클릭**합니다.

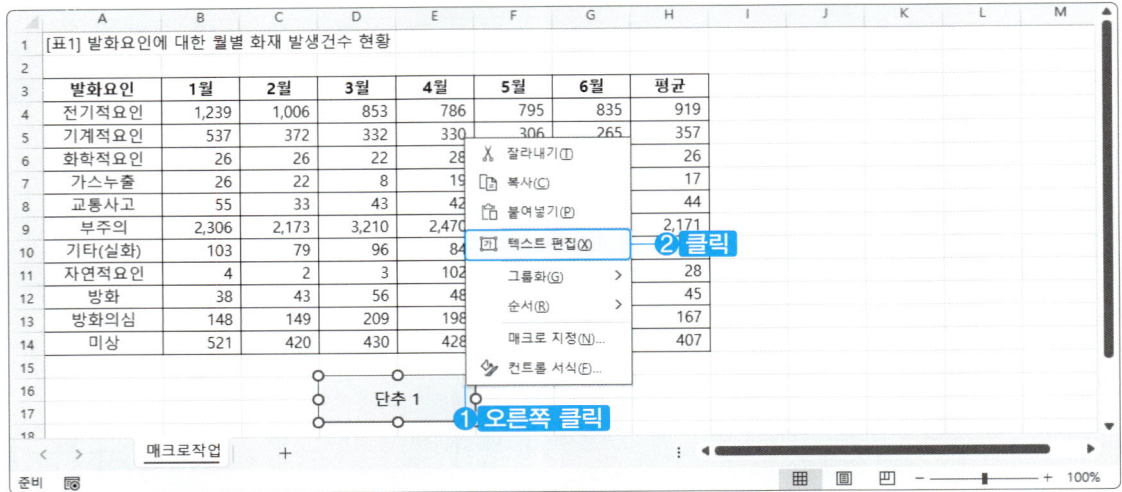

9 **단추 텍스트(평균)를 입력**한 후 **임의의 셀(여기서는 A1셀)을 선택**합니다.

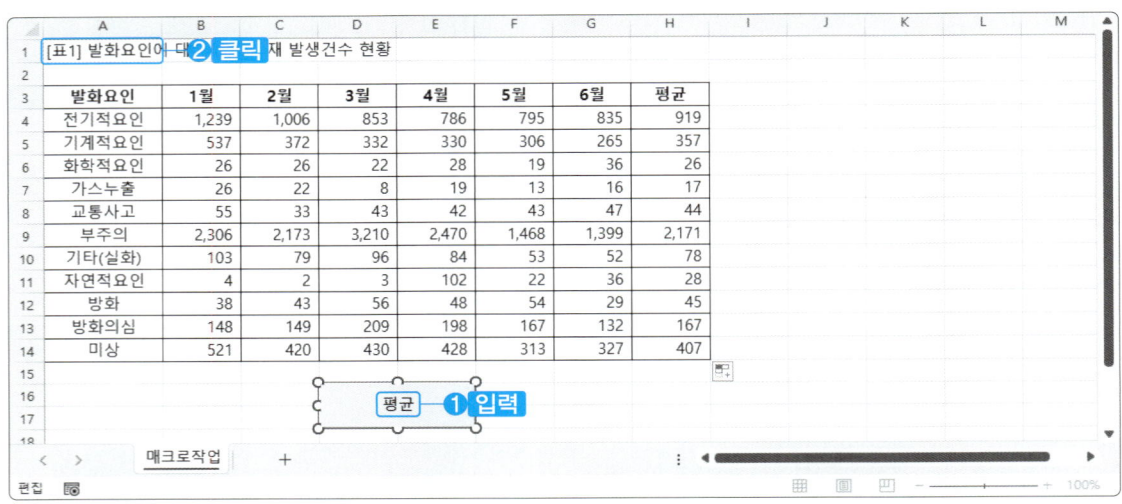

10 단추 텍스트가 변경됩니다.

Tip

- 매크로가 지정된 단추로 마우스 포인터를 가져가면 마우스 포인터가 🖑 모양으로 변경됩니다. 마우스 포인터가 🖑 모양으로 변경되었을 때 클릭하면 매크로가 실행되고, 마우스 오른쪽 단추를 클릭하면 매크로가 지정된 단추를 편집할 수 있습니다.
- 매크로로 구한 평균을 지운 후 매크로를 실행하면 매크로가 실행되는 것을 명확하게 확인할 수 있습니다.

매크로를 잘못 기록한 경우

다음과 같이 [개발 도구] 탭-[코드] 그룹에서 [매크로]를 클릭하면 [매크로] 대화상자가 나타납니다. [매크로] 대화상자에서 매크로를 선택한 후 [삭제] 단추를 클릭하면 매크로를 삭제할 수 있습니다. 매크로를 잘못 기록한 경우에는 잘못 기록한 매크로를 삭제한 후 다시 매크로를 기록합니다.

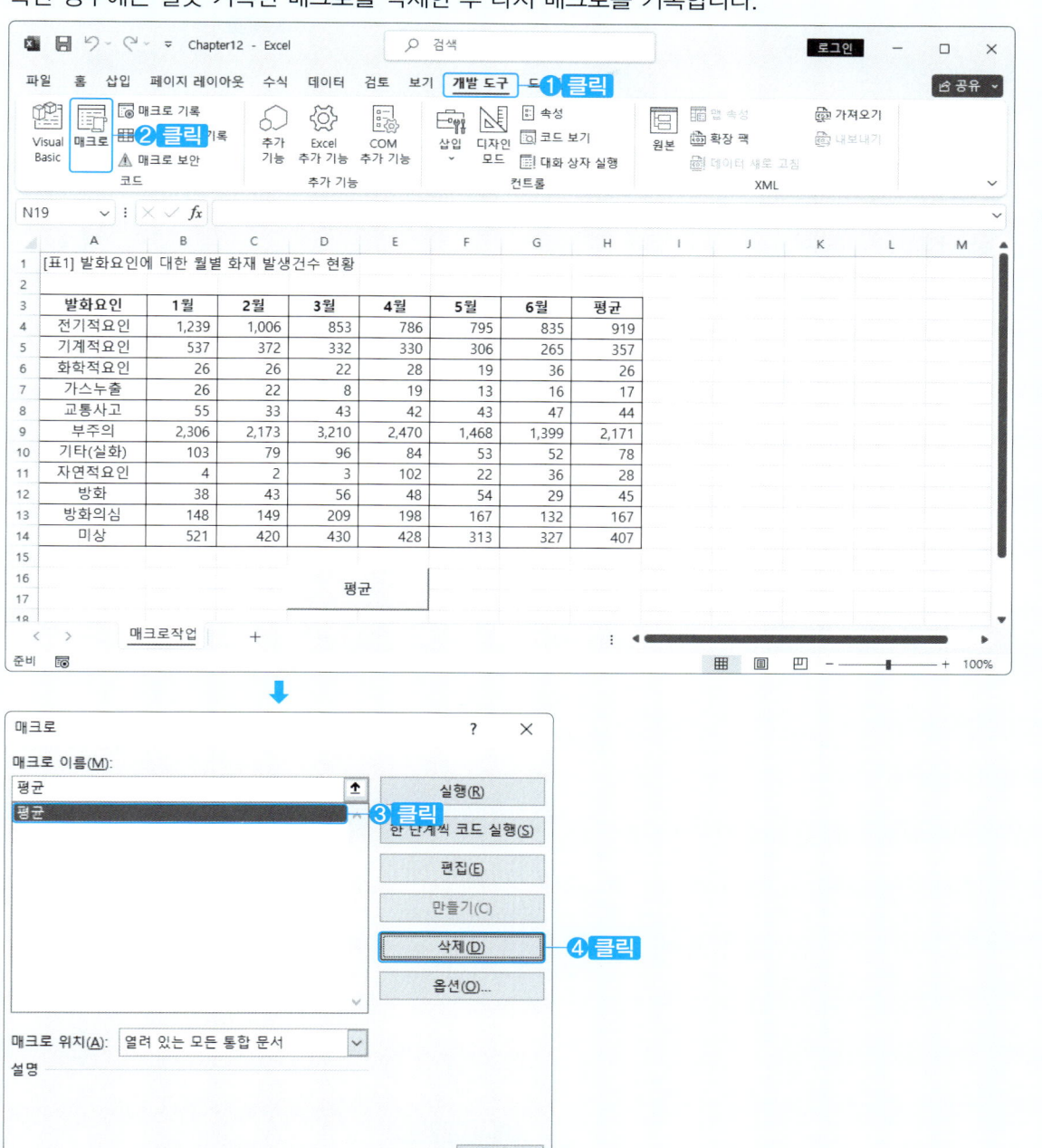

작업2 　 서식 매크로 작성하기

1 도형을 삽입하기 위해 [삽입] 탭-[일러스트레이션] 그룹에서 [도형]을 클릭한 후 ▢[사각형: 빗면]을 클릭합니다.

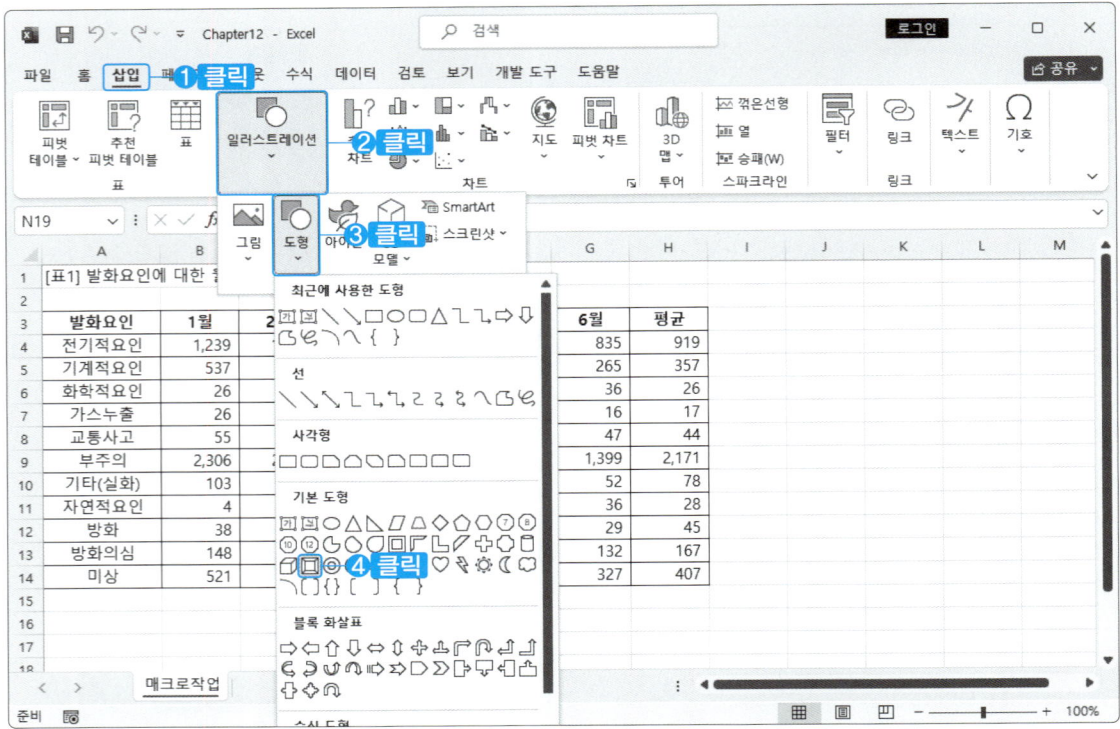

2 마우스 포인터가 + 모양으로 변경되면 Alt 를 누른 상태에서 드래그하여 G16:H17셀 범위에 도형을 삽입합니다.

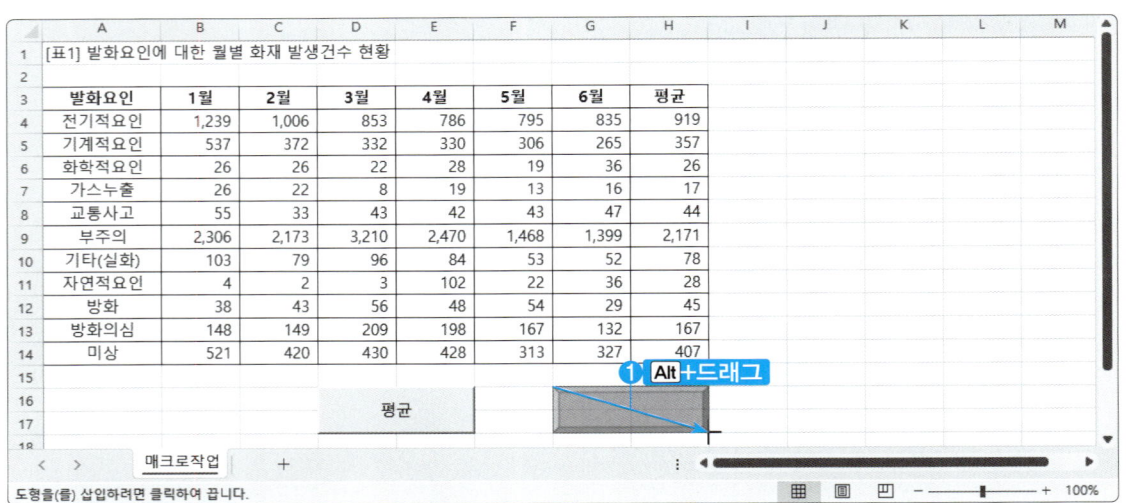

> **Tip**
> Alt 를 누른 상태에서 드래그하면 도형을 눈금선에 맞추어 삽입할 수 있습니다.

3 도형이 삽입되면 **도형 텍스트(서식)를 입력**합니다. 그런 다음 도형에 맞춤 서식을 지정하기 위해 **도형을 선택**한 후 [홈] 탭-[맞춤] 그룹에서 ≡[가운데 맞춤(세로)]과 ≡[가운데 맞춤(가로)]을 클릭합니다.

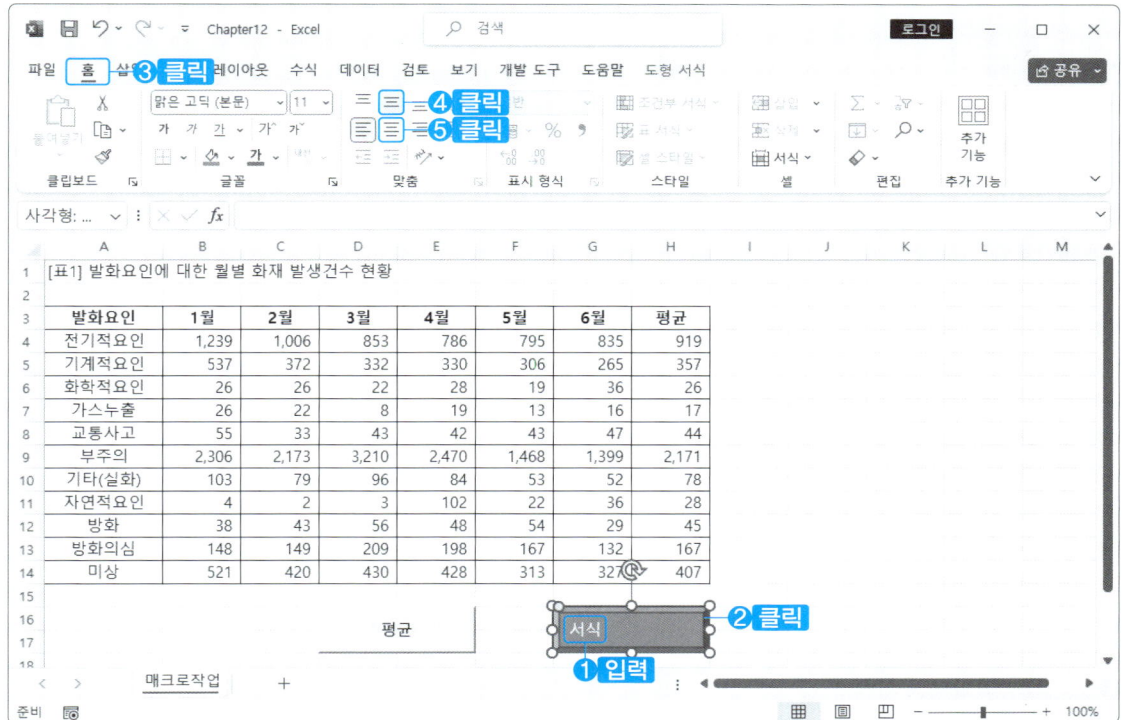

4 도형에 매크로를 지정하기 위해 **도형의 바로 가기 메뉴에서 [매크로 지정]을 클릭**합니다.

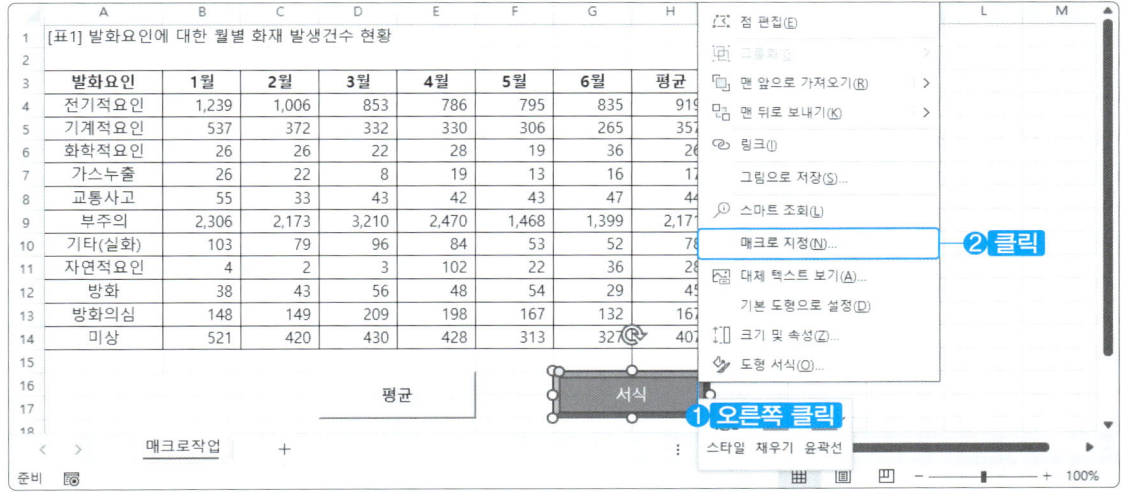

5 [매크로 지정] 대화상자가 나타나면 **매크로 이름(서식)을 입력**한 후 **[기록]** 단추를 클릭합니다.

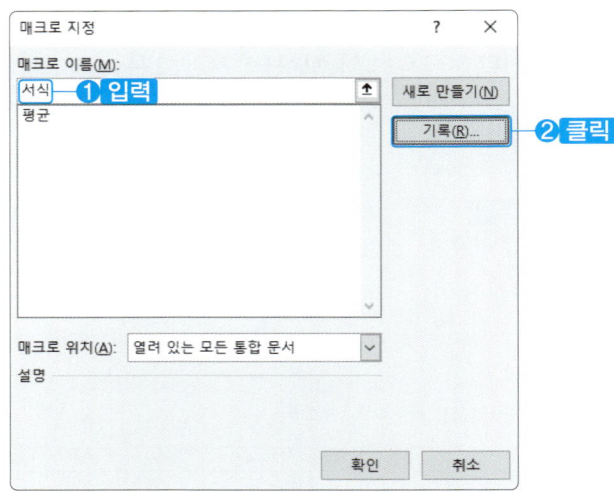

6 [매크로 기록] 대화상자가 나타나면 **매크로 이름(서식)을 확인**한 후 **[확인]** 단추를 클릭합니다.

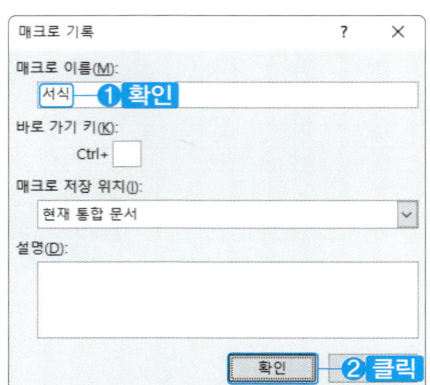

> **Tip**
> [매크로 기록] 대화상자에서 [확인] 단추를 클릭한 다음부터 작업하는 과정을 순서대로 기록합니다.

7 **B3:B14셀 범위와 F3:F14셀 범위를 선택**한 후 [홈] 탭-[글꼴] 그룹에서 **가[글꼴 색]**의 [목록] 단추를 클릭한 다음 **[빨강]**을 클릭합니다.

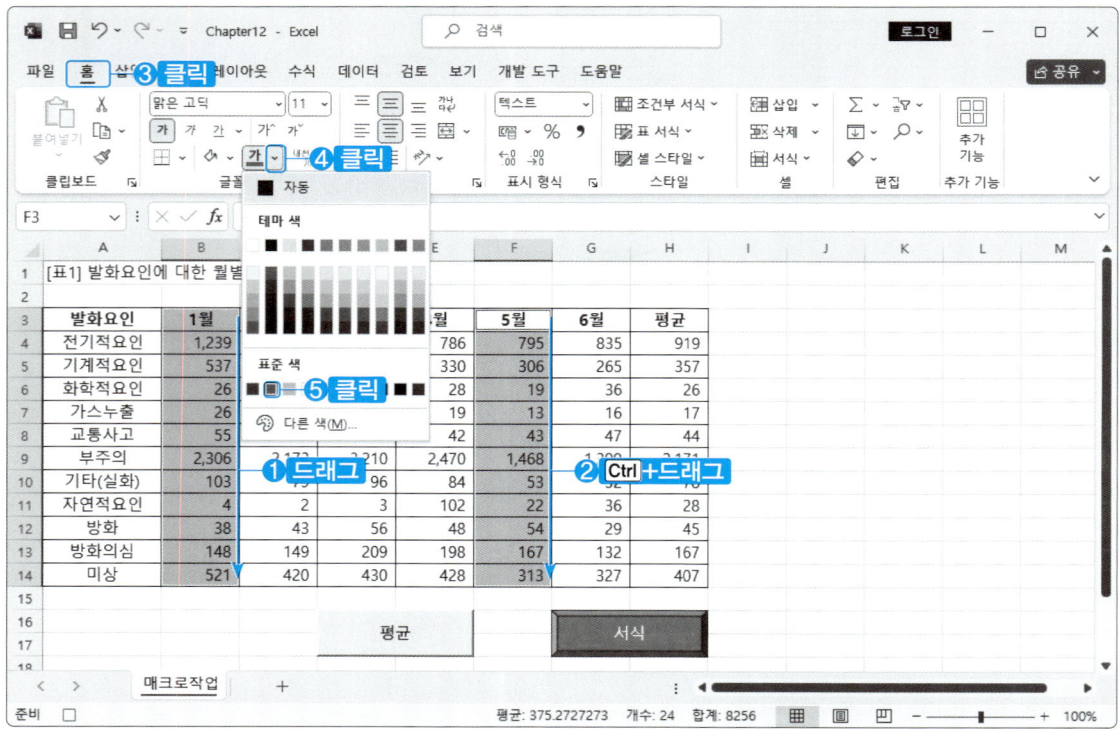

8 임의의 셀(여기서는 A1셀)을 선택한 후 매크로 기록을 중지하기 위해 [개발 도구] 탭-[코드] 그룹에서 [기록 중지]를 클릭합니다.

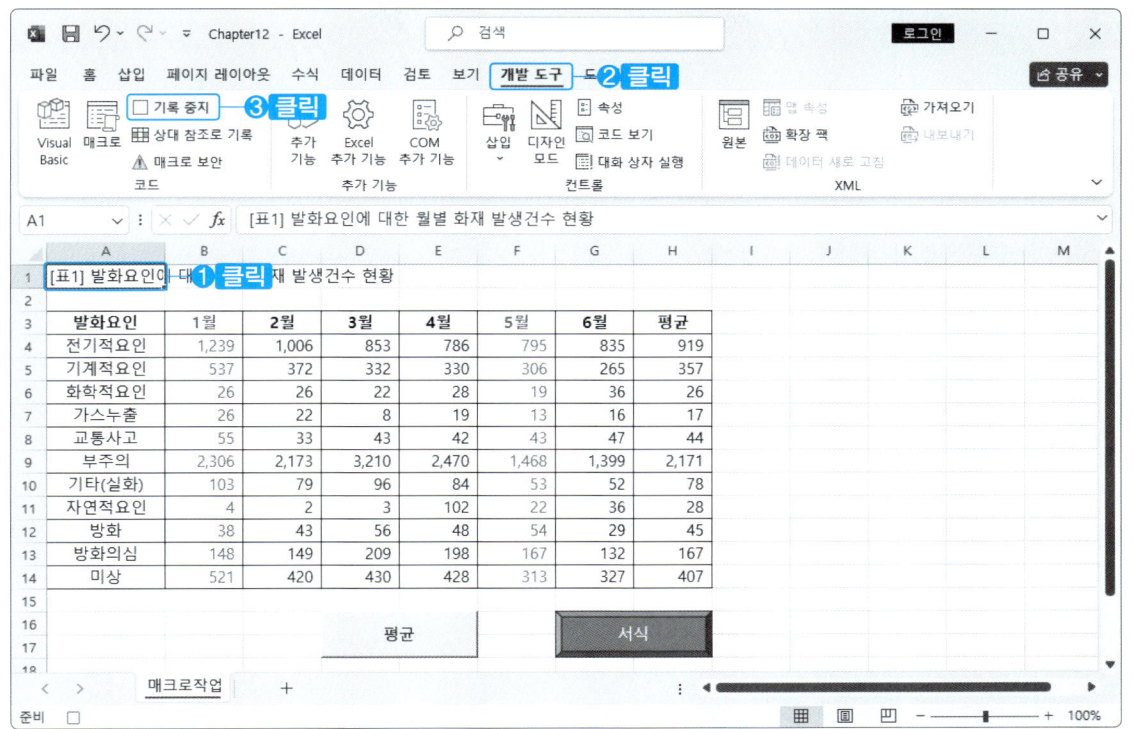

> **Tip**
> - B3:B14셀 범위와 F3:F14셀 범위가 선택된 상태에서 매크로 기록을 중지한 후 매크로를 실행하면 B3:B14셀 범위와 F3:F14셀 범위가 선택된 상태에서 매크로가 종료됩니다. B3:B14셀 범위와 F3:F14셀 범위가 선택된 상태보다 A1셀이 선택된 상태가 보기에 좋기 때문에 A1셀을 선택한 후 매크로 기록을 중지한 것입니다.
> - [기록 중지]를 클릭하기 전까지 작업한 과정이 순서대로 기록됩니다.

9 서식 매크로가 작성됩니다.

> **Tip**
> - 매크로가 지정된 도형으로 마우스 포인터를 가져가면 마우스 포인터가 👆 모양으로 변경됩니다. 마우스 포인터가 👆 모양으로 변경되었을 때 클릭하면 매크로가 실행되고, 마우스 오른쪽 단추를 클릭하면 매크로가 지정된 도형을 편집할 수 있습니다.
> - 매크로로 지정된 서식을 지운 후 매크로를 실행하면 매크로가 실행되는 것을 명확하게 확인할 수 있습니다.

실전문제유형

문제유형 01 주어진 시트에서 다음 작업을 수행하고 저장하시오.
Ch12_문제유형01.xlsm

1. '매크로작업' 시트의 [표]에서 다음과 같은 기능을 수행하는 매크로를 현재 통합 문서에 작성하고 실행하시오. (각 5점)

   ① [E4:E8] 영역에 총점을 계산하는 매크로를 생성하여 실행하시오.
   - ▶ 매크로 이름 : 총점
   - ▶ 총점 = 소양인증 + 직무인증
   - ▶ [개발 도구]-[컨트롤]-[삽입]-[양식 컨트롤]의 '단추'를 동일 시트의 [A10:B11] 영역에 생성하고, 텍스트를 '총점'으로 입력한 후 단추를 클릭할 때 '총점' 매크로가 실행되도록 설정하시오.

   ② [A3:E3] 영역에 채우기 색을 '표준 색-노랑'으로 적용하는 매크로를 생성하여 실행하시오.
   - ▶ 매크로 이름 : 채우기색
   - ▶ [삽입]-[일러스트레이션]-[도형]-[기본 도형]의 '사각형: 빗면(□)'을 동일 시트의 [D10:E11] 영역에 생성하고, 텍스트를 '채우기색'으로 입력한 후 도형을 클릭할 때 '채우기색' 매크로가 실행되도록 설정하시오.

   ※ 셀 포인터의 위치에 상관없이 현재 통합 문서에서 매크로가 실행되어야 정답으로 인정됨

실전문제유형

문제유형 02 주어진 시트에서 다음 작업을 수행하고 저장하시오.

Ch12_문제유형02.xlsm

1. '매크로작업' 시트의 [표]에서 다음과 같은 기능을 수행하는 매크로를 현재 통합 문서에 작성하고 실행하시오. (각 5점)

   ① [E14] 셀에 예매총액의 합계를 계산하는 매크로를 생성하여 실행하시오.
   - ▶ 매크로 이름 : 합계
   - ▶ SUM 함수 사용
   - ▶ [개발 도구]-[컨트롤]-[삽입]-[양식 컨트롤]의 '단추'를 동일 시트의 [G3:H4] 영역에 생성하고, 텍스트를 '합계'로 입력한 후 단추를 클릭할 때 '합계' 매크로가 실행되도록 설정하시오.

   ② [A3:E3], [A14:D14] 영역에 채우기 색을 '표준 색-주황'으로 적용하는 매크로를 생성하여 실행하시오.
   - ▶ 매크로 이름 : 서식
   - ▶ [삽입]-[일러스트레이션]-[도형]-[사각형]의 '사각형: 둥근 모서리(☐)'를 동일 시트의 [G6:H7] 영역에 생성하고, 텍스트를 '서식'으로 입력한 후 도형을 클릭할 때 '서식' 매크로가 실행되도록 설정하시오.

   ※ 셀 포인터의 위치에 상관없이 현재 통합 문서에서 매크로가 실행되어야 정답으로 인정됨

실전문제유형

문제유형 03 주어진 시트에서 다음 작업을 수행하고 저장하시오.   Ch12_문제유형03.xlsm

1. '매크로작업' 시트의 [표]에서 다음과 같은 기능을 수행하는 매크로를 현재 통합 문서에 작성하고 실행하시오. (각 5점)

   ① [E4:E13] 영역에 1과목, 2과목, 3과목의 평균을 계산하는 매크로를 생성하여 실행하시오.
   - ▶ 매크로 이름 : 평균
   - ▶ AVERAGE 함수 사용
   - ▶ [개발 도구]-[컨트롤]-[삽입]-[양식 컨트롤]의 '단추'를 동일 시트의 [G3:H6] 영역에 생성하고, 텍스트를 '평균'으로 입력한 후 단추를 클릭할 때 '평균' 매크로가 실행되도록 설정하시오.

   ② [A3:E3] 영역에 글꼴 색을 '표준 색-파랑'으로 적용하는 매크로를 생성하여 실행하시오.
   - ▶ 매크로 이름 : 글꼴색
   - ▶ [삽입]-[일러스트레이션]-[도형]-[기본 도형]의 '사각형: 빗면(□)'을 동일 시트의 [G10:H13] 영역에 생성하고, 텍스트를 '글꼴색'으로 입력한 후 도형을 클릭할 때 '글꼴색' 매크로가 실행되도록 설정하시오.

   ※ 셀 포인터의 위치에 상관없이 현재 통합 문서에서 매크로가 실행되어야 정답으로 인정됨

실전문제유형

문제유형 04 주어진 시트에서 다음 작업을 수행하고 저장하시오.   Ch12_문제유형04.xlsm

1. '매크로작업' 시트의 [표]에서 다음과 같은 기능을 수행하는 매크로를 현재 통합 문서에 작성하고 실행하시오. (각 5점)

    ① [E14] 셀에 총판매액의 평균을 계산하는 매크로를 생성하여 실행하시오.
    - ▶ 매크로 이름 : 평균
    - ▶ AVERAGE 함수 사용
    - ▶ [개발 도구]-[컨트롤]-[삽입]-[양식 컨트롤]의 '단추'를 동일 시트의 [G3:H5] 영역에 생성하고, 텍스트를 '평균'으로 입력한 후 단추를 클릭할 때 '평균' 매크로가 실행되도록 설정하시오.

    ② [C4:E13], [E14] 영역에 표시 형식을 '쉼표 스타일(,)'로 적용하는 매크로를 생성하여 실행하시오.
    - ▶ 매크로 이름 : 표시형식
    - ▶ [삽입]-[일러스트레이션]-[도형]-[사각형]의 '사각형: 둥근 모서리(☐)'를 동일 시트의 [G8:H10] 영역에 생성하고, 텍스트를 '표시형식'으로 입력한 후 도형을 클릭할 때 '표시형식' 매크로가 실행되도록 설정하시오.

    ※ 셀 포인터의 위치에 상관없이 현재 통합 문서에서 매크로가 실행되어야 정답으로 인정됨

Hint

표시형식 매크로 작성 : [삽입] 탭-[일러스트레이션] 그룹에서 [도형]을 클릭한 후 ☐[사각형: 둥근 모서리]를 클릭 → [Alt]를 누른 상태에서 드래그하여 G8:H10셀 범위에 도형을 삽입 → 도형 텍스트(표시형식)를 입력한 후 도형을 선택한 다음 [홈] 탭-[맞춤] 그룹에서 ≡[가운데 맞춤(세로)]과 ≡[가운데 맞춤(가로)]을 클릭 → 도형의 바로 가기 메뉴에서 [매크로 지정]을 클릭 → [매크로 지정] 대화상자에서 매크로 이름(표시형식)을 입력한 후 [기록] 단추를 클릭 → [매크로 기록] 대화상자에서 매크로 이름(표시형식)을 확인한 후 [확인] 단추를 클릭 → C4:E13셀 범위와 E14셀을 선택한 후 [홈] 탭-[표시 형식] 그룹에서 ,[쉼표 스타일]을 클릭 → 임의의 셀을 선택한 후 [개발 도구] 탭-[코드] 그룹에서 [기록 중지]를 클릭

Chapter 13 차트 작성하기

[문제4 기타작업]의 2번 문제는 차트를 작성하는 문제가 출제됩니다. 차트는 문제에서 주어진 차트를 편집해야 하며 주로 차트 영역, 차트 제목, 데이터 계열, 데이터 레이블 등을 편집하는 문제가 출제됩니다. 5문항의 문제가 출제되며 배점은 각 2점(총 10점)입니다.

문제4 기타작업(20점) 주어진 시트에서 다음 작업을 수행하고 저장하시오.

2. '차트작업' 시트의 차트를 지시사항에 따라 아래 그림과 같이 수정하시오. (각 2점)

    ※ 차트는 반드시 문제에서 제공한 차트를 사용하여야 하며, 신규로 작성 시 0점 처리됨

    ① '별정통신서비스' 계열이 제거되도록 데이터 범위를 수정하시오.
    ② 차트 종류를 '누적 세로 막대형'으로 변경하시오.
    ③ 차트 제목은 '차트 위'로 지정한 후 [A1] 셀과 연동되도록 설정하시오.
    ④ '부가통신서비스' 계열의 '2024년' 요소에만 데이터 레이블 '값'을 표시하고, 레이블의 위치를 '안쪽 끝에'로 설정하시오.
    ⑤ 전체 계열의 계열 겹치기와 간격 너비를 각각 0%로 설정하시오.

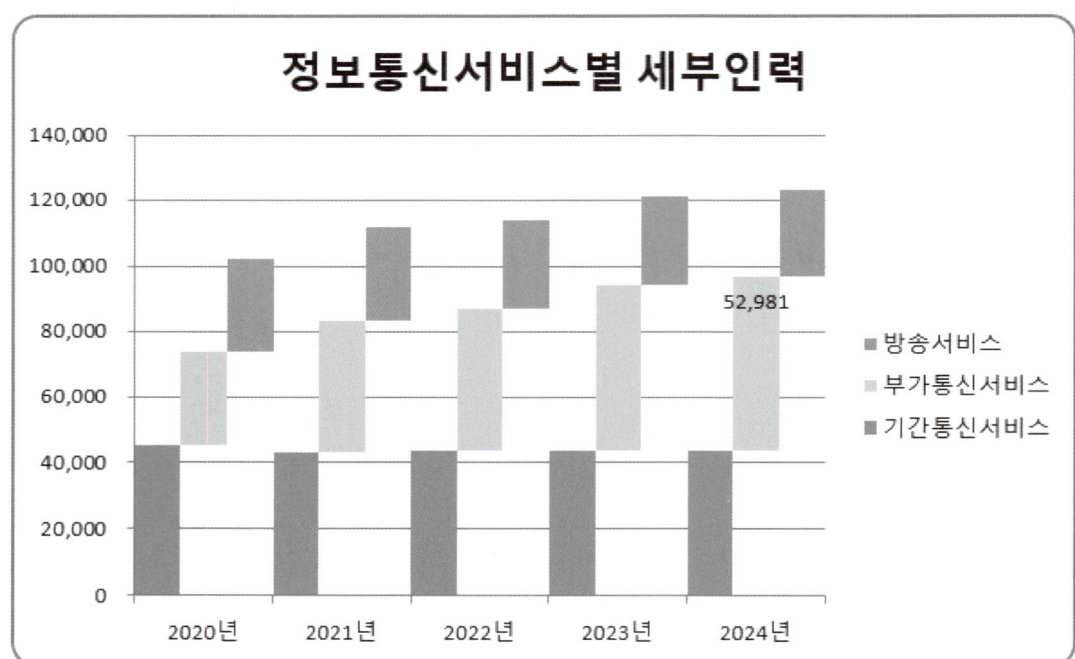

작업순서요약

① 데이터 범위를 수정합니다.
② 차트 종류를 변경합니다.
③ 차트 제목을 편집합니다.
④ 데이터 레이블을 표시합니다.
⑤ 데이터 계열을 편집합니다.

작업1 데이터 범위 수정하기

Chapter13.xlsx

1 차트를 선택한 후 [차트 디자인] 탭-[데이터] 그룹에서 [데이터 선택]을 클릭합니다.

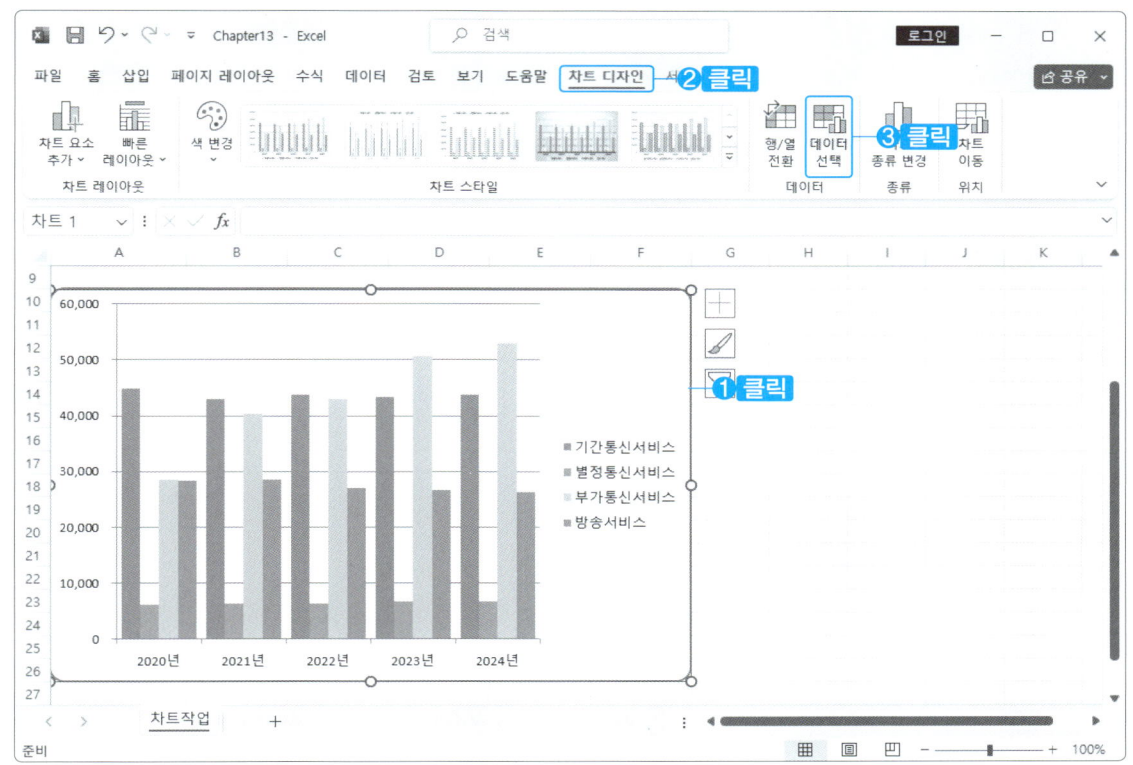

> Tip
> - 차트는 수치 데이터를 분석하여 그 관계를 일정한 양식의 그림으로 나타낸 것입니다. 차트를 작성하면 수치 데이터를 가로 막대, 세로 막대, 원 등으로 표시하여 한 눈에 파악할 수 있습니다.
> - 차트로 마우스 포인터를 가져가서 마우스 포인터가 모양으로 변경되었을 때 클릭하면 차트를 선택할 수 있습니다.
> - '별정통신서비스' 데이터 계열의 바로 가기 메뉴에서 [삭제]를 클릭하여 데이터 범위를 수정할 수도 있습니다.

2 [데이터 원본 선택] 대화상자가 나타나면 [범례 항목(계열)]에서 '별정통신서비스' 데이터 계열을 선택 해제한 후 [확인] 단추를 클릭합니다.

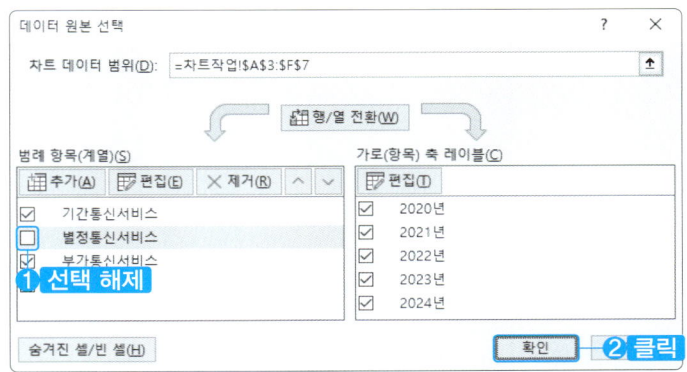

3 데이터 범위가 수정됩니다.

작업2 　차트 종류 변경하기

1 **차트를 선택**한 후 [차트 디자인] 탭-[종류] 그룹에서 **[차트 종류 변경]**을 클릭합니다.

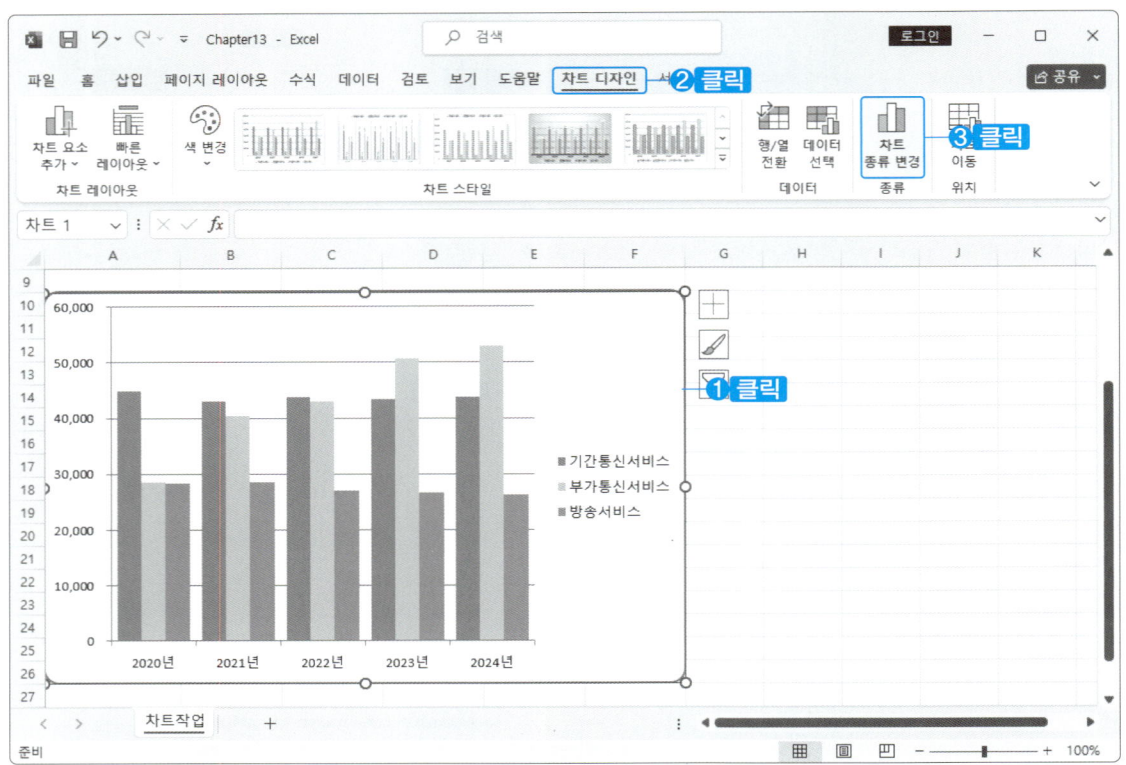

2 [차트 종류 변경] 대화상자가 나타나면 [모든 차트] 탭에서 **[세로 막대형]**을 선택한 후 **[누적 세로 막대형]**을 선택한 다음 **[확인]** 단추를 클릭합니다.

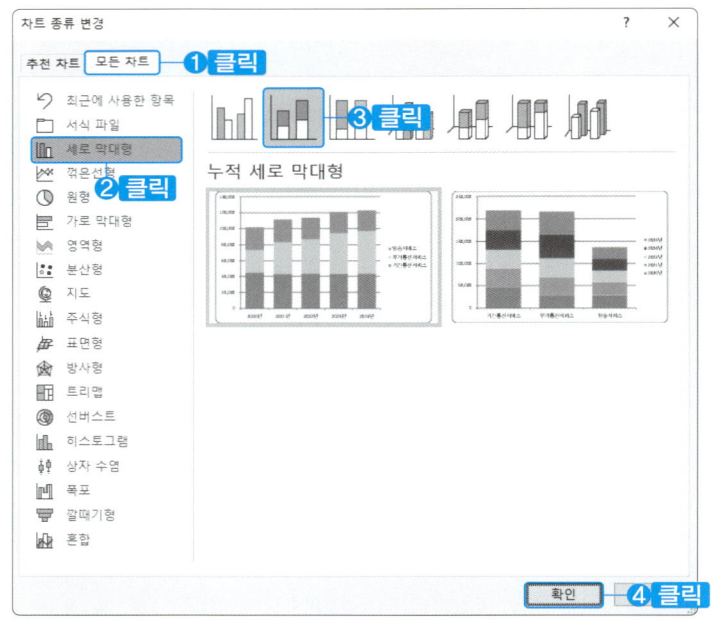

3 차트 종류가 변경됩니다.

작업3 차트 제목 편집하기

1 차트 제목을 표시하기 위해 **차트를 선택**한 후 [차트 디자인] 탭-[차트 레이아웃] 그룹에서 [**차트 요소 추가**]를 클릭한 다음 [차트 제목]-[차트 위]를 클릭합니다.

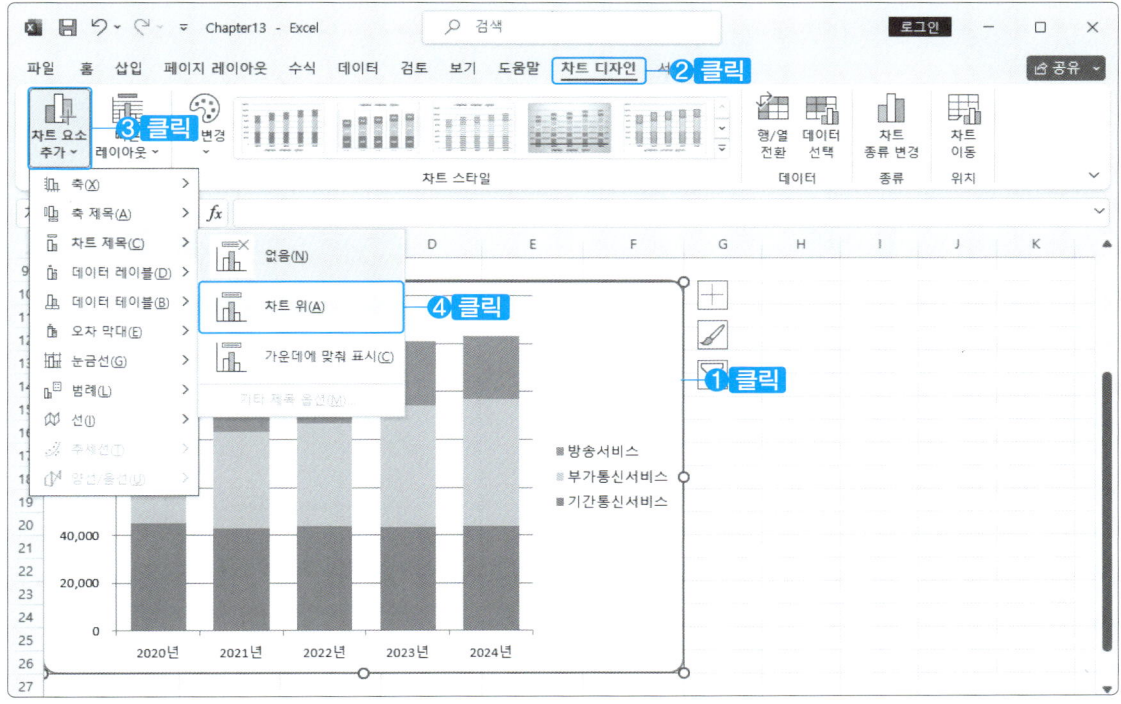

2 차트 제목을 A1셀과 연동하기 위해 **차트 제목을 선택**한 후 **수식 입력줄에 '='를 입력**한 다음 A1셀을 클릭하고 Enter 를 누릅니다.

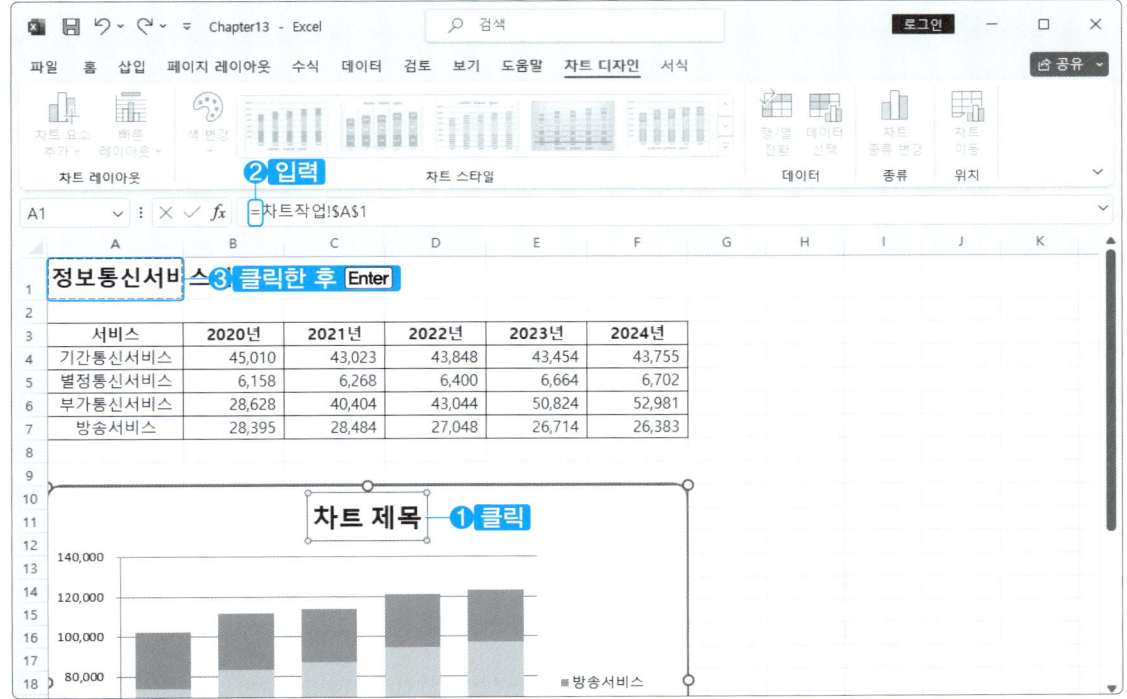

3 차트 제목이 A1셀과 연동됩니다.

> 한가지 더!

세로(값) 축 편집하기

세로(값) 축의 바로 가기 메뉴에서 [축 서식]을 클릭하면 세로(값) 축을 편집할 수 있습니다. 다음은 세로(값) 축의 최대값을 '150,000', 기본 단위를 '30,000'으로 지정하는 경우입니다.

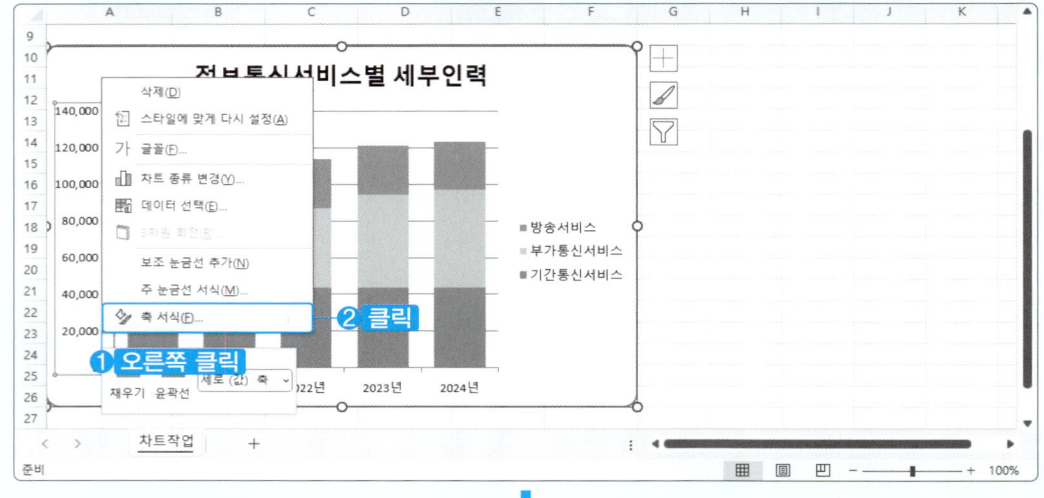

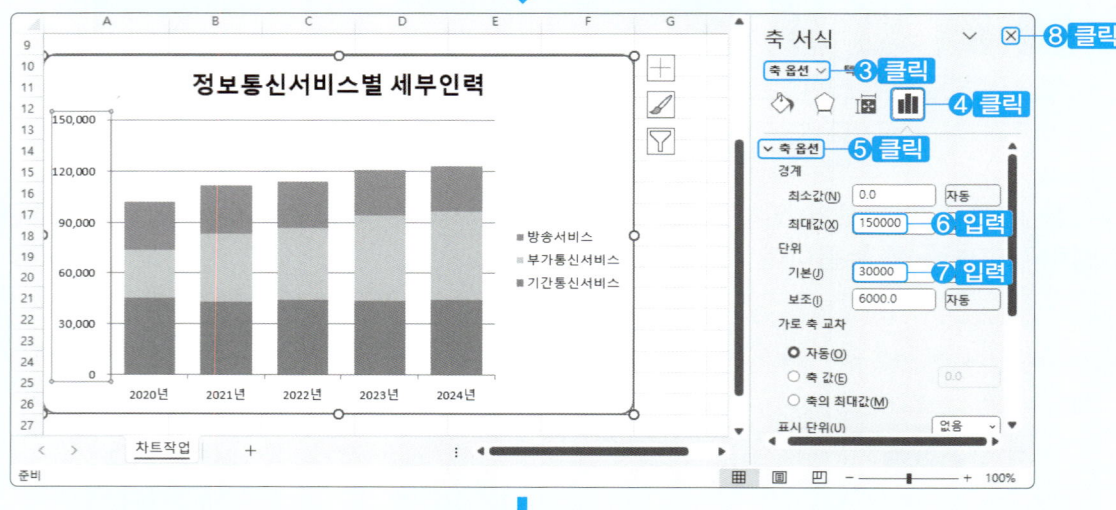

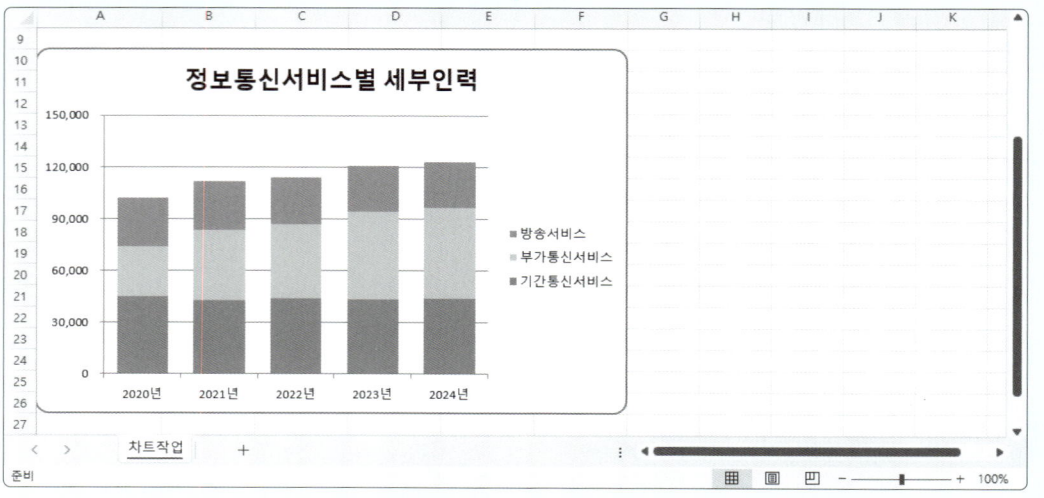

작업4　데이터 레이블 표시하기

1 '**부가통신서비스**' 데이터 계열의 '**2024년**' 데이터 요소만 **선택**한 후 [차트 디자인] 탭-[차트 레이아웃] 그룹에서 [**차트 요소 추가**]를 **클릭**한 다음 [데이터 레이블]-[안쪽 끝에]를 **클릭**합니다.

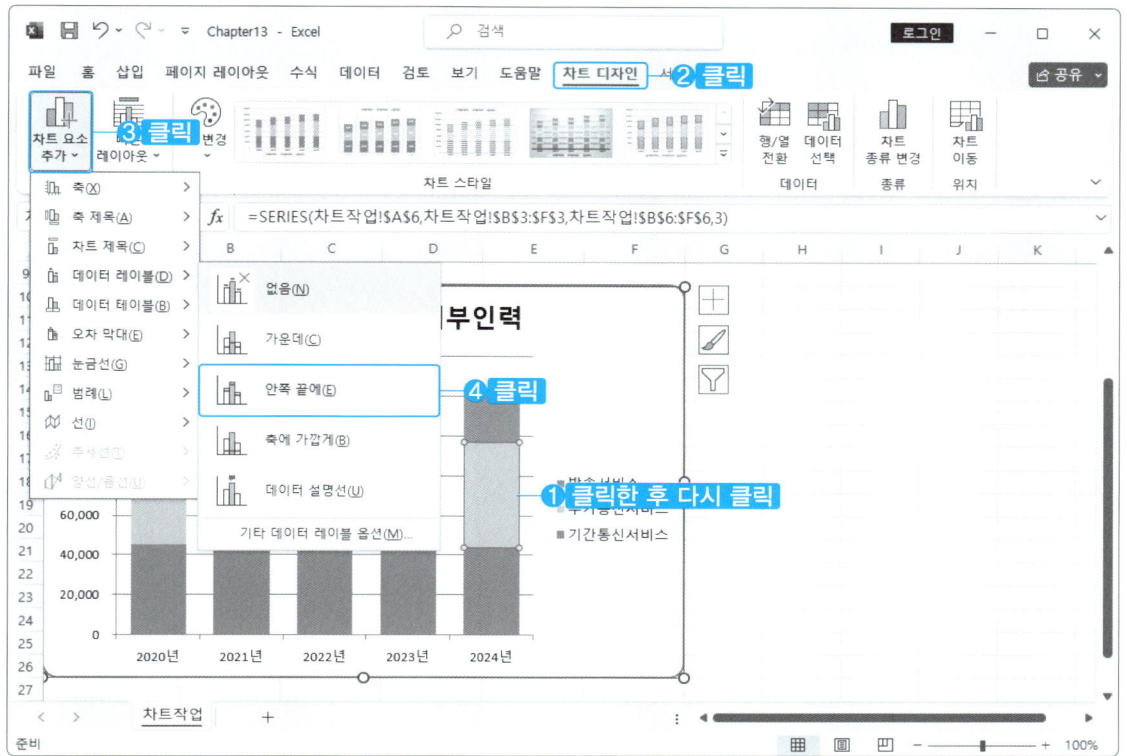

> **Tip**
> '부가통신서비스' 데이터 계열의 '2024년' 데이터 요소를 클릭한 후 다시 클릭하면 '부가통신서비스' 데이터 계열의 '2024년' 데이터 요소만 선택할 수 있습니다.

2 다음과 같이 데이터 레이블이 표시됩니다.

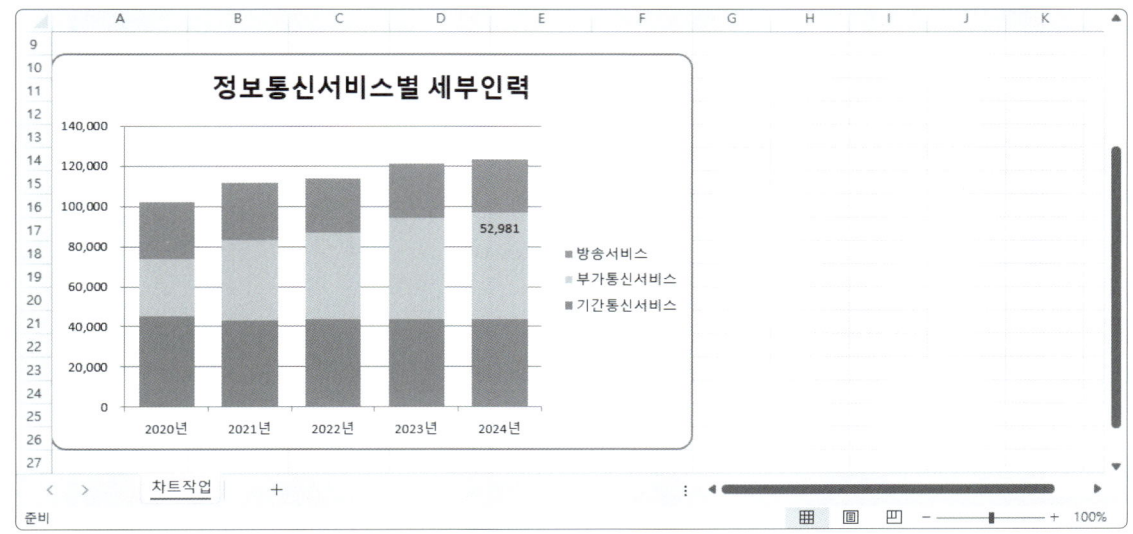

Chapter 13 • 차트 작성하기　**141**

작업5 데이터 계열 편집하기

1 '방송서비스' 데이터 계열의 바로 가기 메뉴에서 [데이터 계열 서식]을 클릭합니다.

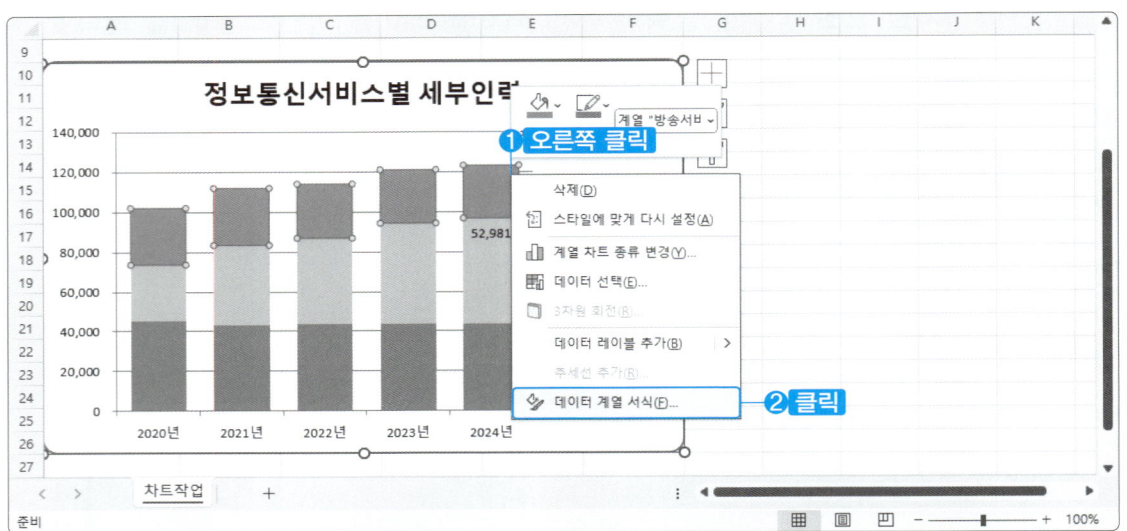

> **Tip**
> '부가통신서비스' 데이터 계열이나 '기간통신서비스' 데이터 계열의 바로 가기 메뉴에서 [데이터 계열 서식]을 클릭하여 데이터 계열을 편집할 수도 있습니다.

2 [데이터 계열 서식] 작업 창이 나타나면 [계열 옵션]-[계열 옵션]-[계열 옵션]에서 **계열 겹치기(0%)와 간격 너비(0%)를 입력**한 후 ✕[닫기]를 클릭합니다.

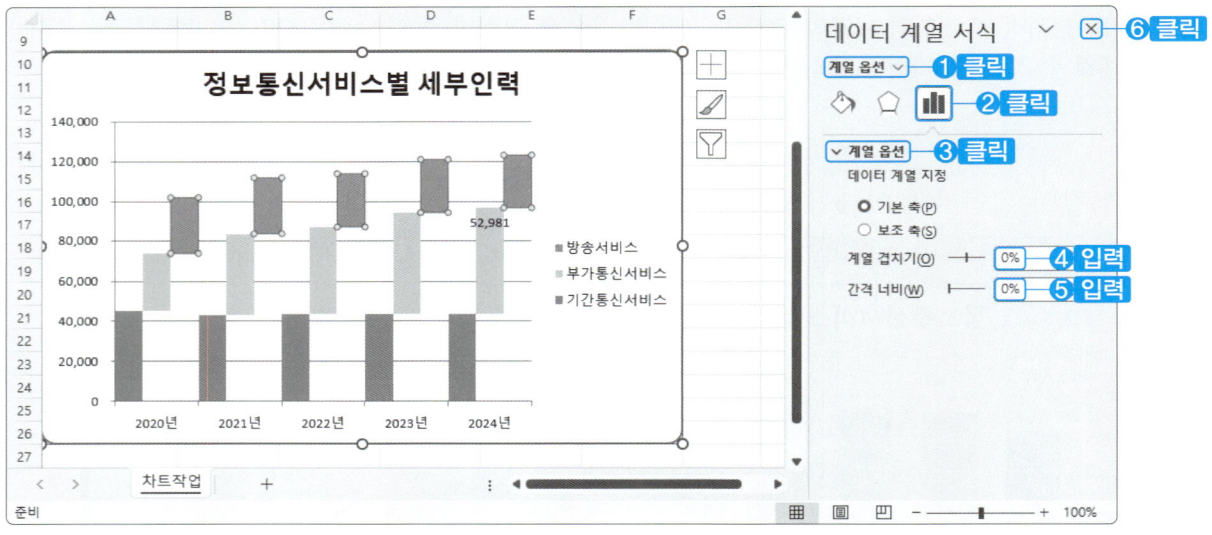

3 데이터 계열이 편집됩니다.

실전문제유형

문제유형 01 주어진 시트에서 다음 작업을 수행하고 저장하시오. Ch13_문제유형01.xlsx

2. '차트작업' 시트의 차트를 지시사항에 따라 아래 그림과 같이 수정하시오. (각 2점)

   ※ 차트는 반드시 문제에서 제공한 차트를 사용하여야 하며, 신규로 작성 시 0점 처리됨

   ① '합계' 계열과 '2021년' 요소가 제거되도록 데이터 범위를 수정하시오.
   ② 차트 종류를 '누적 세로 막대형'으로 변경하시오.
   ③ 차트 제목은 '차트 위'로 지정한 후 [A1] 셀과 연동되도록 설정하시오.
   ④ '근로장학' 계열에만 데이터 레이블 '값'을 표시하고, 레이블의 위치를 '안쪽 끝에'로 설정하시오.
   ⑤ 차트 영역의 테두리에는 '둥근 모서리'를 설정하시오.

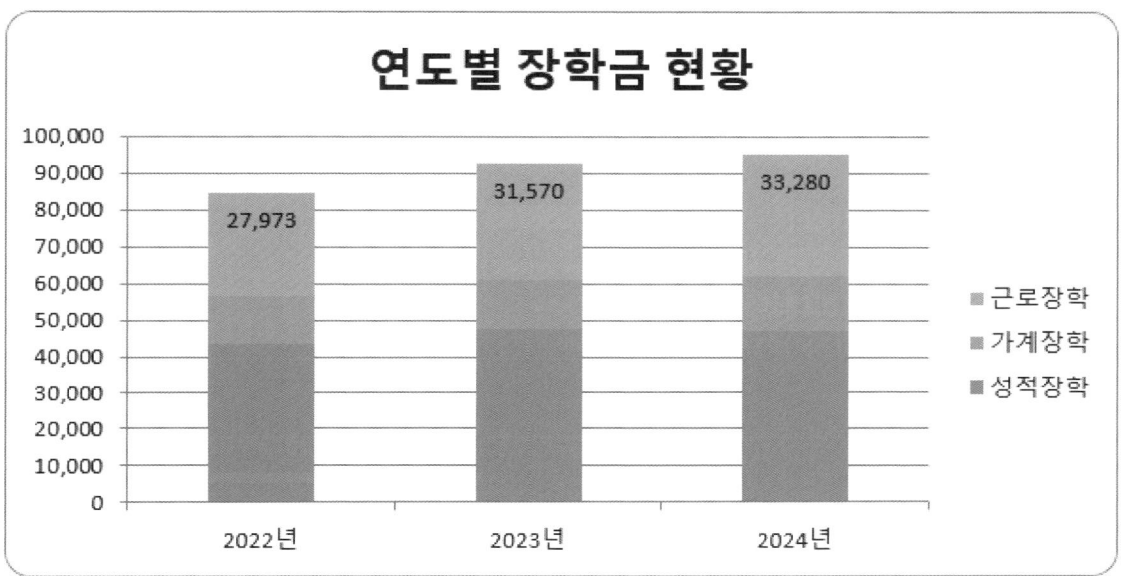

Hint

- **데이터 범위 수정** : 차트를 선택한 후 [차트 디자인] 탭-[데이터] 그룹에서 [데이터 선택]을 클릭 → [데이터 원본 선택] 대화상자의 [범례 항목(계열)]에서 '합계' 데이터 계열을 선택 해제한 후 [가로(항목) 축 레이블]에서 '2021년' 데이터 요소를 선택 해제한 다음 [확인] 단추를 클릭
- **차트 영역 편집** : 차트 영역의 바로 가기 메뉴에서 [차트 영역 서식]을 클릭 → [차트 영역 서식] 작업 창의 [차트 옵션]-[채우기 및 선]-[테두리]에서 [둥근 모서리]를 선택한 후 ×[닫기]를 클릭

실전문제유형

문제유형 02 주어진 시트에서 다음 작업을 수행하고 저장하시오. Ch13_문제유형02.xlsx

2. '차트작업' 시트의 차트를 지시사항에 따라 아래 그림과 같이 수정하시오. (각 2점)

   ※ 차트는 반드시 문제에서 제공한 차트를 사용하여야 하며, 신규로 작성 시 0점 처리됨

   ① '진찰료'와 '검사비' 계열만 차트에 표시되도록 데이터 범위를 수정하시오.
   ② 차트 제목은 '차트 위'로 지정한 후 〈그림〉과 같이 입력하고, 글꼴 '굴림체', 글꼴 스타일 '굵게', 글꼴 크기 '16', 밑줄 '실선'으로 지정하시오.
   ③ 세로(값) 축의 최대값을 25,000으로 지정하시오.
   ④ 차트 영역에 '데이터 표'를 표시하시오.
   ⑤ 차트 영역의 테두리에는 너비 '2pt'와 '둥근 모서리'를 설정하시오.

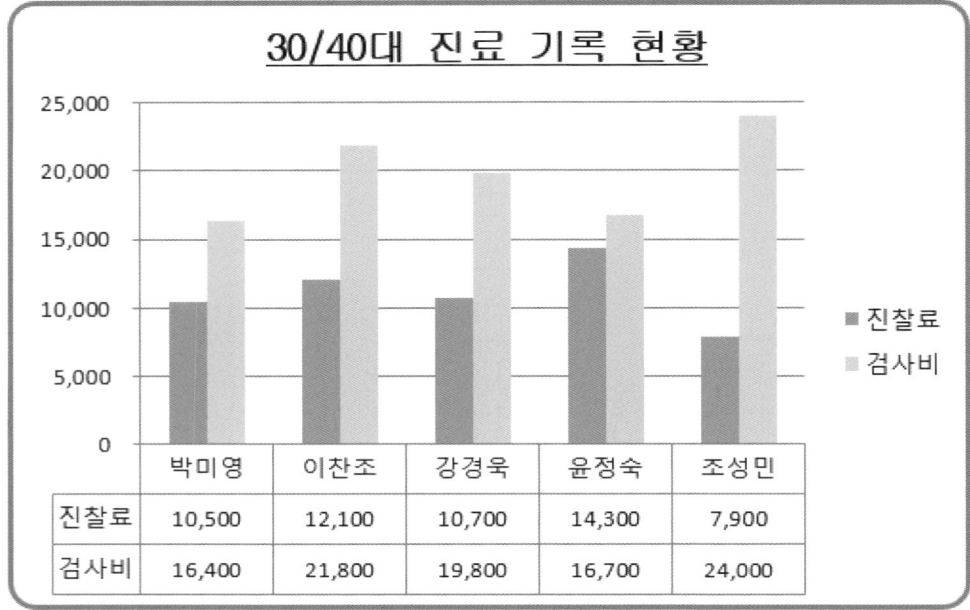

Hint

- **세로(값) 축 편집** : 세로(값) 축의 바로 가기 메뉴에서 [축 서식]을 클릭 → [축 서식] 작업 창의 [축 옵션]-▬[축 옵션]-[축 옵션]에서 최대값(25000)을 입력한 후 ✕[닫기]를 클릭
- **데이터 표 표시** : 차트를 선택한 후 [차트 디자인] 탭-[차트 레이아웃] 그룹에서 [차트 요소 추가]를 클릭한 다음 [데이터 표]-[범례 표지 없음]을 클릭

실전문제유형

문제유형 03 주어진 시트에서 다음 작업을 수행하고 저장하시오. Ch13_문제유형03.xlsx

2. '차트작업' 시트의 차트를 지시사항에 따라 아래 그림과 같이 수정하시오. (각 2점)

    ※ 차트는 반드시 문제에서 제공한 차트를 사용하여야 하며, 신규로 작성 시 0점 처리됨
    ① 각 계열의 '인천', '대구', '광주' 요소가 제거되도록 데이터 범위를 수정하시오.
    ② 차트 종류를 '묶은 세로 막대형'으로 변경하시오.
    ③ 차트 제목은 '차트 위'로 지정한 후 〈그림〉과 같이 입력하시오.
    ④ 범례는 위쪽에 배치하시오.
    ⑤ 세로(값) 축의 최소값을 0, 최대값을 600, 기본 단위를 200으로 지정하시오.

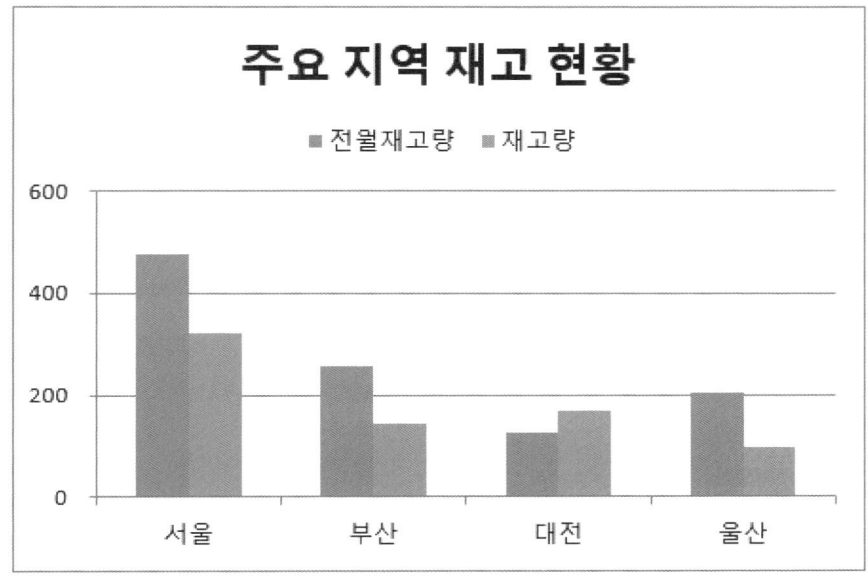

Hint

범례 위치 변경 : 차트를 선택한 후 [차트 디자인] 탭-[차트 레이아웃] 그룹에서 [차트 요소 추가]를 클릭한 다음 [범례]-[위쪽]을 클릭

실전문제유형

문제유형 04 주어진 시트에서 다음 작업을 수행하고 저장하시오.　　Ch13_문제유형04.xlsx

2. '차트작업' 시트의 차트를 지시사항에 따라 아래 그림과 같이 수정하시오. (각 2점)
   ※ 차트는 반드시 문제에서 제공한 차트를 사용하여야 하며, 신규로 작성 시 0점 처리됨
   ① '필기'와 '면접' 계열만 차트에 표시되도록 데이터 범위를 수정하시오.
   ② '면접' 계열의 차트 종류를 '영역형'으로 변경하시오.
   ③ 범례는 아래쪽에 배치하시오.
   ④ 세로(값) 축의 표시 형식은 범주의 '숫자', 소수 자릿수는 1로 지정하시오.
   ⑤ '필기' 계열의 선 스타일은 '완만한 선', 표식 옵션의 모양은 '◆'으로 지정하시오.

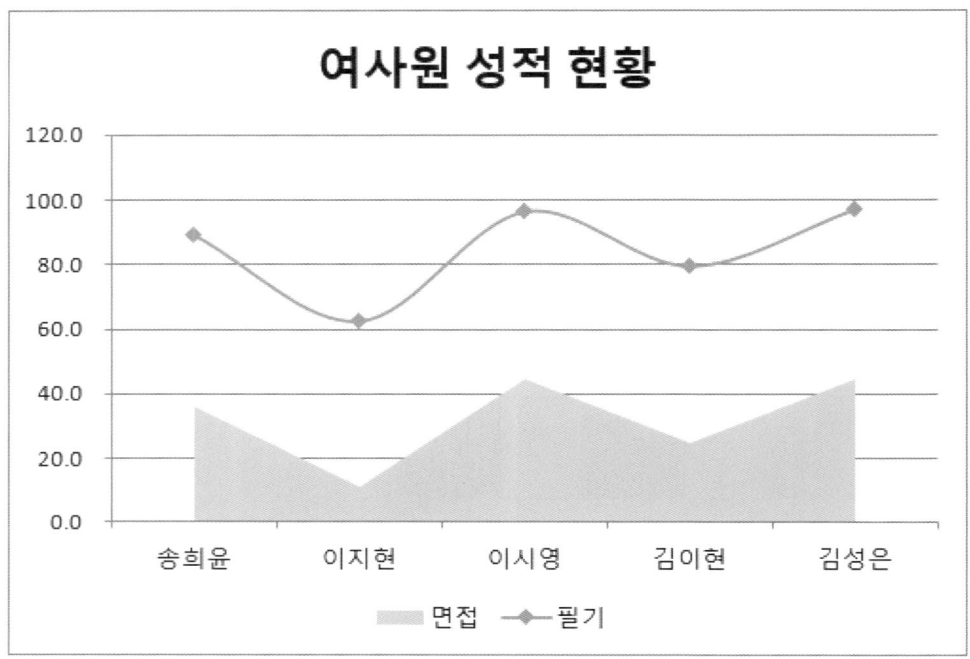

Hint

- **'면접' 데이터 계열의 차트 종류 변경** : '면접' 데이터 계열을 선택한 후 [차트 디자인] 탭-[종류] 그룹에서 [차트 종류 변경]을 클릭 → [차트 종류 변경] 대화상자의 [모든 차트] 탭에서 [혼합]을 선택한 후 '면접' 데이터 계열의 차트 종류(영역형)를 선택한 다음 [확인] 단추를 클릭

- **세로(값) 축 편집** : 세로(값) 축의 바로 가기 메뉴에서 [축 서식]을 클릭 → [축 서식] 작업 창의 [축 옵션]-▥[축 옵션]-[표시 형식]에서 범주(숫자)를 선택한 후 소수 자릿수(1)를 입력한 다음 ✕[닫기]를 클릭

- **'필기' 데이터 계열 편집** : '필기' 데이터 계열의 바로 가기 메뉴에서 [데이터 계열 서식]을 클릭 → [데이터 계열 서식] 작업 창의 [계열 옵션]-◇[채우기 및 선]-[선]-[선]에서 [완만한 선]을 선택한 후 [계열 옵션]-◇[채우기 및 선]-[표식]-[표식 옵션]에서 [기본 제공]을 선택한 다음 형식(◆)을 선택하고 ✕[닫기]를 클릭

Part 02

실전모의고사

제01회 실전모의고사
제02회 실전모의고사
제03회 실전모의고사
제04회 실전모의고사
제05회 실전모의고사
제06회 실전모의고사
제07회 실전모의고사
제08회 실전모의고사
제09회 실전모의고사
제10회 실전모의고사
제11회 실전모의고사
제12회 실전모의고사
제13회 실전모의고사
제14회 실전모의고사
제15회 실전모의고사

제01회 실전모의고사

프로그램명	제한시간
EXCEL 2021	40분

수험번호 : _____
성　　명 : _____

2급　A형

유 의 사 항

■ 인적 사항 누락 및 잘못 작성으로 인한 불이익은 수험자 책임으로 합니다.
■ 화면에 암호 입력창이 나타나면 아래의 암호를 입력하여야 합니다.
　○ 암호 : 8496&5
■ 작성된 답안은 주어진 경로 및 파일명을 변경하지 마시고 그대로 저장해야 합니다.
　이를 준수하지 않으면 실격 처리됩니다.
　답안 파일명의 예 : C:₩OA₩수험번호8자리.xlsm
■ **외부데이터 위치 : C:₩OA₩파일명**
■ 별도의 지시사항이 없는 경우, 다음과 같이 처리 시 실격 처리됩니다.
　○ 제시된 시트 및 개체의 순서나 이름을 임의로 변경한 경우
　○ 제시된 시트 및 개체를 임의로 추가 또는 삭제한 경우
■ 답안은 반드시 문제에서 지시 또는 요구한 셀에 입력하여야 하며 다음과 같이 처리 시
　채점 대상에서 제외됩니다.
　○ 제시된 함수가 있을 경우 제시된 함수만을 사용하여야 하며 그 외 함수사용시
　　채점 대상에서 제외
　○ 수험자가 임의로 지시하지 않은 셀의 이동, 수정, 삭제, 변경 등으로 인해 셀의 위치 및
　　내용이 변경된 경우 해당 작업에 영향을 미치는 관련문제 모두 채점 대상에서 제외
　○ 도형 및 차트의 개체가 중첩되어 있거나 동일한 계산결과 시트가 복수로 존재할 경우
　　해당 개체나 시트는 채점 대상에서 제외
■ 수식 작성 시 제시된 문제 파일의 데이터는 변경 가능한(가변적) 데이터임을 감안하여
　문제 풀이를 하시오.
■ 별도의 지시사항이 없는 경우, 주어진 각 시트 및 개체의 설정값 또는 기본 설정값
　(Default)으로 처리하시오.
■ 저장 시간은 별도로 주어지지 않으므로 제한된 시간 내에 저장을 완료해야 하며, 제한
　시간 내에 저장이 되지 않은 경우에는 실격 처리됩니다.
■ 출제된 문제의 용어는 MS Office LTSC Professional Plus 2021 기준으로 작성되어
　있습니다.

대한상공회의소

문제1 기본작업(20점) ● 주어진 시트에서 다음 과정을 수행하고 저장하시오.

1. '기본작업-1' 시트에 다음의 자료를 주어진 대로 입력하시오. (5점)

	A	B	C	D	E	F	G
1	상공컨벤션센터 예약 현황						
2							
3	예약번호	구분	행사명	행사장명	행사요일	행사시간	예약인원
4	A-1001	콘서트	나눔콘서트	그랜드홀	토	3시간	500명
5	A-1002	특강	행복한꿈	컨벤션홀	토	2시간	200명
6	A-1003	세미나	미래세미나	제1회의실	금	2시간	100명
7	A-1004	전시회	고대유물전	제1전시장	금,토,일	10시간	600명
8	A-1005	세미나	건강세미나	제2회의실	토	2시간	200명
9	A-1006	박람회	결혼박람회	그랜드홀	금,토,일	10시간	1000명
10	A-1007	체험전	캐릭터체험전	제2전시장	금,토,일	10시간	1000명
11	A-1008	박람회	신기술박람회	그랜드홀	금,토,일	10시간	2000명
12	A-1009	콘서트	드림콘서트	컨벤션홀	토	3시간	400명

2. '기본작업-2' 시트에 대하여 다음의 지시사항을 처리하시오. (각 2점)

① [A1:H1] 영역은 '병합하고 가운데 맞춤', 글꼴 '휴먼옛체', 글꼴 크기 '20'으로 지정하시오.

② [A3:A4], [B3:B4], [C3:E3], [F3:G3], [H3:H4] 영역은 '병합하고 가운데 맞춤'을 지정하고, [A3:H4] 영역은 셀 스타일 '녹색, 강조색6'을 적용하시오.

③ [C5:G16] 영역은 사용자 지정 표시 형식을 이용하여 숫자 뒤에 '점'을 [표시 예]와 같이 표시하시오.
[표시 예 : 10 → 10점, 0 → 0점]

④ [A1] 셀에 'IT 수험서 자격증'이라는 메모를 삽입한 후 항상 표시되도록 지정하고, 메모 서식에서 맞춤 '자동 크기'를 설정하시오.

⑤ [A3:H16] 영역에 '모든 테두리(田)'를 적용한 후 '굵은 바깥쪽 테두리(囲)'를 적용하여 표시하시오.

3. '기본작업-3' 시트에서 다음의 지시사항을 처리하시오. (5점)

- [A4:I20] 영역에서 영어 점수가 국어 점수 이하인 행 전체에 대하여 글꼴 색을 '표준 색 – 파랑'으로 지정하는 조건부 서식을 작성하시오.
  ▶ 단, 규칙 유형은 '수식을 사용하여 서식을 지정할 셀 결정'을 사용하고, 한개의 규칙으로만 작성하시오.

문제2 계산작업(40점) ● '계산작업' 시트에서 다음 과정을 수행하고 저장하시오.

1. [표1]에서 검사결과[C3:C12]의 두 번째 문자가 4 이하일 경우 공백, 그 외에는 '불량'을 판정[D3:D12]에 표시하시오. (8점)
   ▶ IFERROR, CHOOSE, MID 함수 사용

2. [표2]에서 직위[G3:G9]와 기본급표[G12:I13] 그리고 수당[H3:H9]을 이용하여 급여[I3:I9]를 계산하시오. (8점)
   ▶ 급여 = 수당 + 기본급
   ▶ HLOOKUP, VLOOKUP, CHOOSE 함수 중 알맞은 함수 사용

3. [표3]에서 1차[B16:B25], 2차[C16:C25]의 평균이 70 이상이고, 벌점[D16:D25]이 10 미만 이면 '본선진출', 그렇지 않으면 공백을 결과[E16:E25]에 표시하시오. (8점)
   ▶ IF, AND, AVERAGE 함수 사용

4. [표4]에서 총점[J17:J25]이 80점대인 사원수를 구하여 [J26] 셀에 표시하시오. (8점)
   ▶ SUMIF, SUMIFS, COUNTIF 함수 중 알맞은 함수 사용

5. [표5]에서 승점[E29:E38]을 기준으로 순위를 구하여 1위와 2위는 '결승진출', 나머지는 공백으로 결승[F29:F38]에 표시하시오. (8점)
   ▶ IF, RANK.EQ 함수 사용

문제3 분석작업(20점) ● 주어진 시트에서 다음 작업을 수행하고 저장하시오.

1. '분석작업-1' 시트에 대하여 다음의 지시사항을 처리하시오. (10점)
   - '지역별 1/4분기 매출 현황' 표를 이용하여 지점명은 '보고서 필터', 지역은 '행 레이블'로 처리하고, '값'에 1월, 2월, 3월의 평균을 순서대로 계산하는 피벗 테이블을 작성하시오.
     ▶ 피벗 테이블 보고서는 동일 시트의 [A24] 셀에서 시작하시오.
     ▶ 보고서 레이아웃은 '개요 형식으로 표시'로 지정하시오.
     ▶ 피벗 테이블 스타일은 '연한 파랑, 피벗 스타일 보통 6'으로 지정하시오.

2. '분석작업-2' 시트에 대하여 다음의 지시사항을 처리하시오. (10점)
   - [부분합] 기능을 이용하여 '사원별 월급 명세서' 표에 〈그림〉과 같이 직위별 '수당'과 '성과금'의 합계를 계산한 후 '지급액'의 최대를 계산하시오.
     ▶ 정렬은 '직위'를 기준으로 오름차순으로 처리하시오.
     ▶ 합계와 최대는 위에 명시된 순서대로 처리하시오.

	A	B	C	D	E	F	G	H
1				사원별 월급 명세서				
2								
3	사원명	부서명	직위	기본급	수당	성과금	세금	지급액
4	김민지	제작부	과장	₩ 2,250,000	₩ 600,000	₩ 1,300,000	₩ 498,000	₩ 3,650,000
5	이지현	영업부	과장	₩ 2,400,000	₩ 750,000	₩ 1,400,000	₩ 546,000	₩ 4,000,000
6			과장 최대					₩ 4,000,000
7			과장 요약		₩ 1,350,000	₩ 2,700,000		
8	이지훈	제작부	대리	₩ 1,800,000	₩ 450,000	₩ 900,000	₩ 378,000	₩ 2,770,000
9	최미경	생산부	대리	₩ 1,950,000	₩ 550,000	₩ 1,000,000	₩ 420,000	₩ 3,080,000
10	한주원	영업부	대리	₩ 1,850,000	₩ 600,000	₩ 950,000	₩ 408,000	₩ 2,990,000
11	황서연	경리부	대리	₩ 2,000,000	₩ 700,000	₩ 1,100,000	₩ 456,000	₩ 3,340,000
12			대리 최대					₩ 3,340,000
13			대리 요약		₩ 2,300,000	₩ 3,950,000		
14	강서윤	경리부	사원	₩ 1,600,000	₩ 500,000	₩ 800,000	₩ 348,000	₩ 2,550,000
15	김하준	영업부	사원	₩ 1,500,000	₩ 550,000	₩ 700,000	₩ 330,000	₩ 2,420,000
16	신미숙	생산부	사원	₩ 1,550,000	₩ 500,000	₩ 750,000	₩ 336,000	₩ 2,460,000
17	조현우	제작부	사원	₩ 1,400,000	₩ 600,000	₩ 600,000	₩ 312,000	₩ 2,290,000
18			사원 최대					₩ 2,550,000
19			사원 요약		₩ 2,150,000	₩ 2,850,000		
20			전체 최대값					₩ 4,000,000
21			총합계		₩ 5,800,000	₩ 9,500,000		

문제4 기타작업(20점) ● 주어진 시트에서 다음 작업을 수행하고 저장하시오.

1. '매크로작업' 시트의 [표]에서 다음과 같은 기능을 수행하는 매크로를 현재 통합 문서에 작성하고 실행하시오. (각 5점)

    ① [A3:G3] 영역에 글꼴 색을 '표준 색-파랑', 채우기 색을 '표준 색-노랑'으로 적용하는 매크로를 생성하여 실행하시오.

    ▶ 매크로 이름 : 서식

    ▶ [삽입]-[일러스트레이션]-[도형]-[사각형]의 '사각형: 둥근 모서리(◻)'를 동일 시트의 [I3:J5] 영역에 생성하고, 텍스트를 '서식'으로 입력한 후 도형을 클릭할 때 '서식' 매크로가 실행되도록 설정하시오.

    ② [G4:G12] 영역에 재고량을 계산하는 매크로를 생성하여 실행하시오.

    ▶ 매크로 이름 : 재고량   ▶ 재고량 = 전월재고량 + 주문량 - 판매량

    ▶ [삽입]-[일러스트레이션]-[도형]-[기본 도형]의 '십자형(✚)'을 동일 시트의 [I7:J9] 영역에 생성하고, 텍스트를 '재고량'으로 입력한 후 도형을 클릭할 때 '재고량' 매크로가 실행되도록 설정하시오.

    ※ 셀 포인터의 위치에 상관없이 현재 통합 문서에서 매크로가 실행되어야 정답으로 인정됨

2. '차트작업' 시트의 차트를 지시사항에 따라 아래 그림과 같이 수정하시오. (각 2점)

    ※ 차트는 반드시 문제에서 제공한 차트를 사용하여야 하며, 신규로 작성 시 0점 처리됨

    ① '판매량'과 '총판매액' 계열만 차트에 표시되도록 데이터 범위를 수정하시오.
    ② '총판매액' 계열의 차트 종류를 '표식이 있는 꺾은선형'으로 변경하고, '보조 축'으로 지정하시오.
    ③ 범례는 위쪽에 배치하고, 글꼴 '굴림체', 글꼴 크기 '12', 글꼴 스타일 '굵은 기울임꼴'로 지정하시오.
    ④ '총판매액' 계열의 '반반' 요소에만 데이터 레이블 '값'을 표시하고, 레이블의 위치를 '오른쪽'으로 설정하시오.
    ⑤ 차트 영역의 테두리에는 '둥근 모서리'를 설정하시오.

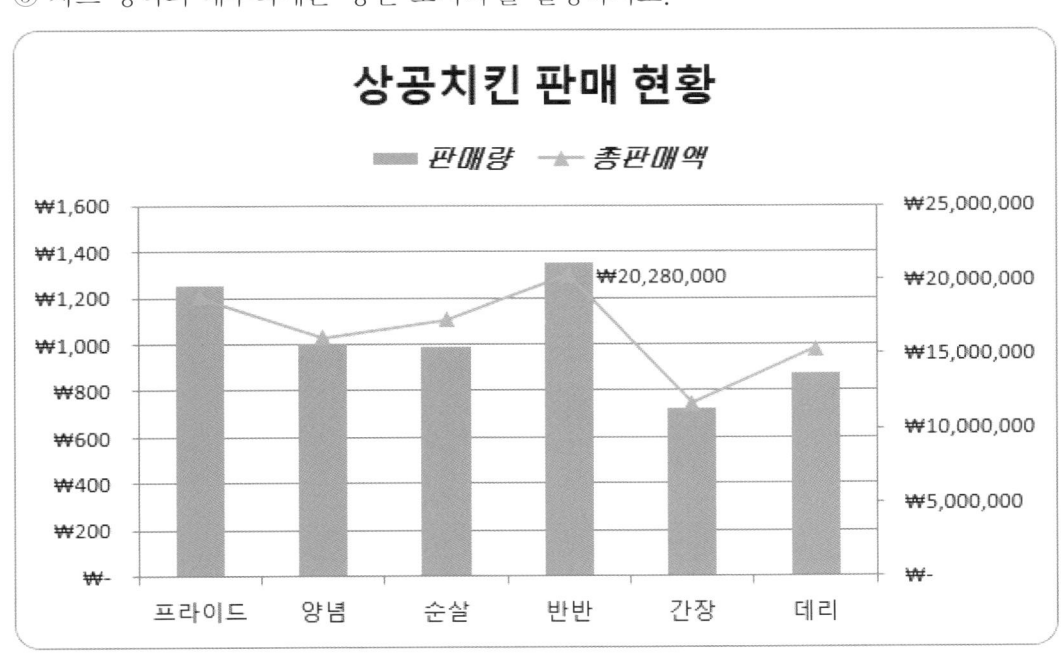

제02회 실전모의고사

프로그램명	제한시간
EXCEL 2021	40분

수험번호 :
성　명 :

2급　B형

유 의 사 항

- 인적 사항 누락 및 잘못 작성으로 인한 불이익은 수험자 책임으로 합니다.
- 화면에 암호 입력창이 나타나면 아래의 암호를 입력하여야 합니다.
  - 암호 : 721%59
- 작성된 답안은 주어진 경로 및 파일명을 변경하지 마시고 그대로 저장해야 합니다.
  이를 준수하지 않으면 실격 처리됩니다.
  - **답안 파일명의 예 : C:\OA\수험번호8자리.xlsm**
- **외부데이터 위치 : C:\OA\파일명**
- 별도의 지시사항이 없는 경우, 다음과 같이 처리 시 실격 처리됩니다.
  - 제시된 시트 및 개체의 순서나 이름을 임의로 변경한 경우
  - 제시된 시트 및 개체를 임의로 추가 또는 삭제한 경우
- 답안은 반드시 문제에서 지시 또는 요구한 셀에 입력하여야 하며 다음과 같이 처리 시 채점 대상에서 제외됩니다.
  - 제시된 함수가 있을 경우 제시된 함수만을 사용하여야 하며 그 외 함수사용시 채점 대상에서 제외
  - 수험자가 임의로 지시하지 않은 셀의 이동, 수정, 삭제, 변경 등으로 인해 셀의 위치 및 내용이 변경된 경우 해당 작업에 영향을 미치는 관련문제 모두 채점 대상에서 제외
  - 도형 및 차트의 개체가 중첩되어 있거나 동일한 계산결과 시트가 복수로 존재할 경우 해당 개체나 시트는 채점 대상에서 제외
- 수식 작성 시 제시된 문제 파일의 데이터는 변경 가능한(가변적) 데이터임을 감안하여 문제 풀이를 하시오.
- 별도의 지시사항이 없는 경우, 주어진 각 시트 및 개체의 설정값 또는 기본 설정값 (Default)으로 처리하시오.
- 저장 시간은 별도로 주어지지 않으므로 제한된 시간 내에 저장을 완료해야 하며, 제한 시간 내에 저장이 되지 않은 경우에는 실격 처리됩니다.
- 출제된 문제의 용어는 MS Office LTSC Professional Plus 2021 기준으로 작성되어 있습니다.

대한상공회의소

문제1 기본작업(20점) ● 주어진 시트에서 다음 과정을 수행하고 저장하시오.

1. '기본작업-1' 시트에 다음의 자료를 주어진 대로 입력하시오. (5점)

	A	B	C	D	E	F	G
1	문화센터 예매 현황						
2							
3	구분	공연명	공연일자	관람료	할인	예매량	예매순위
4	뮤지컬	프리우먼	8월 11일~17일	25000		1125	4
5	콘서트	재즈피아	8월 11일~17일	18000		1205	3
6	콘서트	효콘서트	8월 15일~17일	20000	60세 이상 25%	964	6
7	뮤지컬	헤드락	8월 02일~31일	16000		538	9
8	연극	라이어라이어	8월 02일~31일	12000		1255	2
9	무용(발레)	햄릿	8월 15일~17일	24000		844	8
10	가족/아동극	햇님달님	8월 02일~31일	15000	초등생 이하 30%	947	7
11	가족/아동극	알라딘	8월 02일~31일	15000	초등생 이하 30%	1652	1
12	연극	두남자두여자	8월 15일~31일	12000		1100	5

2. '기본작업-2' 시트에 대하여 다음의 지시사항을 처리하시오. (각 2점)

① [B1:H1] 영역은 '병합하고 가운데 맞춤', 글꼴 크기 '20', 글꼴 색 '표준 색-자주'로 지정하시오.
② [B4:B5], [C4:E4], [F4:H4] 영역은 '병합하고 가운데 맞춤', 글꼴 스타일 '굵게'로 지정하시오.
③ [B11] 셀의 '당기순이익'을 한자 '當期純利益'으로 변환하시오.
④ [C6:D11], [F6:G11] 영역은 사용자 지정 표시 형식을 이용하여 1000 단위 구분 기호와 숫자 뒤에 '억원'을 [표시 예]와 같이 표시하시오. [표시 예 : 1000 → 1,000억원, 0 → 0억원]
⑤ [B4:H11] 영역에 '모든 테두리(田)'를 적용하여 표시하시오.

3. '기본작업-3' 시트에서 다음의 지시사항을 처리하시오. (5점)

− '지점별 컴퓨터 판매 현황' 표에서 직위가 '과장'이거나 지점이 '강동'인 데이터를 고급 필터를 사용하여 검색하시오.
  ▶ 고급 필터 조건은 [A21:D24] 범위 내에 알맞게 입력하시오.
  ▶ 고급 필터 결과 복사 위치는 동일 시트의 [A25] 셀에서 시작하시오.

문제2 계산작업(40점) ● '계산작업' 시트에서 다음 과정을 수행하고 저장하시오.

1. [표1]에서 점수[C3:C12] 중 두 번째로 높은 점수를 2위점수[D3]에 표시하시오. (8점)
   ▶ 숫자 뒤에 '점'을 표시 [표시 예 : 90점]
   ▶ LARGE, MAX, SMALL, MIN 함수 중 알맞은 함수와 & 연산자 사용

2. [표2]에서 사원코드[F3:F12]의 왼쪽에서 세 번째 문자와 부서코드표[G15:J16]를 이용하여 부서명[J3:J12]을 표시하시오. (8점)
   ▶ 부서코드표의 의미 : 코드가 'S'이면 '영업부', 'P'이면 '기획부', 'M'이면 '생산부', 'B'이면 '경리부'임
   ▶ VLOOKUP, HLOOKUP, LEFT, RIGHT, MID 함수 중 알맞은 함수 사용

3. [표3]에서 지역[A16:A25]이 '서울'인 총남품액[D16:D25]의 평균을 계산하여 [F25] 셀에 표시하시오. (8점)

   ▶ [E24:E25] 영역에 조건 입력
   ▶ 결과값은 천의 자리에서 올림하여 표시 [표시 예 : 123,345 → 130,000]
   ▶ DSUM, DAVERAGE, ROUND, ROUNDUP, ROUNDDOWN 함수 중 알맞은 함수 사용

4. [표4]의 지역별 7~9월 평균기온의 표준편차가 전체 평균기온[B29:D38]의 표준편차보다 크면 '평균기온큼', 그 외에는 공백을 비고[E29:E38]에 표시하시오. (8점)

   ▶ IF, STDEV.S 함수 사용

5. [표5]에서 제품코드[G29:G38]의 다섯 번째 문자가 '1'이면 '마우스', '2'이면 '키보드', '3'이면 '모니터', '4'이면 '스캐너', '5'이면 '프린터'를 제품명[J29:J38]에 표시하시오. (8점)

   ▶ CHOOSE, MID 함수 사용

문제3 분석작업(20점) ● 주어진 시트에서 다음 작업을 수행하고 저장하시오.

1. '분석작업-1' 시트에 대하여 다음의 지시사항을 처리하시오. (10점)
   - '지점별 3/4분기 사원별 매출 현황' 표를 이용하여 지점은 '행 레이블', 직위는 '열 레이블'로 처리하고, '값'에 7월, 8월, 9월 매출액의 합계를 순서대로 계산한 후 'Σ 값'을 '행 레이블'로 설정하는 피벗 테이블을 작성하시오.

     ▶ 피벗 테이블 보고서는 동일 시트의 [A23] 셀에서 시작하시오.
     ▶ 보고서 레이아웃은 '개요 형식으로 표시'로 지정하시오.
     ▶ 7월, 8월, 9월 매출액의 합계는 셀 서식을 이용하여 표시 형식을 회계 범주의 '기호 없음'으로 지정하시오.

2. '분석작업-2' 시트에 대하여 다음의 지시사항을 처리하시오. (10점)
   - 데이터 도구 [통합] 기능을 이용하여 [표1], [표2], [표3]에 대한 품명별 '판매가', '판매량', '판매총액'의 합계를 '서울 지역 판매 현황' 표의 [H14:J20] 영역에 계산하시오.

문제4 기타작업(20점) ● 주어진 시트에서 다음 작업을 수행하고 저장하시오.

1. '매크로작업' 시트의 [표]에서 다음과 같은 기능을 수행하는 매크로를 현재 통합 문서에 작성하고 실행하시오. (각 5점)

   ① [A3:A4], [B3:B4], [C3:D3], [E3:F3], [G3:H3], [A11:B11] 영역을 '병합하고 가운데 맞춤'으로 지정하는 매크로를 생성하여 실행하시오.
   - ▶ 매크로 이름 : 병합
   - ▶ [삽입]-[일러스트레이션]-[도형]-[사각형]의 '사각형: 둥근 모서리(◻)'를 동일 시트의 [B13:C14] 영역에 생성하고, 텍스트를 '병합'으로 입력한 후 도형을 클릭할 때 '병합' 매크로가 실행되도록 설정하시오.

   ② [C11:H11] 영역에 합계를 계산하는 매크로를 생성하여 실행하시오.
   - ▶ 매크로 이름 : 합계   ▶ SUM 함수 사용
   - ▶ [개발 도구]-[컨트롤]-[삽입]-[양식 컨트롤]의 '단추'를 동일 시트의 [E13:F14] 영역에 생성하고, 텍스트를 '합계'로 입력한 후 단추를 클릭할 때 '합계' 매크로가 실행되도록 설정하시오.

   ※ 셀 포인터의 위치에 상관없이 현재 통합 문서에서 매크로가 실행되어야 정답으로 인정됨

2. '차트작업' 시트의 차트를 지시사항에 따라 아래 그림과 같이 수정하시오. (각 2점)

   ※ 차트는 반드시 문제에서 제공한 차트를 사용하여야 하며, 신규로 작성 시 0점 처리됨

   ① '수학' 계열이 차트에 표시되도록 데이터 범위를 추가하고, 행/열 전환을 수행하시오.
   ② 차트 제목과 축 제목을 〈그림〉과 같이 입력하시오.
   ③ 모든 계열에 데이터 레이블 '값'을 표시하고, 레이블의 위치를 '바깥쪽 끝에'로 설정하시오.
   ④ 범례는 위쪽에 배치하고, 도형 스타일 '색 윤곽선 – 파랑, 강조 1'로 지정하시오.
   ⑤ 차트 영역의 테두리에는 '둥근 모서리'를 설정하시오.

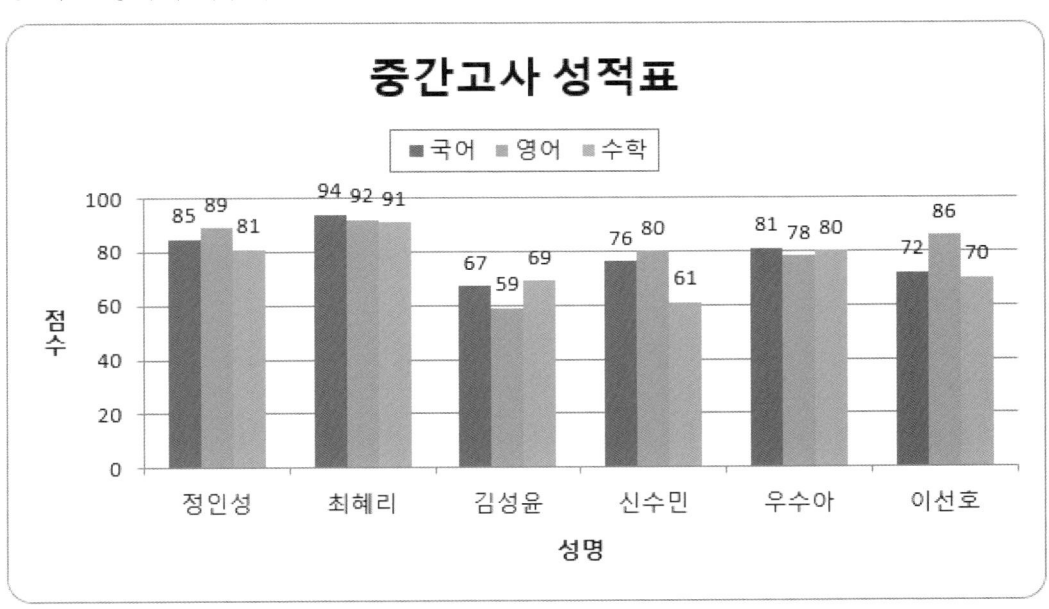

제03회 실전모의고사

프로그램명	제한시간
EXCEL 2021	40분

수험번호 :
성　　명 :

2급　　C형

유 의 사 항

- 인적 사항 누락 및 잘못 작성으로 인한 불이익은 수험자 책임으로 합니다.
- 화면에 암호 입력창이 나타나면 아래의 암호를 입력하여야 합니다.
  ○ 암호 : 49&366
- 작성된 답안은 주어진 경로 및 파일명을 변경하지 마시고 그대로 저장해야 합니다.
  이를 준수하지 않으면 실격 처리됩니다.
  답안 파일명의 예 : C:\OA\수험번호8자리.xlsm
- **외부데이터 위치 : C:\OA\파일명**
- 별도의 지시사항이 없는 경우, 다음과 같이 처리 시 실격 처리됩니다.
  ○ 제시된 시트 및 개체의 순서나 이름을 임의로 변경한 경우
  ○ 제시된 시트 및 개체를 임의로 추가 또는 삭제한 경우
- 답안은 반드시 문제에서 지시 또는 요구한 셀에 입력하여야 하며 다음과 같이 처리 시 채점 대상에서 제외됩니다.
  ○ 제시된 함수가 있을 경우 제시된 함수만을 사용하여야 하며 그 외 함수사용시 채점 대상에서 제외
  ○ 수험자가 임의로 지시하지 않은 셀의 이동, 수정, 삭제, 변경 등으로 인해 셀의 위치 및 내용이 변경된 경우 해당 작업에 영향을 미치는 관련문제 모두 채점 대상에서 제외
  ○ 도형 및 차트의 개체가 중첩되어 있거나 동일한 계산결과 시트가 복수로 존재할 경우 해당 개체나 시트는 채점 대상에서 제외
- 수식 작성 시 제시된 문제 파일의 데이터는 변경 가능한(가변적) 데이터임을 감안하여 문제 풀이를 하시오.
- 별도의 지시사항이 없는 경우, 주어진 각 시트 및 개체의 설정값 또는 기본 설정값(Default)으로 처리하시오.
- 저장 시간은 별도로 주어지지 않으므로 제한된 시간 내에 저장을 완료해야 하며, 제한 시간 내에 저장이 되지 않은 경우에는 실격 처리됩니다.
- 출제된 문제의 용어는 MS Office LTSC Professional Plus 2021 기준으로 작성되어 있습니다.

대한상공회의소

문제1 기본작업(20점) ● 주어진 시트에서 다음 과정을 수행하고 저장하시오.

1. '기본작업-1' 시트에 다음의 자료를 주어진 대로 입력하시오. (5점)

	A	B	C	D	E	F
1	스마트폰 액세서리 판매 현황					
2						
3	구분	제품명	가격	판매량	배송비	판매순위
4	충전기	ETA-1000충전기	7000	451	2500	3
5	액정보호필름	크리스탈보호필름	8000	506	2500	2
6	하드케이스	퍼펙트케이스	15000	438	무료	4
7	일반케이스	네오케이스	10000	578	무료	1
8	카메라리모콘	스마트리모콘	14000	125	무료	9
9	차량용거치대	차가조아거치대	12000	385	무료	5
10	이어캡	크리스탈이어캡	5000	268	2500	7
11	이어폰	어메이징이어폰	25000	222	무료	8
12	터치장갑	똘똘이터치장갑	20000	357	무료	6

2. '기본작업-2' 시트에 대하여 다음의 지시사항을 처리하시오. (각 2점)

① [A1:G1] 영역은 '병합하고 가운데 맞춤', 글꼴 'HY중고딕', 글꼴 크기 '18', 행 높이 '30'으로 지정하시오.

② [A3:G3] 영역은 셀 스타일 '제목 4'를 적용하시오.

③ [G4:G19] 영역은 사용자 지정 표시 형식을 이용하여 문자 뒤에 '@korchan.net'을 표시하시오.

④ [F4:F19] 영역의 이름을 '연락처'로 정의하시오.

⑤ [A3:G19] 영역은 '가로 가운데 맞춤'을 지정하고, '모든 테두리(田)'를 적용하여 표시하시오.

3. '기본작업-3' 시트에서 다음의 지시사항을 처리하시오. (5점)

– '와인 수입 현황' 표에서 구분이 '레드'이고, 판매량이 20,000 이상인 데이터를 고급 필터를 사용하여 검색하시오.

▶ 고급 필터 조건은 [A24:D26] 범위 내에 알맞게 입력하시오.
▶ 고급 필터 결과 복사 위치는 동일 시트의 [A28] 셀에서 시작하시오.

문제2 계산작업(40점) ● '계산작업' 시트에서 다음 과정을 수행하고 저장하시오.

1. [표1]에서 제품코드[A3:A12]의 첫 문자와 코드표[E4:F6]를 이용하여 총판매액[C3:C12]을 계산하시오. (8점)

▶ 총판매액 = 판매량 × 판매가
▶ VLOOKUP, LEFT 함수 사용

2. [표2]에서 휴가출발일[I3:I12]과 휴가일수[J3:J12]를 이용하여 회사출근일[K3:K12]을 표시하시오. (8점)

▶ 주말(토, 일요일)은 제외
▶ EDATE, WEEKDAY, WORKDAY 함수 중 알맞은 함수 사용

3. [표3]의 총휴가일수[E14]에서 사용일수[D16:D24]를 뺀 일수가 8일 이상이면 '휴가독촉', 8일 미만 4일 이상이면 '휴가권장', 4일 미만이면 공백으로 비고[E16:E24]에 표시하시오. (8점)
   ▶ IF, COUNTIF, AVERAGEIF 함수 중 알맞은 함수 사용

4. [표4]의 E-메일[J16:K24]에서 '@' 앞의 문자열만 추출하여 닉네임[I16:I24]에 표시하시오. (8점)
   ▶ 표시 예 : abc@naver.com → abc
   ▶ MID, SEARCH 함수 사용

5. [표5]에서 성별[B28:B37]이 '남'인 학생들의 영어[D28:D37] 점수 평균을 계산하여 [G28] 셀에 표시하시오. (8점)
   ▶ 평균 점수는 반올림 없이 정수로 표시
   ▶ 숫자 뒤에 '점'을 표시 [표시 예 : 90점]
   ▶ TRUNC, AVERAGEIF 함수와 & 연산자 사용

문제3 분석작업(20점) ● 주어진 시트에서 다음 작업을 수행하고 저장하시오.

1. '분석작업-1' 시트에 대하여 다음의 지시사항을 처리하시오. (10점)
   - [시나리오 관리자] 기능을 이용하여 '운동화 판매 현황' 표에서 판매가[B6]와 판매량[B7]이 다음과 같이 변동하는 경우 순이익총액[E7]의 변동 시나리오를 작성하시오.
     ▶ [B6] 셀의 이름은 '판매가', [B7] 셀의 이름은 '판매량', [E7] 셀의 이름은 '순이익총액'으로 정의하시오.
     ▶ 시나리오1 : 시나리오 이름은 '판매가판매량증가', 판매가를 80,000, 판매량을 9,000으로 설정하시오.
     ▶ 시나리오2 : 시나리오 이름은 '판매가판매량감소', 판매가를 70,000, 판매량을 7,000으로 설정하시오.
     ▶ 시나리오 요약 시트는 '분석작업-1' 시트의 바로 왼쪽에 위치해야 함
   ※ 시나리오 요약 보고서 작성 시 정답과 일치하여야 하며, 오자로 인한 부분점수는 인정하지 않음

2. '분석작업-2' 시트에 대하여 다음의 지시사항을 처리하시오. (10점)
   - 데이터 도구 [통합] 기능을 이용하여 '서울 고궁 입장객 현황[A3:E23]' 표에 대한 고궁명별 '성인', '청소년', '어린이'의 평균을 '서울 고궁 평균 입장객 수' 표의 [H4:J8] 영역에 계산하시오.

문제4 기타작업(20점) ● 주어진 시트에서 다음 작업을 수행하고 저장하시오.

1. '매크로작업' 시트의 [표]에서 다음과 같은 기능을 수행하는 매크로를 현재 통합 문서에 작성하고 실행하시오. (각 5점)

   ① [C16:F16] 영역에 평균을 계산하는 매크로를 생성하여 실행하시오.
   - ▶ 매크로 이름 : 평균
   - ▶ AVERAGE 함수 사용
   - ▶ [삽입]-[일러스트레이션]-[도형]-[사각형]의 '사각형: 둥근 모서리(⬜)'를 동일 시트의 [H3:I5] 영역에 생성하고, 텍스트를 '평균'으로 입력한 후 도형을 클릭할 때 '평균' 매크로가 실행되도록 설정하시오.

   ② [A3:F3] 영역에 셀 스타일을 '회색, 강조색3'으로 적용하는 매크로를 생성하여 실행하시오.
   - ▶ 매크로 이름 : 서식
   - ▶ [삽입]-[일러스트레이션]-[도형]-[사각형]의 '사각형: 둥근 모서리(⬜)'를 동일 시트의 [H8:I10] 영역에 생성하고, 텍스트를 '서식'으로 입력한 후 도형을 클릭할 때 '서식' 매크로가 실행되도록 설정하시오.

   ※ 셀 포인터의 위치에 상관없이 현재 통합 문서에서 매크로가 실행되어야 정답으로 인정됨

2. '차트작업' 시트의 차트를 지시사항에 따라 아래 그림과 같이 수정하시오. (각 2점)

   ※ 차트는 반드시 문제에서 제공한 차트를 사용하여야 하며, 신규로 작성 시 0점 처리됨

   ① '나이' 계열이 제거되도록 데이터 범위를 수정하시오.
   ② '주사비' 계열의 차트 종류를 '표식이 있는 꺾은선형'으로 변경하시오.
   ③ 차트 제목은 '차트 위'로 지정한 후 〈그림〉과 같이 입력하고, 글꼴 크기 '20'으로 지정하시오.
   ④ 범례는 위쪽에 배치하시오.
   ⑤ 차트 영역의 테두리에는 너비 '3pt'와 '둥근 모서리'를 설정하시오.

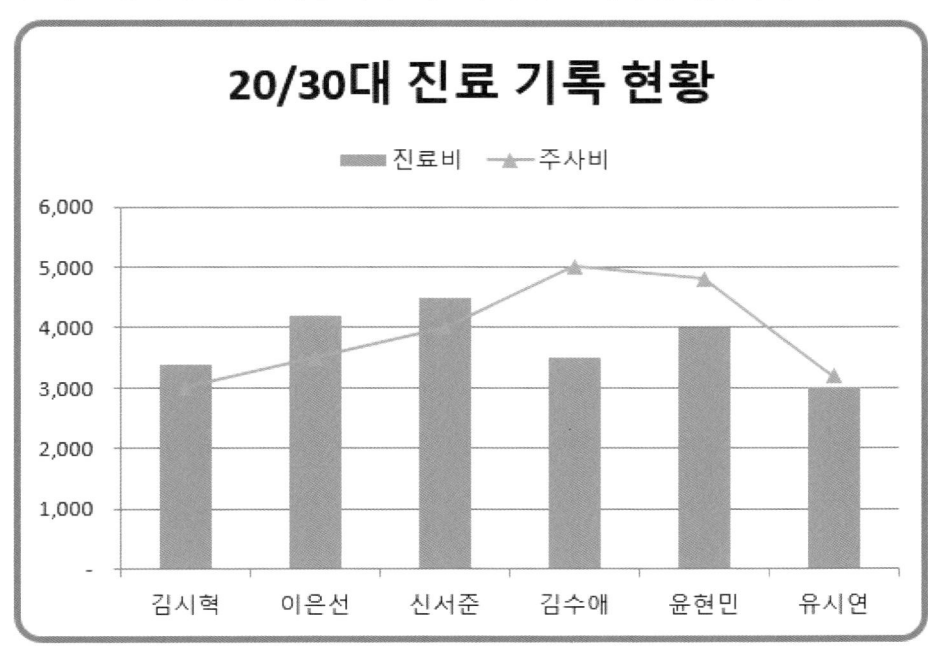

제04회 실전모의고사

프로그램명	제한시간
EXCEL 2021	40분

수험번호 :
성　명 :

2급　D형

유 의 사 항

- 인적 사항 누락 및 잘못 작성으로 인한 불이익은 수험자 책임으로 합니다.
- 화면에 암호 입력창이 나타나면 아래의 암호를 입력하여야 합니다.
  ○ 암호 : 0131$5
- 작성된 답안은 주어진 경로 및 파일명을 변경하지 마시고 그대로 저장해야 합니다.
  이를 준수하지 않으면 실격 처리됩니다.
  답안 파일명의 예 : C:₩OA₩수험번호8자리.xlsm
- **외부데이터 위치 : C:₩OA₩파일명**
- 별도의 지시사항이 없는 경우, 다음과 같이 처리 시 실격 처리됩니다.
  ○ 제시된 시트 및 개체의 순서나 이름을 임의로 변경한 경우
  ○ 제시된 시트 및 개체를 임의로 추가 또는 삭제한 경우
- 답안은 반드시 문제에서 지시 또는 요구한 셀에 입력하여야 하며 다음과 같이 처리 시 채점 대상에서 제외됩니다.
  ○ 제시된 함수가 있을 경우 제시된 함수만을 사용하여야 하며 그 외 함수사용시 채점 대상에서 제외
  ○ 수험자가 임의로 지시하지 않은 셀의 이동, 수정, 삭제, 변경 등으로 인해 셀의 위치 및 내용이 변경된 경우 해당 작업에 영향을 미치는 관련문제 모두 채점 대상에서 제외
  ○ 도형 및 차트의 개체가 중첩되어 있거나 동일한 계산결과 시트가 복수로 존재할 경우 해당 개체나 시트는 채점 대상에서 제외
- 수식 작성 시 제시된 문제 파일의 데이터는 변경 가능한(가변적) 데이터임을 감안하여 문제 풀이를 하시오.
- 별도의 지시사항이 없는 경우, 주어진 각 시트 및 개체의 설정값 또는 기본 설정값 (Default)으로 처리하시오.
- 저장 시간은 별도로 주어지지 않으므로 제한된 시간 내에 저장을 완료해야 하며, 제한 시간 내에 저장이 되지 않은 경우에는 실격 처리됩니다.
- 출제된 문제의 용어는 MS Office LTSC Professional Plus 2021 기준으로 작성되어 있습니다.

대한상공회의소

문제1 기본작업(20점) ● 주어진 시트에서 다음 과정을 수행하고 저장하시오.

1. '기본작업-1' 시트에 다음의 자료를 주어진 대로 입력하시오. (5점)

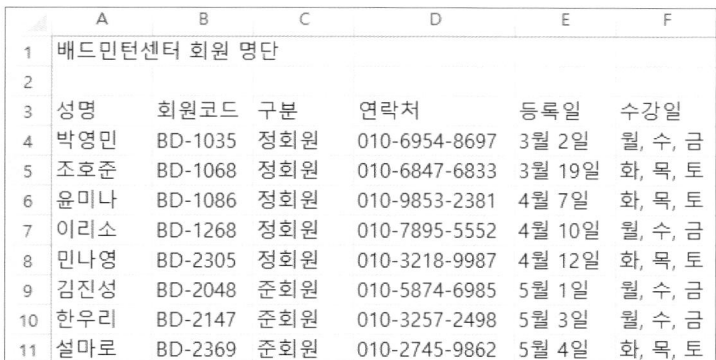

2. '기본작업-2' 시트에 대하여 다음의 지시사항을 처리하시오. (각 2점)

   ① [A1:H1] 영역은 '병합하고 가운데 맞춤', 글꼴 '궁서체', 글꼴 크기 '16', 글꼴 스타일 '굵은 기울임꼴', 밑줄 '실선'으로 지정하시오.

   ② [A3:H3] 영역은 '가로 가운데 맞춤', 글꼴 '돋움체', 글꼴 색 '표준 색-노랑', 채우기 색 '표준 색-녹색'으로 지정하시오.

   ③ [F3] 셀의 '자격증'을 한자 '資格證'으로 변환하시오.

   ④ [H4:H15] 영역은 사용자 지정 표시 형식을 이용하여 1,000,000의 배수로 표시하고, 숫자 뒤에 '백만원'을 [표시 예]와 같이 표시하시오. [표시 예 : 60000000 → 60백만원]

   ⑤ [A3:H15] 영역에 '모든 테두리(⊞)'를 적용하여 표시하시오.

3. '기본작업-3' 시트에서 다음의 지시사항을 처리하시오. (5점)

   – [A4:G15] 영역에서 구분이 '일반'이면서 분양가가 천 만원 미만인 행 전체에 대하여 글꼴 색을 '표준 색-파랑', 글꼴 스타일을 '굵게'로 지정하는 조건부 서식을 작성하시오.

   ▶ AND 함수 사용

   ▶ 단, 규칙 유형은 '수식을 사용하여 서식을 지정할 셀 결정'을 사용하고, 한개의 규칙으로만 작성하시오.

문제2 계산작업(40점) ● '계산작업' 시트에서 다음 과정을 수행하고 저장하시오.

1. [표1]에서 성별[B3:B11]이 '남'이면서 영어[D3:D11]가 90 이상이거나 성별[B3:B11]이 '여'이면서 수학[E3:E11]이 90 이상인 학생의 총점[F3:F11]에 대한 평균[D14]을 구하시오. (8점)

   ▶ [A13:C15] 영역에 조건 입력

   ▶ DAVERAGE, DSUM, DCOUNTA, DCOUNT 함수 중 알맞은 함수 사용

2. [표2]에서 제품명[H3:H11]과 판매가표[N4:O6]를 이용하여 총판매액[L3:L11]을 구하시오. (8점)

   ▶ 총판매액 = 판매량 × 판매가

   ▶ HLOOKUP, VLOOKUP, CHOOSE, INDEX 함수 중 알맞은 함수 사용

3. [표3]에서 1월[C19:C26], 2월[D19:D26], 3월[E19:E26]의 매출이 해당 월의 매출 평균 이상이면 '효자도서', 그렇지 않으면 공백으로 결과[F19:F26]에 표시하시오. (8점)
   ▶ IF, AND, AVERAGE 함수 사용

4. [표4]에서 생산품(B)[J15:J26]의 표준편차[L16]를 구하시오. (8점)
   ▶ 표준편차는 소수점 이하 2자리에서 내림하여 1자리까지 표시 [표시 예 : 123.45 → 123.4]
   ▶ ROUNDDOWN, STDEV.S 함수 사용

5. [표5]에서 부서[C30:C38]가 '영업부'인 사원의 보너스[F30:F38]의 합계[H30]를 구하시오. (8점)
   ▶ COUNTIF, SUMIF, AVERAGEIF 함수 중 알맞은 함수 사용

문제3 분석작업(20점) ● 주어진 시트에서 다음 작업을 수행하고 저장하시오.

1. '분석작업-1' 시트에 대하여 다음의 지시사항을 처리하시오. (10점)
   - '통조림 가공생산 현황' 표를 이용하여 가공품명은 '보고서 필터', 생산일은 '행 레이블', 가공팀은 '열 레이블'로 처리하고, '값'에 목표매출액의 평균을 계산하는 피벗 테이블을 작성하시오.
     ▶ 피벗 테이블 보고서는 동일 시트의 [A20] 셀에서 시작하시오.
     ▶ 피벗 테이블 보고서는 레이블이 있는 셀 병합 및 가운데 맞춤을 지정하고 열의 총합계만 표시하시오.
     ▶ 숫자에는 '쉼표 스타일'을 지정하시오.

2. '분석작업-2' 시트에 대하여 다음의 지시사항을 처리하시오. (10점)
   - [부분합] 기능을 이용하여 '동호회 회원 현황' 표에 〈그림〉과 같이 지역별 '나이'의 최대를 계산한 후 '기부금'의 합계를 계산하시오.
     ▶ 정렬은 '지역'을 기준으로 내림차순으로 처리하시오.
     ▶ 최대와 합계는 위에 명시된 순서대로 처리하시오.

	A	B	C	D	E	F	G
1	동호회 회원 현황						
2							
3	지역	성명	성별	나이	직업	연락처	기부금
4	서울	한동호	남	35	회사원	010-6547-3274	250,000
5	서울	무진장	남	45	대학교수	010-3355-6674	250,000
6	서울	우양아	여	24	대학생	010-2178-2008	120,000
7	서울	전대용	남	28	자영업	010-9357-9956	600,000
8	서울 요약						1,220,000
9	서울 최대			45			
10	대전	고기주	여	34	자영업	010-9374-5274	300,000
11	대전	허수리	여	34	변호사	010-7827-1610	400,000
12	대전	감사용	남	27	대학생	010-3274-1092	100,000
13	대전 요약						800,000
14	대전 최대			34			
15	경기	김만우	남	28	대학생	010-3488-3541	100,000
16	경기	고향이	여	33	의사	010-3574-7257	500,000
17	경기 요약						600,000
18	경기 최대			33			
19	총합계						2,620,000
20	전체 최대값			45			

문제4 기타작업(20점) ● 주어진 시트에서 다음 작업을 수행하고 저장하시오.

1. '매크로작업' 시트의 [표]에서 다음과 같은 기능을 수행하는 매크로를 현재 통합 문서에 작성하고 실행하시오. (각 5점)

   ① [D15:F15] 영역에 합계를 계산하는 매크로를 생성하여 실행하시오.
   - ▶ 매크로 이름 : 합계
   - ▶ SUM 함수 사용
   - ▶ [삽입]-[일러스트레이션]-[도형]-[기본 도형]의 '웃는 얼굴(☺)'을 동일 시트의 [H3:I5] 영역에 생성하고, 텍스트를 '합계'로 입력한 후 도형을 클릭할 때 '합계' 매크로가 실행되도록 설정하시오.

   ② [A3:F3] 영역에 글꼴 색을 '표준 색-빨강', 채우기 색을 '표준 색-파랑'으로 적용하는 매크로를 생성하여 실행하시오.
   - ▶ 매크로 이름 : 서식
   - ▶ [삽입]-[일러스트레이션]-[도형]-[기본 도형]의 '사각형: 빗면(◻)'을 동일 시트의 [H7:I9] 영역에 생성하고, 텍스트를 '서식'으로 입력한 후 도형을 클릭할 때 '서식' 매크로가 실행되도록 설정하시오.

   ※ 셀 포인터의 위치에 상관없이 현재 통합 문서에서 매크로가 실행되어야 정답으로 인정됨

2. '차트작업' 시트의 차트를 지시사항에 따라 아래 그림과 같이 수정하시오. (각 2점)
   ※ 차트는 반드시 문제에서 제공한 차트를 사용하여야 하며, 신규로 작성 시 0점 처리됨

   ① '수출총액' 계열의 차트 종류를 '묶은 세로 막대형'으로 변경하고, '보조 축'으로 지정하시오.
   ② 차트 제목은 '차트 위'로 지정한 후 〈그림〉과 같이 입력하고, 글꼴 '궁서체', 글꼴 크기 '16', 글꼴 스타일 '굵은 기울임꼴'로 지정하시오.
   ③ 범례는 아래쪽에 배치하시오.
   ④ '수출총액' 계열의 '3D TV' 요소에만 데이터 레이블 '값'을 표시하고, 레이블의 위치를 '바깥쪽 끝에'로 설정하시오.
   ⑤ 세로(값) 축의 기본 단위를 400,000, 보조 세로(값) 축의 기본 단위를 1,000,000,000으로 지정하시오.

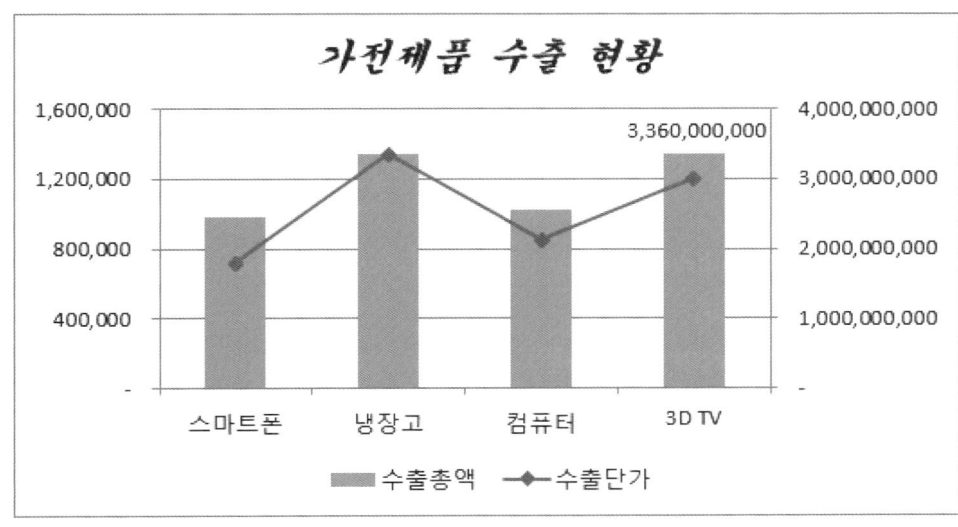

제05회 실전모의고사

프로그램명	제한시간
EXCEL 2021	40분

수험번호 :
성　　명 :

2급　　E형

유 의 사 항

- 인적 사항 누락 및 잘못 작성으로 인한 불이익은 수험자 책임으로 합니다.
- 화면에 암호 입력창이 나타나면 아래의 암호를 입력하여야 합니다.
  - 암호 : 40@954
- 작성된 답안은 주어진 경로 및 파일명을 변경하지 마시고 그대로 저장해야 합니다. 이를 준수하지 않으면 실격 처리됩니다.
  답안 파일명의 예 : C:\OA\수험번호8자리.xlsm
- **외부데이터 위치 : C:\OA\파일명**
- 별도의 지시사항이 없는 경우, 다음과 같이 처리 시 실격 처리됩니다.
  - 제시된 시트 및 개체의 순서나 이름을 임의로 변경한 경우
  - 제시된 시트 및 개체를 임의로 추가 또는 삭제한 경우
- 답안은 반드시 문제에서 지시 또는 요구한 셀에 입력하여야 하며 다음과 같이 처리 시 채점 대상에서 제외됩니다.
  - 제시된 함수가 있을 경우 제시된 함수만을 사용하여야 하며 그 외 함수사용시 채점 대상에서 제외
  - 수험자가 임의로 지시하지 않은 셀의 이동, 수정, 삭제, 변경 등으로 인해 셀의 위치 및 내용이 변경된 경우 해당 작업에 영향을 미치는 관련문제 모두 채점 대상에서 제외
  - 도형 및 차트의 개체가 중첩되어 있거나 동일한 계산결과 시트가 복수로 존재할 경우 해당 개체나 시트는 채점 대상에서 제외
- 수식 작성 시 제시된 문제 파일의 데이터는 변경 가능한(가변적) 데이터임을 감안하여 문제 풀이를 하시오.
- 별도의 지시사항이 없는 경우, 주어진 각 시트 및 개체의 설정값 또는 기본 설정값(Default)으로 처리하시오.
- 저장 시간은 별도로 주어지지 않으므로 제한된 시간 내에 저장을 완료해야 하며, 제한시간 내에 저장이 되지 않은 경우에는 실격 처리됩니다.
- 출제된 문제의 용어는 MS Office LTSC Professional Plus 2021 기준으로 작성되어 있습니다.

대한상공회의소

문제1 기본작업(20점) ● 주어진 시트에서 다음 과정을 수행하고 저장하시오.

1. '기본작업-1' 시트에 다음의 자료를 주어진 대로 입력하시오. (5점)

	A	B	C	D	E	F	G
1	여행 상품 안내						
2							
3	지역	구분	출발일	기간	가격	모집정원	비고
4	거제도	국내	2024-02-05	2박 3일	200000	20	자유여행
5	제주도	국내	2024-02-05	3박 4일	350000	30	자유여행
6	울릉도	국내	2024-02-07	3박 4일	300000	25	자유여행
7	하와이	해외	2024-02-08	5박 6일	1400000	20	가이드
8	푸켓	해외	2024-02-08	4박 5일	800000	30	가이드
9	사이판	해외	2024-02-11	5박 6일	1250000	25	가이드
10	발리	해외	2024-02-11	5박 6일	1200000	30	가이드
11	동해	국내	2024-02-13	1박 2일	120000	35	자유여행
12	여수	국내	2024-02-13	1박 2일	120000	30	자유여행

2. '기본작업-2' 시트에 대하여 다음의 지시사항을 처리하시오. (각 2점)

① [A1:H1] 영역은 '병합하고 가운데 맞춤', 글꼴 '굴림체', 글꼴 크기 '18', 글꼴 스타일 '굵게'로 지정하시오.

② [A16:E16], [A17:E17] 영역은 '병합하고 가운데 맞춤', 셀 스타일 '녹색, 강조색6'으로 지정하시오.

③ 제목 '수도권 가전제품 판매 현황'의 '수도권'을 한자 '首都圈'으로 변환하시오.

④ [H17] 셀에 '총판매액 합계'라는 메모를 삽입한 후 항상 표시되도록 지정하고, 메모 서식에서 글꼴 '맑은 고딕', 글꼴 크기 '11', 글꼴 스타일 '굵게', 채우기 색 '노랑', 맞춤 '자동 크기'를 설정하시오.

⑤ [A3:H17] 영역에 '모든 테두리(田)'를 적용하여 표시하시오.

3. '기본작업-3' 시트에서 다음의 지시사항을 처리하시오. (5점)

- [F4:F23] 영역에서 이달결제금액이 상위 10% 이내인 곳에 글꼴 스타일을 '굵은 기울임꼴'로 지정하는 조건부 서식을 작성하시오.
  ▶ 단, 규칙 유형은 '상위 또는 하위 값만 서식 지정'을 사용하고, 한개의 규칙으로만 작성하시오.

문제2 계산작업(40점) ● '계산작업' 시트에서 다음 과정을 수행하고 저장하시오.

1. [표1]의 [B3:E6] 영역과 지역코드표[B9:E10]를 이용하여 부산에서 목포까지의 요금을 구하여 [I10] 셀에 표시하시오. (8점)
   ▶ INDEX, HLOOKUP 함수 사용

2. [표2]에서 총점[D14:D23]을 기준으로 순위를 구하여 1위는 '최우수', 2위는 '우수', 나머지는 공백으로 평가[E14:E23]에 표시하시오. (8점)
   ▶ 순위는 총점이 높은 사원이 1위임
   ▶ IF, COUNTIF, RANK.EQ, SUMIF 함수 중 알맞은 함수 사용

3. [표3]에서 여학생의 육성회비 납부자수를 구하여 [I23] 셀에 표시하시오. (8점)
    ▶ DCOUNT, DCOUNTA, DSUM 함수 중 알맞은 함수 사용

4. [표4]에서 사원코드[A27:A37]의 마지막 문자가 '1'이면 '과장', '2'이면 '대리', '3'이면 '사원'으로 직위[E27:E37]를 표시하시오. (8점)
    ▶ INDEX, CHOOSE, LEFT, RIGHT 함수 중 알맞은 함수 사용

5. [표5]에서 국어[H27:H36], 영어[I27:I36], 수학[J27:J36] 각각에 대해 점수가 80점대인 학생수를 구하여 [H37:J37] 영역에 표시하시오. (8점)
    ▶ 숫자 뒤에 '명'을 표시 [표시 예 : 2명]
    ▶ COUNTIFS, SUMIFS, AVERAGEIFS 함수 중 알맞은 함수와 & 연산자 사용

문제3 분석작업(20점) ● 주어진 시트에서 다음 작업을 수행하고 저장하시오.

1. '분석작업-1' 시트에 대하여 다음의 지시사항을 처리하시오. (10점)
    − [부분합] 기능을 이용하여 '국가별 메달 획득 현황' 표에 〈그림〉과 같이 지역별 '메달합계'의 합계를 계산한 후 '금메달', '은메달', '동메달'의 최대를 계산하시오.
        ▶ 정렬은 '지역'을 기준으로 오름차순으로 처리하시오.
        ▶ 합계와 최대는 위에 명시된 순서대로 처리하시오.

	A	B	C	D	E	F
1	국가별 메달 획득 현황					
2						
3	지역	국가명	금메달	은메달	동메달	메달합계
4	아메리카	미국	30	33	18	81
5	아메리카	브라질	11	5	8	24
6	아메리카	아르헨티나	8	9	11	28
7	아메리카	캐나다	15	10	13	38
8	아메리카 최대		30	33	18	
9	아메리카 요약					171
10	아시아	대만	2	1	5	8
11	아시아	대한민국	12	10	15	37
12	아시아	일본	11	8	8	27
13	아시아	중국	32	35	20	87
14	아시아 최대		32	35	20	
15	아시아 요약					159
16	아프리카	남아공	15	12	16	43
17	아프리카	수단	5	3	8	16
18	아프리카	알제리	1	5	8	14
19	아프리카	케냐	9	4	2	15
20	아프리카 최대		15	12	16	
21	아프리카 요약					88
22	유럽	그리스	6	8	10	24
23	유럽	스페인	22	27	25	74
24	유럽	영국	24	20	10	54
25	유럽	이탈리아	12	18	18	48
26	유럽 최대		24	27	25	
27	유럽 요약					200
28	전체 최대값		32	35	25	
29	총합계					618

2. '분석작업-2' 시트에 대하여 다음의 지시사항을 처리하시오. (10점)
    − '아르바이트 급여' 표는 시급[C3], 근무시간[C4]을 이용하여 급여합계[C5]를 계산한 것이다. [데이터 표] 기능을 이용하여 시급과 근무시간의 변동에 따른 급여합계의 변화를 [D10:H15] 영역에 계산하시오.

문제4 기타작업(20점) ● 주어진 시트에서 다음 작업을 수행하고 저장하시오.

1. '매크로작업' 시트의 [표]에서 다음과 같은 기능을 수행하는 매크로를 현재 통합 문서에 작성하고 실행하시오. (각 5점)

   ① [H4:H11] 영역에 합계를 계산하는 매크로를 생성하여 실행하시오.
   - ▶ 매크로 이름 : 합계 ▶ SUM 함수 사용
   - ▶ [삽입]-[일러스트레이션]-[도형]-[기본 도형]의 '웃는 얼굴(☺)'을 동일 시트의 [B13:C14] 영역에 생성하고, 텍스트를 '합계'로 입력한 후 도형을 클릭할 때 '합계' 매크로가 실행되도록 설정하시오.

   ② [H4:H11] 영역에 표시 형식을 '쉼표 스타일(,)'로 적용하는 매크로를 생성하여 실행하시오.
   - ▶ 매크로 이름 : 쉼표
   - ▶ [삽입]-[일러스트레이션]-[도형]-[기본 도형]의 '해(☼)'를 동일 시트의 [E13:F14] 영역에 생성하고, 텍스트를 '쉼표'로 입력한 후 도형을 클릭할 때 '쉼표' 매크로가 실행되도록 설정하시오.

   ※ 셀 포인터의 위치에 상관없이 현재 통합 문서에서 매크로가 실행되어야 정답으로 인정됨

2. '차트작업' 시트의 차트를 지시사항에 따라 아래 그림과 같이 수정하시오. (각 2점)

   ※ 차트는 반드시 문제에서 제공한 차트를 사용하여야 하며, 신규로 작성 시 0점 처리됨

   ① '동메달' 계열이 차트에 표시되도록 데이터 범위를 추가하시오.
   ② 차트 제목은 '차트 위'로 지정한 후 [A1] 셀과 연동되도록 설정하시오.
   ③ 범례는 '아래쪽'에 배치하고, 도형 스타일 '색 윤곽선 – 파랑, 강조 1'로 지정하시오.
   ④ '금메달' 계열의 '대한민국' 요소에만 데이터 레이블 '값'을 표시하고, 레이블의 위치를 '바깥쪽 끝에'로 설정하시오.
   ⑤ 세로(값) 축의 기본 단위를 10, 가로 축 교차를 20으로 지정하시오.

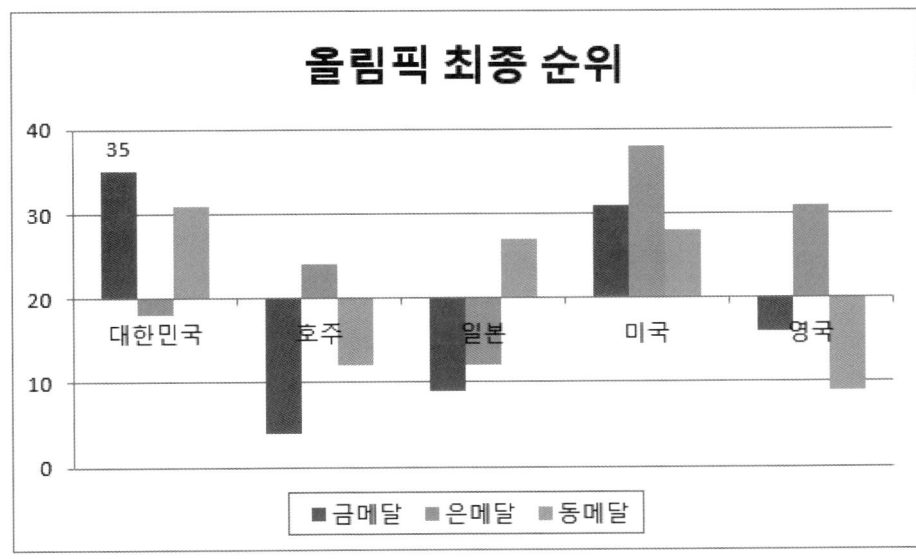

제06회 실전모의고사

프로그램명	제한시간
EXCEL 2021	40분

수험번호 :

성　명 :

2급　A형

유 의 사 항

- 인적 사항 누락 및 잘못 작성으로 인한 불이익은 수험자 책임으로 합니다.
- 화면에 암호 입력창이 나타나면 아래의 암호를 입력하여야 합니다.
  ○ 암호 : 4908$8
- 작성된 답안은 주어진 경로 및 파일명을 변경하지 마시고 그대로 저장해야 합니다.
  이를 준수하지 않으면 실격 처리됩니다.
  답안 파일명의 예 : C:₩OA₩수험번호8자리.xlsm
- **외부데이터 위치 : C:₩OA₩파일명**
- 별도의 지시사항이 없는 경우, 다음과 같이 처리 시 실격 처리됩니다.
  ○ 제시된 시트 및 개체의 순서나 이름을 임의로 변경한 경우
  ○ 제시된 시트 및 개체를 임의로 추가 또는 삭제한 경우
- 답안은 반드시 문제에서 지시 또는 요구한 셀에 입력하여야 하며 다음과 같이 처리 시
  채점 대상에서 제외됩니다.
  ○ 제시된 함수가 있을 경우 제시된 함수만을 사용하여야 하며 그 외 함수사용시
    채점 대상에서 제외
  ○ 수험자가 임의로 지시하지 않은 셀의 이동, 수정, 삭제, 변경 등으로 인해 셀의 위치 및
    내용이 변경된 경우 해당 작업에 영향을 미치는 관련문제 모두 채점 대상에서 제외
  ○ 도형 및 차트의 개체가 중첩되어 있거나 동일한 계산결과 시트가 복수로 존재할 경우
    해당 개체나 시트는 채점 대상에서 제외
- 수식 작성 시 제시된 문제 파일의 데이터는 변경 가능한(가변적) 데이터임을 감안하여
  문제 풀이를 하시오.
- 별도의 지시사항이 없는 경우, 주어진 각 시트 및 개체의 설정값 또는 기본 설정값
  (Default)으로 처리하시오.
- 저장 시간은 별도로 주어지지 않으므로 제한된 시간 내에 저장을 완료해야 하며, 제한
  시간 내에 저장이 되지 않은 경우에는 실격 처리됩니다.
- 출제된 문제의 용어는 MS Office LTSC Professional Plus 2021 기준으로 작성되어
  있습니다.

대한상공회의소

문제1 기본작업(20점) ● 주어진 시트에서 다음 과정을 수행하고 저장하시오.

1. '기본작업-1' 시트에 다음의 자료를 주어진 대로 입력하시오. (5점)

	A	B	C	D	E	F
1	자동차 보험 가입 현황					
2						
3	차량번호	자동차명	피보험자	보험특약	연락처	2024년 3월 보험료
4	08수4884	투싼ix	박예인	부부	010-9988-5978	650000
5	19다4952	맥스크루즈	이명서	가족	010-3985-9758	1150000
6	56가5575	SM5	김아노	만 26세 이상	010-2482-2715	895000
7	43르6865	코란도 투리스모	남은일	가족	010-3358-2488	942000
8	01우1711	그랜드 카니발	강한승	만 26세 이상	010-9354-5518	880000
9	25누5570	K5	유현해	부부	010-6855-2394	849000
10	30바2987	스파크	장이지	부부	010-6584-2547	620000
11	13허6193	렉스턴W	현미경	만 26세 이상	010-3559-4552	780000
12	48라2398	아반테 쿠페	허영심	만 26세 이상	010-5665-5641	640000

2. '기본작업-2' 시트에 대하여 다음의 지시사항을 처리하시오. (각 2점)

① [A1:H1] 영역은 '병합하고 가운데 맞춤', 글꼴 '휴먼옛체', 글꼴 크기 '17', 글꼴 스타일 '굵게', 밑줄 '이중 실선'으로 지정하시오.

② [A4:H4] 영역은 '가로 가운데 맞춤', 글꼴 '굴림체', 글꼴 색 '표준 색-파랑', 채우기 색 '표준 색-노랑'을 지정하고, [A5:A7], [A8:A10], [A11:A13] 영역은 '병합하고 가운데 맞춤'으로 지정하시오.

③ [C5:C13], [E5:E13], [G5:H13] 영역은 사용자 지정 표시 형식을 이용하여 1000 단위 구분 기호와 숫자 뒤에 '원'을 [표시 예]와 같이 표시하시오. [표시 예 : 1000 → 1,000원, 0 → 0원]

④ [B5:B13] 영역의 이름을 '문구명'으로 정의하시오.

⑤ [A4:H13] 영역에 '모든 테두리(田)'를 적용하여 표시하시오.

3. '기본작업-3' 시트에서 다음의 지시사항을 처리하시오. (5점)

– [H16:L25] 영역을 복사한 다음 [B2] 셀에 '연결하여 그림 붙여 넣기'를 이용하여 붙여 넣으시오.
▶ 단, 원본 데이터는 삭제하지 마시오.

문제2 계산작업(40점) ● '계산작업' 시트에서 다음 과정을 수행하고 저장하시오.

1. [표1]에서 반납예정일[C3:C11]과 반납일[D3:D11]을 이용하여 연체료[E3:E11]를 구하시오. (8점)

▶ 연체료 : (반납일 – 반납예정일) × 100
▶ DATE, WORKDAY, DAYS 함수 중 알맞은 함수 사용

2. [표2]에서 필기[I3:I11], 실기[J3:J11], 면접[K3:K11]이 각각 70점 이상이면서 셋의 합계가 250 이상이면 진급여부[L3:L11]에 '진급', 그 외에는 공백으로 표시하시오. (8점)

▶ IF, AND, SUM 함수 사용

3. [표3]에서 과일별 총개수[C15:C29]를 상자당개수[D15:D29]로 나눠 상자(묶)수와 나머지를 구하여 상자(나머지)[E15:E29]에 표시하시오. (8점)
   ▶ 상자(묶)수와 나머지 표시 방법 : 상자(묶)수가 10이고, 나머지가 4 → 10(4)
   ▶ INT, MOD 함수와 & 연산자 사용

4. [표4]에서 직위[I15:I24]와 직위표[H27:K29]를 이용하여 직위별 수령액[K15:K24]을 구하시오. (8점)
   ▶ 수령액 : 기본급 + 직위수당 + 가족수당
   ▶ HLOOKUP, VLOOKUP, INDEX 함수 중 알맞은 함수 사용

5. [표5]에서 점수[D33:D42]를 기준으로 순위를 구하여 1위는 '대상', 2위는 '금상', 3위는 '은상', 4위는 '동상', 나머지는 공백으로 결과[E33:E42]에 표시하시오. (8점)
   ▶ IFERROR, CHOOSE, RANK.EQ 함수 사용

문제3 분석작업(20점) ● 주어진 시트에서 다음 작업을 수행하고 저장하시오.

1. '분석작업-1' 시트에 대하여 다음의 지시사항을 처리하시오. (10점)
   − [시나리오 관리자] 기능을 이용하여 '스마트폰 판매 현황' 표에서 할인율[B19]이 다음과 같이 변동하는 경우 통신요금 평균[G17]의 변동 시나리오를 작성하시오.
     ▶ [B19] 셀의 이름은 '할인율', [G17] 셀의 이름은 '통신요금평균'으로 정의하시오.
     ▶ 시나리오1 : 시나리오 이름은 '할인율증가', 할인율을 30%로 설정하시오.
     ▶ 시나리오2 : 시나리오 이름은 '할인율인하', 할인율을 10%로 설정하시오.
     ▶ 시나리오 요약 시트는 '분석작업-1' 시트의 바로 왼쪽에 위치해야 함
   ※ 시나리오 요약 보고서 작성 시 정답과 일치하여야 하며, 오자로 인한 부분점수는 인정하지 않음

2. '분석작업-2' 시트에 대하여 다음의 지시사항을 처리하시오. (10점)
   − 데이터 도구 [통합] 기능을 이용하여 [표1], [표2], [표3]에 대한 사원명별 '기본급', '수당', '상여금', '세금', '실수령액'의 평균을 '1/4분기 급여 지급 현황' 표의 [K3:O11] 영역에 계산하시오.

문제4 기타작업(20점) ● 주어진 시트에서 다음 작업을 수행하고 저장하시오.

1. '매크로작업' 시트의 [표]에서 다음과 같은 기능을 수행하는 매크로를 현재 통합 문서에 작성하고 실행하시오. (각 5점)

   ① [F3:F11] 영역에 승점을 계산하는 매크로를 생성하여 실행하시오.
   - ▶ 매크로 이름 : 승점
   - ▶ 승점 : 승 × 3 + 무
   - ▶ [삽입]-[일러스트레이션]-[도형]-[기본 도형]의 '십자형(✚)'을 동일 시트의 [H2:I4] 영역에 생성하고, 텍스트를 '승점'으로 입력한 후 도형을 클릭할 때 '승점' 매크로가 실행되도록 설정하시오.

   ② [A2:F2] 영역에 글꼴 색을 '표준 색-파랑', 채우기 색을 '표준 색-노랑'으로 적용하는 매크로를 생성하여 실행하시오.
   - ▶ 매크로 이름 : 서식
   - ▶ [삽입]-[일러스트레이션]-[도형]-[사각형]의 '사각형: 둥근 모서리(⬜)'를 동일 시트의 [H6:I8] 영역에 생성하고, 텍스트를 '서식'으로 입력한 후 도형을 클릭할 때 '서식' 매크로가 실행되도록 설정하시오.

   ※ 셀 포인터의 위치에 상관없이 현재 통합 문서에서 매크로가 실행되어야 정답으로 인정됨

2. '차트작업' 시트의 차트를 지시사항에 따라 아래 그림과 같이 수정하시오. (각 2점)

   ※ 차트는 반드시 문제에서 제공한 차트를 사용하여야 하며, 신규로 작성 시 0점 처리됨
   ① '판매단가' 계열이 제거되도록 데이터 범위를 수정하시오.
   ② '판매수량' 계열의 차트 종류를 '표식이 있는 꺾은선형'으로 변경하고, '보조 축'으로 지정하시오.
   ③ 차트 제목은 '차트 위'로 지정한 후 〈그림〉과 같이 입력하고, 글꼴 '굴림체', 글꼴 크기 '16', 글꼴 스타일 '굵게'로 지정하시오.
   ④ 범례는 위쪽에 배치하고, 글꼴 '바탕체', 글꼴 크기 '12'로 지정하시오.
   ⑤ 세로(값) 축의 기본 단위를 7,000,000, 보조 세로(값) 축의 기본 단위를 70으로 지정하시오.

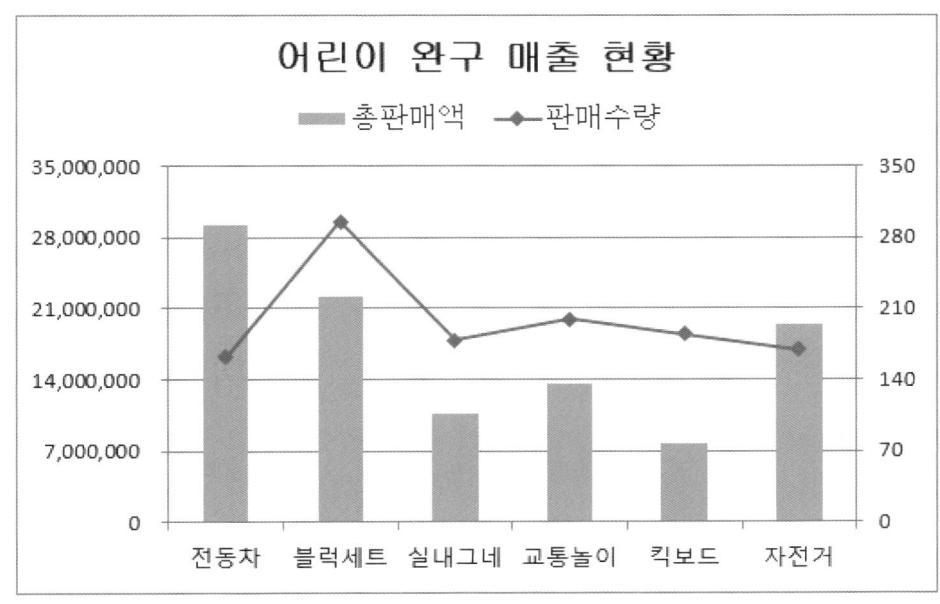

제07회 실전모의고사

프로그램명	제한시간
EXCEL 2021	40분

수험번호 :
성 명 :

2급   B형

유 의 사 항

- 인적 사항 누락 및 잘못 작성으로 인한 불이익은 수험자 책임으로 합니다.
- 화면에 암호 입력창이 나타나면 아래의 암호를 입력하여야 합니다.
  - 암호 : 8112$1
- 작성된 답안은 주어진 경로 및 파일명을 변경하지 마시고 그대로 저장해야 합니다.
  이를 준수하지 않으면 실격 처리됩니다.
  답안 파일명의 예 : C:₩OA₩수험번호8자리.xlsm
- **외부데이터 위치 : C:₩OA₩파일명**
- 별도의 지시사항이 없는 경우, 다음과 같이 처리 시 실격 처리됩니다.
  - 제시된 시트 및 개체의 순서나 이름을 임의로 변경한 경우
  - 제시된 시트 및 개체를 임의로 추가 또는 삭제한 경우
- 답안은 반드시 문제에서 지시 또는 요구한 셀에 입력하여야 하며 다음과 같이 처리 시 채점 대상에서 제외됩니다.
  - 제시된 함수가 있을 경우 제시된 함수만을 사용하여야 하며 그 외 함수사용시 채점 대상에서 제외
  - 수험자가 임의로 지시하지 않은 셀의 이동, 수정, 삭제, 변경 등으로 인해 셀의 위치 및 내용이 변경된 경우 해당 작업에 영향을 미치는 관련문제 모두 채점 대상에서 제외
  - 도형 및 차트의 개체가 중첩되어 있거나 동일한 계산결과 시트가 복수로 존재할 경우 해당 개체나 시트는 채점 대상에서 제외
- 수식 작성 시 제시된 문제 파일의 데이터는 변경 가능한(가변적) 데이터임을 감안하여 문제 풀이를 하시오.
- 별도의 지시사항이 없는 경우, 주어진 각 시트 및 개체의 설정값 또는 기본 설정값(Default)으로 처리하시오.
- 저장 시간은 별도로 주어지지 않으므로 제한된 시간 내에 저장을 완료해야 하며, 제한 시간 내에 저장이 되지 않은 경우에는 실격 처리됩니다.
- 출제된 문제의 용어는 MS Office LTSC Professional Plus 2021 기준으로 작성되어 있습니다.

대한상공회의소

문제1 기본작업(20점) ● 주어진 시트에서 다음 과정을 수행하고 저장하시오.

1. '기본작업-1' 시트에 다음의 자료를 주어진 대로 입력하시오. (5점)

	A	B	C	D	E	F	G
1	대학생 인턴사원 접수 안내						
2							
3	분류번호	회사명	접수기간	전공제한	월급여	연락처	담당자
4	MK-230	모토코리아	2024-02-21	산업디자인	1,550,000	3452-9874	강성규
5	NS-123	SD	2024-02-23	시각디자인	1,690,000	2589-9743	박철호
6	KK-078	컴코리아	2024-02-26	전기전자	1,480,000	4597-8254	장선애
7	YK-345	아슬란코리아	2024-03-04	컴퓨터공학	1,680,000	3648-6482	최상구
8	NH-782	NHN	수시채용	제한없음	1,720,000	7892-4682	이상민
9	GK-483	코리아넷	2024-03-11	컴퓨터과학	1,650,000	3654-4562	유재영
10	NW-654	위즈산업	12월 이후 예정	멀티미디어학부	1,520,000	1258-3654	조철만

2. '기본작업-2' 시트에 대하여 다음의 지시사항을 처리하시오. (각 2점)

   ① [A1:G1] 영역은 '병합하고 가운데 맞춤', 글꼴 '궁서체', 글꼴 크기 '17', 글꼴 스타일 '굵게', 밑줄 '실선'으로 지정하시오.

   ② [B3:C3], [D3:E3], [F3:G3] 영역은 '병합하고 가운데 맞춤', 글꼴 '굴림체', 글꼴 크기 '12', 글꼴 색 '표준 색 – 파랑', 채우기 색 '표준 색-노랑'으로 지정하시오.

   ③ [B5:G10] 영역은 사용자 지정 표시 형식을 이용하여 숫자 뒤에 '명'을 [표시 예]와 같이 표시하시오. [표시 예 : 54.3 → 54.3명]

   ④ [B10] 셀에 '초등학교 교원당 최고학생 수'라는 메모를 삽입한 후 항상 표시되도록 지정하고, 메모 서식에서 맞춤 '자동 크기'를 설정하시오.

   ⑤ [A3:G10] 영역에 '모든 테두리(田)'를 적용하여 표시하시오.

3. '기본작업-3' 시트에서 다음의 지시사항을 처리하시오. (5점)

   – [A4:I13] 영역에서 총합이 60 이상이거나 정원이 100 이상인 행 전체에 대하여 글꼴 색을 '표준 색-파랑', 글꼴 스타일을 '굵게'로 지정하는 조건부 서식을 작성하시오.

   ▶ OR 함수 사용

   ▶ 단, 규칙 유형은 '수식을 사용하여 서식을 지정할 셀 결정'을 사용하고, 한개의 규칙으로만 작성하시오.

문제2 계산작업(40점) ● '계산작업' 시트에서 다음 과정을 수행하고 저장하시오.

1. [표1]에서 접수번호의 왼쪽 첫 번째 숫자가 1이면 '인문', 2이면 '자연', 3이면 '예체능', 4이면 '전문'으로 계열[D3:D9]에 표시하시오. (8점)

   ▶ CHOOSE, LEFT 함수 사용

2. [표2]에서 논술점수가 60 이상이고, 내신점수나 수능점수가 400 이상이면 '합격', 그렇지 않으면 공백으로 전형결과[J3:J9]에 표시하시오. (8점)

   ▶ IF, AND, OR 함수 사용

3. [표3]에서 예금별 수익률[A23:D24]을 참조하여 예금종류에 따른 공제금액[D14:D20]을 구하시오. 단, 예금별 수익률에 존재하지 않는 예금종류이면 공제금액에 '예금종류오류'라고 표시하시오. (8점)
   ▶ 공제금액 = 예금액 × 수익률
   ▶ IFERROR, HLOOKUP 함수 사용

4. [표4]에서 2학년에서 평가점수가 400 이상인 학생 수를 구하여 [H23] 셀에 표시하시오. (8점)
   ▶ 학생 수 뒤에 '명'을 표시 [표시 예 : 2명]
   ▶ COUNTIFS, COUNTA, COUNTIF 함수 중 알맞은 함수와 & 연사자 사용

5. [표5]에서 판매금액에 대한 순위를 계산하여 1~3위까지는 '우수사원', 그렇지 않으면 공백으로 평가[D29:D35]에 표시하시오. (8점)
   ▶ 순위는 판매금액이 많은 사람이 1위임
   ▶ IF, RANK.EQ 함수 사용

문제3 분석작업(20점) ● 주어진 시트에서 다음 작업을 수행하고 저장하시오.

1. '분석작업-1' 시트에 대하여 다음의 지시사항을 처리하시오. (10점)
   - [시나리오 관리자] 기능을 이용하여 '수입상품 판매보고서' 표에서 환율[C13]이 다음과 같이 변동하는 경우 이익금 합계[F11]의 변동 시나리오를 작성하시오.
      ▶ [C13] 셀의 이름은 '환율', [F11] 셀의 이름은 '이익금합계'로 정의하시오.
      ▶ 시나리오1 : 시나리오 이름은 '환율인상', 환율을 1200으로 설정하시오.
      ▶ 시나리오2 : 시나리오 이름은 '환율인하', 환율을 1000으로 설정하시오.
      ▶ 시나리오 요약 시트는 '분석작업-1' 시트의 바로 왼쪽에 위치해야 함
   ※ 시나리오 요약 보고서 작성 시 정답과 일치하여야 하며, 오자로 인한 부분점수는 인정하지 않음

2. '분석작업-2' 시트에 대하여 다음의 지시사항을 처리하시오. (10점)
   - [부분합] 기능을 이용하여 '미술/실용아트 강좌' 표에 〈그림〉과 같이 과정별 '모집인원'과 '수강료'의 평균과 최대를 계산하시오.
      ▶ 정렬은 '과정'을 기준으로 내림차순으로 처리하시오.
      ▶ 평균과 최대는 표시되는 순서에 상관없이 처리하시오.

	A	B	C	D	E	F
1	미술/실용아트 강좌					
2						
3	강좌명	과정	요일	시간	모집인원	수강료
4	수채화 정물	초급	목	9:00	10	75,000
5	유화A	초급	화	12:00	12	75,000
6		초급 최대			12	75,000
7		초급 평균			11	75,000
8	뎃생A	중급	화	16:30	25	65,000
9	유화B	중급	금	9:00	10	80,000
10		중급 최대			25	80,000
11		중급 평균			18	72,500
12	회화교실	고급	수	15:00	15	60,000
13	뎃생B	고급	목	19:00	20	70,000
14		고급 최대			20	70,000
15		고급 평균			18	65,000
16		전체 최대값			25	80,000
17		전체 평균			15	70,833

문제4 기타작업(20점) ● 주어진 시트에서 다음 작업을 수행하고 저장하시오.

1. '매크로작업' 시트의 [표]에서 다음과 같은 기능을 수행하는 매크로를 현재 통합 문서에 작성하고 실행하시오. (각 5점)

    ① [B14:I14] 영역에 합격자 수의 합계를 계산하는 매크로를 생성하여 실행하시오.
    ▶ 매크로 이름 : 합계　　　　　　▶ SUM 함수 사용
    ▶ [삽입]-[일러스트레이션]-[도형]-[사각형]의 '사각형: 둥근 모서리(□)'를 동일 시트의 [L4:M5] 영역에 생성하고, 텍스트를 '합계'로 입력한 후 도형을 클릭할 때 '합계' 매크로가 실행되도록 설정하시오.

    ② [J4:J14] 영역에 비율을 계산한 후 소수점 이하 2자리까지 표시하는 매크로를 생성하여 실행하시오.
    ▶ 매크로 이름 : 비율　　　　　　▶ 비율 = (총합 / 정원) × 100
    ▶ [삽입]-[일러스트레이션]-[도형]-[기본 도형]의 '십자형(✚)'을 동일 시트의 [L7:M8] 영역에 생성하고, 텍스트를 '비율'로 입력한 후 도형을 클릭할 때 '비율' 매크로가 실행되도록 설정하시오.

    ※ 셀 포인터의 위치에 상관없이 현재 통합 문서에서 매크로가 실행되어야 정답으로 인정됨

2. '차트작업' 시트의 차트를 지시사항에 따라 아래 그림과 같이 수정하시오. (각 2점)

    ※ 차트는 반드시 문제에서 제공한 차트를 사용하여야 하며, 신규로 작성 시 0점 처리됨

    ① '모건스탠리' 계열이 차트에 표시되도록 데이터 범위를 추가하고, 차트 종류를 '표식이 있는 꺾은선형'으로 변경하시오.
    ② 차트 제목은 '차트 위'로 지정한 후 〈그림〉과 같이 입력하고, 글꼴 '궁서체', 글꼴 크기 '12', 글꼴 스타일 '굵게'로 지정하시오.
    ③ 'UBS' 계열에만 데이터 레이블 '값'을 표시하고, 레이블의 위치를 '오른쪽'으로 설정하시오.
    ④ 세로(값) 축 제목을 〈그림〉과 같이 입력하고, 기본 단위를 2로 지정하시오.
    ⑤ 차트 영역의 테두리에는 '둥근 모서리'를 설정하시오.

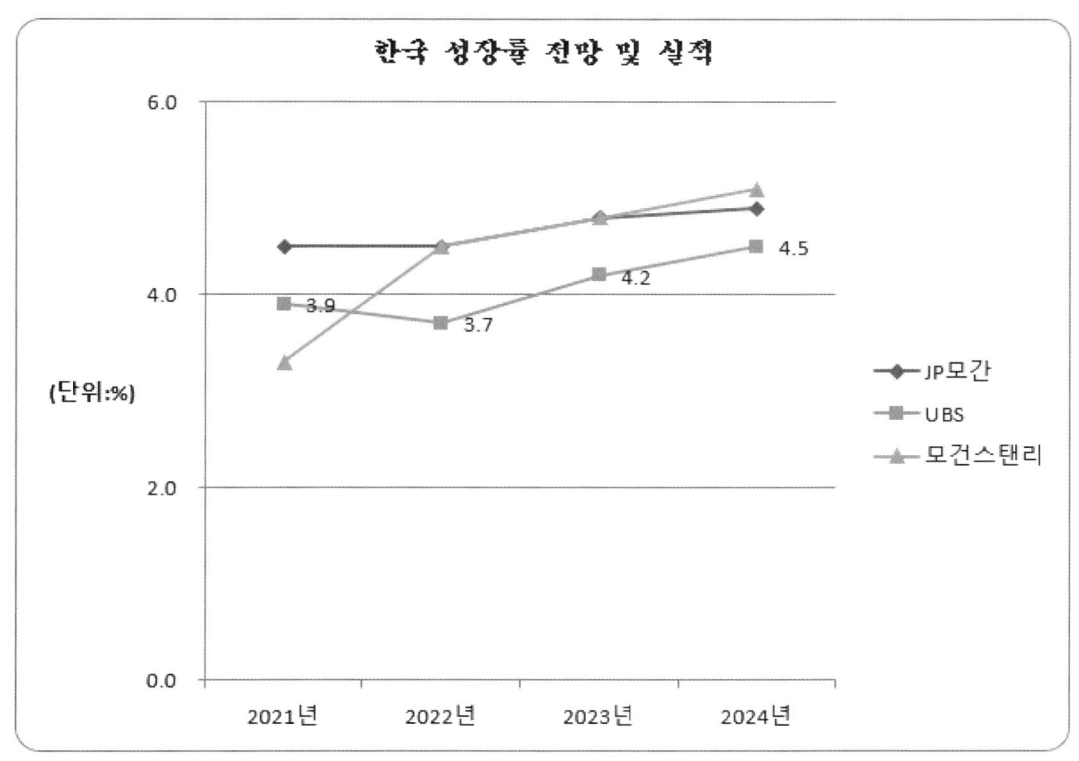

제08회 실전모의고사

프로그램명	제한시간
EXCEL 2021	40분

수험번호 :
성　　명 :

2급　C형

유 의 사 항

■ 인적 사항 누락 및 잘못 작성으로 인한 불이익은 수험자 책임으로 합니다.
■ 화면에 암호 입력창이 나타나면 아래의 암호를 입력하여야 합니다.
　○ 암호 : 47@408
■ 작성된 답안은 주어진 경로 및 파일명을 변경하지 마시고 그대로 저장해야 합니다.
　이를 준수하지 않으면 실격 처리됩니다.
　답안 파일명의 예 : C:\OA\수험번호8자리.xlsm
■ **외부데이터 위치 : C:\OA\파일명**
■ 별도의 지시사항이 없는 경우, 다음과 같이 처리 시 실격 처리됩니다.
　○ 제시된 시트 및 개체의 순서나 이름을 임의로 변경한 경우
　○ 제시된 시트 및 개체를 임의로 추가 또는 삭제한 경우
■ 답안은 반드시 문제에서 지시 또는 요구한 셀에 입력하여야 하며 다음과 같이 처리 시
　채점 대상에서 제외됩니다.
　○ 제시된 함수가 있을 경우 제시된 함수만을 사용하여야 하며 그 외 함수사용시
　　채점 대상에서 제외
　○ 수험자가 임의로 지시하지 않은 셀의 이동, 수정, 삭제, 변경 등으로 인해 셀의 위치 및
　　내용이 변경된 경우 해당 작업에 영향을 미치는 관련문제 모두 채점 대상에서 제외
　○ 도형 및 차트의 개체가 중첩되어 있거나 동일한 계산결과 시트가 복수로 존재할 경우
　　해당 개체나 시트는 채점 대상에서 제외
■ 수식 작성 시 제시된 문제 파일의 데이터는 변경 가능한(가변적) 데이터임을 감안하여
　문제 풀이를 하시오.
■ 별도의 지시사항이 없는 경우, 주어진 각 시트 및 개체의 설정값 또는 기본 설정값
　(Default)으로 처리하시오.
■ 저장 시간은 별도로 주어지지 않으므로 제한된 시간 내에 저장을 완료해야 하며, 제한
　시간 내에 저장이 되지 않은 경우에는 실격 처리됩니다.
■ 출제된 문제의 용어는 MS Office LTSC Professional Plus 2021 기준으로 작성되어
　있습니다.

대한상공회의소

문제1 기본작업(20점) ● 주어진 시트에서 다음 과정을 수행하고 저장하시오.

1. '기본작업-1' 시트에 다음의 자료를 주어진 대로 입력하시오. (5점)

	A	B	C	D	E	F
1	㈜아디두스 컴퍼니 인사기록					
2						
3	사원코드	부서명	사원명	주민등록번호	경력	연락처
4	nede-01	인사부	지대승	800621-1234567	8년 6개월	010-6859-9857
5	pars-02	영업부	박수해	820101-2352345	7년 3개월	010-3598-5274
6	salo-01	자재부	김애선	891009-2459872	1년 5개월	010-3879-5178
7	kand-03	생산부	최완성	870305-1387267	3년 2개월	010-6845-2987
8	coki-02	기술부	강정호	850815-1298684	6년 8개월	010-9988-6844
9	head-01	경리부	최민경	881225-2685445	2년 1개월	010-6857-2247
10	pure-01	기획부	윤철성	830730-1287598	4년 10개월	010-5834-7077

2. '기본작업-2' 시트에 대하여 다음의 지시사항을 처리하시오. (각 2점)

① [A1:G1] 영역은 '병합하고 가운데 맞춤', 글꼴 '굴림체', 글꼴 크기 '16', 글꼴 스타일 '굵게', 밑줄 '이중 실선'으로 지정하시오.

② [A14:C14] 영역은 '병합하고 가운데 맞춤'을 지정하고, [A3:G3] 영역은 '가로 가운데 맞춤', 글꼴 '궁서체', 글꼴 크기 '12', 글꼴 색 '표준 색-노랑' 채우기 색 '표준 색-파랑'으로 지정하시오.

③ [D4:D14], [F4:G14] 영역은 사용자 지정 표시 형식을 이용하여 1000 단위 구분 기호와 숫자 뒤에 '원'을 [표시 예]와 같이 표시하시오. [표시 예 : 1000000 → 1,000,000원, 0 → 0원]

④ [C4:C8] 영역의 이름을 '아시아'로 정의하시오.

⑤ [A3:G14] 영역에 '모든 테두리(田)'를 적용하여 표시하시오.

3. '기본작업-3' 시트에서 다음의 지시사항을 처리하시오. (5점)

– 다음의 텍스트 파일을 열고, 생성된 데이터를 '기본작업-3' 시트의 [B4:J14] 영역에 붙여 넣으시오.

▶ 외부 데이터 파일명은 '퀴즈점수.txt'임
▶ 외부데이터는 공백으로 구분되어 있음
▶ 열 너비는 조정하지 않음

문제2 계산작업(40점) ● '계산작업' 시트에서 다음 과정을 수행하고 저장하시오.

1. [표1]에서 주민등록번호[D3:D9]를 이용하여 생년월일[E3:E9]을 구하시오. (8점)

▶ 생년월일의 '연도'는 1900+주민등록번호 1~2번째 자리, '월'은 주민등록번호 3~4번째 자리, '일'은 주민등록번호 5~6번째 자리
▶ NOW, DATE, AND, OR, MID 함수 중 알맞은 함수 사용

2. [표2]에서 국어점수[I3:I9]가 90 이상이면서 영어점수[J3:J9] 또는 수학점수[K3:K9]가 80 이상이면 분류[L3:L10]에 '우수', 그 외에는 공백으로 표시하시오. (8점)

▶ IF, AND, OR 함수 사용

3. [표3]에서 획득점수[C13:C21]와 등급표[B24:E25]를 이용하여 자격증등급[D13:D21]을 구하시오. 단, 획득점수가 등급표에 존재하지 않는 경우 자격증등급에 '불합격'이라고 표시하시오. (8점)

   ▶ 등급표의 의미 : 점수가 200~299이면 'D', 300~399이면 'C', 400~499이면 'B', 500 이상이면 'A'를 적용함

   ▶ HLOOKUP, VLOOKUP, IF, IFERROR, INDEX 함수 중 알맞은 함수 사용

4. [표4]에서 제품명[I13:I23]이 컴퓨터이면서 판매량[K13:K23]이 70 이상인 대리점수를 [L25] 셀에 표시하시오. (8점)

   ▶ SUMIF, SUMIFS, COUNTIF, COUNTIFS 함수 중 알맞은 함수 사용

5. [표5]에서 평균[E29:E36]을 기준으로 순위를 구하여 1~3위는 '선발', 나머지는 공백으로 최종결과[F29:F36]에 표시하시오. (8점)

   ▶ IF, RANK.EQ 함수 사용

문제3 분석작업(20점) ● 주어진 시트에서 다음 작업을 수행하고 저장하시오.

1. '분석작업-1' 시트에 대하여 다음의 지시사항을 처리하시오. (10점)

   - [시나리오 관리자] 기능을 이용하여 '사원별 급여 지급 현황' 표에서 상여금비율[B17]이 다음과 같이 변동하는 경우 직위가 '대리'인 사원들의 실지급액의 변동 시나리오를 작성하시오.

     ▶ [B17] 셀의 이름은 '상여금비율', [H5] 셀의 이름은 '백만원', [H7] 셀의 이름은 '정상인', [H9] 셀의 이름은 '조만근'으로 정의하시오.

     ▶ 시나리오1 : 시나리오 이름은 '비율증가', 상여금비율을 60%로 설정하시오.

     ▶ 시나리오2 : 시나리오 이름은 '비율인하', 상여금비율을 40%로 설정하시오.

     ▶ 시나리오 요약 시트는 '분석작업-1' 시트의 바로 왼쪽에 위치해야 함

   ※ 시나리오 요약 보고서 작성 시 정답과 일치하여야 하며, 오자로 인한 부분점수는 인정하지 않음

2. '분석작업-2' 시트에 대하여 다음의 지시사항을 처리하시오. (10점)

   - 데이터 도구 [통합] 기능을 이용하여 [표1], [표2], [표3]에 대한 제품명별 '총생산량', '불량품', '출고량'의 평균을 '소형 가전제품 생산 현황(3/4분기까지)' 표의 [I13:K19] 영역에 계산하시오.

문제4 기타작업(20점) ● 주어진 시트에서 다음 작업을 수행하고 저장하시오.

1. '매크로작업' 시트의 [표]에서 다음과 같은 기능을 수행하는 매크로를 현재 통합 문서에 작성하고 실행하시오. (각 5점)

   ① [H4:H13] 영역에 출장비 총합계를 계산하는 매크로를 생성하여 실행하시오.
   - ▶ 매크로 이름 : 총합계
   - ▶ SUM 함수 사용
   - ▶ [삽입]-[일러스트레이션]-[도형]-[사각형]의 '직사각형(□)'을 동일 시트의 [B15:C16] 영역에 생성하고, 텍스트를 '총합계'로 입력한 후 도형을 클릭할 때 '총합계' 매크로가 실행되도록 설정하시오.

   ② [A3:H3] 영역에 글꼴 색을 '표준 색-진한 빨강', 채우기 색을 '표준 색-노랑'으로 적용하는 매크로를 생성하여 실행하시오.
   - ▶ 매크로 이름 : 서식
   - ▶ [삽입]-[일러스트레이션]-[도형]-[기본 도형]의 '사각형: 빗면(□)'을 동일 시트의 [E15:F16] 영역에 생성하고, 텍스트를 '서식'으로 입력한 후 도형을 클릭할 때 '서식' 매크로가 실행되도록 설정하시오.

   ※ 셀 포인터의 위치에 상관없이 현재 통합 문서에서 매크로가 실행되어야 정답으로 인정됨

2. '차트작업' 시트의 차트를 지시사항에 따라 아래 그림과 같이 수정하시오. (각 2점)

   ※ 차트는 반드시 문제에서 제공한 차트를 사용하여야 하며, 신규로 작성 시 0점 처리됨

   ① '건과일' 데이터가 차트에 표시되도록 데이터 범위를 추가하고, '판매가(t)' 계열의 차트 종류를 '표식이 있는 꺾은선형'으로 변경하시오.
   ② 차트 제목은 '차트 위'로 지정한 후 〈그림〉과 같이 입력하고, 글꼴 '궁서체', 글꼴 크기 '19', 글꼴 색 '표준 색-자주'로 지정하시오.
   ③ '판매가(t)' 계열의 '쿠키' 요소에만 데이터 레이블 '값'을 표시하고, 레이블의 위치를 '오른쪽'으로 설정하시오.
   ④ 세로(값) 축의 기본 단위를 10,000,000으로 지정하시오.
   ⑤ 차트 영역의 테두리에는 '둥근 모서리'를 설정하시오.

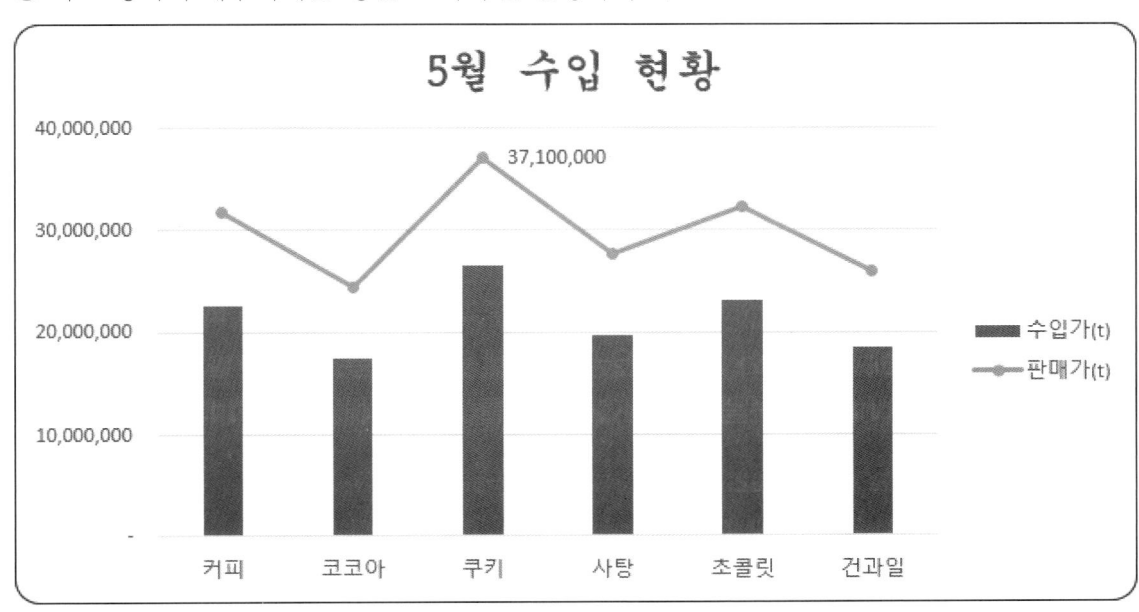

제09회 실전모의고사

프로그램명	제한시간
EXCEL 2021	40분

수험번호 :

성　명 :

2급　D형

유 의 사 항

■ 인적 사항 누락 및 잘못 작성으로 인한 불이익은 수험자 책임으로 합니다.
■ 화면에 암호 입력창이 나타나면 아래의 암호를 입력하여야 합니다.
　○ 암호 : 18$258
■ 작성된 답안은 주어진 경로 및 파일명을 변경하지 마시고 그대로 저장해야 합니다.
　이를 준수하지 않으면 실격 처리됩니다.
　답안 파일명의 예 : C:\OA\수험번호8자리.xlsm
■ **외부데이터 위치 : C:\OA\파일명**
■ 별도의 지시사항이 없는 경우, 다음과 같이 처리 시 실격 처리됩니다.
　○ 제시된 시트 및 개체의 순서나 이름을 임의로 변경한 경우
　○ 제시된 시트 및 개체를 임의로 추가 또는 삭제한 경우
■ 답안은 반드시 문제에서 지시 또는 요구한 셀에 입력하여야 하며 다음과 같이 처리 시
　채점 대상에서 제외됩니다.
　○ 제시된 함수가 있을 경우 제시된 함수만을 사용하여야 하며 그 외 함수사용시
　　 채점 대상에서 제외
　○ 수험자가 임의로 지시하지 않은 셀의 이동, 수정, 삭제, 변경 등으로 인해 셀의 위치 및
　　 내용이 변경된 경우 해당 작업에 영향을 미치는 관련문제 모두 채점 대상에서 제외
　○ 도형 및 차트의 개체가 중첩되어 있거나 동일한 계산결과 시트가 복수로 존재할 경우
　　 해당 개체나 시트는 채점 대상에서 제외
■ 수식 작성 시 제시된 문제 파일의 데이터는 변경 가능한(가변적) 데이터임을 감안하여
　문제 풀이를 하시오.
■ 별도의 지시사항이 없는 경우, 주어진 각 시트 및 개체의 설정값 또는 기본 설정값
　(Default)으로 처리하시오.
■ 저장 시간은 별도로 주어지지 않으므로 제한된 시간 내에 저장을 완료해야 하며, 제한
　시간 내에 저장이 되지 않은 경우에는 실격 처리됩니다.
■ 출제된 문제의 용어는 MS Office LTSC Professional Plus 2021 기준으로 작성되어
　있습니다.

대한상공회의소

문제1 기본작업(20점) ● 주어진 시트에서 다음 과정을 수행하고 저장하시오.

1. '기본작업-1' 시트에 다음의 자료를 주어진 대로 입력하시오. (5점)

	A	B	C	D	E	F
1	상공나라 비디오 대여 현황					
2						
3	제품코드	영화 제목	대여일자	분류	대여자	전화번호
4	AK357	괴물	2024-03-02	한국/액션	한기운	02)6254-6578
5	CK358	캐리비안의 해적	2024-03-10	외화/SF액션	박성율	02)8791-5757
6	MK121	장화신은 고양이	2024-03-08	외화/애니메이션	신영해	02)6505-1596
7	WA465	다크 나이트	2024-03-06	외화/SF액션	강순심	02)3875-1743
8	ES820	미션 임파서블	2024-03-11	외화/액션	김자숙	02)4758-3687
9	HK450	완득이	2024-03-05	한국/드라마	황정숙	02)5412-1816
10	YS823	써니	2024-03-08	한국/코미디	이시대	02)4527-2535

2. '기본작업-2' 시트에 대하여 다음의 지시사항을 처리하시오. (각 2점)

① [A1:H1] 영역은 '병합하고 가운데 맞춤', 글꼴 '궁서체', 글꼴 크기 '17', 글꼴 스타일 '굵게', 밑줄 '이중 실선'으로 지정하시오.

② [A3:A4], [B3:B4], [C3:E3], [F3:F4], [G3:G4], [H3:H4] 영역은 '병합하고 가운데 맞춤'을 지정하고, [A3:H4] 영역은 글꼴 '돋움체', 글꼴 크기 '12', 글꼴 색 '표준 색-파랑', 채우기 색 '표준 색-노랑'으로 지정하시오.

③ [C5:E15] 영역은 사용자 지정 표시 형식을 이용하여 1000 단위 구분 기호와 숫자 뒤에 '개'를 [표시 예]와 같이 표시하시오. [표시 예 : 1000 → 1,000개, 0 → 0개]

④ [H10] 셀에 '2분기 효자품목'이라는 메모를 삽입한 후 항상 표시되도록 지정하고, 메모 서식에서 맞춤 '자동 크기'를 설정하시오.

⑤ [A3:H15] 영역에 '모든 테두리(田)'를 적용하여 표시하시오.

3. '기본작업-3' 시트에서 다음의 지시사항을 처리하시오. (5점)

- [A4:G12] 영역에서 실용영어가 90 이상이고, 인터넷통신이 70 이상인 행 전체에 대하여 글꼴 색을 '표준 색-빨강', 글꼴 스타일을 '굵게'로 지정하는 조건부 서식을 작성하시오.
  ▶ AND 함수 사용
  ▶ 단, 규칙 유형은 '수식을 사용하여 서식을 지정할 셀 결정'을 사용하고, 한개의 규칙으로만 작성하시오.

문제2 계산작업(40점) ● '계산작업' 시트에서 다음 과정을 수행하고 저장하시오.

1. [표1]에서 주민등록번호[D3:D10]의 앞에서 2자리를 이용하여 나이[E3:E10]를 구하시오. (8점)
   ▶ 나이 = 현재년도 - 출생년도 - 1900
   ▶ TODAY, YEAR, LEFT 함수 사용

2. [표2]에서 성과[L3:L10]가 10 이상이면서 근무평가[J3:J10]가 100 이상이거나 교육평가[K3:K10]가 200 이상이면 승진여부[M3:M10]에 '승진', 그 외에는 공백으로 표시하시오. (8점)
   ▶ IF, AND, OR 함수 사용

3. [표3]에서 적립포인트[D14:D21]가 600 이상이면서 등급[E14:E21]이 'VIP'인 고객수를 [E23] 셀에 표시하시오. (8점)
   ▶ 고객수 뒤에 '명'을 표시 [표시 예 : 1명]
   ▶ COUNTA, COUNTIF, COUNTIFS 함수 중 알맞은 함수와 & 연산자 사용

4. [표4]에서 내신등급[K14:K21]과 등급표[H24:L25]를 이용하여 등급[L14:L21]을 구하시오. 단, 내신등급이 등급표에 존재하지 않는 경우 등급에 '등급오류'라고 표시하시오. (8점)
   ▶ 등급표의 의미 : 내신등급이 1~3이면 'A', 4~6이면 'B', 7~10이면 'C', 11~13이면 'D', 14 이상이면 'E'를 적용함
   ▶ CHOOSE, IFERROR, VLOOKUP, HLOOKUP 함수 중 알맞은 함수 사용

5. [표5]에서 총점[D27:D36]을 기준으로 순위를 구하여 1~3위는 '본선진출', 나머지는 공백으로 결과[E27:E36]에 표시하시오. (8점)
   ▶ IF, COUNTIF, SUMIF, RANK.EQ 함수 중 알맞은 함수 사용

문제3 분석작업(20점) ● 주어진 시트에서 다음 작업을 수행하고 저장하시오.

1. '분석작업-1' 시트에 대하여 다음의 지시사항을 처리하시오. (10점)
   - [시나리오 관리자] 기능을 이용하여 '6월 전자제품 판매 현황' 표에서 이익률[I21]이 다음과 같이 변동하는 경우 순이익 합계[I19]의 변동 시나리오를 작성하시오.
     ▶ [I21] 셀의 이름은 '이익률', [I19] 셀의 이름은 '순이익합계'로 정의하시오.
     ▶ 시나리오1 : 시나리오 이름은 '이익률증가', 이익률을 35%로 설정하시오.
     ▶ 시나리오2 : 시나리오 이름은 '이익률감소', 이익률을 25%로 설정하시오.
     ▶ 시나리오 요약 시트는 '분석작업-1' 시트의 바로 왼쪽에 위치해야 함
   ※ 시나리오 요약 보고서 작성 시 정답과 일치하여야 하며, 오자로 인한 부분점수는 인정하지 않음

2. '분석작업-2' 시트에 대하여 다음의 지시사항을 처리하시오. (10점)
   - [부분합] 기능을 이용하여 '과목별 점수 현황' 표에 〈그림〉과 같이 반별 '영어'의 최대를 계산한 후 '수학'의 최소를 계산하시오.
     ▶ 정렬은 '반'을 기준으로 오름차순으로 처리하시오.
     ▶ 최대와 최소는 위에 명시된 순서대로 처리하시오.

	A	B	C	D	E	F	G	H	I	J
1					과목별 점수 현황					
2										
3		성명	반	국어	영어	수학	사회	과학	합계	평균
4		김민애	1	88	90	95	91	90	454	90.8
5		박철수	1	68	66	47	62	55	298	59.6
6			1 최소			47				
7			1 최대		90					
8		허영민	2	78	70	46	76	81	351	70.2
9		유승아	2	59	60	60	68	67	314	62.8
10			2 최소			46				
11			2 최대		70					
12		하지은	3	96	95	95	96	97	479	95.8
13		강민국	3	96	98	91	95	96	476	95.2
14			3 최소			91				
15			3 최대		98					
16			전체 최소값			46				
17			전체 최대값		98					

문제4 기타작업(20점) ● 주어진 시트에서 다음 작업을 수행하고 저장하시오.

1. '매크로작업' 시트의 [표]에서 다음과 같은 기능을 수행하는 매크로를 현재 통합 문서에 작성하고 실행하시오. (각 5점)

   ① [A3:G3] 영역에 글꼴 색을 '표준 색-파랑', 채우기 색을 '표준 색-노랑'으로 적용하는 매크로를 생성하여 실행하시오.
   - ▶ 매크로 이름 : 서식
   - ▶ [삽입]-[일러스트레이션]-[도형]-[사각형]의 '사각형: 둥근 모서리(◻)'를 동일 시트의 [I3:J4] 영역에 생성하고, 텍스트를 '서식'으로 입력한 후 도형을 클릭할 때 '서식' 매크로가 실행되도록 설정하시오.

   ② [D13:G13] 영역에 평균을 계산한 후 소수점 이하 2자리까지 표시하는 매크로를 생성하여 실행하시오.
   - ▶ 매크로 이름 : 평균 ▶ AVERAGE 함수 사용
   - ▶ [삽입]-[일러스트레이션]-[도형]-[기본 도형]의 '배지(◯)'를 동일 시트의 [I6:J7] 영역에 생성하고, 텍스트를 '평균'으로 입력한 후 도형을 클릭할 때 '평균' 매크로가 실행되도록 설정하시오.

   ※ 셀 포인터의 위치에 상관없이 현재 통합 문서에서 매크로가 실행되어야 정답으로 인정됨

2. '차트작업' 시트의 차트를 지시사항에 따라 아래 그림과 같이 수정하시오. (각 2점)

   ※ 차트는 반드시 문제에서 제공한 차트를 사용하여야 하며, 신규로 작성 시 0점 처리됨

   ① '홍승호' 데이터가 차트에 표시되도록 데이터 범위를 추가하고, 차트 종류를 '표식이 있는 꺾은선형'으로 변경하시오.
   ② 차트 제목은 '차트 위'로 지정한 후 〈그림〉과 같이 입력하고, 글꼴 크기 '15', 글꼴 스타일 '굵게', 글꼴 색 '표준 색-자주'로 지정하시오.
   ③ '실수령액' 계열의 '신용성' 요소에만 데이터 레이블 '값'을 표시하고, 레이블 위치를 '위쪽'으로 설정하시오.
   ④ 세로(값) 축 제목을 〈그림〉과 같이 입력하고, 기본 단위를 1,000,000으로 지정하시오.
   ⑤ 차트 영역의 테두리에는 '둥근 모서리'를 설정하시오.

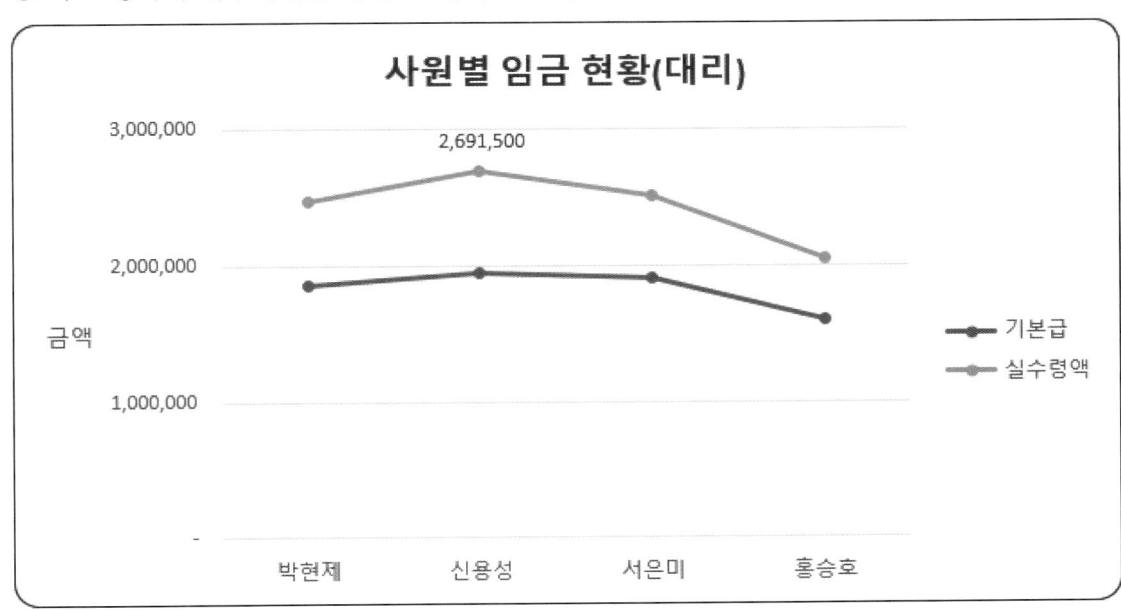

제10회 실전모의고사

프로그램명	제한시간
EXCEL 2021	40분

수험번호 :
성 명 :

2급   E형

유 의 사 항

■ 인적 사항 누락 및 잘못 작성으로 인한 불이익은 수험자 책임으로 합니다.
■ 화면에 암호 입력창이 나타나면 아래의 암호를 입력하여야 합니다.
  ○ **암호 : 2320$8**
■ 작성된 답안은 주어진 경로 및 파일명을 변경하지 마시고 그대로 저장해야 합니다.
  이를 준수하지 않으면 실격 처리됩니다.
  답안 파일명의 예 : C:\OA\수험번호8자리.xlsm
■ **외부데이터 위치 : C:\OA\파일명**
■ 별도의 지시사항이 없는 경우, 다음과 같이 처리 시 실격 처리됩니다.
  ○ 제시된 시트 및 개체의 순서나 이름을 임의로 변경한 경우
  ○ 제시된 시트 및 개체를 임의로 추가 또는 삭제한 경우
■ 답안은 반드시 문제에서 지시 또는 요구한 셀에 입력하여야 하며 다음과 같이 처리 시
  채점 대상에서 제외됩니다.
  ○ 제시된 함수가 있을 경우 제시된 함수만을 사용하여야 하며 그 외 함수사용시
    채점 대상에서 제외
  ○ 수험자가 임의로 지시하지 않은 셀의 이동, 수정, 삭제, 변경 등으로 인해 셀의 위치 및
    내용이 변경된 경우 해당 작업에 영향을 미치는 관련문제 모두 채점 대상에서 제외
  ○ 도형 및 차트의 개체가 중첩되어 있거나 동일한 계산결과 시트가 복수로 존재할 경우
    해당 개체나 시트는 채점 대상에서 제외
■ 수식 작성 시 제시된 문제 파일의 데이터는 변경 가능한(가변적) 데이터임을 감안하여
  문제 풀이를 하시오.
■ 별도의 지시사항이 없는 경우, 주어진 각 시트 및 개체의 설정값 또는 기본 설정값
  (Default)으로 처리하시오.
■ 저장 시간은 별도로 주어지지 않으므로 제한된 시간 내에 저장을 완료해야 하며, 제한
  시간 내에 저장이 되지 않은 경우에는 실격 처리됩니다.
■ 출제된 문제의 용어는 MS Office LTSC Professional Plus 2021 기준으로 작성되어
  있습니다.

문제1 기본작업(20점) ● 주어진 시트에서 다음 과정을 수행하고 저장하시오.

1. '기본작업-1' 시트에 다음의 자료를 주어진 대로 입력하시오. (5점)

	A	B	C	D	E	F
1	고객 예탁금 현황					
2						
3	고객번호	이름	은행계좌번호	계약기간	계약금액	등록ID
4	aq-312	김한수	302-11-222209	36	1826200	11-#-kim
5	ax-034	장동민	302-11-222210	60	2825000	23-$-jang
6	hk-053	김광민	456-21-123456	36	3043700	31-&-kim
7	go-052	이나미	978-21-654789	12	2145000	73-*-lee
8	dd-409	강미선	093-09-825101	12	3217500	80-#-kang
9	mt-043	조미영	395-09-825802	36	1826200	90-*-cho
10	po-525	이은주	939-09-825803	60	2825000	46-$-pos

2. '기본작업-2' 시트에 대하여 다음의 지시사항을 처리하시오. (각 2점)
   ① [A1:E1] 영역은 '병합하고 가운데 맞춤', 글꼴 '궁서체', 글꼴 크기 '16', 글꼴 스타일 '굵게'로 지정하시오.
   ② [A3:E3] 영역은 '가로 가운데 맞춤', 셀 스타일 '연한 파랑, 40% – 강조색5'로 지정하시오.
   ③ 제목 '전국(전국) 강수량'에서 괄호 안의 '전국'을 한자 '全國'으로 변환하시오.
   ④ [B4:E15] 영역은 사용자 지정 표시 형식을 이용하여 1000 단위 구분 기호와 숫자 뒤에 'ml'를 [표시 예]와 같이 표시하시오. [표시 예 : 1500 → 1,500ml]
   ⑤ [A3:E15] 영역에 '모든 테두리(田)'를 적용하여 표시하시오.

3. '기본작업-3' 시트에서 다음의 지시사항을 처리하시오. (5점)
   – '부서별 인적사항' 표에서 성별이 '여'이고, 직책이 '대리'인 데이터를 고급 필터를 사용하여 검색하시오.
      ▶ 고급 필터 조건은 [B14:D16] 범위 내에 알맞게 입력하시오.
      ▶ 고급 필터 결과 복사 위치는 동일 시트의 [B18] 셀에서 시작하시오.

문제2 계산작업(40점) ● '계산작업' 시트에서 다음 과정을 수행하고 저장하시오.

1. [표1]에서 점수[C3:C10]를 기준으로 1위는 '대상', 2위는 '금상', 3위는 '은상', 4위는 '동상', 나머지는 공백으로 결과[D3:D10]에 표시하시오. (8점)
   ▶ 순위는 점수가 가장 높은 사람이 1위
   ▶ CHOOSE, RANK.EQ 함수 사용

2. [표2]에서 각 월별 판매량[H3:H11, J3:J11]이 월별 목표량[G3:G11, I3:I11] 이상일 경우 '보너스', 나머지는 공란으로 포상[K3:K11] 영역에 표시하시오. (8점)
   ▶ IF, AND 함수 사용

3. [표3]에서 구분[B14:B22]이 '가정용'인 전기요금[D14:D22]의 평균을 [C25] 셀에 표시하시오. (8점)

   ▶ 전기요금의 평균은 백 단위에서 내림하여 천 단위까지 표시 [표시 예 : 123,456 → 123,000]

   ▶ AVERAGE, DAVERAGE, ROUNDUP, ROUNDDOWN 함수 중 알맞은 함수 사용

4. [표4]에서 판매량[G15:G21]과 판매가[H15:H21], 할인율표[G24:K25]를 이용하여 판매금액[I15:I21]을 구하시오. (8점)

   ▶ 판매금액 : 판매량 × 판매가 × (1 - 할인율)

   ▶ 할인율 : 판매가가 300000~599999이면 5%, 600000~899999이면 8%, 900000~1199999이면 12%, 1200000~1499999이면 15%, 1500000 이상이면 18%를 적용함

   ▶ VLOOKUP, HLOOKUP, INDEX 함수 중 알맞은 함수 사용

5. [표5]에서 직급[C29:C36]이 대리인 사원의 급여[D29:D36]의 평균[F36]을 구하시오. (8점)

   ▶ 대리 급여 평균은 천 단위에서 올림하여 만 단위까지 표시 [표시 예 : 123,456 → 130,000]

   ▶ ROUNDUP, SUMIF, COUNTIF 함수 사용

문제3 분석작업(20점) ● 주어진 시트에서 다음 작업을 수행하고 저장하시오.

1. '분석작업-1' 시트에 대하여 다음의 지시사항을 처리하시오. (10점)

   - [시나리오 관리자] 기능을 이용하여 '사원별 제품 판매 현황' 표에서 수익률[F16]이 다음과 같이 변동되는 경우 순매출액 합계[F14]의 변동 시나리오를 작성하시오.

     ▶ [F14] 셀의 이름은 '순매출액합계', [F16] 셀의 이름은 '수익률'로 정의하시오.

     ▶ 시나리오1 : 시나리오 이름은 '수익률증가', 수익률을 70%로 설정하시오.

     ▶ 시나리오2 : 시나리오 이름은 '수익률감소', 수익률을 50%로 설정하시오.

     ▶ 시나리오 요약 시트는 '분석작업-1' 시트의 바로 왼쪽에 위치해야 함

   ※ 시나리오 요약 보고서 작성 시 정답과 일치하여야 하며, 오자로 인한 부분점수는 인정하지 않음

2. '분석작업-2' 시트에 대하여 다음의 지시사항을 처리하시오. (10점)

   - [부분합] 기능을 이용하여 '급여 현황' 표에 〈그림〉과 같이 직위별 '본봉'과 '직무수당'의 합계를 계산한 후 '근속수당'의 평균을 계산하시오.

     ▶ 정렬은 '직위'를 기준으로 오름차순으로 처리하시오.

     ▶ 합계와 평균은 위에 명시된 순서대로 처리하시오.

	A	B	C	D	E	F	G	H
1	급여 현황							
2								
3	사원번호	이름	직위	근속년수	본봉	직무수당	근속수당	급여합계
4	85-008	김진수	과장	12년	840,000	250,000	400,000	1,490,000
5	90-008	홍록기	과장	13년	800,000	300,000	300,000	1,400,000
6			과장 평균				350,000	
7			과장 요약		1,640,000	550,000		
8	88-011	구정민	대리	8년	860,000	200,000	400,000	1,460,000
9	89-012	김찬우	대리	7년	880,000	200,000	300,000	1,380,000
10	91-045	강동성	대리	6년	770,000	200,000	350,000	1,320,000
11			대리 평균				350,000	
12			대리 요약		2,510,000	600,000		
13	81-006	이현성	부장	17년	900,000	400,000	400,000	1,700,000
14	88-005	서경석	부장	16년	940,000	400,000	400,000	1,740,000
15			부장 평균				400,000	
16			부장 요약		1,840,000	800,000		
17			전체 평균				364,286	
18			총합계		5,990,000	1,950,000		

문제4 기타작업(20점) ● 주어진 시트에서 다음 작업을 수행하고 저장하시오.

1. '매크로작업' 시트의 [표]에서 다음과 같은 기능을 수행하는 매크로를 현재 통합 문서에 작성하고 실행하시오. (각 5점)

   ① [D13:F13] 영역에 평균을 계산하는 매크로를 생성하여 실행하시오.
   ▶ 매크로 이름 : 평균   ▶ AVERAGE 함수 사용
   ▶ [삽입]-[일러스트레이션]-[도형]-[기본 도형]의 '사각형: 빗면(□)'을 동일 시트의 [H3:I4] 영역에 생성하고, 텍스트를 '평균'으로 입력한 후 도형을 클릭할 때 '평균' 매크로가 실행되도록 설정하시오.

   ② [A3:F3] 영역에 채우기 색을 '표준 색-노랑'으로 적용하는 매크로를 생성하여 실행하시오.
   ▶ 매크로 이름 : 서식
   ▶ [삽입]-[일러스트레이션]-[도형]-[기본 도형]의 '웃는 얼굴(☺)'을 동일 시트의 [H6:I7] 영역에 생성하고, 텍스트를 '서식'으로 입력한 후 도형을 클릭할 때 '서식' 매크로가 실행되도록 설정하시오.

   ※ 셀 포인터의 위치에 상관없이 현재 통합 문서에서 매크로가 실행되어야 정답으로 인정됨

2. '차트작업' 시트의 차트를 지시사항에 따라 아래 그림과 같이 수정하시오. (각 2점)

   ※ 차트는 반드시 문제에서 제공한 차트를 사용하여야 하며, 신규로 작성 시 0점 처리됨

   ① '수입금액' 계열의 차트 종류를 '표식이 있는 꺾은선형'으로 변경하고, '보조 축'으로 지정하시오.
   ② 차트 제목은 '차트 위'로 지정한 후 〈그림〉과 같이 입력하고, 글꼴 '굴림체', 글꼴 크기 '16', 글꼴 스타일 '굵은 기울임꼴', 글꼴 색 '표준 색-빨강'으로 지정하시오.
   ③ 범례는 아래쪽에 배치하고, 도형 스타일 '미세 효과 – 파랑, 강조 5'로 지정하시오.
   ④ '수량' 계열의 '4월' 요소에만 데이터 레이블 '값'을 표시하고, 레이블 위치를 '가운데'로 설정하시오.
   ⑤ 차트 영역의 테두리에는 그림자 '오프셋: 가운데'와 '둥근 모서리'를 설정하시오.

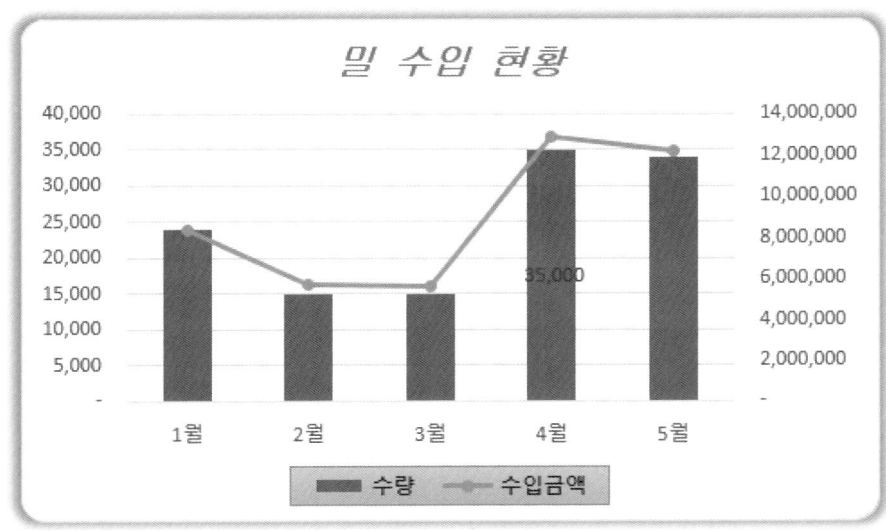

제11회 실전모의고사

프로그램명	제한시간
EXCEL 2021	40분

수험번호 :
성　명 :

2급　A형

유 의 사 항

- 인적 사항 누락 및 잘못 작성으로 인한 불이익은 수험자 책임으로 합니다.
- 화면에 암호 입력창이 나타나면 아래의 암호를 입력하여야 합니다.
  ○ 암호 : 7477%9
- 작성된 답안은 주어진 경로 및 파일명을 변경하지 마시고 그대로 저장해야 합니다.
  이를 준수하지 않으면 실격 처리됩니다.
  답안 파일명의 예 : C:\OA\수험번호8자리.xlsm
- **외부데이터 위치 : C:\OA\파일명**
- 별도의 지시사항이 없는 경우, 다음과 같이 처리 시 실격 처리됩니다.
  ○ 제시된 시트 및 개체의 순서나 이름을 임의로 변경한 경우
  ○ 제시된 시트 및 개체를 임의로 추가 또는 삭제한 경우
- 답안은 반드시 문제에서 지시 또는 요구한 셀에 입력하여야 하며 다음과 같이 처리 시 채점 대상에서 제외됩니다.
  ○ 제시된 함수가 있을 경우 제시된 함수만을 사용하여야 하며 그 외 함수사용시 채점 대상에서 제외
  ○ 수험자가 임의로 지시하지 않은 셀의 이동, 수정, 삭제, 변경 등으로 인해 셀의 위치 및 내용이 변경된 경우 해당 작업에 영향을 미치는 관련문제 모두 채점 대상에서 제외
  ○ 도형 및 차트의 개체가 중첩되어 있거나 동일한 계산결과 시트가 복수로 존재할 경우 해당 개체나 시트는 채점 대상에서 제외
- 수식 작성 시 제시된 문제 파일의 데이터는 변경 가능한(가변적) 데이터임을 감안하여 문제 풀이를 하시오.
- 별도의 지시사항이 없는 경우, 주어진 각 시트 및 개체의 설정값 또는 기본 설정값(Default)으로 처리하시오.
- 저장 시간은 별도로 주어지지 않으므로 제한된 시간 내에 저장을 완료해야 하며, 제한시간 내에 저장이 되지 않은 경우에는 실격 처리됩니다.
- 출제된 문제의 용어는 MS Office LTSC Professional Plus 2021 기준으로 작성되어 있습니다.

대한상공회의소

문제1 기본작업(20점) ● 주어진 시트에서 다음 과정을 수행하고 저장하시오.

1. '기본작업-1' 시트에 다음의 자료를 주어진 대로 입력하시오. (5점)

	A	B	C	D	E	F	G
1	가나다 동물병원 고객 현황						
2							2024-02-05
3	등록코드	애완견종류	고객명	기간	전화번호	방문일자	구입가격
4	K-P#01	풍산견	황미영	10년 6개월	(02)2237-0090	2024-01-04	654000
5	E-Pk11	Pekingese	조예슬	2년 7개월	(041)3456-9087	2024-01-05	453000
6	E-Pw02	빠삐용	정미화	3년	(02)456-7765	2024-01-26	765000
7	A-AH21	Afgan Hound	이경신	5개월	(031)2341-4532	2024-01-10	546000
8	R-DS23	달마시안	이현경	5년 3개월	(051)332-7823	2024-01-05	879000
9	E-B331	Boxer	백경선	2년 7개월	(02)2134-6654	2024-01-30	345000

2. '기본작업-2' 시트에 대하여 다음의 지시사항을 처리하시오. (각 2점)

   ① [A1:G1] 영역은 '병합하고 가운데 맞춤', 글꼴 '궁서체', 글꼴 크기 '15', 밑줄 '이중 실선'으로 지정하시오.
   ② [A3:G3] 영역은 글꼴 스타일 '굵게', 글꼴 색 '표준 색-파랑', 채우기 색 '표준 색-노랑'으로 지정하시오.
   ③ [G4:G11] 영역은 사용자 지정 표시 형식을 이용하여 1,000의 배수로 표시하고, 숫자 뒤에 '천원'을 [표시 예]와 같이 표시하시오. [표시 예 : 1500000 → 1,500천원]
   ④ [D4:D10] 영역의 이름을 '요금제'로 정의하시오.
   ⑤ [A3:G11] 영역에 '모든 테두리(⊞)'를 적용하여 표시하고, [C11:D11] 영역에는 '×' 모양의 괘선으로 채우시오.

3. '기본작업-3' 시트에서 다음의 지시사항을 처리하시오. (5점)

   – [A4:I12] 영역에서 사용요금이 25,000 이상 30,000 이하이면서 등급이 '실버'인 행 전체에 대하여 글꼴 색을 '표준 색-파랑', 글꼴 스타일을 '기울임꼴'로 지정하는 조건부 서식을 작성하시오.
   ▶ AND 함수 사용
   ▶ 단, 규칙 유형은 '수식을 사용하여 서식을 지정할 셀 결정'을 사용하고, 한개의 규칙으로만 작성하시오.

문제2 계산작업(40점) ● '계산작업' 시트에서 다음 과정을 수행하고 저장하시오.

1. [표1]에서 제품코드[A3:A7]의 마지막 문자와 코드표[A10:B13]를 이용하여 제품명[D3:D7]을 표시하시오. (8점)
   ▶ HLOOKUP, VLOOKUP, LEFT, RIGHT 함수 중 알맞은 함수 사용

2. [표2]에서 사고보험금[H3:H11]을 기준으로 순위를 구하여 1~3위는 '보험료인상', 나머지는 공백으로 인상여부[I3:I11]에 표시하시오. (8점)
   ▶ 사고보험금이 가장 많은 고객이 1위
   ▶ IF, RANK.EQ 함수 사용

3. [표3]에서 신입사원들의 생년월일[B17:B24]을 이용하여 태어난 요일[C17:C24]을 표시하시오. (8점)
   ▶ 요일 계산 방식은 월요일부터 시작하는 2번 방식으로 지정하고, '월요일'과 같이 문자열 전체를 표시
   ▶ CHOOSE, WEEKDAY 함수 사용

4. [표4]에서 부서별 실수령액[I15:I23]을 이용하여 생산부의 실수령액 평균[I24]을 구하시오. (8점)
   ▶ SUMIF, COUNTIF 함수 사용

5. [표5]에서 지역별 판매이익[E28:E36]을 이용하여 경기지역의 판매이익 평균[G36]을 올림하여 천의 자리까지 구하시오. (8점)
   ▶ 숫자 뒤에 '원'을 표시 [표시 예 : 1000원]
   ▶ ROUND, ROUNDUP, DAVERAGE, DSUM, DCOUNT 함수 중 알맞은 함수와 & 연산자 사용

문제3 분석작업(20점) ● 주어진 시트에서 다음 작업을 수행하고 저장하시오.

1. '분석작업-1' 시트에 대하여 다음의 지시사항을 처리하시오. (10점)
   - '부품 거래 현황' 표를 이용하여 업체명은 '보고서 필터', 부품명은 '행 레이블', 거래일자는 '열 레이블'로 처리하고, '값'에 수량과 결제금액의 합계를 계산하는 피벗 테이블을 작성하시오.
     ▶ 피벗 테이블 보고서는 동일 시트의 [A15] 셀에서 시작하시오.
     ▶ 보고서 레이아웃은 '개요 형식으로 표시'로 지정하시오.
     ▶ 피벗 테이블 스타일은 '연한 녹색, 피벗 스타일 보통 7'로 지정하시오.

2. '분석작업-2' 시트에 대하여 다음의 지시사항을 처리하시오. (10점)
   - 데이터 도구 [통합] 기능을 이용하여 [표1], [표2], [표3]에 대한 제품명별 '판매가', '수량', '판매액'의 합계를 '전자제품별 판매 현황(1/4분기)' 표의 [G11:I15] 영역에 계산하시오.

문제4 기타작업(20점) ● 주어진 시트에서 다음 작업을 수행하고 저장하시오.

1. '매크로작업' 시트의 [표]에서 다음과 같은 기능을 수행하는 매크로를 현재 통합 문서에 작성하고 실행하시오. (각 5점)

    ① [D4:E10] 영역에 '통화 기호(₩)'를 지정하는 매크로를 생성하여 실행하시오.
    ▶ 매크로 이름 : 통화
    ▶ [삽입]-[일러스트레이션]-[도형]-[기본 도형]의 '다이아몬드(◇)'를 동일 시트의 [H3:I5] 영역에 생성하고, 텍스트를 '통화'로 입력한 후 도형을 클릭할 때 '통화' 매크로가 실행되도록 설정하시오.

    ② [F4:F9] 영역에 달성률을 계산하는 매크로를 생성하여 실행하시오.
    ▶ 매크로 이름 : 달성률　　　　　▶ 달성률 = 판매수량 / 계획수량
    ▶ [삽입]-[일러스트레이션]-[도형]-[기본 도형]의 '배지(◯)'를 동일 시트의 [H7:I8] 영역에 생성하고, 텍스트를 '달성률'로 입력한 후 도형을 클릭할 때 '달성률' 매크로가 실행되도록 설정하시오.
    ※ 셀 포인터의 위치에 상관없이 현재 통합 문서에서 매크로가 실행되어야 정답으로 인정됨

2. '차트작업' 시트의 차트를 지시사항에 따라 아래 그림과 같이 수정하시오. (각 2점)
    ※ 차트는 반드시 문제에서 제공한 차트를 사용하여야 하며, 신규로 작성 시 0점 처리됨
    ① '서울서적' 데이터가 차트에 표시되도록 데이터 범위를 추가하시오.
    ② '경기서적' 계열의 차트 종류를 '표식이 있는 꺾은선형'으로 변경하고, '보조 축'으로 지정하시오.
    ③ 차트 제목은 '차트 위'로 지정한 후 〈그림〉과 같이 입력하고, 글꼴 '궁서체', 글꼴 크기 '15', 글꼴 스타일 '굵게', 밑줄 '실선'으로 지정하시오.
    ④ 범례는 위쪽에 배치하고, 글꼴 '궁서체', 글꼴 크기 '11'로 지정하시오.
    ⑤ 세로(값) 축과 가로(항목) 축 제목을 〈그림〉과 같이 입력하시오.

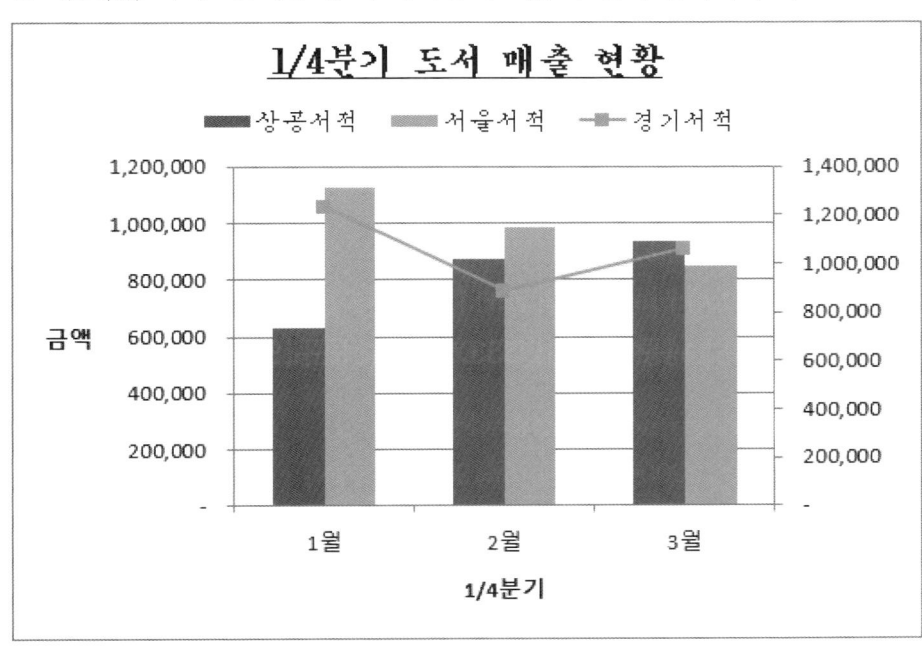

제12회 실전모의고사

프로그램명	제한시간
EXCEL 2021	40분

수험번호 : _____

성   명 : _____

2급   B형

유 의 사 항

- 인적 사항 누락 및 잘못 작성으로 인한 불이익은 수험자 책임으로 합니다.
- 화면에 암호 입력창이 나타나면 아래의 암호를 입력하여야 합니다.
  ○ 암호 : 9175@3
- 작성된 답안은 주어진 경로 및 파일명을 변경하지 마시고 그대로 저장해야 합니다.
  이를 준수하지 않으면 실격 처리됩니다.
  답안 파일명의 예 : C:\OA\수험번호8자리.xlsm
- **외부데이터 위치 : C:\OA\파일명**
- 별도의 지시사항이 없는 경우, 다음과 같이 처리 시 실격 처리됩니다.
  ○ 제시된 시트 및 개체의 순서나 이름을 임의로 변경한 경우
  ○ 제시된 시트 및 개체를 임의로 추가 또는 삭제한 경우
- 답안은 반드시 문제에서 지시 또는 요구한 셀에 입력하여야 하며 다음과 같이 처리 시 채점 대상에서 제외됩니다.
  ○ 제시된 함수가 있을 경우 제시된 함수만을 사용하여야 하며 그 외 함수사용시 채점 대상에서 제외
  ○ 수험자가 임의로 지시하지 않은 셀의 이동, 수정, 삭제, 변경 등으로 인해 셀의 위치 및 내용이 변경된 경우 해당 작업에 영향을 미치는 관련문제 모두 채점 대상에서 제외
  ○ 도형 및 차트의 개체가 중첩되어 있거나 동일한 계산결과 시트가 복수로 존재할 경우 해당 개체나 시트는 채점 대상에서 제외
- 수식 작성 시 제시된 문제 파일의 데이터는 변경 가능한(가변적) 데이터임을 감안하여 문제 풀이를 하시오.
- 별도의 지시사항이 없는 경우, 주어진 각 시트 및 개체의 설정값 또는 기본 설정값 (Default)으로 처리하시오.
- 저장 시간은 별도로 주어지지 않으므로 제한된 시간 내에 저장을 완료해야 하며, 제한 시간 내에 저장이 되지 않은 경우에는 실격 처리됩니다.
- 출제된 문제의 용어는 MS Office LTSC Professional Plus 2021 기준으로 작성되어 있습니다.

대한상공회의소

문제1 기본작업(20점) ● 주어진 시트에서 다음 과정을 수행하고 저장하시오.

1. '기본작업-1' 시트에 다음의 자료를 주어진 대로 입력하시오. (5점)

	A	B	C	D	E	F
1	5월 재고 현황					
2						
3	제품명	단가	5월주문량	월말재고	재고율	6월주문량
4	세탁기	430000	100	80	0.8	50
5	전자레인지	220000	80	65	0.8	40
6	컬러TV	850000	300	46	0.15	450
7	VTR	256000	250	130	0.52	125
8	CD플레이어	95000	120	15	0.13	180
9	냉장고	932000	150	56	0.37	150
10	선풍기	110000	90	15	0.16	135

2. '기본작업-2' 시트에 대하여 다음의 지시사항을 처리하시오. (각 2점)

   ① [A1:F1] 영역은 '병합하고 가운데 맞춤', 글꼴 '돋움', 글꼴 크기 '16', 글꼴 스타일 '굵은 기울임꼴', 밑줄 '실선'으로 지정하시오.

   ② [A4:A5], [B4:B5], [C4:E4], [F4:F5] 영역은 '병합하고 가운데 맞춤'으로 지정하시오.

   ③ [F6:F14] 영역은 '쉼표 스타일'로 지정하고, 소수 첫 번째 자리까지 표시하시오.

   ④ [B6:B14] 영역의 이름을 '등급'으로 정의하시오.

   ⑤ [A4:F14] 영역에 '모든 테두리(⊞)'를 적용하여 표시하시오.

3. '기본작업-3' 시트에서 다음의 지시사항을 처리하시오. (5점)

   − [A4:G16] 영역에서 제품단가가 4,500 이상이면서 입금금액이 600,000 이상인 행 전체에 대하여 글꼴 색을 '표준 색-파랑', 글꼴 스타일을 '굵게'로 지정하는 조건부 서식을 작성하시오.

   ▶ AND 함수 사용
   ▶ 단, 규칙 유형은 '수식을 사용하여 서식을 지정할 셀 결정'을 사용하고, 한개의 규칙으로만 작성하시오.

문제2 계산작업(40점) ● '계산작업' 시트에서 다음 과정을 수행하고 저장하시오.

1. [표1]에서 급여총액[B3:B8]과 누진공제[C3:C8], 세율표[A12:B14]를 이용하여 세금공제액 [D3:D8]을 반올림 없이 10의 자리까지 표시하시오. (8점)

   ▶ 세금공제액 = 급여총액 × 세율 − 누진공제
   ▶ VLOOKUP, TRUNC 함수 사용

2. [표2]에서 총점[J3:J8]을 이용하여 1~3위는 각 순위의 숫자, 나머지는 공백으로 순위 [K3:K8]에 표시하시오. (8점)

   ▶ 순위는 총점이 가장 높은 조가 1위
   ▶ CHOOSE, RANK.EQ 함수 사용

3. [표3]에서 출발시간[B18:B24]과 정류장수[C18:C24]를 이용하여 도착예정시간[D18:D24]을 구하시오. (8점)
   - ▶ 도착예정시간 = 출발시간 + 정류장수 × 정류장 당 소요시간(4분)
   - ▶ TIME, HOUR, MINUTE 함수 사용

4. [표4]에서 부서명[G15:G22]의 추가지급액[I15:I22]을 이용하여 생산부의 추가지급액의 합계를 계산하여 [I24] 셀에 표시하시오. (8점)
   - ▶ SUMIF 함수 사용

5. [표5]에서 제품[A28:A33], 공정[B28:B33], 옵션[C28:C33]을 이용하여 제품식별번호[D28:D33]를 표시하시오. (8점)
   - ▶ 제품식별번호는 제품, 옵션, 공정의 마지막 숫자를 '-'으로 연결하여 대문자로 표시
     [표시 예 : 제품(aaa), 옵션(a), 공정(aa01) → AAA-A-1]
   - ▶ UPPER, RIGHT 함수 사용

문제3 분석작업(20점) ● 주어진 시트에서 다음 작업을 수행하고 저장하시오.

1. '분석작업-1' 시트에 대하여 다음의 지시사항을 처리하시오. (10점)
   - [부분합] 기능을 이용하여 '영화 DVD 대여 현황' 표에 〈그림〉과 같이 장르별 '대여료'의 합계를 계산한 후 '연체료'의 평균을 계산하시오.
     - ▶ 정렬은 '장르'를 기준으로 오름차순으로 처리하시오.
     - ▶ 합계와 평균은 위에 명시된 순서대로 처리하시오.

	A	B	C	D	E	F	G
1	영화 DVD 대여 현황						
2							
3	영화명	장르	성명	대여료	연체료	대출일	반납일
4	퍼팩트월드	드라마	최철근	1,500	400	07-18	07-24
5	쇼생크탈출	드라마	양해일	2,500	200	08-16	08-21
6	시네마천국	드라마	김민수	1,000	-	06-07	06-10
7	포레스트 검프	드라마	우한미	1,000	-	06-25	06-28
8		드라마 평균			150		
9		드라마 요약		6,000			
10	쿵푸팬더	애니메이션	정은경	1,500	-	06-14	06-18
11	뮬란	애니메이션	김성희	2,500	-	08-02	08-05
12	토이스토리	애니메이션	여진희	1,500	200	07-25	07-30
13		애니메이션 평균			67		
14		애니메이션 요약		5,500			
15	친구	액션	김은조	1,000	600	06-07	06-14
16	레옹	액션	한미인	2,000	600	07-03	07-10
17	글래디에이터	액션	유영조	2,000	400	08-16	08-22
18		액션 평균			533		
19		액션 요약		5,000			
20	엑스맨	판타지	한성기	1,500	-	06-07	06-10
21	반지의제왕	판타지	어수한	1,000	600	06-18	06-25
22	해리포터	판타지	황경엽	1,500	-	07-05	07-09
23		판타지 평균			200		
24		판타지 요약		4,000			
25		전체 평균			231		
26		총합계		20,500			

2. '분석작업-2' 시트에 대하여 다음의 지시사항을 처리하시오. (10점)
   - '손익계산서' 표에서 순이익의 평균[F9]이 250,000,000이 되려면 연평균 성장율[I4]이 얼마가 되어야 하는지 [목표값 찾기] 기능을 이용하여 계산하시오.

문제4 기타작업(20점) ● 주어진 시트에서 다음 작업을 수행하고 저장하시오.

1. '매크로작업' 시트의 [표1]에서 다음과 같은 기능을 수행하는 매크로를 현재 통합 문서에 작성하고 실행하시오. (각 5점)

    ① [F3:F10] 영역에 실수령액을 계산하는 매크로를 생성하여 실행하시오.
    - ▶ 매크로 이름 : 실수령액
    - ▶ 실수령액 = 기본급 + 보조지원비 + 가계지원비 - 세금
    - ▶ [삽입]-[일러스트레이션]-[도형]-[기본 도형]의 '타원(○)'을 동일 시트의 [B12:C13] 영역에 생성하고, 텍스트를 '실수령액'으로 입력한 후 도형을 클릭할 때 '실수령액' 매크로가 실행되도록 설정하시오.

    ② [A2:F2] 영역에 글꼴 스타일을 '기울임꼴', 채우기 색을 '표준 색-노랑'으로 적용하는 매크로를 생성하여 실행하시오.
    - ▶ 매크로 이름 : 서식지정
    - ▶ [삽입]-[일러스트레이션]-[도형]-[사각형]의 '직사각형(▭)'을 동일 시트의 [D12:E13] 영역에 생성하고, 텍스트를 '서식지정'으로 입력한 후 도형을 클릭할 때 '서식지정' 매크로가 실행되도록 설정하시오.

    ※ 셀 포인터의 위치에 상관없이 현재 통합 문서에서 매크로가 실행되어야 정답으로 인정됨

2. '차트작업' 시트의 차트를 지시사항에 따라 아래 그림과 같이 수정하시오. (각 2점)

    ※ 차트는 반드시 문제에서 제공한 차트를 사용하여야 하며, 신규로 작성 시 0점 처리됨

    ① '2020년' 계열이 제거되도록 데이터 범위를 수정하시오.
    ② 차트 제목은 '차트 위'로 지정한 후 〈그림〉과 같이 입력하고, 글꼴 '궁서체', 글꼴 크기 '14', 글꼴 스타일 '굵은 기울임꼴', 밑줄 '실선'으로 지정하시오.
    ③ 범례는 아래쪽에 배치하시오.
    ④ '2022년' 계열의 '부상자수' 요소에만 데이터 레이블 '값'을 표시하고, 레이블 위치를 '바깥쪽 끝에'로 설정하시오.
    ⑤ 차트 영역의 테두리에는 그림자 '오프셋: 오른쪽'과 '둥근 모서리'를 설정하시오.

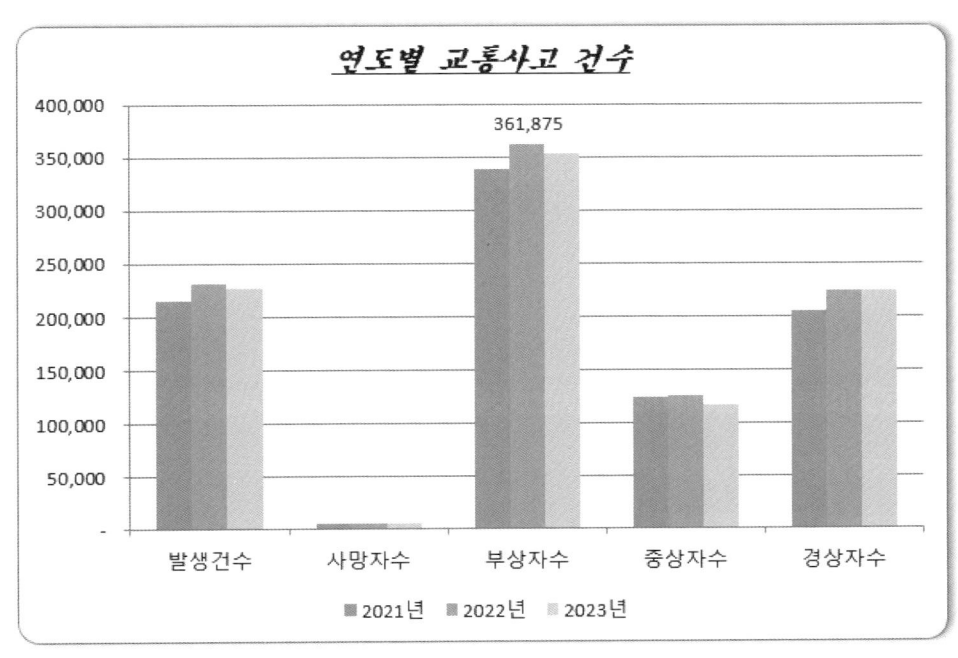

제13회 실전모의고사

프로그램명	제한시간
EXCEL 2021	40분

수험번호 :
성　명 :

2급　C형

유 의 사 항

■ 인적 사항 누락 및 잘못 작성으로 인한 불이익은 수험자 책임으로 합니다.
■ 화면에 암호 입력창이 나타나면 아래의 암호를 입력하여야 합니다.
　○ 암호 : 827@21
■ 작성된 답안은 주어진 경로 및 파일명을 변경하지 마시고 그대로 저장해야 합니다.
　이를 준수하지 않으면 실격 처리됩니다.
　답안 파일명의 예 : C:\OA\수험번호8자리.xlsm
■ **외부데이터 위치 : C:\OA\파일명**
■ 별도의 지시사항이 없는 경우, 다음과 같이 처리 시 실격 처리됩니다.
　○ 제시된 시트 및 개체의 순서나 이름을 임의로 변경한 경우
　○ 제시된 시트 및 개체를 임의로 추가 또는 삭제한 경우
■ 답안은 반드시 문제에서 지시 또는 요구한 셀에 입력하여야 하며 다음과 같이 처리 시
　채점 대상에서 제외됩니다.
　○ 제시된 함수가 있을 경우 제시된 함수만을 사용하여야 하며 그 외 함수사용시
　　채점 대상에서 제외
　○ 수험자가 임의로 지시하지 않은 셀의 이동, 수정, 삭제, 변경 등으로 인해 셀의 위치 및
　　내용이 변경된 경우 해당 작업에 영향을 미치는 관련문제 모두 채점 대상에서 제외
　○ 도형 및 차트의 개체가 중첩되어 있거나 동일한 계산결과 시트가 복수로 존재할 경우
　　해당 개체나 시트는 채점 대상에서 제외
■ 수식 작성 시 제시된 문제 파일의 데이터는 변경 가능한(가변적) 데이터임을 감안하여
　문제 풀이를 하시오.
■ 별도의 지시사항이 없는 경우, 주어진 각 시트 및 개체의 설정값 또는 기본 설정값
　(Default)으로 처리하시오.
■ 저장 시간은 별도로 주어지지 않으므로 제한된 시간 내에 저장을 완료해야 하며, 제한
　시간 내에 저장이 되지 않은 경우에는 실격 처리됩니다.
■ 출제된 문제의 용어는 MS Office LTSC Professional Plus 2021 기준으로 작성되어
　있습니다.

대한상공회의소

문제1 기본작업(20점) ● 주어진 시트에서 다음 과정을 수행하고 저장하시오.

1. '기본작업-1' 시트에 다음의 자료를 주어진 대로 입력하시오. (5점)

	A	B	C	D	E	F	G
1	대한상사 명예퇴임 신청자 현황						
2							
3	사원코드	성명	주민등록번호	거주지	신청일자	직급	평균급여
4	73MM#-01	김영호	540127-1324574	행당동	2023-11-24	부장	4500000
5	73MM#-06	황인수	551230-1663227	역삼동	2023-11-24	차장	4300000
6	75FD&-09	차인혜	570608-2012341	대치동	2023-11-27	차장	4000000
7	76FJ*-02	정인숙	580803-2451245	신당동	2023-11-29	부장	3750000
8	74FJ*-07	박정호	560423-1625467	하계동	2023-12-11	차장	4220000
9	79MD&-14	곽지환	611012-1157124	갈원동	2023-12-20	과장	3240000

2. '기본작업-2' 시트에 대하여 다음의 지시사항을 처리하시오. (각 2점)

① [A1:I1] 영역은 '병합하고 가운데 맞춤', 글꼴 '굴림체', 글꼴 크기 '16', 글꼴 스타일 '굵게'로 지정하시오.
② [A3:A4], [B3:B4], [C3:C4], [D3:D4], [E3:H3], [I3:I4] 영역은 '병합하고 가운데 맞춤'을 지정하고, [I5:I14] 영역은 '쉼표 스타일'로 지정하시오.
③ [E5:H14] 영역은 사용자 지정 표시 형식을 이용하여 1000 단위 구분 기호와 숫자 뒤에 '원'을 [표시 예]와 같이 표시하시오. [표시 예 : 1000 → 1,000원, 0 → 0원]
④ [I5] 셀에 '여성 의류 매출 현황'이라는 메모를 삽입한 후 항상 표시되도록 지정하고, 메모 서식에서 맞춤 '자동 크기'를 설정하시오.
⑤ [A3:I14] 영역에 '모든 테두리(⊞)'를 적용하여 표시하시오.

3. '기본작업-3' 시트에서 다음의 지시사항을 처리하시오. (5점)
- '상공전자 사원별 급여 현황' 표에서 연장수당이 350,000 이상이고, 자격수당이 500,000 이상인 데이터를 고급 필터를 사용하여 검색하시오.
  ▶ 고급 필터 조건은 [A16:D18] 범위 내에 알맞게 입력하시오.
  ▶ 고급 필터 결과 복사 위치는 동일 시트의 [A20] 셀에서 시작하시오.

문제2 계산작업(40점) ● '계산작업' 시트에서 다음 과정을 수행하고 저장하시오.

1. [표1]에서 과일명[A3:A11]을 이용하여 사과류의 판매금액 합계[D12]를 구하시오. (8점)
   ▶ '사과류'란 과일 이름의 마지막 문자열이 '사과'인 것을 의미함
   ▶ SUMIF 함수 사용

2. [표2]에서 수익률[F3:F11]을 이용하여 수익률 순위에 해당하는 펀드명[K6:K7]을 표시하시오. (8점)
   ▶ 수익률이 가장 높은 값이 1위
   ▶ VLOOKUP, LARGE 함수 사용

3. [표3]에서 회사보유재고[A16:A25]가 판매오더수량[B16:B25]보다 많거나 같으면 0을 표시하고, 그렇지 않으면 부족수량과 수입업체보유재고[C16:C25] 중 작은 값을 비고[D16:D25]에 표시하시오. (8점)
   - ▶ 부족수량 = 판매오더수량 − 회사보유재고
   - ▶ IF, MAX, MIN 함수 중 알맞은 함수 사용

4. [표4]에서 불량률[G16:G22]과 공정개수[H16:H22]를 이용하여 평균불량률[H24]을 구하시오. (8점)
   - ▶ 평균불량률 = 불량률합계 / 0이 아닌 공정개수
   - ▶ 평균불량률은 반올림 없이 정수로 표시하시오.
   - ▶ SUM, COUNTIF, TRUNC 함수 사용

5. [표5]에서 1/4분기 강북지점의 평균판매량을 구하여 강북판매량[D41]에 표시하시오. (8점)
   - ▶ 조건은 [D30:D38] 영역에 입력하고, 숫자 뒤에 '개'를 표시 [표시 예 : 150개]
   - ▶ DSUM, DCOUNT 함수와 & 연산자 사용

문제3 분석작업(20점) ● 주어진 시트에서 다음 작업을 수행하고 저장하시오.

1. '분석작업-1' 시트에 대하여 다음의 지시사항을 처리하시오. (10점)
   - [시나리오 관리자] 기능을 이용하여 '동계스키캠프 참가명단' 표에서 할인율[G15]이 다음과 같이 변동되는 경우 총비용 합계[G13]의 변동 시나리오를 작성하시오.
     - ▶ [G13] 셀의 이름은 '총비용합계', [G15] 셀의 이름은 '할인율'로 정의하시오.
     - ▶ 시나리오1 : 시나리오 이름은 '평일할인', 할인율 30%로 설정하시오.
     - ▶ 시나리오2 : 시나리오 이름은 '휴일할인', 할인율 40%로 설정하시오.
     - ▶ 시나리오 요약 시트는 '분석작업-1' 시트의 바로 왼쪽에 위치해야 함
   - ※ 시나리오 요약 보고서 작성 시 정답과 일치하여야 하며, 오자로 인한 부분점수는 인정하지 않음

2. '분석작업-2' 시트에 대하여 다음의 지시사항을 처리하시오. (10점)
   - '휴대폰 제조업체 매출 현황' 표를 이용하여 생산지는 '보고서 필터', 브랜드명은 '행 레이블', 제조업체는 '열 레이블'로 처리하고, '값'에 2022년과 2023년의 합계를 계산하는 피벗 테이블을 작성하시오.
     - ▶ 피벗 테이블 보고서는 동일 시트의 [A21] 셀에서 시작하시오.
     - ▶ 피벗 테이블 보고서는 레이블이 있는 셀 병합 및 가운데 맞춤을 지정하고 열의 총합계만 표시하시오.
     - ▶ 숫자에는 '쉼표 스타일'을 지정하시오.

문제4 기타작업(20점) ● 주어진 시트에서 다음 작업을 수행하고 저장하시오.

1. '매크로작업' 시트의 [표1]에서 다음과 같은 기능을 수행하는 매크로를 현재 통합 문서에 작성하고 실행하시오. (각 5점)

   ① [G4:G11] 영역에 전공, 교직, 논술, 가산점의 합계를 계산하는 매크로를 생성하여 실행하시오.
   ▶ 매크로 이름 : 합계　　　　　▶ SUM 함수 사용
   ▶ [삽입]-[일러스트레이션]-[도형]-[기본 도형]의 '사각형: 빗면(▢)'을 동일 시트의 [I4:J6] 영역에 생성하고, 텍스트를 '합계'로 입력한 후 도형을 클릭할 때 '합계' 매크로가 실행되도록 설정하시오.

   ② [A3:G3] 영역에 글꼴 스타일을 '굵게', 채우기 색을 '표준 색-노랑'으로 적용하는 매크로를 생성하여 실행하시오.
   ▶ 매크로 이름 : 서식
   ▶ [삽입]-[일러스트레이션]-[도형]-[기본 도형]의 '해(☼)'를 동일 시트의 [I8:J10] 영역에 생성하고, 텍스트를 '서식'으로 입력한 후 도형을 클릭할 때 '서식' 매크로가 실행되도록 설정하시오.

   ※ 셀 포인터의 위치에 상관없이 현재 통합 문서에서 매크로가 실행되어야 정답으로 인정됨

2. '차트작업' 시트의 차트를 지시사항에 따라 아래 그림과 같이 수정하시오. (각 2점)

   ※ 차트는 반드시 문제에서 제공한 차트를 사용하여야 하며, 신규로 작성 시 0점 처리됨

   ① '판매이익' 계열의 차트 종류를 '표식이 있는 꺾은선형'으로 변경하고, '보조 축'으로 지정하시오.
   ② 차트 제목은 '차트 위'로 지정한 후 〈그림〉과 같이 입력하고, 글꼴 '굴림체', 글꼴 크기 '18', 글꼴 스타일 '굵게'로 지정하시오.
   ③ 범례는 아래쪽에 배치하시오.
   ④ '판매이익' 계열의 'LPX30' 요소에만 데이터 레이블 '값'을 표시하고, 레이블 위치를 '오른쪽'으로 설정하시오.
   ⑤ 세로(값) 축의 최대값을 800으로 지정하시오.

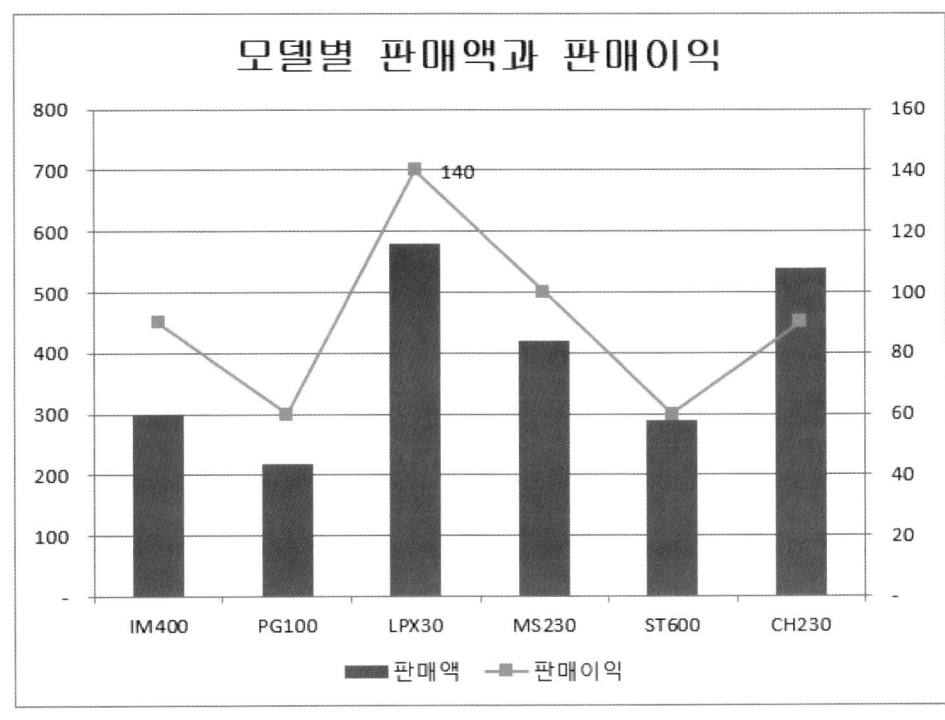

제14회 실전모의고사

프로그램명	제한시간
EXCEL 2021	40분

수험번호 :
성   명 :

2급   D형

유 의 사 항

- 인적 사항 누락 및 잘못 작성으로 인한 불이익은 수험자 책임으로 합니다.
- 화면에 암호 입력창이 나타나면 아래의 암호를 입력하여야 합니다.
  ○ 암호 : 7824%3
- 작성된 답안은 주어진 경로 및 파일명을 변경하지 마시고 그대로 저장해야 합니다.
  이를 준수하지 않으면 실격 처리됩니다.
  답안 파일명의 예 : C:₩OA₩수험번호8자리.xlsm
- **외부데이터 위치 : C:₩OA₩파일명**
- 별도의 지시사항이 없는 경우, 다음과 같이 처리 시 실격 처리됩니다.
  ○ 제시된 시트 및 개체의 순서나 이름을 임의로 변경한 경우
  ○ 제시된 시트 및 개체를 임의로 추가 또는 삭제한 경우
- 답안은 반드시 문제에서 지시 또는 요구한 셀에 입력하여야 하며 다음과 같이 처리 시 채점 대상에서 제외됩니다.
  ○ 제시된 함수가 있을 경우 제시된 함수만을 사용하여야 하며 그 외 함수사용시 채점 대상에서 제외
  ○ 수험자가 임의로 지시하지 않은 셀의 이동, 수정, 삭제, 변경 등으로 인해 셀의 위치 및 내용이 변경된 경우 해당 작업에 영향을 미치는 관련문제 모두 채점 대상에서 제외
  ○ 도형 및 차트의 개체가 중첩되어 있거나 동일한 계산결과 시트가 복수로 존재할 경우 해당 개체나 시트는 채점 대상에서 제외
- 수식 작성 시 제시된 문제 파일의 데이터는 변경 가능한(가변적) 데이터임을 감안하여 문제 풀이를 하시오.
- 별도의 지시사항이 없는 경우, 주어진 각 시트 및 개체의 설정값 또는 기본 설정값(Default)으로 처리하시오.
- 저장 시간은 별도로 주어지지 않으므로 제한된 시간 내에 저장을 완료해야 하며, 제한 시간 내에 저장이 되지 않은 경우에는 실격 처리됩니다.
- 출제된 문제의 용어는 MS Office LTSC Professional Plus 2021 기준으로 작성되어 있습니다.

대한상공회의소

문제1 기본작업(20점) ● 주어진 시트에서 다음 과정을 수행하고 저장하시오.

1. '기본작업-1' 시트에 다음의 자료를 주어진 대로 입력하시오. (5점)

	A	B	C	D	E	F	G
1	대한 중고센터 품목 현황						
2							
3	품명	규격	예상금액	사용기간	상태	등록일	연락처
4	장롱	8자/나무	780000	2년	B등급	2023-03-02	2237-6785
5	VIP의자	W650*D720*H1220	115000	2년 7개월	AA급	2022-08-23	324-0088
6	TV	50"(벽걸이)	167000	3년	수리요망	2022-12-01	567-5987
7	세탁기	10kg(드럼형)	678000	5개월	AAA급	2023-06-21	555-4895
8	전기히터	12평형	87000	18개월	양호	2020-03-25	658-1628
9	김치냉장고	880*690*994mm	789000	15개월	특A급	2021-04-09	332-6917

2. '기본작업-2' 시트에 대하여 다음의 지시사항을 처리하시오. (각 2점)

   ① [A1:G1] 영역은 '병합하고 가운데 맞춤', 글꼴 '궁서체', 글꼴 크기 '16', 글꼴 스타일 '굵게', 밑줄 '이중 실선', 행 높이 '24'로 지정하시오.
   ② [A3:G3], [A4:C13] 영역은 '가로 가운데 맞춤'으로 지정하시오.
   ③ 제목의 문자열 앞뒤에 특수문자 '■'을 삽입하시오.
   ④ [D4:F12] 영역은 사용자 지정 표시 형식을 이용하여 1000 단위 구분 기호와 문자 뒤에 '개'를 [표시 예]와 같이 표시하시오. [표시 예 : 2000 → 2,000개, 0 → 0개]
   ⑤ [A3:G13] 영역에 '모든 테두리(⊞)'를 적용하여 표시하고, [B13:F13] 영역에는 '×' 모양의 괘선으로 채우시오.

3. '기본작업-3' 시트에서 다음의 지시사항을 처리하시오. (5점)

   − [A4:G11] 영역에서 도서단가가 60,000 이상이면서 수량이 80 이상인 행 전체에 대하여 글꼴 색을 '표준 색-빨강', 글꼴 스타일을 '굵게'로 지정하는 조건부 서식을 작성하시오.
     ▶ AND 함수 사용
     ▶ 단, 규칙 유형은 '수식을 사용하여 서식을 지정할 셀 결정'을 사용하고, 한개의 규칙으로만 작성하시오.

문제2 계산작업(40점) ● '계산작업' 시트에서 다음 과정을 수행하고 저장하시오.

1. [표1]에서 근무년수에 대한 순위를 구하여 1~3위까지는 'A', 4~6위까지는 'B', 그 외에는 'C'를 등급[D3:D10]에 표시하시오. (8점)
   ▶ 순위는 근무년수가 가장 많은 값이 1위
   ▶ IF, RANK.EQ 함수 사용

2. [표2]에서 주민등록번호를 이용하여 성별[K3:K10]을 구하시오. (8점)
   ▶ 주민등록번호의 8번째 숫자가 1, 3인 경우 '남자', 2, 4인 경우 '여자'로 표시
   ▶ CHOOSE, MOD, MID 함수 사용

3. [표3]에서 판매수량[C14:C18]과 할인율표[B21:D22]를 이용하여 할인금액[E14:E18]을 구하시오. (8점)
   - ▶ 할인금액 = 판매금액 × 할인율
   - ▶ 할인율표 : 판매수량이 1 이상 40 미만이면 할인율은 0%, 40 이상 70 미만이면 3%, 70 이상이면 6%
   - ▶ HLOOKUP, VLOOKUP, CHOOSE 함수 중 알맞은 함수 사용

4. [표4]에서 '서울' 지역의 판매금액 평균을 구하여 서울평균[H24]에 표시하시오. (8점)
   - ▶ 서울의 평균은 천 단위에서 올림하여 만 단위까지 표시 [표시 예 : 123,456 → 130,000]
   - ▶ DAVERAGE, ROUNDUP 함수 사용

5. [표5]에서 국어[B26:B33], 영어[C26:C33], 수학[D26:D33] 점수가 50점 이상이면서 평균[E26:E33] 점수가 60점 이상이면 '합격', 그 외에는 '불합격'을 합격여부[F26:F33]에 표시하시오.
   - ▶ IF, COUNTIF, AND 함수 사용

문제3 분석작업(20점) ● 주어진 시트에서 다음 작업을 수행하고 저장하시오.

1. '분석작업-1' 시트에 대하여 다음의 지시사항을 처리하시오. (10점)
   - '제품 공급 현황' 표를 이용하여 제품명은 '보고서 필터', 거래처명은 '행 레이블'로 처리하고, '값'에 공급가액과 세액의 평균을 계산하는 피벗 테이블을 작성하시오.
     - ▶ 피벗 테이블 보고서는 동일 시트의 [A22] 셀에서 시작하시오.
     - ▶ 숫자에는 '쉼표 스타일'을 지정하시오.
     - ▶ 피벗 테이블 스타일은 '연한 파랑, 피벗 스타일 보통 9'로 지정하시오.

2. '분석작업-2' 시트에 대하여 다음의 지시사항을 처리하시오. (10점)
   - '상공마트 거래 내역서' 표에서 복숭아의 판매금액[F10]이 7,000,000이 되려면 판매수량[E10]이 얼마가 되어야 하는지 [목표값 찾기] 기능을 이용하여 계산하시오.

문제4 기타작업(20점) ● 주어진 시트에서 다음 작업을 수행하고 저장하시오.

1. '매크로작업' 시트의 [표1]에서 다음과 같은 기능을 수행하는 매크로를 현재 통합 문서에 작성하고 실행하시오. (각 5점)

   ① [C9:E9] 영역에 평균을 계산하는 계산하는 매크로를 생성하여 실행하시오.
   ▶ 매크로 이름 : 평균   ▶ AVERAGE 함수 사용
   ▶ [삽입]-[일러스트레이션]-[도형]-[사각형]의 '사각형: 둥근 모서리(◻)'를 동일 시트의 [H2:H4] 영역에 생성하고, 텍스트를 '평균'으로 입력한 후 도형을 클릭할 때 '평균' 매크로가 실행되도록 설정하시오.

   ② [A2:F8] 영역을 '최종점수'를 기준으로 내림차순 정렬하는 매크로를 생성하여 실행하시오.
   ▶ 매크로 이름 : 정렬
   ▶ [삽입]-[일러스트레이션]-[도형]-[기본 도형]의 '타원(◯)'을 동일 시트의 [H6:H8] 영역에 생성하고, 텍스트를 '정렬'로 입력한 후 도형을 클릭할 때 '정렬' 매크로가 실행되도록 설정하시오.

   ※ 셀 포인터의 위치에 상관없이 현재 통합 문서에서 매크로가 실행되어야 정답으로 인정됨

2. '차트작업' 시트의 차트를 지시사항에 따라 아래 그림과 같이 수정하시오. (각 2점)

   ※ 차트는 반드시 문제에서 제공한 차트를 사용하여야 하며, 신규로 작성 시 0점 처리됨

   ① '매출액' 계열의 차트 종류를 '표식이 있는 꺾은선형'으로 변경하고, '보조 축'으로 지정하시오.
   ② 차트 제목은 '차트 위'로 지정한 후 〈그림〉과 같이 입력하고, 글꼴 '궁서체', 글꼴 크기 '16', 글꼴 스타일 '굵게'로 지정하시오.
   ③ 범례는 위쪽에 배치하고, 글꼴 '궁서체', 글꼴 스타일 '굵게'로 지정하시오.
   ④ '매출액' 계열에만 데이터 레이블 '값'을 표시하고, 레이블의 위치를 '오른쪽'으로 설정하시오.
   ⑤ 세로(값) 축의 최대값을 2,000,000으로 지정하시오.

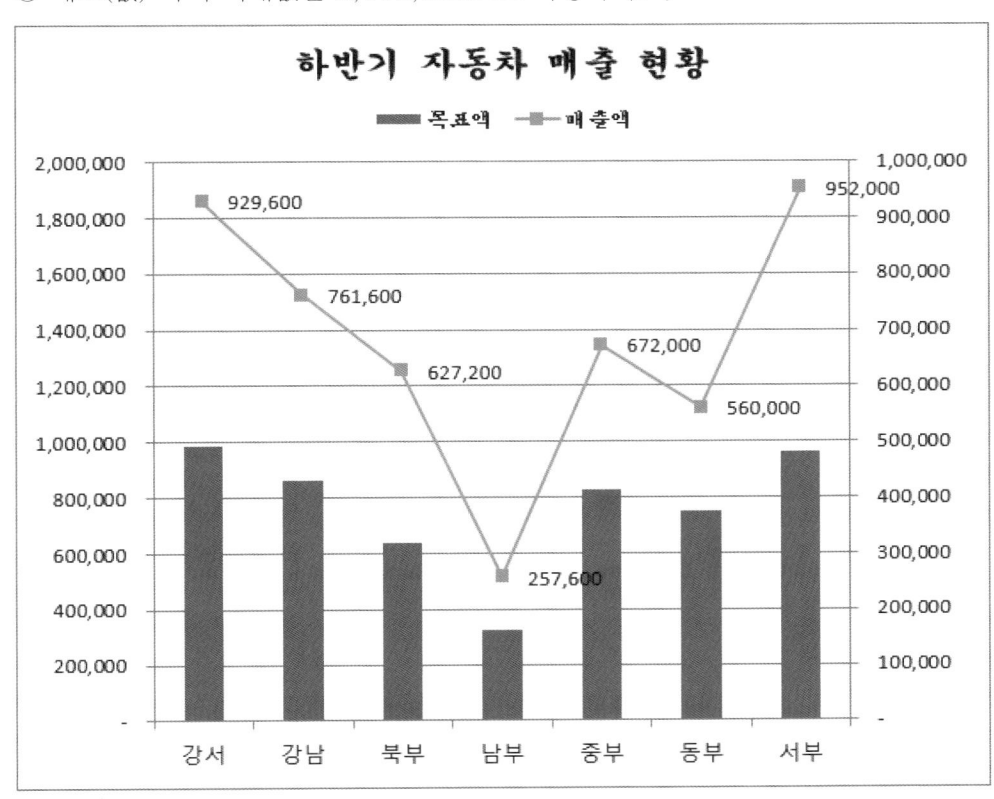

제15회 실전모의고사

프로그램명	제한시간
EXCEL 2021	40분

수험번호 :
성　　명 :

2급 E형

유 의 사 항

- 인적 사항 누락 및 잘못 작성으로 인한 불이익은 수험자 책임으로 합니다.
- 화면에 암호 입력창이 나타나면 아래의 암호를 입력하여야 합니다.
  ○ 암호 : 754&23
- 작성된 답안은 주어진 경로 및 파일명을 변경하지 마시고 그대로 저장해야 합니다.
  이를 준수하지 않으면 실격 처리됩니다.
  답안 파일명의 예 : C:₩OA₩수험번호8자리.xlsm
- **외부데이터 위치 : C:₩OA₩파일명**
- 별도의 지시사항이 없는 경우, 다음과 같이 처리 시 실격 처리됩니다.
  ○ 제시된 시트 및 개체의 순서나 이름을 임의로 변경한 경우
  ○ 제시된 시트 및 개체를 임의로 추가 또는 삭제한 경우
- 답안은 반드시 문제에서 지시 또는 요구한 셀에 입력하여야 하며 다음과 같이 처리 시 채점 대상에서 제외됩니다.
  ○ 제시된 함수가 있을 경우 제시된 함수만을 사용하여야 하며 그 외 함수사용시 채점 대상에서 제외
  ○ 수험자가 임의로 지시하지 않은 셀의 이동, 수정, 삭제, 변경 등으로 인해 셀의 위치 및 내용이 변경된 경우 해당 작업에 영향을 미치는 관련문제 모두 채점 대상에서 제외
  ○ 도형 및 차트의 개체가 중첩되어 있거나 동일한 계산결과 시트가 복수로 존재할 경우 해당 개체나 시트는 채점 대상에서 제외
- 수식 작성 시 제시된 문제 파일의 데이터는 변경 가능한(가변적) 데이터임을 감안하여 문제 풀이를 하시오.
- 별도의 지시사항이 없는 경우, 주어진 각 시트 및 개체의 설정값 또는 기본 설정값(Default)으로 처리하시오.
- 저장 시간은 별도로 주어지지 않으므로 제한된 시간 내에 저장을 완료해야 하며, 제한 시간 내에 저장이 되지 않은 경우에는 실격 처리됩니다.
- 출제된 문제의 용어는 MS Office LTSC Professional Plus 2021 기준으로 작성되어 있습니다.

문제1 기본작업(20점) ● 주어진 시트에서 다음 과정을 수행하고 저장하시오.

1. '기본작업-1' 시트에 다음의 자료를 주어진 대로 입력하시오. (5점)

	A	B	C	D	E	F
1	중소기업 임금 현황					
2						2023년 12월 현재
3	회사명	업종	창업연도	사원수	평균월급여	평균근무연도
4	㈜미림정밀	기계(MACHINE)	1985년	40명	1500000	12년
5	세화공업	금속(METAL)	1977년	35명	1650000	17년
6	보라매유통	유통(DISTRIBUTION)	1989년	50명	1000000	8년
7	일신상사	유통(DISTRIBUTION)	2000년	25명	800000	2년
8	나라금속	금속(METAL)	1990년	52명	950000	6년
9	영화섬유㈜	섬유(TEXTILE)	1983년	30명	1200000	11년
10	성일기계	기계(MACHINE)	2001년	45명	750000	1년

2. '기본작업-2' 시트에 대하여 다음의 지시사항을 처리하시오. (각 2점)

   ① [B1:J1] 영역은 '병합하고 가운데 맞춤', 글꼴 '바탕체', 글꼴 크기 '18', 글꼴 스타일 '굵은 기울임꼴', 밑줄 '실선'으로 지정하시오.

   ② [B3:J4] 영역은 글꼴 스타일 '굵게', 글꼴 색 '표준 색-빨강', 채우기 색 '표준 색-노랑'으로 지정하시오.

   ③ [D5:I16] 영역은 사용자 지정 표시 형식을 이용하여 2자리수로 [표시 예]와 같이 표시하시오. [표시 예 : 5 → 05]

   ④ [C5:C16] 영역의 이름을 '학생이름'으로 정의하시오.

   ⑤ [B3:J16] 영역에 '모든 테두리(⊞)'를 적용하여 표시하고, [G16:J16] 영역에는 '/' 모양의 괘선으로 채우시오.

3. '기본작업-3' 시트에서 다음의 지시사항을 처리하시오. (5점)

   - [A4:E16] 영역에서 대출상품이 '학자금'으로 시작하는 행 전체에 대하여 글꼴 색을 '표준 색-파랑'으로 지정하고, '대출'로 끝나는 행 전체에 대하여 글꼴 색을 '표준 색-빨강'으로 지정하는 조건부 서식을 작성하시오.

     ▶ LEFT, RIGHT 함수 사용
     ▶ 단, 규칙 유형은 '수식을 사용하여 서식을 지정할 셀 결정'을 사용하시오.

문제2 계산작업(40점) ● '계산작업' 시트에서 다음 과정을 수행하고 저장하시오.

1. [표1]에서 모델명[A3:A7]의 뒤에서 세 자리와 판매단가표[B10:D11]를 이용하여 판매단가를 추출한 후 매출액[D3:D7]을 구하시오. (8점)

   ▶ 매출액 = 판매단가 × 판매량
   ▶ 판매단가표의 의미 : 모델명 뒤에서 세 자리가 'FHA'이면 판매단가가 300, 'FHB'이면 350, 'FHC'이면 400임
   ▶ HLOOKUP, RIGHT 함수 사용

2. [표2]에서 출발일자[H3:H11]를 이용하여 출발요일[I3:I11]을 구하시오. (8점)

   ▶ 요일 계산 방식은 일요일부터 시작하는 1번 방식으로 지정하고, '일요일'과 같이 문자열 전체를 표시
   ▶ CHOOSE, WEEKDAY 함수 사용

3. [표3]에서 희망부서[B16:B27]가 '기획부'인 인원수[B30]를 구하시오. (8점)
   ▶ 인원수 뒤에 '명'을 표시 [표시 예 : 5명]
   ▶ DSUM, DCOUNT, DMAX 함수 중 알맞은 함수와 & 연산자 사용

4. [표4]에서 나라[F16:F23]와 수도[G16:G23]를 합하여 지역[I16:I23]에 표시하시오. (8점)
   ▶ 모든 문자를 대문자로 표시하고, 수도명은 나라명 뒤에 괄호 안에 넣어 표시
   [표시 예 : Portugal lisbon → PORTUGAL(LISBON)]
   ▶ UPPER 함수와 & 연산자 사용

5. [표5]에서 기준일[B48]과 생년월일[C35:C46]을 이용하여 채용여부[D35:D46]를 구하시오. (8점)
   ▶ 기준일의 연도에서 생년월일의 연도를 뺀 값이 26 이상이면 '채용', 그렇지 않으면 공란으로 표시
   ▶ IF, YEAR 함수 사용

문제3 분석작업(20점) ● 주어진 시트에서 다음 작업을 수행하고 저장하시오.

1. '분석작업-1' 시트에 대하여 다음의 지시사항을 처리하시오. (10점)
   - [시나리오 관리자] 기능을 이용하여 '혼수품목 매출 현황' 표에서 순이익율[H17]이 다음과 같이 변동하는 경우 순이익 합계[H15]의 변동 시나리오를 작성하시오.
     ▶ [H15] 셀의 이름은 '순이익합계', [H17] 셀의 이름은 '순이익율'로 정의하시오.
     ▶ 시나리오1 : 시나리오 이름은 '순이익 인상', 순이익율 30%로 설정하시오.
     ▶ 시나리오2 : 시나리오 이름은 '순이익 인하', 순이익율 20%로 설정하시오.
     ▶ 시나리오 요약 시트는 '분석작업-1' 시트의 바로 왼쪽에 위치해야 함
   ※ 시나리오 요약 보고서 작성 시 정답과 일치하여야 하며, 오자로 인한 부분점수는 인정하지 않음

2. '분석작업-2' 시트에 대하여 다음의 지시사항을 처리하시오. (10점)
   - 데이터 도구 [통합] 기능을 이용하여 [표1], [표2], [표3]에 대한 제품명별 '1월', '2월', '3월'의 평균을 [표4]의 [H19:J25] 영역에 계산하시오.

문제4 기타작업(20점) ● 주어진 시트에서 다음 작업을 수행하고 저장하시오.

1. '매크로작업' 시트의 [표1]에서 다음과 같은 기능을 수행하는 매크로를 현재 통합 문서에 작성하고 실행하시오. (각 5점)

   ① [G4:G12] 영역에 헬스, 수영, 에어로빅의 합계를 계산하는 매크로를 생성하여 실행하시오.
   - ▶ 매크로 이름 : 합계
   - ▶ SUM 함수 사용
   - ▶ [삽입]-[일러스트레이션]-[도형]-[기본 도형]의 '육각형(⬡)'을 동일 시트의 [I3:J5] 영역에 생성하고, 텍스트를 '합계'로 입력한 후 도형을 클릭할 때 '합계' 매크로가 실행되도록 설정하시오.

   ② [A3:G3] 영역에 글꼴 스타일을 '굵게', 채우기 색을 '표준 색-노랑'으로 적용하는 매크로를 생성하여 실행하시오.
   - ▶ 매크로 이름 : 서식
   - ▶ [삽입]-[일러스트레이션]-[도형]-[기본 도형]의 '다이아몬드(◇)'를 동일 시트의 [I7:J9] 영역에 생성하고, 텍스트를 '서식'으로 입력한 후 도형을 클릭할 때 '서식' 매크로가 실행되도록 설정하시오.

   ※ 셀 포인터의 위치에 상관없이 현재 통합 문서에서 매크로가 실행되어야 정답으로 인정됨

2. '차트작업' 시트의 차트를 지시사항에 따라 아래 그림과 같이 수정하시오. (각 2점)

   ※ 차트는 반드시 문제에서 제공한 차트를 사용하여야 하며, 신규로 작성 시 0점 처리됨

   ① 주거형태가 '단독주택'인 세대주의 '문화생활비'가 차트에 표시되도록 데이터 범위를 추가하시오.
   ② 차트 제목은 '차트 위'로 지정한 후 〈그림〉과 같이 입력하고, 글꼴 '바탕체', 글꼴 크기 '18'로 지정하시오.
   ③ 범례는 '아래쪽'에 배치하고, 도형 스타일 '색 윤곽선 – 황금색, 강조 4'로 지정하시오.
   ④ '식비' 계열의 '김성환' 요소에만 데이터 레이블 '값'을 표시하고, 레이블의 위치를 '바깥쪽 끝에'로 설정하시오.
   ⑤ 차트 영역의 테두리에는 너비 '2pt'와 '둥근 모서리'를 설정하시오.

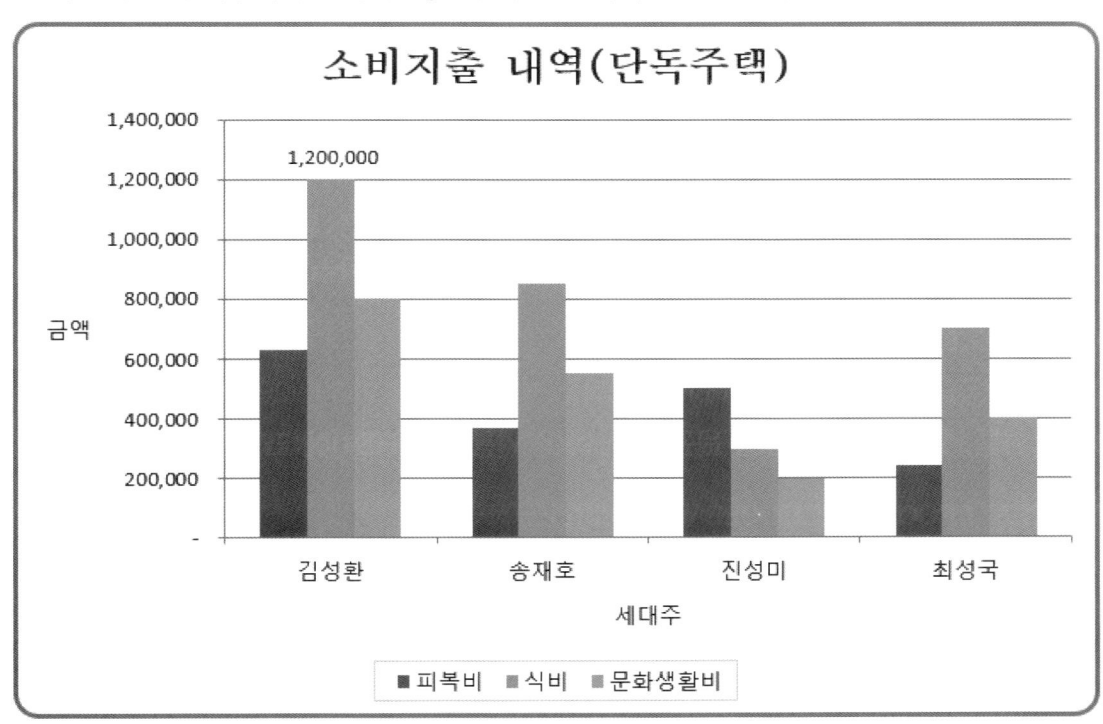

MEMO

'기록은 기억보다 강하다'

Part 03

최신기출문제

제01회 최신기출문제
제02회 최신기출문제
제03회 최신기출문제
제04회 최신기출문제
제05회 최신기출문제

국 가 기 술 자 격 검 정

제 01회 컴퓨터활용능력 실기

프로그램명	제한시간
EXCEL 2021	40분

수험번호 : _____
성　　명 : _____

2급	A형

── < 유 의 사 항 > ──

- 인적 사항 누락 및 잘못 작성으로 인한 불이익은 수험자 책임으로 합니다.
- 화면에 암호 입력창이 나타나면 아래의 암호를 입력하여야 합니다.
  - 암호 : 9174*8
- 작성된 답안은 주어진 경로 및 파일명을 변경하지 마시고 그대로 저장해야 합니다.
  이를 준수하지 않으면 실격 처리됩니다.
  답안 파일명의 예 : C:\OA\수험번호8자리.xlsm
- **외부데이터 위치 : C:\OA\파일명**
- 별도의 지시사항이 없는 경우, 다음과 같이 처리 시 실격 처리됩니다.
  - 제시된 시트 및 개체의 순서나 이름을 임의로 변경한 경우
  - 제시된 시트 및 개체를 임의로 추가 또는 삭제한 경우
- 답안은 반드시 문제에서 지시 또는 요구한 셀에 입력하여야 하며 다음과 같이 처리 시 채점 대상에서 제외됩니다.
  - 제시된 함수가 있을 경우 제시된 함수만을 사용하여야 하며 그 외 함수사용시 채점 대상에서 제외
  - 수험자가 임의로 지시하지 않은 셀의 이동, 수정, 삭제, 변경 등으로 인해 셀의 위치 및 내용이 변경된 경우 해당 작업에 영향을 미치는 관련문제 모두 채점 대상에서 제외
  - 도형 및 차트의 개체가 중첩되어 있거나 동일한 계산결과 시트가 복수로 존재할 경우 해당 개체나 시트는 채점 대상에서 제외
- 수식 작성 시 제시된 문제 파일의 데이터는 변경 가능한(가변적) 데이터임을 감안하여 문제 풀이를 하시오.
- 별도의 지시사항이 없는 경우, 주어진 각 시트 및 개체의 설정값 또는 기본 설정값(Default)으로 처리하시오.
- 저장 시간은 별도로 주어지지 않으므로 제한된 시간 내에 저장을 완료해야 하며, 제한시간 내에 저장이 되지 않은 경우에는 실격 처리됩니다.
- 출제된 문제의 용어는 MS Office LTSC Professional Plus 2021 기준으로 작성되어 있습니다.

문제1 기본작업(20점) 주어진 시트에서 다음 과정을 수행하고 저장하시오.

1. '기본작업-1' 시트에 다음의 자료를 주어진 대로 입력하시오. (5점)

	A	B	C	D	E	F
1	대학교 수시모집 전형 현황					
2						
3	대학교명	지역	전형	성적	면접	모집정원
4	서울대학교	서울	일반	80%	20%	120
5	배원대학교	대전	학교장추천	75%	25%	80
6	동대대학교	부산	특기자	85%	15%	90
7	아인대학교	인천	일반	85%	15%	150
8	원신대학교	광주	특기자	85%	15%	110
9	한국대학교	서울	일반	75%	25%	100
10	광영대학교	광주	실기우수자	80%	20%	80
11	경인대학교	인천	일반	75%	25%	120
12	송아대학교	부산	실기우수자	75%	25%	90
13	건재대학교	대전	학교장추천	80%	20%	100

2. '기본작업-2' 시트에 대하여 다음의 지시사항을 처리하시오. (각 2점)

   ① [A1:F1] 영역은 '병합하고 가운데 맞춤', 글꼴 '궁서체', 글꼴 크기 '20', 글꼴 스타일 '굵게', 밑줄 '실선'으로 지정하시오.

   ② [A3:F3] 영역은 '가로 가운데 맞춤', 셀 스타일 '파랑, 강조색5'로 지정하시오.

   ③ 제목 '상공은행 대출 현황표'의 '대출'을 한자 '貸出'로 변환하시오.

   ④ [F4:F14] 영역은 사용자 지정 표시 형식을 이용하여 1000 단위 구분 기호와 숫자 뒤에 '원'을 [표시 예]와 같이 표시하시오. [표시 예 : 1000 → 1,000원, 0 → 0원]

   ⑤ [A3:F14] 영역에 '모든 테두리(田)'를 적용하여 표시하시오.

3. '기본작업-3' 시트에서 다음의 지시사항을 처리하시오. (5점)

   - 다음의 텍스트 파일을 열고, 생성된 데이터를 '기본작업-3' 시트의 [B3:F12] 영역에 붙여 넣으시오.
      ▶ 외부 데이터 파일명은 '하프마라톤결과.txt'임
      ▶ 외부 데이터는 쉼표(,)로 구분되어 있음
      ▶ 열 너비는 조정하지 않음

문제2 계산작업(40점) '계산작업' 시트에서 다음 과정을 수행하고 저장하시오.

1. [표1]에서 분류[A3:A11]가 '식품'인 제품의 판매총액[E3:E11] 합계를 [E12] 셀에 계산하시오. (8점)
   ▶ SUMIF, COUNTIF, AVERAGEIF 함수 중 알맞은 함수 사용

2. [표2]에서 판매량[I3:I8]과 순위표[H11:J12]를 이용하여 결과[J3:J8]를 표시하시오. (8점)
   ▶ 순위표의 의미 : 순위가 1위이면 '최우수', 2위이면 '우수', 3위 이하는 '장려'임
   ▶ HLOOKUP, RANK.EQ 함수 사용

3. [표3]에서 가입일[C16:C24]의 연도가 2020년이나 2021년이면 '초보', 그 외에는 공백을 비고[D16:D24]에 표시하시오. (8점)

    ▶ IF, OR, YEAR 함수 사용

4. [표4]의 출석부[G16:J24] 영역에 'O'로 출석을 체크했다. 'O'의 개수가 1개이면 '25%', 2개이면 '50%', 3개이면 '75%', 4개이면 '100%'로 출석률[K16:K24] 영역에 표시하시오. (8점)

    ▶ CHOOSE, COUNTA 함수 사용

5. [표5]에서 과일명[B28:B36] 중 '망고'의 수입횟수를 [D37] 셀에 계산하시오. (8점)

    ▶ 숫자 뒤에 '회'를 표시 [표시 예 : 2회]
    ▶ DSUM, DCOUNT, DAVERAGE 함수 중 알맞은 함수와 & 연산자 사용

문제3 분석작업(20점) 주어진 시트에서 다음 작업을 수행하고 저장하시오.

1. '분석작업-1' 시트에 대하여 다음의 지시사항을 처리하시오. (10점)

    - [부분합] 기능을 이용하여 '지역별 미수금 현황' 표에 〈그림〉과 같이 결제방식별 '할인액', '수금액', '미수금'의 합계와 평균을 계산하시오.
        ▶ 정렬은 '결제방식'을 기준으로 내림차순으로 처리하시오.
        ▶ 합계와 평균은 표시되는 순서에 상관없이 처리하시오.

	A	B	C	D	E	F	G
1				지역별 미수금 현황			
2							
3	지역	담당자	매출액	결제방식	할인액	수금액	미수금
4	인천	강형중	45,000,000	현금	3,600,000	30,000,000	11,400,000
5	대구	김성운	34,000,000	현금	2,700,000	30,000,000	1,300,000
6	부산	한채영	49,800,000	현금	3,900,000	45,000,000	900,000
7	광주	이은주	28,600,000	현금	2,200,000	25,000,000	1,400,000
8	울산	채진아	36,800,000	현금	2,900,000	30,000,000	3,900,000
9	강원도	하지율	54,500,000	현금	4,300,000	50,000,000	200,000
10	전라도	김정은	28,000,000	현금	2,200,000	20,000,000	5,800,000
11	경상도	김동현	38,500,000	현금	3,000,000	33,000,000	2,500,000
12				현금 평균	3,100,000	32,875,000	3,425,000
13			24,800,000	현금 요약	24,800,000	263,000,000	27,400,000
14	서울	민방식	50,000,000	카드	1,500,000	45,000,000	3,500,000
15	대전	안병욱	52,000,000	카드	1,500,000	40,000,000	10,500,000
16	충청도	이찬성	46,800,000	카드	1,400,000	42,000,000	3,400,000
17	제주	유동원	48,000,000	카드	1,400,000	40,000,000	6,600,000
18				카드 평균	1,450,000	41,750,000	6,000,000
19				카드 요약	5,800,000	167,000,000	24,000,000
20				전체 평균	2,550,000	35,833,333	4,283,333
21				총합계	30,600,000	430,000,000	51,400,000

2. '분석작업-2' 시트에 대하여 다음의 지시사항을 처리하시오. (10점)

    - '자동차 판매 현황' 표에서 크루지의 월납입금[F7]이 500,000이 되려면 상환기간(월)[E7]이 얼마가 되어야 하는지 [목표값 찾기] 기능을 이용하여 계산하시오.

문제4 기타작업(20점) 주어진 시트에서 다음 작업을 수행하고 저장하시오.

1. '매크로작업' 시트의 [표]에서 다음과 같은 기능을 수행하는 매크로를 현재 통합 문서에 작성하고 실행하시오. (각 5점)

   ① [G4:G15] 영역에 인사평가의 총점을 계산하는 매크로를 생성하여 실행하시오.
   - ▶ 매크로 이름 : 총점
   - ▶ SUM 함수 사용
   - ▶ [개발 도구]-[컨트롤]-[삽입]-[양식 컨트롤]의 '단추'를 동일 시트의 [I3:J4] 영역에 생성하고, 텍스트를 '총점'으로 입력한 후 단추를 클릭할 때 '총점' 매크로가 실행되도록 설정하시오.

   ② [A3:G3] 영역에 셀 스타일을 '파랑, 강조색1'로 적용하는 매크로를 생성하여 실행하시오.
   - ▶ 매크로 이름 : 서식
   - ▶ [삽입]-[일러스트레이션]-[도형]-[사각형]의 '사각형: 둥근 모서리(☐)'를 동일 시트의 [I7:J8] 영역에 생성하고, 텍스트를 '서식'으로 입력한 후 도형을 클릭할 때 '서식' 매크로가 실행되도록 설정하시오.

   ※ 셀 포인터의 위치에 상관없이 현재 통합 문서에서 매크로가 실행되어야 정답으로 인정됨

2. '차트작업' 시트의 차트를 지시사항에 따라 아래 그림과 같이 수정하시오. (각 2점)

   ※ 차트는 반드시 문제에서 제공한 차트를 사용하여야 하며, 신규로 작성 시 0점 처리됨

   ① '생산량' 계열의 차트 종류를 '표식이 있는 꺾은선형'으로 변경하고, '보조 축'으로 지정하시오.
   ② 차트 제목은 '차트 위'로 지정한 후 〈그림〉과 같이 입력하고, 글꼴 '굴림체', 글꼴 크기 '20', 글꼴 스타일 '굵게'로 지정하시오.
   ③ 범례는 아래쪽에 배치하고, 글꼴 '굴림체', 글꼴 크기 '12'로 지정하시오.
   ④ 세로(값) 축의 기본 단위를 200,000, 보조 세로(값) 축의 기본 단위를 400으로 지정하시오.
   ⑤ 차트 영역의 테두리에는 너비 '2pt'와 '둥근 모서리'를 설정하시오.

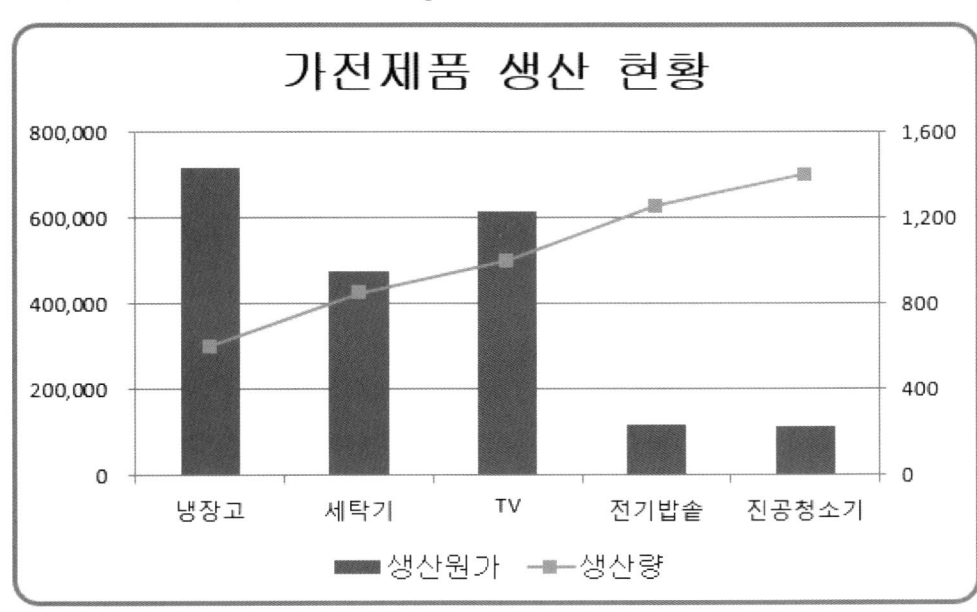

국 가 기 술 자 격 검 정

제 02회 컴퓨터활용능력 실기

프로그램명	제한시간
EXCEL 2021	40분

수험번호 :

성　명 :

2급　　B형

─ <유 의 사 항> ─

- 인적 사항 누락 및 잘못 작성으로 인한 불이익은 수험자 책임으로 합니다.
- 화면에 암호 입력창이 나타나면 아래의 암호를 입력하여야 합니다.
  - 암호 : 14$527
- 작성된 답안은 주어진 경로 및 파일명을 변경하지 마시고 그대로 저장해야 합니다.
  이를 준수하지 않으면 실격 처리됩니다.
  답안 파일명의 예 : C:\OA\수험번호8자리.xlsm
- **외부데이터 위치 : C:\OA\파일명**
- 별도의 지시사항이 없는 경우, 다음과 같이 처리 시 실격 처리됩니다.
  - 제시된 시트 및 개체의 순서나 이름을 임의로 변경한 경우
  - 제시된 시트 및 개체를 임의로 추가 또는 삭제한 경우
- 답안은 반드시 문제에서 지시 또는 요구한 셀에 입력하여야 하며 다음과 같이 처리 시
  채점 대상에서 제외됩니다.
  - 제시된 함수가 있을 경우 제시된 함수만을 사용하여야 하며 그 외 함수사용시
    채점 대상에서 제외
  - 수험자가 임의로 지시하지 않은 셀의 이동, 수정, 삭제, 변경 등으로 인해 셀의 위치 및
    내용이 변경된 경우 해당 작업에 영향을 미치는 관련문제 모두 채점 대상에서 제외
  - 도형 및 차트의 개체가 중첩되어 있거나 동일한 계산결과 시트가 복수로 존재할 경우
    해당 개체나 시트는 채점 대상에서 제외
- 수식 작성 시 제시된 문제 파일의 데이터는 변경 가능한(가변적) 데이터임을 감안하여
  문제 풀이를 하시오.
- 별도의 지시사항이 없는 경우, 주어진 각 시트 및 개체의 설정값 또는 기본 설정값
  (Default)으로 처리하시오.
- 저장 시간은 별도로 주어지지 않으므로 제한된 시간 내에 저장을 완료해야 하며, 제한
  시간 내에 저장이 되지 않은 경우에는 실격 처리됩니다.
- 출제된 문제의 용어는 MS Office LTSC Professional Plus 2021 기준으로 작성되어
  있습니다.

대한상공회의소

문제1 기본작업(20점) 주어진 시트에서 다음 과정을 수행하고 저장하시오.

1. '기본작업-1' 시트에 다음의 자료를 주어진 대로 입력하시오. (5점)

	A	B	C	D	E	F	G
1	상공호텔 지역별 예약 현황						
2							
3	지역	예약번호	고객명	예약일자	사용일수(박)	사용인원(명)	사용요금
4	홍천	H-1001-가	최인혜	11월 06일	3	5	300000
5	홍천	H-1002-나	이주신	11월 06일	3	4	300000
6	홍천	H-1003-다	이윤열	11월 14일	2	7	300000
7	부산	B-2001-가	전진웅	11월 07일	2	3	200000
8	부산	B-2002-나	김안무	11월 08일	3	2	300000
9	부산	B-2003-다	최여진	11월 20일	3	5	350000
10	목포	M-3001-가	신상희	11월 06일	3	4	300000
11	목포	M-3002-나	박서준	11월 28일	2	6	250000
12	목포	M-3003-다	도서원	11월 28일	2	3	200000

2. '기본작업-2' 시트에 대하여 다음의 지시사항을 처리하시오. (각 2점)

① [A1:F1] 영역은 '병합하고 가운데 맞춤', 글꼴 '바탕체', 글꼴 크기 '18', 글꼴 스타일 '굵은 기울임꼴'로 지정하시오.

② [A3:F3] 영역은 '가로 가운데 맞춤', 셀 스타일 '주황, 강조색2'를 지정하고, [C4:D15] 영역은 표시 형식을 '쉼표 스타일'로 지정하시오.

③ [E4:E15] 영역은 사용자 지정 표시 형식을 이용하여 1000 단위 구분 기호와 숫자 뒤에 '원'을 [표시 예]와 같이 표시하시오. [표시 예 : 1000 → 1,000원, 0 → 0원]

④ [E5] 셀에 '효자메뉴'라는 메모를 삽입한 후 항상 표시되도록 지정하고, 메모 서식에서 맞춤 '자동 크기'를 설정하시오.

⑤ [A3:F15] 영역에 '모든 테두리(田)'를 적용하여 표시하시오.

3. '기본작업-3' 시트에서 다음의 지시사항을 처리하시오. (5점)

- '문화 공연 예매 현황' 표에서 공연요금이 20,000 이상이면서 예매량이 1,000 이상인 데이터를 고급 필터를 사용하여 검색하시오.
  ▶ 고급 필터 조건은 [A18:C21] 범위 내에 알맞게 입력하시오.
  ▶ 고급 필터 결과 복사 위치는 동일 시트의 [A22] 셀에서 시작하시오.

문제2 계산작업(40점) '계산작업' 시트에서 다음 과정을 수행하고 저장하시오.

1. [표1]에서 평균[E3:E10]이 80점대인 학생수를 구하여 [E11] 셀에 표시하시오. (8점)
   ▶ 숫자 뒤에 '명'을 표시 [표시 예 : 2명]
   ▶ AVERAGEIFS, COUNTIFS, SUMIFS 함수 중 알맞은 함수와 & 연산자 사용

2. [표2]에서 하프 마라톤 기록[I3:I11]이 빠른 3명은 '입상', 그 외에는 공백을 결과[J3:J11]에 표시하시오. (8점)
   ▶ IF, SMALL 함수 사용

3. [표3]에서 차량번호[A15:A24]와 운행제한요일표[D15:E24]를 이용하여 쉬는요일[B15:B24]을 표시하시오. (8점)

   ▶ 운행제한요일표의 의미 : 차량번호의 끝자리가 1 또는 6이면 쉬는요일은 '월요일', 2 또는 7이면 '화요일', 3 또는 8이면 '수요일', 4 또는 9이면 '목요일', 5 또는 0이면 '금요일'임

   ▶ VLOOKUP, RIGHT 함수 사용

4. [표4]에서 입사일[I15:I24]부터 오늘 날짜까지의 근무일수[J15:J24]를 계산하시오. (8점)

   ▶ DAYS, TODAY 함수 사용

5. [표5]에서 홈런[C28:C36]이 40개 이상인 선수들의 삼진[E28:E36] 평균을 계산하여 [E37] 셀에 표시하시오. (8점)

   ▶ COUNTIF, SUMIF, AVERAGEIF 함수 중 알맞은 함수 사용

문제3 분석작업(20점) 주어진 시트에서 다음 작업을 수행하고 저장하시오.

1. '분석작업-1' 시트에 대하여 다음의 지시사항을 처리하시오. (10점)

   - [시나리오 관리자] 기능을 이용하여 '상공전자 제품 판매 현황' 표에서 할인율[B20:C20]이 다음과 같이 변동하는 경우 판매총액합계[I16]의 변동 시나리오를 작성하시오.

     ▶ [B20] 셀의 이름은 '회원할인율', [C20] 셀의 이름은 '비회원할인율', [I16] 셀의 이름은 '판매총액합계'로 정의하시오.

     ▶ 시나리오1 : 시나리오 이름은 '할인율인상', 할인율을 회원 20%, 비회원 15%로 설정하시오.

     ▶ 시나리오2 : 시나리오 이름은 '할인율인하', 할인율을 회원 10%, 비회원 5%로 설정하시오.

     ▶ 시나리오 요약 시트는 '분석작업-1' 시트의 바로 왼쪽에 위치해야 함

   ※ 시나리오 요약 보고서 작성 시 정답과 일치하여야 하며, 오자로 인한 부분점수는 인정하지 않음

2. '분석작업-2' 시트에 대하여 다음의 지시사항을 처리하시오. (10점)

   - '상공목장 유제품 납품 현황' 표를 이용하여 납품업체는 '보고서 필터', 제품명은 '행 레이블', 납품일은 '열 레이블'로 처리하고, '값'에 납품수량과 납품총액의 합계를 순서대로 계산한 후 행/열의 총합계는 표시하지 않는 피벗 테이블을 작성하시오.

     ▶ 피벗 테이블 보고서는 동일 시트의 [A22] 셀에서 시작하시오.

     ▶ 보고서 레이아웃은 '개요 형식으로 표시'로 지정하시오.

     ▶ 납품수량과 납품총액의 합계는 셀 서식을 이용하여 표시 형식을 숫자 범주의 '1000 단위 구분 기호(,) 사용'으로 지정하시오.

문제4 기타작업(20점) 주어진 시트에서 다음 작업을 수행하고 저장하시오.

1. '매크로작업' 시트의 [표]에서 다음과 같은 기능을 수행하는 매크로를 현재 통합 문서에 작성하고 실행하시오. (각 5점)

    ① [I4:I10] 영역에 학과명별 총원을 계산하는 매크로를 생성하여 실행하시오.
    - ▶ 매크로 이름 : 총원
    - ▶ SUM 함수 사용
    - ▶ [삽입]-[일러스트레이션]-[도형]-[사각형]의 '직사각형(☐)'을 동일 시트의 [B12:C13] 영역에 생성하고, 텍스트를 '총원'으로 입력한 후 도형을 클릭할 때 '총원' 매크로가 실행되도록 설정하시오.

    ② [A3:I3] 영역에 글꼴 색을 '표준 색-노랑', 채우기 색을 '표준 색 - 빨강'으로 적용하는 매크로를 생성하여 실행하시오.
    - ▶ 매크로 이름 : 서식
    - ▶ [개발 도구]-[컨트롤]-[삽입]-[양식 컨트롤]의 '단추'를 동일 시트의 [E12:F13] 영역에 생성하고, 텍스트를 '서식'으로 입력한 후 단추를 클릭할 때 '서식' 매크로가 실행되도록 설정하시오.

    ※ 셀 포인터의 위치에 상관없이 현재 통합 문서에서 매크로가 실행되어야 정답으로 인정됨

2. '차트작업' 시트의 차트를 지시사항에 따라 아래 그림과 같이 수정하시오. (각 2점)

    ※ 차트는 반드시 문제에서 제공한 차트를 사용하여야 하며, 신규로 작성 시 0점 처리됨

    ① 여사원의 '하반기' 실적이 차트에 표시되도록 데이터 범위를 추가하시오.
    ② 차트 제목은 '차트 위'로 지정한 후 〈그림〉과 같이 입력하고, 글꼴 '궁서체', 글꼴 색 '표준 색 – 주황', 채우기 색 '표준 색-파랑'으로 지정하시오.
    ③ '왕조연' 요소에만 데이터 레이블 '값'을 표시하고, 레이블의 위치를 '바깥쪽 끝에'로 설정하시오.
    ④ 세로(값) 축의 최대값을 500, 기본 단위를 100으로 지정하시오.
    ⑤ 차트 영역의 테두리에는 그림자 '오프셋: 오른쪽 아래'와 '둥근 모서리'를 설정하시오.

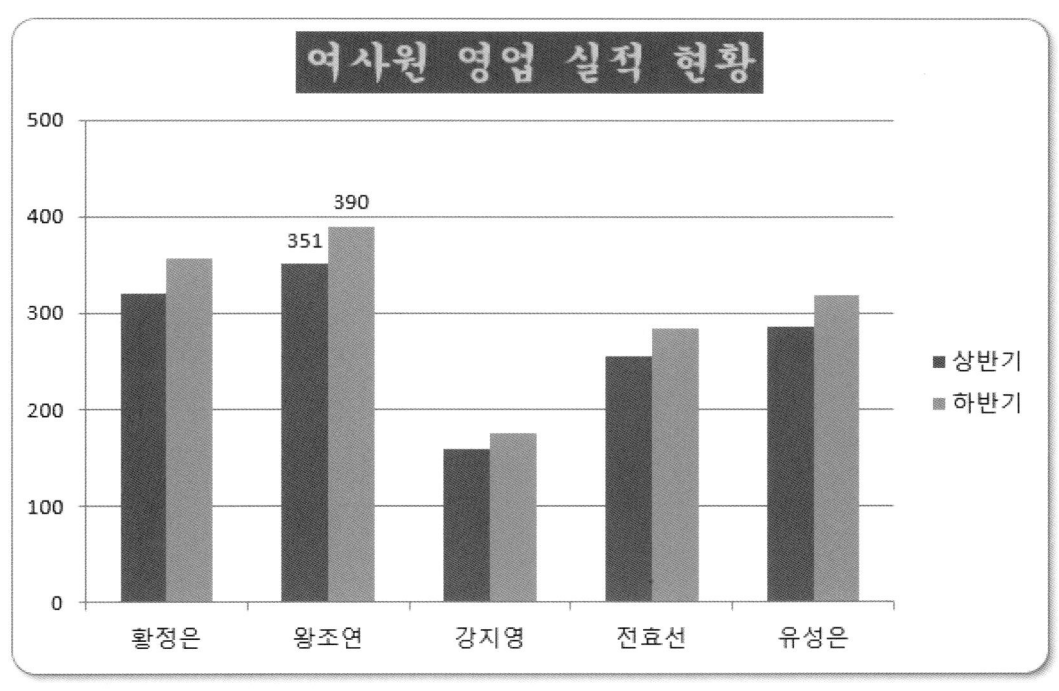

국 가 기 술 자 격 검 정

제03회 컴퓨터활용능력 실기

프로그램명	제한시간
EXCEL 2021	40분

수험번호 :
성 명 :

2급   C형

― <유 의 사 항> ―

■ 인적 사항 누락 및 잘못 작성으로 인한 불이익은 수험자 책임으로 합니다.
■ 화면에 암호 입력창이 나타나면 아래의 암호를 입력하여야 합니다.
  ○ 암호 : 3#4852
■ 작성된 답안은 주어진 경로 및 파일명을 변경하지 마시고 그대로 저장해야 합니다.
  이를 준수하지 않으면 실격 처리됩니다.
  답안 파일명의 예 : C:\OA\수험번호8자리.xlsm
■ **외부데이터 위치 : C:\OA\파일명**
■ 별도의 지시사항이 없는 경우, 다음과 같이 처리 시 실격 처리됩니다.
  ○ 제시된 시트 및 개체의 순서나 이름을 임의로 변경한 경우
  ○ 제시된 시트 및 개체를 임의로 추가 또는 삭제한 경우
■ 답안은 반드시 문제에서 지시 또는 요구한 셀에 입력하여야 하며 다음과 같이 처리 시
  채점 대상에서 제외됩니다.
  ○ 제시된 함수가 있을 경우 제시된 함수만을 사용하여야 하며 그 외 함수사용시
    채점 대상에서 제외
  ○ 수험자가 임의로 지시하지 않은 셀의 이동, 수정, 삭제, 변경 등으로 인해 셀의 위치 및
    내용이 변경된 경우 해당 작업에 영향을 미치는 관련문제 모두 채점 대상에서 제외
  ○ 도형 및 차트의 개체가 중첩되어 있거나 동일한 계산결과 시트가 복수로 존재할 경우
    해당 개체나 시트는 채점 대상에서 제외
■ 수식 작성 시 제시된 문제 파일의 데이터는 변경 가능한(가변적) 데이터임을 감안하여
  문제 풀이를 하시오.
■ 별도의 지시사항이 없는 경우, 주어진 각 시트 및 개체의 설정값 또는 기본 설정값
  (Default)으로 처리하시오.
■ 저장 시간은 별도로 주어지지 않으므로 제한된 시간 내에 저장을 완료해야 하며, 제한
  시간 내에 저장이 되지 않은 경우에는 실격 처리됩니다.
■ 출제된 문제의 용어는 MS Office LTSC Professional Plus 2021 기준으로 작성되어
  있습니다.

문제1 기본작업(20점) 주어진 시트에서 다음 과정을 수행하고 저장하시오.

1. '기본작업-1' 시트에 다음의 자료를 주어진 대로 입력하시오. (5점)

	A	B	C	D	E
1	상공백화점 명절 선물세트 판매 현황				
2					
3	분류	제품명	제조사	단가	판매순위
4	식품	명품한우	한우조아	150000	6
5	건강	종합영양제	건강지킴이	100000	3
6	건강	6년홍삼	홍삼과사람들	85000	10
7	식품	바삭바삭김	바다인	50000	4
8	식품	수제햄세트	우돈피아	65000	7
9	생활	바디용품세트	해피트리	45000	2
10	식품	참치세트	동운참치	40000	1
11	생활	샤인센스	뷰티화장품	125000	5
12	건강	비타1000	유명제약	60000	9
13	식품	사과배세트	우리농산	70000	8

2. '기본작업-2' 시트에 대하여 다음의 지시사항을 처리하시오. (각 2점)

① [B1:I1] 영역은 '병합하고 가운데 맞춤', 글꼴 '굴림체', 글꼴 크기 '18'로 지정하시오.

② [B3:B4], [C3:F3], [G3:G4], [H3:H4], [I3:I4] 영역은 '병합하고 가운데 맞춤'을 지정하고, [B3:I4] 영역은 채우기 색 '표준 색-노랑'으로 지정하시오.

③ [I5:I17] 영역은 사용자 지정 표시 형식을 이용하여 1000 단위 구분 기호와 숫자 뒤에 '원'을 [표시 예]와 같이 표시하시오. [표시 예 : 1000 → 1,000원, 0 → 0원]

④ [B13] 셀에 "아이디어 경진대회 대상팀"이라는 메모를 삽입한 후 항상 표시되도록 지정하고, 메모 서식에서 맞춤 '자동 크기'를 설정하시오.

⑤ [B3:I17] 영역에 '모든 테두리(⊞)'를 적용한 후 '굵은 바깥쪽 테두리(□)'를 적용하여 표시하시오.

3. '기본작업-3' 시트에서 다음의 지시사항을 처리하시오. (5점)

- [A4:H18] 영역에서 직급이 '사원'이면서 지급액이 2,800,000 이상인 행 전체에 대하여 글꼴 색을 '표준 색 - 빨강'으로 지정하는 조건부 서식을 작성하시오.

  ▶ AND 함수 사용
  ▶ 단, 규칙 유형은 '수식을 사용하여 서식을 지정할 셀 결정'을 사용하고, 한개의 규칙으로만 작성하시오.

문제2 계산작업(40점) '계산작업' 시트에서 다음 과정을 수행하고 저장하시오.

1. [표1]에서 부서코드[A3:A11]를 이용하여 부서명[E3:E11]을 표시하시오. (8점)

   ▶ 부서명 : 부서코드의 1, 2번째 문자가 'GE'이면 '총무부', 'AC'이면 '경리부', 'MK'이면 '마케팅부'로 표시
   ▶ IF, LEFT 함수 사용

2. [표2]에서 도서관 이용 학생들[G3:H11] 중 3학년 2반 학생들의 도서관 이용횟수를 [J11] 셀에 표시하시오. (8점)

   ▶ 숫자 뒤에 '명'을 표시 [표시 예 : 2명]
   ▶ SUMIFS, COUNTIFS, AVERAGEIFS 함수 중 알맞은 함수 사용

3. [표3]에서 총점[D15:D24]이 가장 높은 3명은 '금', '은', '동' 그 외에는 공백을 수상[E15:E24]에 표시하시오. (8점)
   ▶ IF, RANK.EQ 함수 사용

4. [표4]에서 제품코드[G15:G24]와 할인율표[K20:L24]를 이용하여 할인율[I15:I24]을 계산하시오. (8점)
   ▶ 할인율표 의미 : 제품코드가 'C'로 시작하면 할인율이 8%, 'F'로 시작하면 10%, 'K'로 시작하면 15%, 'S'로 시작하면 18%, 'Z'로 시작하면 20%임
   ▶ VLOOKUP, LEFT 함수 사용

5. [표5]에서 지점[A28:A37]이 '강남'이면서 판매량[C28:C37]이 800 이상인 사원들의 판매총액[D28:D37] 평균을 [D38] 셀에 계산하시오. (8점)
   ▶ [E35:F38] 영역에 조건 입력
   ▶ DSUM, DCOUNT, DAVERAGE 함수 중 알맞은 함수 사용

문제3 분석작업(20점) 주어진 시트에서 다음 작업을 수행하고 저장하시오.

1. '분석작업-1' 시트에 대하여 다음의 지시사항을 처리하시오. (10점)
   - [시나리오 관리자] 기능을 이용하여 '아이스크림 매출이익 현황' 표에서 수익률[A20]이 다음과 같이 변동하는 경우 매출이익총액[E17]의 변동 시나리오를 작성하시오.
     ▶ [A20] 셀의 이름은 '수익률', [E17] 셀의 이름은 '매출이익총액'으로 정의하시오.
     ▶ 시나리오1 : 시나리오 이름은 '수익률증가', 수익률을 30%로 설정하시오.
     ▶ 시나리오2 : 시나리오 이름은 '수익률인하', 수익률을 20%로 설정하시오.
     ▶ 시나리오 요약 시트는 '분석작업-1' 시트의 바로 왼쪽에 위치해야 함
   ※ 시나리오 요약 보고서 작성 시 정답과 일치하여야 하며, 오자로 인한 부분점수는 인정하지 않음

2. '분석작업-2' 시트에 대하여 다음의 지시사항을 처리하시오. (10점)
   - '대출액 상환' 표는 원금[C3], 개월수[C4], 이자율[C5]을 이용하여 월납입액[C6]을 계산한 것이다. [데이터 표] 기능을 이용하여 개월수와 이자율의 변동에 따른 월납입액의 변화를 [D11:H15] 영역에 계산하시오.

문제4 기타작업(20점) 주어진 시트에서 다음 작업을 수행하고 저장하시오.

1. '매크로작업' 시트의 [표]에서 다음과 같은 기능을 수행하는 매크로를 현재 통합 문서에 작성하고 실행하시오. (각 5점)

   ① [F5:F16] 영역에 출고량의 평균을 계산하는 매크로를 생성하여 실행하시오.
   - ▶ 매크로 이름 : 평균
   - ▶ AVERAGE 함수 사용
   - ▶ [삽입]-[일러스트레이션]-[도형]-[사각형]의 '사각형: 둥근 모서리(☐)'를 동일 시트의 [H3:I5] 영역에 생성하고, 텍스트를 '평균'으로 입력한 후 도형을 클릭할 때 '평균' 매크로가 실행되도록 설정하시오.

   ② [B5:F16] 영역에 표시 형식을 '쉼표 스타일(,)'로 적용하는 매크로를 생성하여 실행하시오.
   - ▶ 매크로 이름 : 쉼표
   - ▶ [개발 도구]-[컨트롤]-[삽입]-[양식 컨트롤]의 '단추'를 동일 시트의 [H8:I10] 영역에 생성하고, 텍스트를 '쉼표'로 입력한 후 단추를 클릭할 때 '쉼표' 매크로가 실행되도록 설정하시오.

   ※ 셀 포인터의 위치에 상관없이 현재 통합 문서에서 매크로가 실행되어야 정답으로 인정됨

2. '차트작업' 시트의 차트를 지시사항에 따라 아래 그림과 같이 수정하시오. (각 2점)

   ※ 차트는 반드시 문제에서 제공한 차트를 사용하여야 하며, 신규로 작성 시 0점 처리됨
   ① '모집인원' 계열이 제거되도록 데이터 범위를 수정하시오.
   ② 차트 종류를 '묶은 세로 막대형'으로 변경하시오.
   ③ 세로(값) 축과 가로(항목) 축 제목을 〈그림〉과 같이 입력하시오.
   ④ 세로(값) 축의 최소값과 기본 단위를 10,000으로 지정하시오.
   ⑤ 차트 영역의 테두리에는 '둥근 모서리'를 설정하시오.

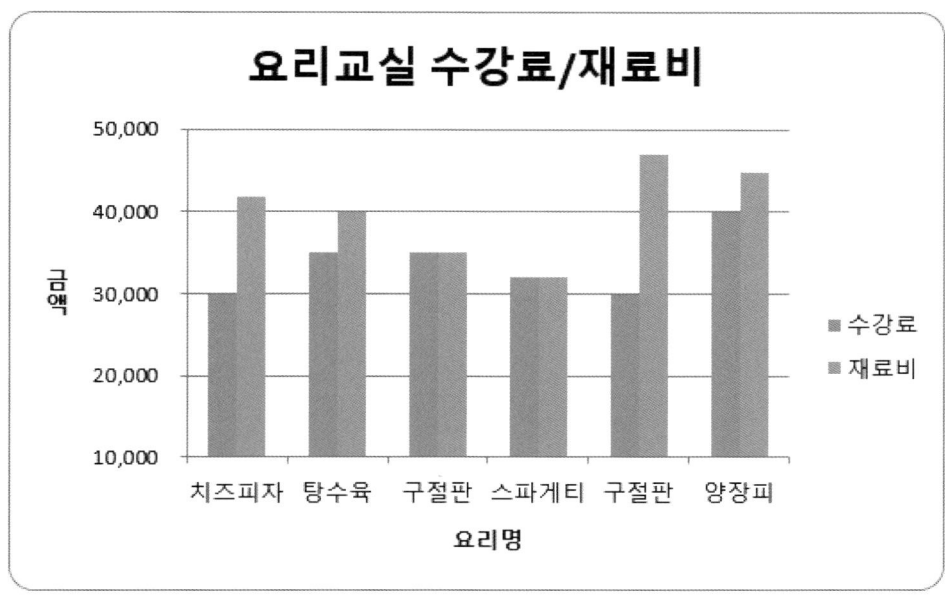

국가기술자격검정

제04회 컴퓨터활용능력 실기

프로그램명	제한시간
EXCEL 2021	40분

수험번호 :

성 명 :

2급   D형

―― <유 의 사 항> ――

■ 인적 사항 누락 및 잘못 작성으로 인한 불이익은 수험자 책임으로 합니다.
■ 화면에 암호 입력창이 나타나면 아래의 암호를 입력하여야 합니다.
  ○ 암호 : 4320@9
■ 작성된 답안은 주어진 경로 및 파일명을 변경하지 마시고 그대로 저장해야 합니다.
  이를 준수하지 않으면 실격 처리됩니다.
  답안 파일명의 예 : C:₩OA₩수험번호8자리.xlsm
■ 외부데이터 위치 : C:₩OA₩파일명
■ 별도의 지시사항이 없는 경우, 다음과 같이 처리 시 실격 처리됩니다.
  ○ 제시된 시트 및 개체의 순서나 이름을 임의로 변경한 경우
  ○ 제시된 시트 및 개체를 임의로 추가 또는 삭제한 경우
■ 답안은 반드시 문제에서 지시 또는 요구한 셀에 입력하여야 하며 다음과 같이 처리 시
  채점 대상에서 제외됩니다.
  ○ 제시된 함수가 있을 경우 제시된 함수만을 사용하여야 하며 그 외 함수사용시
    채점 대상에서 제외
  ○ 수험자가 임의로 지시하지 않은 셀의 이동, 수정, 삭제, 변경 등으로 인해 셀의 위치 및
    내용이 변경된 경우 해당 작업에 영향을 미치는 관련문제 모두 채점 대상에서 제외
  ○ 도형 및 차트의 개체가 중첩되어 있거나 동일한 계산결과 시트가 복수로 존재할 경우
    해당 개체나 시트는 채점 대상에서 제외
■ 수식 작성 시 제시된 문제 파일의 데이터는 변경 가능한(가변적) 데이터임을 감안하여
  문제 풀이를 하시오.
■ 별도의 지시사항이 없는 경우, 주어진 각 시트 및 개체의 설정값 또는 기본 설정값
  (Default)으로 처리하시오.
■ 저장 시간은 별도로 주어지지 않으므로 제한된 시간 내에 저장을 완료해야 하며, 제한
  시간 내에 저장이 되지 않은 경우에는 실격 처리됩니다.
■ 출제된 문제의 용어는 MS Office LTSC Professional Plus 2021 기준으로 작성되어
  있습니다.

문제1 기본작업(20점) 주어진 시트에서 다음 과정을 수행하고 저장하시오.

1. '기본작업-1' 시트에 다음의 자료를 주어진 대로 입력하시오. (5점)

	A	B	C	D	E	F
1	거래처 연락 현황					
2						
3	거래처코드	거래처	대표자	업태	전화번호	거래기간
4	K1001	상공출판	이민군	출판인쇄	02)6070-3967	3년
5	K1002	상공유통시스템	양미리	도소매	031)4934-8463	2년
6	K1003	보험공제조합	군장신	비영리	031)4684-6878	5년
7	K1004	백성은행	이유만	금융	02)8684-5462	3년
8	K1005	유명정보통신	신상주	정보서비스	02)4354-8763	4년
9	S1001	한신출판	김치국	출판인쇄	02)7384-1387	5년
10	S1002	아시아OA유통	최치수	도소매	02)5070-6248	6년
11	S1003	국민광고기획	배기양	광고	02)5070-2984	3년
12	S1004	임금은행	박은형	금융	031)6397-5846	5년
13	S1005	천사테크노시스템	강신수	정보서비스	02)6847-8479	4년

2. '기본작업-2' 시트에 대하여 다음의 지시사항을 처리하시오. (각 2점)

   ① [A1:G1] 영역은 '병합하고 가운데 맞춤', 글꼴 '굴림체', 글꼴 크기 '14', 글꼴 스타일 '굵게', 밑줄 '이중 실선'을 지정하고, [A13:D13] 영역은 '병합하고 가운데 맞춤'으로 지정하시오.
   ② [A3:G3] 영역은 '가로 가운데 맞춤', 글꼴 색 '표준 색-파랑', 채우기 색 '표준 색-노랑'을 지정하고, [A4:C12] 영역은 '가로 가운데 맞춤'으로 지정하시오.
   ③ [G3] 셀의 '퇴직금'을 한자 '退職金'으로 변환하시오.
   ④ [E4:G13] 영역은 사용자 지정 표시 형식을 이용하여 1000 단위 구분 기호와 숫자 뒤에 '원'을 [표시 예]와 같이 표시하시오. [표시 예 : 1000 → 1,000원, 0 → 0원]
   ⑤ [A3:G13] 영역에 '모든 테두리(田)'를 적용하여 표시하시오.

3. '기본작업-3' 시트에서 다음의 지시사항을 처리하시오. (5점)

   - [E15:J22] 영역을 복사한 다음 [B2] 셀에 '연결하여 그림 붙여 넣기'를 이용하여 붙여 넣으시오.
     ▶ 단, 원본 데이터는 삭제하지 마시오.

문제2 계산작업(40점) '계산작업' 시트에서 다음 과정을 수행하고 저장하시오.

1. [표1]에서 영어점수의 전체평균[D3:E8]과 개인별 영어점수의 평균차[F3:F8]를 구하시오. (8점)
   ▶ AVERAGE, DAVERAGE, SUMIF 함수 중 알맞은 함수 사용

2. [표2]에서 주차장[J3:J8] 평가가 우수(O)한 휴게소의 월매출액의 평균[L10]을 구하시오. (8점)
   ▶ 'O'은 엑셀의 특수 기호임
   ▶ SUMIF, COUNTIF 함수 사용

3. [표3]에서 거주지[A12:A20]가 도시인 청소년의 평균 키[D23]를 구하시오. (8점)
   ▶ [C22:C23] 영역에 조건 입력
   ▶ 평균 키는 소수점 이하 첫째 자리에서 올림하고, 숫자 뒤에 'CM'을 표시 [표시 예 : 160CM]
   ▶ DSUM, DAVERAGE, ROUND, ROUNDUP, ROUNDDOWN 함수 중 알맞은 함수 사용

4. [표4]에서 1~3차검사 결과가 각각 4 이상이고, 1~3차검사 결과의 평균이 5 이상이면 '치료', 그렇지 않으면 '주의'를 진단결과[L14:L23]에 표시하시오. (8점)
   ▶ IF, AND, AVERAGE 함수 사용

5. [표5]에서 총점[D27:D35]을 기준으로 수상내역[E27:E35]을 표시하시오. (8점)
   ▶ 수상내역표의 의미 : 순위가 1위이면 '대상', 2위이면 '금상', 3위이면 '은상', 4~5위이면 '동상', 6~7위이면 '장려상', 그 외에는 '참가상'을 적용함
   ▶ 총점이 높은 사람이 1위
   ▶ VLOOKUP, HLOOKUP, RANK.EQ, CHOOSE 함수 중 알맞은 함수 사용

문제3 분석작업(20점) 주어진 시트에서 다음 작업을 수행하고 저장하시오.

1. '분석작업-1' 시트에 대하여 다음의 지시사항을 처리하시오. (10점)
   – '부서별 급여 현황' 표를 이용하여 성명은 '보고서 필터', 부서명은 '행 레이블', 직위는 '열 레이블'로 처리하고, '값'에 기본급과 실수령액의 합계를 순서대로 계산한 후 'Σ 값'을 '행 레이블'로 설정하는 피벗 테이블을 작성하시오.
      ▶ 피벗 테이블 보고서는 동일 시트의 [A18] 셀에서 시작하시오.
      ▶ 피벗 테이블 보고서의 빈 셀은 '*'로 표시하고 열의 총합계만 표시하시오.
      ▶ 숫자에는 '쉼표 스타일'을 지정하시오.

2. '분석작업-2' 시트에 대하여 다음의 지시사항을 처리하시오. (10점)
   – [부분합] 기능을 이용하여 '2/4분기 아이스크림 판매 현황' 표에 〈그림〉과 같이 제품명별 '판매량'의 합계를 계산한 후 '판매금액'의 평균을 계산하시오.
      ▶ 정렬은 '제품명'을 기준으로 오름차순으로 처리하시오.
      ▶ 합계와 평균은 위에 명시된 순서대로 처리하시오.

	A	B	C	D	E	F
1			2/4분기 아이스크림 판매 현황			
2						
3	지역	대리점코드	제품명	판매가격	판매량	판매금액
4	강원도	G001	누구바	800	398,500	318,800,000
5	부산	B004	누구바	800	540,000	432,000,000
6			누구바 평균			375,400,000
7			누구바 요약		938,500	
8	서울	S002	더위사랑	1,500	631,500	947,250,000
9	충북	C004	더위사랑	1,500	524,800	787,200,000
10			더위사랑 평균			867,225,000
11			더위사랑 요약		1,156,300	
12	서울	S001	수크리바	1,000	554,100	554,100,000
13	강원도	G003	수크리바	1,000	357,900	357,900,000
14			수크리바 평균			456,000,000
15			수크리바 요약		912,000	
16			전체 평균			566,208,333
17			총합계		3,006,800	

문제4 기타작업(20점) 주어진 시트에서 다음 작업을 수행하고 저장하시오.

1. '매크로작업' 시트의 [표]에서 다음과 같은 기능을 수행하는 매크로를 현재 통합 문서에 작성하고 실행하시오. (각 5점)

   ① [E4:E10] 영역에 구성비를 계산하는 매크로를 생성하여 실행하시오.
   ▶ 매크로 이름 : 구성비   ▶ 구성비 = 판매금액 / 판매금액 합계
   ▶ [삽입]-[일러스트레이션]-[도형]-[기본 도형]의 '웃는 얼굴(☺)'을 동일 시트의 [G2:G5] 영역에 생성하고, 텍스트를 '구성비'로 입력한 후 도형을 클릭할 때 '구성비' 매크로가 실행되도록 설정하시오.

   ② [A3:E3] 영역에 채우기 색을 '표준 색-노랑'으로 적용하는 매크로를 생성하여 실행하시오.
   ▶ 매크로 이름 : 서식
   ▶ [삽입]-[일러스트레이션]-[도형]-[기본 도형]의 '달(☾)'을 동일 시트의 [G7:G12] 영역에 생성하고, 텍스트를 '서식'으로 입력한 후 도형을 클릭할 때 '서식' 매크로가 실행되도록 설정하시오.

   ※ 셀 포인터의 위치에 상관없이 현재 통합 문서에서 매크로가 실행되어야 정답으로 인정됨

2. '차트작업' 시트의 차트를 지시사항에 따라 아래 그림과 같이 수정하시오. (각 2점)

   ※ 차트는 반드시 문제에서 제공한 차트를 사용하여야 하며, 신규로 작성 시 0점 처리됨

   ① '에어컨' 계열이 제거되도록 데이터 범위를 수정하시오.
   ② 차트 종류를 '묶은 가로 막대형'으로 변경하시오.
   ③ 차트 제목은 '차트 위'로 지정한 후 〈그림〉과 같이 입력하고, 글꼴 크기 '16', 글꼴 색 '표준 색-노랑', 채우기 색 '표준 색-파랑'으로 지정하시오.
   ④ 가로(값) 축 제목을 〈그림〉과 같이 입력하시오.
   ⑤ 차트 영역의 테두리에는 '둥근 모서리'를 설정하시오.

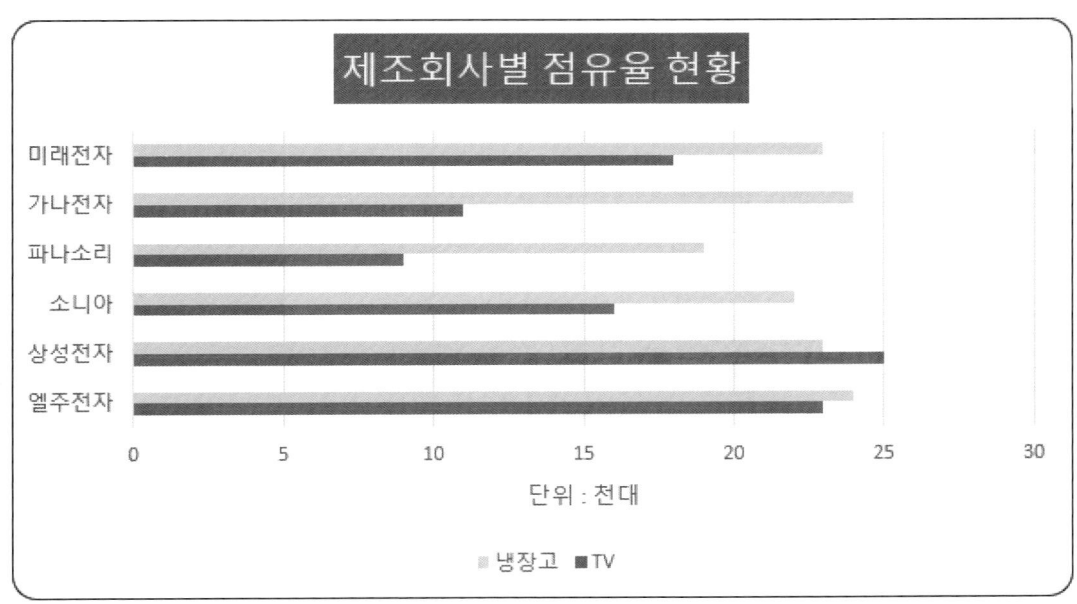

국가기술자격검정

제 05 회 컴퓨터활용능력 실기

프로그램명	제한시간
EXCEL 2021	40분

수험번호 :

성　명 :

2급　E형

<유 의 사 항>

- 인적 사항 누락 및 잘못 작성으로 인한 불이익은 수험자 책임으로 합니다.
- 화면에 암호 입력창이 나타나면 아래의 암호를 입력하여야 합니다.
  ○ 암호 : 9&0821
- 작성된 답안은 주어진 경로 및 파일명을 변경하지 마시고 그대로 저장해야 합니다. 이를 준수하지 않으면 실격 처리됩니다.
  답안 파일명의 예 : C:\OA\수험번호8자리.xlsm
- **외부데이터 위치 : C:\OA\파일명**
- 별도의 지시사항이 없는 경우, 다음과 같이 처리 시 실격 처리됩니다.
  ○ 제시된 시트 및 개체의 순서나 이름을 임의로 변경한 경우
  ○ 제시된 시트 및 개체를 임의로 추가 또는 삭제한 경우
- 답안은 반드시 문제에서 지시 또는 요구한 셀에 입력하여야 하며 다음과 같이 처리 시 채점 대상에서 제외됩니다.
  ○ 제시된 함수가 있을 경우 제시된 함수만을 사용하여야 하며 그 외 함수사용시 채점 대상에서 제외
  ○ 수험자가 임의로 지시하지 않은 셀의 이동, 수정, 삭제, 변경 등으로 인해 셀의 위치 및 내용이 변경된 경우 해당 작업에 영향을 미치는 관련문제 모두 채점 대상에서 제외
  ○ 도형 및 차트의 개체가 중첩되어 있거나 동일한 계산결과 시트가 복수로 존재할 경우 해당 개체나 시트는 채점 대상에서 제외
- 수식 작성 시 제시된 문제 파일의 데이터는 변경 가능한(가변적) 데이터임을 감안하여 문제 풀이를 하시오.
- 별도의 지시사항이 없는 경우, 주어진 각 시트 및 개체의 설정값 또는 기본 설정값 (Default)으로 처리하시오.
- 저장 시간은 별도로 주어지지 않으므로 제한된 시간 내에 저장을 완료해야 하며, 제한 시간 내에 저장이 되지 않은 경우에는 실격 처리됩니다.
- 출제된 문제의 용어는 MS Office LTSC Professional Plus 2021 기준으로 작성되어 있습니다.

문제1 기본작업(20점) 주어진 시트에서 다음 과정을 수행하고 저장하시오.

1. '기본작업-1' 시트에 다음의 자료를 주어진 대로 입력하시오. (5점)

	A	B	C	D	E	F
1	교육용 소프트웨어 목록					
2						
3	코드번호	S/W명	개발회사	사용환경	구입가격	구입처
4	S-JA-01	한국의 자연	아카데미	Windows 10 이상	75000	대한소프트
5	S-SA-10	GAMMA 사진 화보집	오넥스시스템	Windows 10 이상	86000	상공문고
6	S-MU-90	NEW 음악 이양기	상공미디어	Linux 9 이상	39000	케이소프트
7	S-TR-84	시베리아 횡단열차	채널미디어	Windows 10 이상	220000	한국상사
8	S-JA-32	오지의 세계	SoftLand	DVD롬, 플레이어	150000	한글자랑
9	S-SA-17	문화의 향기	SG문화재단	매킨토시 7.5 이상	50000	상공문고
10	S-SE-39	한국의 바다	상공Pride&Soft	Windows 10 이상	66000	대한소프트

2. '기본작업-2' 시트에 대하여 다음의 지시사항을 처리하시오. (각 2점)

① [A1:F1] 영역은 '병합하고 가운데 맞춤', 글꼴 '굴림', 글꼴 크기 '18', 글꼴 스타일 '굵게', 밑줄 '이중 실선'으로 지정하시오.
② [B5:B12], [F5:F13] 영역은 표시 형식을 '통화(₩)'로 지정하고, [E5:E12]영역은 표시 형식을 '백분율 스타일(%)'로 지정하시오.
③ [F3] 셀은 사용자 지정 표시 형식을 이용하여 'YYYY年 MM月 현재' 형식으로 지정하시오.
④ [F4] 셀에 '상품별 매출액 표시'라는 메모를 삽입한 후 항상 표시되도록 지정하고, 메모 서식에서 맞춤 '자동 크기'를 설정하시오.
⑤ [A4:F13] 영역에 '모든 테두리(⊞)'를 적용하여 표시하고, [B13:E13] 영역에는 '/' 모양의 괘선으로 채우시오.

3. '기본작업-3' 시트에서 다음의 지시사항을 처리하시오. (5점)
- '세공품 수출입 현황' 표에서 입금금액이 550,000 이상이고 구분이 '수출'인 데이터를 고급 필터를 사용하여 검색하시오.
  ▶ 고급 필터 조건은 [A19:C21] 범위 내에 알맞게 입력하시오.
  ▶ 고급 필터 결과 복사 위치는 동일 시트의 [A23] 셀에서 시작하시오.

문제2 계산작업(40점) '계산작업' 시트에서 다음 과정을 수행하고 저장하시오.

1. [표1]에서 컴퓨터일반[B3:B8]과 워드[C3:C8]를 이용하여 합격여부[D3:D8]를 표시하시오. (8점)
   ▶ 평균점수 60점 이상, 한과목이라도 40점 미만이 없으면 '합격', 그 외에는 '불합격'으로 표시
   ▶ AND, AVERAGE, IF 함수 사용

2. [표2]에서 등록번호[H3:H8]와 학교코드표[K3:L8]를 이용하여 출신학교[I3:I8]를 표시하시오. (8점)
   ▶ 학교코드는 등록번호의 가운데 문자를 이용하여 계산
   ▶ MID, VLOOKUP 함수 사용

3. [표3]에서 '북부' 소속지점의 판매금액 평균을 구하여 북부지점 평균[B20]에 표시하시오. (8점)
   - ▶ 북부지점 평균은 백 단위에서 반올림하여 천 단위까지 표시 [표시 예 : 1,345,600 → 1,346,000]
   - ▶ DAVERAGE, ROUND 함수 사용

4. [표4]에서 '서울' 지점에서 판매한 K8의 총 판매 대수를 구하여 K8 총 판매대수[K15]에 표시하시오. (8점)
   - ▶ 숫자 뒤에 '대'를 표시 [표시 예 : 25대]
   - ▶ SUMIF 함수와 & 연산자 사용

5. [표5]에서 총점[G24:G29]에 대한 순위를 구하여 1위는 '대상', 2위는 '금상', 3위는 '은상', 4위는 '동상', 그 외는 공백을 등급[H24:H29]에 표시하시오. (8점)
   - ▶ 순위는 총점이 가장 큰 값이 1위
   - ▶ CHOOSE, RANK.EQ 함수 사용

문제3 분석작업(20점) 주어진 시트에서 다음 작업을 수행하고 저장하시오.

1. '분석작업-1' 시트에 대하여 다음의 지시사항을 처리하시오. (10점)
   - [부분합] 기능을 이용하여 '상공문고 도서 대출 현황' 표에 〈그림〉과 같이 출판사별 '대여료'의 합계를 계산한 후 '나이'의 최소를 계산하시오.
     - ▶ 정렬은 '출판사'를 기준으로 오름차순으로 처리하시오.
     - ▶ 합계와 최소는 위에 명시된 순서대로 처리하시오.

	A	B	C	D	E	F	G	H	I
1			상공문고 도서 대출 현황						
2									
3	도서코드	도서명	출판사	대여료	성명	성별	나이	대출일	반납일
4	813-429	조선왕조500년	금성출판사	2,500	이한길	남	42	03-08	03-15
5	813-430	한국단편문학32	금성출판사	450	소수연	여	30	02-26	03-04
6	813-432	일본문화	금성출판사	500	황수현	여	22	03-04	03-11
7	813-434	교양한문	금성출판사	300	유미연	여	34	03-07	03-14
8			금성출판사 최소				22		
9			금성출판사 요약	3,750					
10	813-418	요재지이	대현출판사	1,500	안국현	남	23	03-04	03-11
11	813-419	육조괴담	대현출판사	400	이정철	남	45	03-05	03-12
12	813-420	봉신방	대현출판사	300	모한근	남	33	03-05	03-12
13	813-421	논어	대현출판사	700	임철훈	남	56	03-06	03-13
14	813-423	대학	대현출판사	1,000	박준호	남	27	03-07	03-14
15			대현출판사 최소				23		
16			대현출판사 요약	3,900					
17	813-428	대망	중앙출판사	350	정태호	남	34	03-07	03-14
18			중앙출판사 최소				34		
19			중앙출판사 요약	350					
20	813-416	혼불	한길사	1,000	김미현	여	32	02-26	03-04
21	813-417	태백산맥	한길사	1,500	남은영	여	17	02-26	03-04
22			한길사 최소				17		
23			한길사 요약	2,500					
24			전체 최소값				17		
25			총합계	10,500					

2. '분석작업-2' 시트에 대하여 다음의 지시사항을 처리하시오. (10점)
   - '손익계산서' 표에서 순이익의 평균[I9]이 65,000이 되려면 연평균 성장률[C11]이 얼마가 되어야 하는지 [목표값 찾기] 기능을 이용하여 계산하시오.

문제4 기타작업(20점) 주어진 시트에서 다음 작업을 수행하고 저장하시오.

1. '매크로작업' 시트의 [표1]에서 다음과 같은 기능을 수행하는 매크로를 현재 통합 문서에 작성하고 실행하시오. (각 5점)

   ① [E9:F9] 영역에 합계를 계산하는 매크로를 생성하여 실행하시오.
   - ▶ 매크로 이름 : 합계
   - ▶ SUM 함수 사용
   - ▶ [삽입]-[일러스트레이션]-[도형]-[기본 도형]의 '하트(♡)'를 동일 시트의 [H3:H6] 영역에 생성하고, 텍스트를 '합계'로 입력한 후 도형을 클릭할 때 '합계' 매크로가 실행되도록 설정하시오.

   ② [D3:D8] 영역에 표시 형식을 '백분율 스타일(%)'로 적용하는 매크로를 생성하여 실행하시오.
   - ▶ 매크로 이름 : 백분율
   - ▶ [삽입]-[일러스트레이션]-[도형]-[사각형]의 '직사각형(□)'을 동일 시트의 [H8:H9] 영역에 생성하고, 텍스트를 '백분율'로 입력한 후 도형을 클릭할 때 '백분율' 매크로가 실행되도록 설정하시오.

   ※ 셀 포인터의 위치에 상관없이 현재 통합 문서에서 매크로가 실행되어야 정답으로 인정됨

2. '차트작업' 시트의 차트를 지시사항에 따라 아래 그림과 같이 수정하시오. (각 2점)

   ※ 차트는 반드시 문제에서 제공한 차트를 사용하여야 하며, 신규로 작성 시 0점 처리됨

   ① 각 계열의 '2000년' 요소가 제거되도록 데이터 범위를 수정하시오.
   ② '1인당 소비량' 계열의 차트 종류를 '표식이 있는 꺾은선형'으로 변경하고, '보조 축'으로 지정하시오.
   ③ 차트 제목은 '차트 위'로 지정한 후 〈그림〉과 같이 입력하고, 글꼴 '궁서체', 글꼴 크기 '16', 밑줄 '실선'으로 지정하시오.
   ④ 범례는 위쪽에 배치하시오.
   ⑤ 차트 영역의 테두리에는 그림자 '오프셋: 오른쪽 아래'와 '둥근 모서리'를 설정하시오.

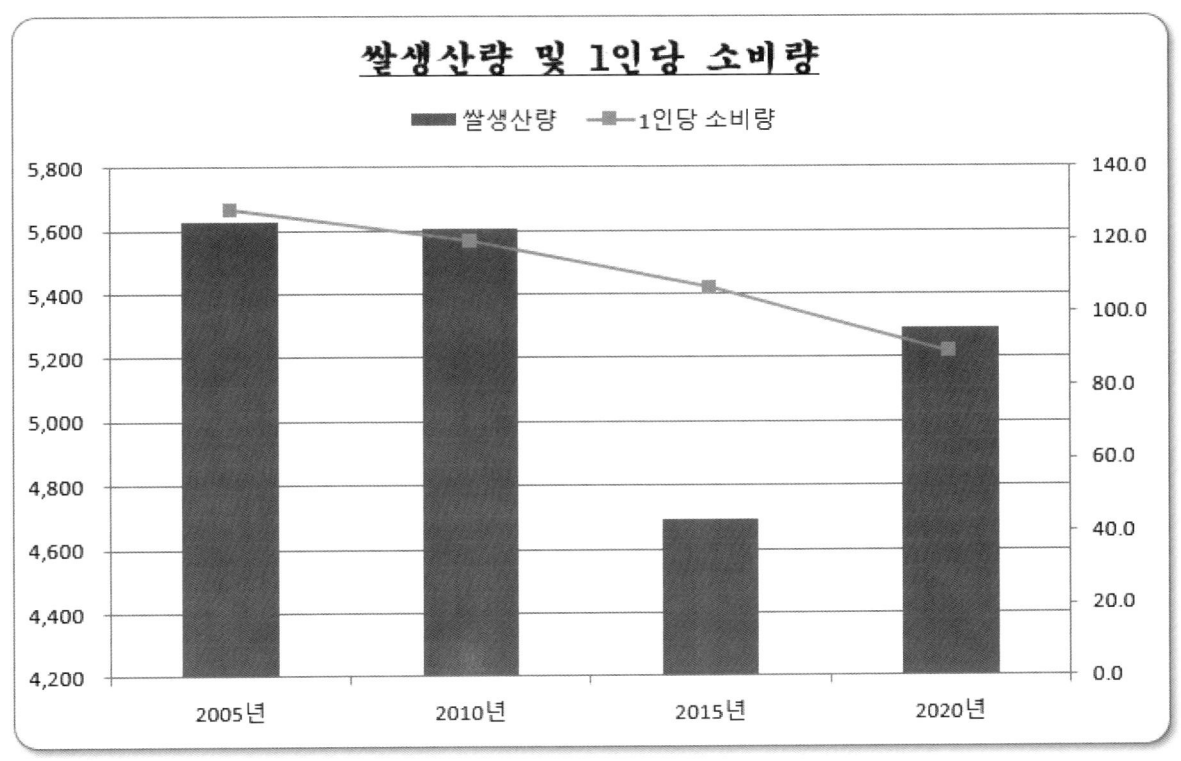

MEMO

'기록은 기억보다 강하다'

Part 04

정답 및 해설

실전모의고사
최신기출문제

제01회 실전모의고사 정답 및 해설

❖ 문제1 ● 기본작업

❷ 데이터 편집('기본작업-2' 시트)

	A	B	C	D	E	F	G	H
1			**컴퓨터활용능력 시험 결과**					IT 수험서 자격증
2								
3	수험번호	성명	필기			실기		합격여부
4			1과목	2과목	3과목	스프레드시트	데이터베이스	
5	14031001	최다혜	68점	70점	72점	80점	82점	합격
6	14031002	유영재	90점	94점	96점	90점	96점	합격
7	14031003	정윤희	80점	60점	68점	64점	60점	
8	14031004	김준표	64점	66점	64점	40점	0점	
9	14031005	김민아	88점	90점	94점	80점	82점	합격
10	14031006	이광현	82점	86점	80점	88점	86점	합격
11	14031007	박미란	90점	94점	90점	92점	90점	합격
12	14031008	신규현	60점	60점	62점	60점	64점	
13	14031009	이유진	80점	76점	68점	84점	82점	합격
14	14031010	강현화	68점	58점	72점	68점	70점	
15	14031011	한승엽	76점	60점	60점	72점	74점	합격
16	14031012	이동석	80점	78점	68점	76점	88점	합격

❸ 조건부 서식 지정('기본작업-3' 시트)

	A	B	C	D	E	F	G	H	I
1					중간고사 성적표				
2									
3	성명	성별	국어	영어	수학	사회	과학	총점	평균
4	이해자	여	80	78	82	90	81	411	82.2
5	김용이	남	64	67	67	81	55	334	66.8
6	한둘이	여	92	90	94	93	95	464	92.8
7	오진아	여	86	84	85	91	87	433	86.6
8	강한울	남	81	84	78	81	90	414	82.8
9	구민호	남	77	80	81	83	84	405	81
10	임영숙	여	95	93	95	96	97	476	95.2
11	김찬국	남	93	91	92	94	95	465	93
12	최고다	여	61	64	61	64	63	313	62.6
13	신호등	남	57	60	80	64	62	323	64.6
14	고양신	여	94	92	94	95	97	472	94.4
15	우동욱	남	83	86	86	85	81	421	84.2
16	황운기	남	75	78	76	81	75	385	77
17	오지영	여	88	86	88	90	77	429	85.8
18	이태원	남	99	97	98	97	99	490	98
19	조진영	여	72	75	72	81	74	374	74.8
20	김만도	남	69	72	80	77	65	363	72.6

조건부 서식 지정 : 규칙 유형(수식을 사용하여 서식을 지정할 셀 결정), 수식(=$D4<=$C4)

문제2 ● 계산작업('계산작업' 시트)

	A	B	C	D	E	F	G	H	I	J	K
1	[표1]	제품 검사 현황				[표2]	직위별 급여지급 현황				
2	제품코드	검사일	검사결과	판정		사원명	직위	수당	급여		
3	ABCD-01	10월 10일	G1111			서지해	과장	₩ 650,000	₩ 3,150,000		
4	ABCD-02	10월 10일	G2222			유영천	대리	₩ 500,000	₩ 2,700,000		
5	ABCD-03	10월 10일	G1111			하승전	과장	₩ 600,000	₩ 3,100,000		
6	ABCD-04	10월 10일	G5555	불량		김재명	사원	₩ 350,000	₩ 2,350,000		
7	ABCD-05	10월 10일	G7777	불량		최희윤	대리	₩ 550,000	₩ 2,750,000		
8	ABCD-06	10월 12일	G3333			아루미	사원	₩ 300,000	₩ 2,300,000		
9	ABCD-07	10월 12일	G7777	불량		대한국	사원	₩ 400,000	₩ 2,400,000		
10	ABCD-08	10월 12일	G5555	불량							
11	ABCD-09	10월 12일	G2222			<기본급표>					
12	ABCD-10	10월 12일	G3333			직위	과장	대리	사원		
13						기본급	₩ 2,500,000	₩ 2,200,000	₩ 2,000,000		
14	[표3]	예선 결과표									
15	응시번호	1차	2차	벌점	결과	[표4]	승진심사 결과표				
16	14001	94	92	6	본선진출	사원코드	근태	실적	총점		
17	14002	81	76	12		CMK-10	43	49	92		
18	14003	82	55	1		KED-04	5	9	14		
19	14004	80	86	7	본선진출	ESF-34	42	39	81		
20	14005	75	79	8	본선진출	PAS-21	23	34	57		
21	14006	91	88	3	본선진출	DSF-64	32	43	75		
22	14007	64	61	5		ECS-34	15	16	31		
23	14008	52	69	8		CEW-43	26	26	52		
24	14009	84	88	2	본선진출	NEG-45	43	40	83		
25	14010	80	78	5	본선진출	ISE-23	39	46	85		
26						총점이 80점대인 사원수			3		
27	[표5]	축구 경기 대회									
28	팀명	승	무	패	승점	결승					
29	바로세나	15	13	10	58						
30	레전드	7	15	16	36						
31	저스티스	24	9	5	81	결승진출					
32	잘차부러	14	12	12	54						
33	맨날차유	9	13	16	40						
34	FC첼로	14	9	15	51						
35	레알와우	8	16	14	40						
36	AC미러	17	9	12	60	결승진출					
37	발냄새로	13	11	14	50						
38	맨홀시티	7	13	18	34						

(1) =IFERROR(CHOOSE(MID(C3,2,1),"","","",""),"불량")
(2) =H3+HLOOKUP(G3,$G$12:$I$13,2,FALSE)
(3) =IF(AND(AVERAGE(B16:C16)>=70,D16<10),"본선진출","")
(4) =COUNTIF(J17:J25,">=80")-COUNTIF(J17:J25,">=90")
(5) =IF(RANK.EQ(E29,$E$29:$E$38,0)<=2,"결승진출","")

정답 및 해설

❖ 문제3 ● 분석작업

1 피벗 테이블 작성('분석작업-1' 시트)

	A	B	C	D	E
1			지역별 1/4분기 매출 현황		
2					(단위 : 개)
3	지역	지점명	1월	2월	3월
4	서울	서초점	425	472	458
5	서울	마포점	365	405	393
6	서울	노원점	648	719	697
7	경기	안산점	448	497	482
8	경기	수원점	684	759	736
9	경기	분당점	515	572	555
10	부산	동래점	644	715	694
11	부산	중구점	821	911	884
12	부산	해운대점	356	395	383
13	강원	원주점	843	936	908
14	강원	동해점	348	386	374
15	강원	강릉점	547	607	589
16	광주	남구점	642	713	692
17	광주	동구점	458	508	493
18	광주	북구점	751	576	689
19					
20					
21					
22	지점명	(모두)			
23					
24	지역	평균 : 1월	평균 : 2월	평균 : 3월	
25	강원	579.3333333	643	623.6666667	
26	경기	549	609.3333333	591	
27	광주	617	599	624.6666667	
28	부산	607	673.6666667	653.6666667	
29	서울	479.3333333	532	516	
30	총합계	566.3333333	611.4	601.8	

2 부분합 구하기('분석작업-2' 시트)

	A	B	C	D	E	F	G	H
1				사원별 월급 명세서				
2								
3	사원명	부서명	직위	기본급	수당	성과금	세금	지급액
4	김민지	제작부	과장	₩ 2,250,000	₩ 600,000	₩ 1,300,000	₩ 498,000	₩ 3,650,000
5	이지현	영업부	과장	₩ 2,400,000	₩ 750,000	₩ 1,400,000	₩ 546,000	₩ 4,000,000
6			과장 최대					₩ 4,000,000
7			과장 요약		₩ 1,350,000	₩ 2,700,000		
8	이지훈	제작부	대리	₩ 1,800,000	₩ 450,000	₩ 900,000	₩ 378,000	₩ 2,770,000
9	최미경	생산부	대리	₩ 1,950,000	₩ 550,000	₩ 1,000,000	₩ 420,000	₩ 3,080,000
10	한주원	영업부	대리	₩ 1,850,000	₩ 600,000	₩ 950,000	₩ 408,000	₩ 2,990,000
11	황서연	경리부	대리	₩ 2,000,000	₩ 700,000	₩ 1,100,000	₩ 456,000	₩ 3,340,000
12			대리 최대					₩ 3,340,000
13			대리 요약		₩ 2,300,000	₩ 3,950,000		
14	강서윤	경리부	사원	₩ 1,600,000	₩ 500,000	₩ 800,000	₩ 348,000	₩ 2,550,000
15	김하준	영업부	사원	₩ 1,500,000	₩ 550,000	₩ 700,000	₩ 330,000	₩ 2,420,000
16	신미숙	생산부	사원	₩ 1,550,000	₩ 500,000	₩ 750,000	₩ 336,000	₩ 2,460,000
17	조현우	제작부	사원	₩ 1,400,000	₩ 600,000	₩ 600,000	₩ 312,000	₩ 2,290,000
18			사원 최대					₩ 2,550,000
19			사원 요약		₩ 2,150,000	₩ 2,850,000		
20			전체 최대값					₩ 4,000,000
21			총합계		₩ 5,800,000	₩ 9,500,000		

❖ 문제4 ● 기타작업

1 매크로 작성('매크로작업' 시트)

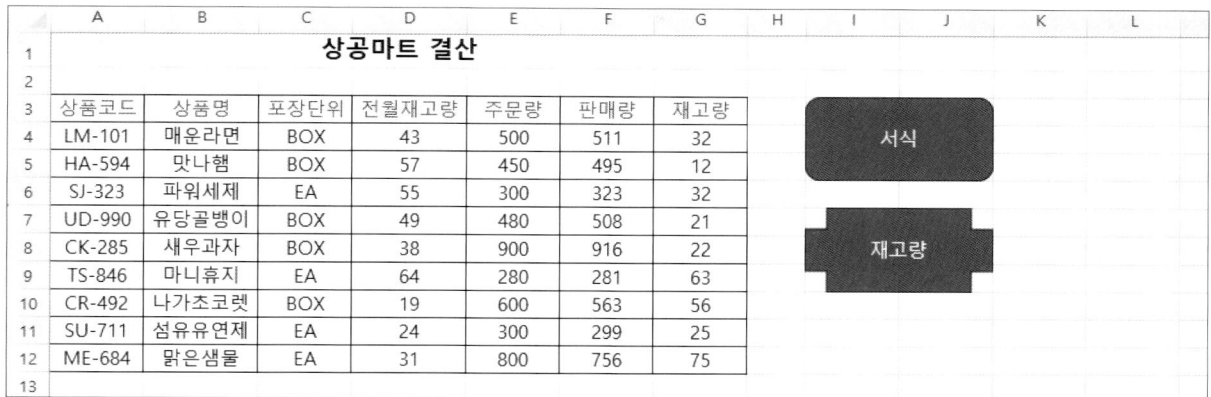

2 차트 작성('차트작업' 시트)

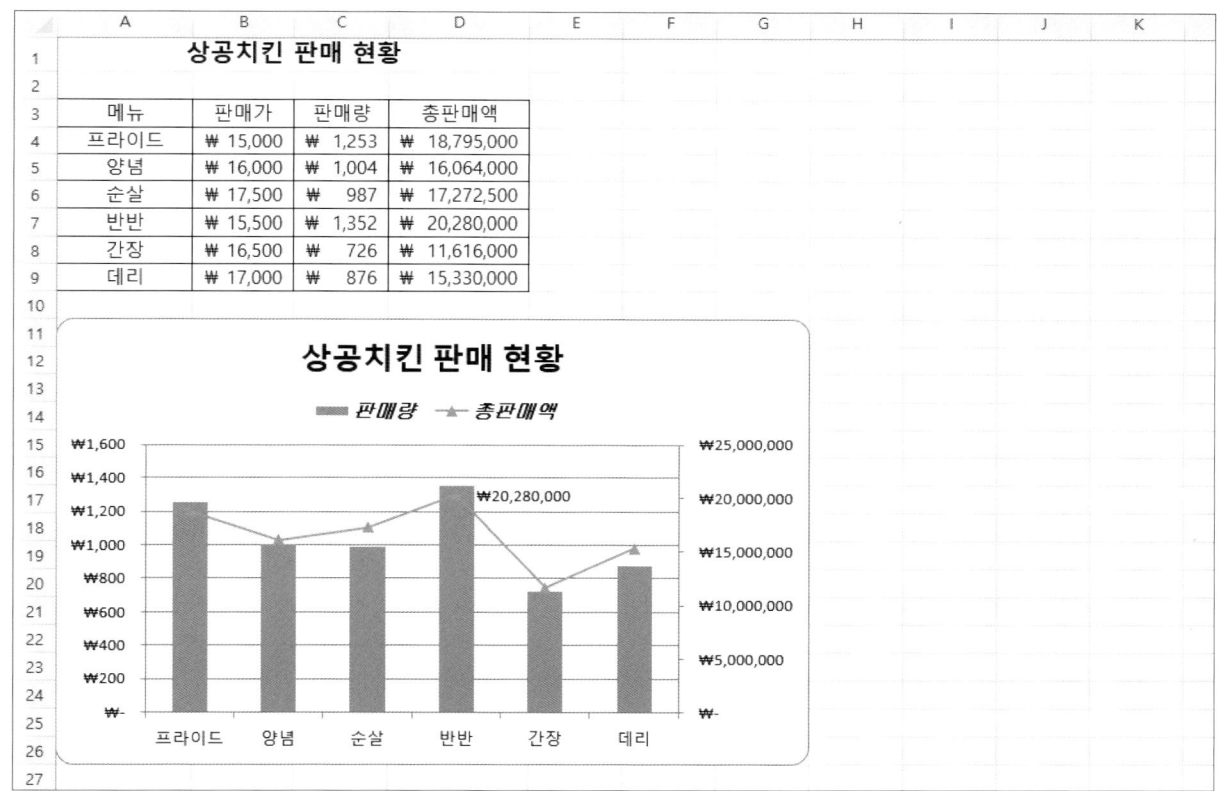

제02회 실전모의고사 정답 및 해설

❖ 문제1 ● 기본작업

② 데이터 편집('기본작업-2' 시트)

구분	1/4분기실적			2/4분기실적		
	2024년	2023년	증감율(%)	2024년	2023년	증감율(%)
매출총액	4,186억원	3,896억원	7.44	4,554억원	4,102억원	11.02
영업이익	759억원	689억원	10.16	832억원	768억원	8.33
세전이익	737억원	645억원	14.26	779억원	576억원	35.24
기타수익	324억원	301억원	7.64	359억원	222억원	61.71
법인세	232억원	199억원	16.58	295억원	231억원	27.71
當期純利益	962억원	912억원	5.48	1,068억원	988억원	8.10

상공주식회사 경영실적(전반기)
단위:억원

③ 고급 필터 사용('기본작업-3' 시트)

지점별 컴퓨터 판매 현황

지점	성명	직위	판매량
강동	이상욱	부장	68
강동	강민이	과장	49
강동	임선우	대리	57
강동	최인경	사원	62
강서	한선인	부장	85
강서	유병선	과장	66
강서	김진주	대리	48
강서	황인혁	사원	92
강남	김한숙	부장	84
강남	여사율	과장	68
강남	이유신	대리	57
강남	박찬욱	사원	88
강북	윤철웅	부장	48
강북	이주민	과장	57
강북	성승대	대리	92
강북	장성실	사원	68

직위	지점
과장	
	강동

지점	성명	직위	판매량
강동	이상욱	부장	68
강동	강민이	과장	49
강동	임선우	대리	57
강동	최인경	사원	62
강서	유병선	과장	66
강남	여사율	과장	68
강북	이주민	과장	57

직위	지점
과장	강동

▲ 직위가 '과장'이면서 지점이 '강동'인 데이터 (AND 조건)

직위	지점
과장	
	강동

▲ 직위가 '과장'이거나 지점이 '강동'인 데이터 (OR 조건)

문제2 ● 계산작업('계산작업' 시트)

	A	B	C	D	E	F	G	H	I	J
1	[표1]	영어 듣기 평가				[표2]	사원 관리 현황			
2	성명	성별	점수	2위점수		사원코드	사원명	성별	입사년도	부서명
3	강동구	남	87	95점		2-P-25	이미희	여	2020년	기획부
4	우인정	여	95			1-M-33	김종국	남	2019년	생산부
5	손수진	여	87			1-S-52	이정렬	남	2017년	영업부
6	염기일	남	99			2-S-59	정미라	여	2021년	영업부
7	신민해	여	84			2-M-35	신세윤	여	2018년	생산부
8	양신석	남	95			2-M-37	정다운	여	2018년	생산부
9	유해영	여	68			1-S-55	이건식	남	2019년	영업부
10	이민호	남	78			1-B-11	김해중	남	2020년	경리부
11	조정식	남	82			1-P-33	유현진	남	2017년	기획부
12	심수연	여	67			2-B-15	신혜리	여	2021년	경리부
13										
14	[표3]	지역별 납품 현황				<부서코드표>				
15	지역	납품일	납품량	총납품액		코드	S	P	M	B
16	서울	8월 11일	3,500	57,995,000		부서명	영업부	기획부	생산부	경리부
17	부산	8월 11일	3,200	53,024,000						
18	경기	8월 11일	3,350	55,509,500						
19	서울	8월 18일	3,600	59,652,000						
20	경기	8월 18일	3,000	49,710,000						
21	부산	8월 18일	3,400	56,338,000						
22	대전	8월 25일	3,000	49,710,000						
23	서울	8월 25일	3,500	57,995,000						
24	대전	8월 29일	3,250	53,852,500	지역	서울 평균 납품액				
25	경기	8월 29일	3,150	52,195,500	서울	58,550,000				
26										
27	[표4]	지역별 평균 기온				[표5]	제품 생산 현황			
28	지역	7월	8월	9월	비고	제품코드	생산원가	생산량	제품명	
29	서울	25.9	26.7	21.2	평균기온큼	K01-2-G	15,000	1,500	키보드	
30	대전	26.1	26.6	23.3		A05-4-K	250,000	600	스캐너	
31	대구	27.8	28.4	24.7		D02-1-Q	12,000	1,800	마우스	
32	부산	26.1	27.9	24.3		S04-3-O	100,000	850	모니터	
33	광주	26.6	27.2	21.9	평균기온큼	C03-5-L	180,000	700	프린터	
34	목포	25.8	27.1	23.2		K01-2-H	17,500	1,650	키보드	
35	강릉	24.2	25.3	21.3		A05-4-R	235,000	550	스캐너	
36	원주	24.6	25.6	20.5	평균기온큼	D02-1-U	13,000	1,750	마우스	
37	청주	26.1	25.9	22.3		C03-5-M	200,000	580	프린터	
38	천안	25.9	26.3	21.9	평균기온큼	S04-3-E	115,000	900	모니터	

(1) =LARGE(C3:C12,2)&"점"
(2) =HLOOKUP(MID(F3,3,1),$G$15:$J$16,2,FALSE)
(3) =ROUNDUP(DAVERAGE(A15:D25,D15,E24:E25),-4)
(4) =IF(STDEV.S(B29:D29)>STDEV.S($B$29:$D$38),"평균기온큼","")
(5) =CHOOSE(MID(G29,5,1),"마우스","키보드","모니터","스캐너","프린터")

❖ 문제3 ● 분석작업

1 피벗 테이블 작성('분석작업-1' 시트)

	A	B	C	D	E	F	G
1			지점별 3/4분기 사원별 매출 현황				
2							
3	지점	사원명	직위	7월	8월	9월	총계

	A	B	C	D	E	F	G
23			직위 ▼				
24	지점 ▼	값	과장	대리	부장	사원	총합계
25	강남						
26		합계 : 7월	9,127,000	7,420,000	8,250,000	9,260,000	34,057,000
27		합계 : 8월	8,470,000	6,890,000	7,660,000	8,590,000	31,610,000
28		합계 : 9월	9,530,000	7,750,000	8,620,000	9,660,000	35,560,000
29	강동						
30		합계 : 7월	8,470,000	6,510,000	8,960,000	8,600,000	32,540,000
31		합계 : 8월	7,860,000	6,040,000	8,310,000	7,980,000	30,190,000
32		합계 : 9월	8,840,000	6,790,000	9,350,000	8,980,000	33,960,000
33	강북						
34		합계 : 7월	8,690,000	7,440,000	7,180,000	8,680,000	31,990,000
35		합계 : 8월	8,060,000	6,900,000	6,660,000	8,050,000	29,670,000
36		합계 : 9월	9,070,000	7,760,000	7,490,000	9,060,000	33,380,000
37	강서						
38		합계 : 7월	8,390,000	9,430,000	7,720,000	7,520,000	33,060,000
39		합계 : 8월	7,790,000	8,750,000	7,160,000	6,980,000	30,680,000
40		합계 : 9월	8,760,000	9,840,000	8,050,000	7,850,000	34,500,000
41	전체 합계 : 7월		34,677,000	30,800,000	32,110,000	34,060,000	131,647,000
42	전체 합계 : 8월		32,180,000	28,580,000	29,790,000	31,600,000	122,150,000
43	전체 합계 : 9월		36,200,000	32,140,000	33,510,000	35,550,000	137,400,000

2 데이터 통합('분석작업-2' 시트)

❖ 문제4 ● 기타작업

1 매크로 작성('매크로작업' 시트)

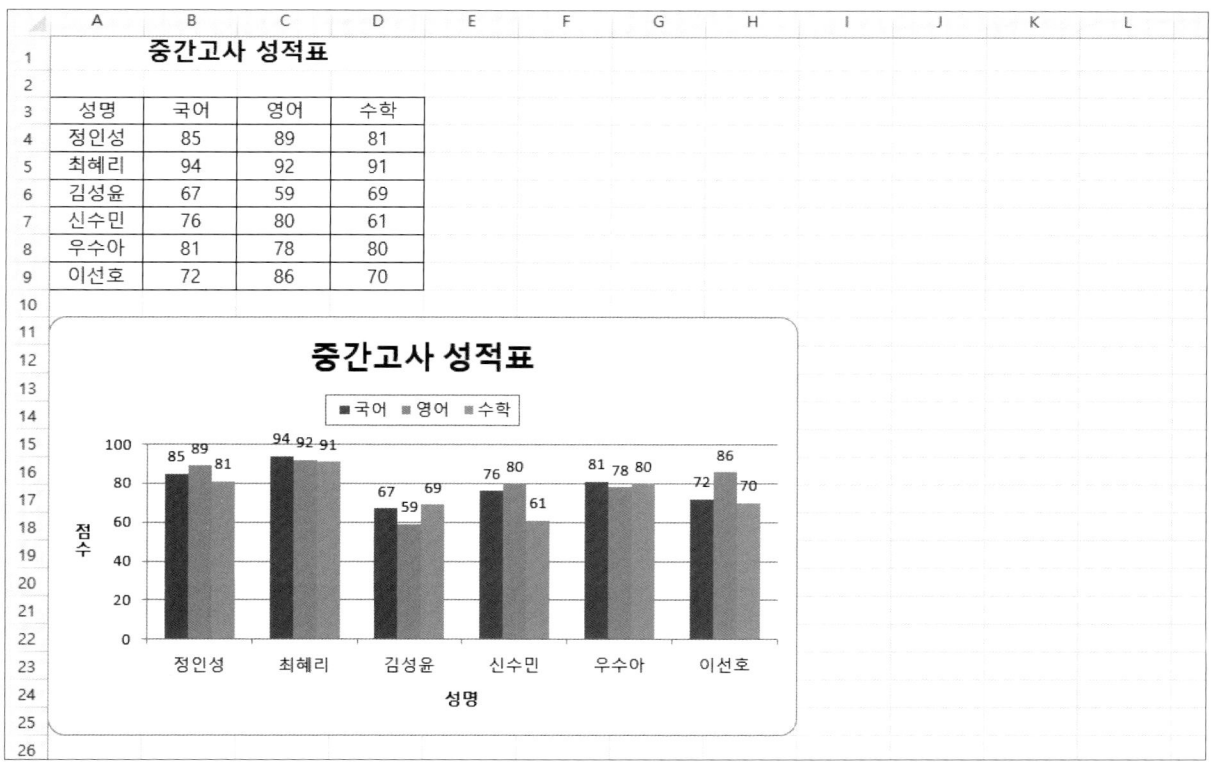

2 차트 작성('차트작업' 시트)

제03회 실전모의고사 정답 및 해설

❖ 문제1 ● 기본작업

2 데이터 편집('기본작업-2' 시트)

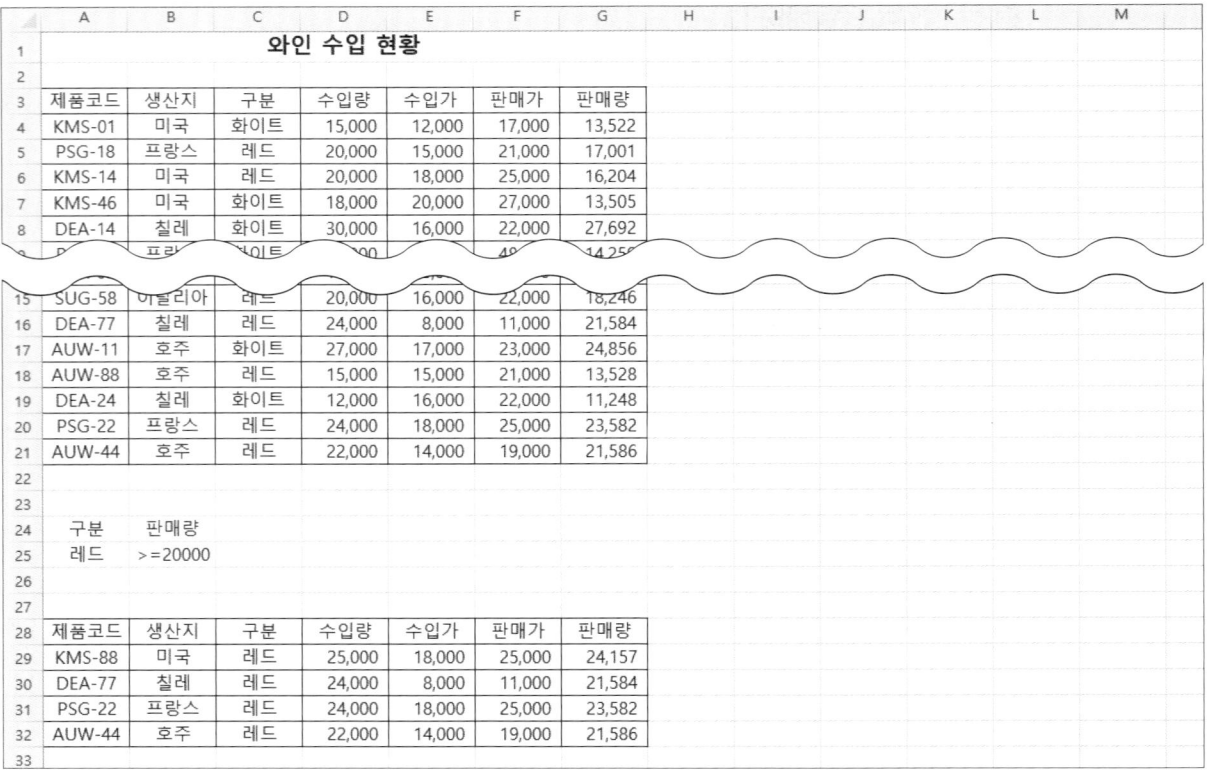

3 고급 필터 사용('기본작업-3' 시트)

❖ 문제2 ● 계산작업('계산작업' 시트)

	A	B	C	D	E	F	G	H	I	J	K
1	[표1]	일일매출표						[표2]	휴가 일정표		
2	제품코드	판매량	총판매액		<코드표>			성명	휴가출발일	휴가일수	회사출근일
3	A-01	19	152,000		코드	판매가		성소민	2024-04-01	4	2024-04-05
4	D-01	18	180,000		A	8,000		이수양	2024-04-01	8	2024-04-11
5	M-01	26	312,000		D	10,000		박세현	2024-04-01	5	2024-04-08
6	A-02	32	256,000		M	12,000		김성찬	2024-04-10	6	2024-04-18
7	M-02	21	252,000					장선욱	2024-04-10	7	2024-04-19
8	A-03	24	192,000					유석일	2024-04-10	9	2024-04-23
9	D-02	15	150,000					박수홍	2024-04-10	4	2024-04-16
10	M-03	16	192,000					이수아	2024-04-16	8	2024-04-26
11	D-03	24	240,000					최수현	2024-04-16	5	2024-04-23
12	M-04	26	312,000					김송혁	2024-04-16	7	2024-04-25
13											
14	[표3]	휴가 사용 현황			총휴가일수	16		[표4]	카페 신입회원 정보		
15	성명	성별	부서명	사용일수	비고			성명	지역	닉네임	E-메일
16	유삼호	남	영업부	15				최정예	서울	love99	love99@naver.com
17	최서진	여	영업부	10	휴가권장			심일훈	경기	muakiea	muakiea@nate.com
18	이상배	남	영업부	8	휴가독촉			이아랑	인천	starcmk	starcmk@nate.com
19	한미진	여	생산부	12	휴가권장			김정필	부산	99023	99023@gmail.com
20	김동우	남	생산부	14				홍현서	대전	yses	yses@daum.net
21	김도균	남	생산부	13				이재훈	대구	newlive	newlive@naver.com
22	이나은	여	경리부	11	휴가권장			김지민	광주	0908ar	0908ar@naver.com
23	정상은	여	경리부	5	휴가독촉			정해선	강원	tenhour	tenhour@daum.net
24	신병규	남	경리부	14				정우현	제주	kji1004	kji1004@gmail.com
25											
26	[표5]	중간고사 성적표									
27	성명	성별	국어	영어	수학			남학생 영어 평균점수			
28	변지서	여	80	85	86			85점			
29	최서정	여	95	92	94						
30	박승완	남	75	78	80						
31	김석훈	남	89	80	86						
32	박상아	여	90	93	92						
33	이재준	남	87	83	80						
34	신우승	남	85	88	86						
35	이소정	여	71	72	74						
36	김유리	여	95	94	95						
37	최시완	남	97	98	98						

(1) =B3*VLOOKUP(LEFT(A3,1),$E$4:$F$6,2,FALSE)
(2) =WORKDAY(I3,J3)
(3) =IF($E$14-D16>=8,"휴가독촉",IF($E$14-D16<=4,"휴가권장",""))
(4) =MID(J16,1,SEARCH("@",J16,1)-1)
(5) =TRUNC(AVERAGEIF(B28:B37,"남",D28:D37))&"점"

❖ 문제3 ● 분석작업

1 시나리오 작성('분석작업-1' 시트)

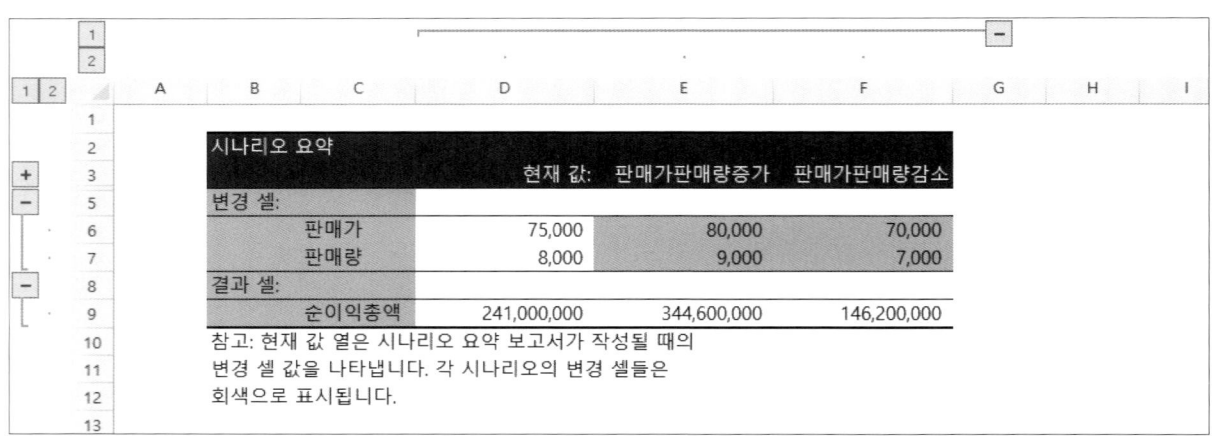

- **시나리오1 작성** : 시나리오 이름(판매가판매량증가), 변경 셀(B6:B7), 변경 값(판매가(80000), 판매량(9000))
- **시나리오2 작성** : 시나리오 이름(판매가판매량감소), 변경 셀(B6:B7), 변경 값(판매가(70000), 판매량(7000))

2 데이터 통합('분석작업-2' 시트)

	A	B	C	D	E	F	G	H	I	J
1		서울 고궁 입장객 현황					서울 고궁 평균 입장객 수			
2										
3	월	고궁명	성인	청소년	어린이		고궁명	성인	청소년	어린이
4	1월	경복궁	16,524	12,354	10,525		경복궁	18,136	14,348	14,184
5		창경궁	9,463	7,584	6,745		창경궁	10,772	8,035	7,927
6		덕수궁	13,252	9,578	4,856		덕수궁	12,009	9,859	6,663
7		창덕궁	11,245	10,241	8,642		창덕궁	12,473	10,721	9,805
8		운현궁	7,425	6,852	4,593		운현궁	8,959	7,060	6,329
9	2월	경복궁	13,542	10,245	9,862					
10		창경궁	8,674	7,581	6,524					
11		덕수궁	9,754	7,589	4,758					
12		창덕궁	10,865	9,354	8,756					
13		운현궁	7,725	4,856	4,758					
14	3월	경복궁	20,021	16,840	18,664					
15		창경궁	13,524	10,102	9,475					
16		덕수궁	12,486	11,245	9,354					
17		창덕궁	13,524	12,496	10,242					
18		운현궁	10,652	7,859	7,996					
19	4월	경복궁	22,455	17,954	17,685					
20		창경궁	11,425	6,874	8,965					
21		덕수궁	12,543	11,024	7,685					
22		창덕궁	14,256	10,794	11,579					
23		운현궁	10,033	8,674	7,968					

정답 및 해설

❖ 문제4 ● 기타작업

1 매크로 작성('매크로작업' 시트)

2 차트 작성('차트작업' 시트)

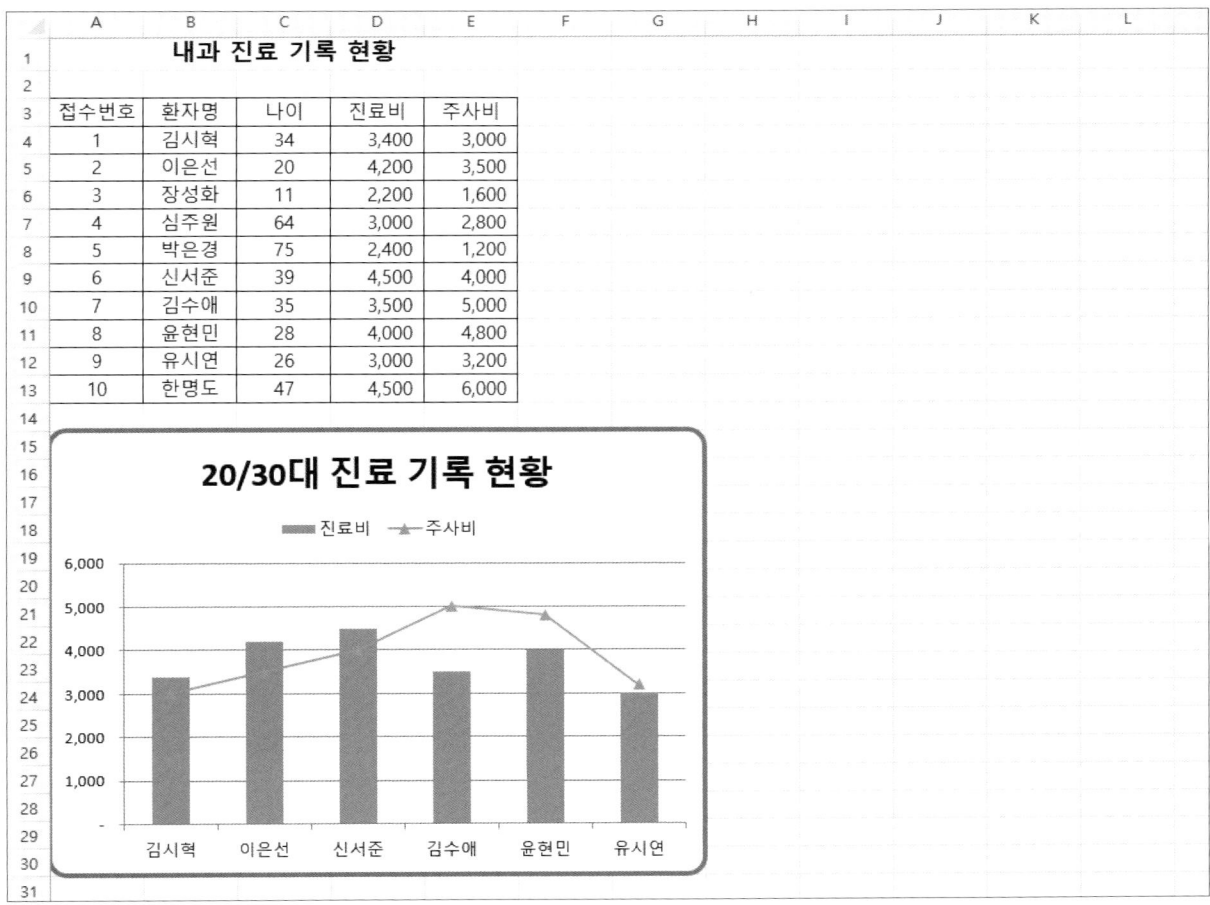

제04회 실전모의고사 정답 및 해설

❖ 문제1 ● 기본작업

2 데이터 편집('기본작업-2' 시트)

사원명	성별	부서	직책	학력	資格證	입사년도	연봉
우연이	여	관리부	부장	대졸	정보처리	2013	60백만원
허미진	여	관리부	과장	대학원졸	컴퓨터활용능력	2018	46백만원
무기한	남	관리부	대리	대졸	워드프로세서	2021	36백만원
강하지	남	관리부	사원	고졸	컴퓨터활용능력	2022	24백만원
이름이	여	기획부	부장	대학원졸	워드프로세서	2012	54백만원
고요한	남	기획부	과장	고졸	정보처리	2017	48백만원
이백원	남	기획부	대리	대졸	워드프로세서	2021	38백만원
정수기	여	기획부	사원	대학원졸	컴퓨터활용능력	2023	25백만원
한노동	남	영업부	부장	대졸	워드프로세서	2013	58백만원
신수학	여	영업부	과장	대졸	컴퓨터활용능력	2019	44백만원
최첨단	남	영업부	대리	고졸	정보처리	2021	36백만원
박두식	남	영업부	사원	대졸	워드프로세서	2023	20백만원

상공회사 사원관리 현황

3 조건부 서식 지정('기본작업-3' 시트)

아파트 분양가 분석 현황

위치	아파트명	구분	전용면적	세대수	입주일	분양가(3.3㎡당)
서울	자이야	일반	148㎡	600	2023년 5월	15,000,000
서울	푸르자나	일반	85㎡	1000	2023년 7월	10,000,000
서울	LH	임대	101㎡	1500	2023년 3월	8,000,000
경기	좀편한세상	일반	148㎡	800	2023년 5월	10,000,000
경기	아이파크	일반	85㎡	1500	2023년 3월	8,000,000
경기	LH	임대	101㎡	2000	2023년 7월	6,000,000
인천	아이파크	일반	148㎡	500	2023년 5월	10,000,000
인천	자이야	일반	85㎡	800	2023년 6월	7,500,000
인천	LH	임대	101㎡	1000	2023년 7월	5,500,000
대전	좀편한세상	일반	148㎡	700	2023년 6월	8,000,000
대전	푸르자나	일반	85㎡	1300	2023년 6월	7,000,000
대전	LH	임대	101㎡	1400	2023년 5월	5,000,000

조건부 서식 지정 : 규칙 유형(수식을 사용하여 서식을 지정할 셀 결정), 수식(=AND($C4="일반",$G4<10000000))

❖ 문제2 ● 계산작업('계산작업' 시트)

	A	B	C	D	E	F	G	H	I	J	K	L	M	N	O
1	[표1]	중간고사 성적표						[표2]	제품 판매 현황					[판매가표]	
2	성명	성별	국어	영어	수학	총점		제품명	대리점	판매량	재고량	총판매액		제품명	판매가
3	이용해	여	88	89	90	267		컴퓨터	마포	65	35	52,000,000		컴퓨터	800000
4	왕고집	남	79	85	69	233		컴퓨터	강남	80	20	64,000,000		냉장고	12000000
5	안면상	여	92	90	89	271		컴퓨터	노원	77	23	61,600,000		세탁기	1000000
6	경운기	남	94	95	89	278		냉장고	마포	61	39	732,000,000			
7	김치국	남	86	92	90	268		냉장고	강남	82	18	984,000,000			
8	오지람	여	90	95	92	277		냉장고	노원	74	26	888,000,000			
9	최고운	여	88	84	80	252		세탁기	마포	73	27	73,000,000			
10	남달리	남	77	80	79	236		세탁기	강남	86	14	86,000,000			
11	오심판	남	80	85	90	255		세탁기	노원	89	11	89,000,000			
12															
13	성별	영어	수학	조건에 맞는 학생의 총점 평균				[표4]	월별 생산 현황						
14	남	>=90		272.5				월	생산품(A)	생산품(B)	생산품(C)	생산품(B)			
15	여		>=90					1월	5535	6021	4831	표준편차			
16								2월	5468	6871	5001	261.6			
17	[표3]	1/4분기 매출결과				단위 : 만원		3월	5724	6278	4835				
18	도서코드	구분	1월	2월	3월	결과		4월	5689	6389	4297				
19	IT-25	수험서	6,500	7,560	8,020			5월	5179	6172	5017				
20	EC-60	경제/경영	8,620	7,925	7,620			6월	5348	6008	4983				
21	RF-10	교양	8,802	8,357	8,687	효자도서		7월	5493	6217	4998				
22	FT-41	소설	7,896	7,900	8,240			8월	5157	6397	4328				
23	HB-49	취미	8,438	8,320	8,345	효자도서		9월	5537	6284	4682				
24	HT-33	건강	6,874	7,000	7,320			10월	5399	6316	4179				
25	PC-52	컴퓨터	8,576	7,982	8,800			11월	5176	6784	4385				
26	TV-77	여행	9,318	8,972	9,200	효자도서		12월	5697	6418	4267				
27															
28	[표5]	보너스 지급 현황													
29	성명	성별	부서	직급	호봉	보너스		영업부 보너스 합계							
30	전기판	남	영업부	과장	5	2,000,000		3,900,000							
31	백수인	여	경리부	과장	6	2,200,000									
32	공양미	여	제작부	과장	7	2,400,000									
33	이나중	남	경리부	대리	3	1,300,000									
34	배사공	남	영업부	대리	1	1,100,000									
35	이용자	여	제작부	대리	4	1,400,000									
36	신주사	여	제작부	사원	2	850,000									
37	임신중	여	영업부	사원	1	800,000									
38	이대로	남	경리부	사원	2	850,000									

(1) =DAVERAGE(A2:F11,F2,A13:C15)
(2) =J3*VLOOKUP(H3,$N$4:$O$6,2,FALSE)
(3) =IF(AND(C19>=AVERAGE($C$19:$C$26),D19>=AVERAGE($D$19:$D$26),E19>=AVERAGE($E$19:$E$26)),"효자도서","")
(4) =ROUNDDOWN(STDEV.S(J15:J26),1)
(5) =SUMIF(C30:C38,"영업부",F30:F38)

정답 및 해설

❖ 문제3 ● 분석작업

1 피벗 테이블 작성('분석작업-1' 시트)

	A	B	C	D	E	F	G	H
1				통조림 가공생산 현황				
2								
3	생산코드	생산일	가공팀	가공품명	생산원가	생산수량	불량율	목표매출액
4	2022-T	2023-03-15	가공1팀	참치	980	100,000	0.91%	132,300,000
5	2022-P	2023-04-04	가공1팀	파인애플	540	110,000	0.65%	80,190,000
6	2022-C	2023-05-16	가공1팀	닭가슴살	700	135,000	0.53%	127,575,000
7	2022-T	2023-06-05	가공1팀	꽁치	980	120,000	0.54%	158,760,000
8	2022-P	2023-03-19	가공2팀	참치	540	135,000	0.58%	98,415,000
9	2022-C	2023-04-08	가공2팀	파인애플	700	120,000	0.88%	113,400,000
10	2022-T	2023-05-21	가공2팀	닭가슴살	980	125,000	0.76%	165,375,000
11	2022-P	2023-06-11	가공2팀	꽁치	540	125,000	0.50%	91,125,000
12	2022-C	2023-03-15	가공3팀	참치	700	115,000	0.47%	108,675,000
13	2022-T	2023-04-24	가공3팀	파인애플	980	100,000	0.90%	132,300,000
14	2022-P	2023-05-13	가공3팀	닭가슴살	540	115,000	0.57%	83,835,000
15	2022-C	2023-06-17	가공3팀	꽁치	700	120,000	0.54%	113,400,000
16								
17								
18	가공품명	(모두)						
19								
20	평균 : 목표매출액	열 레이블						
21	행 레이블	가공1팀	가공2팀	가공3팀				
22	⊞3월	132,300,000	98,415,000	108,675,000				
23	⊞4월	80,190,000	113,400,000	132,300,000				
24	⊞5월	127,575,000	165,375,000	83,835,000				
25	⊞6월	158,760,000	91,125,000	113,400,000				
26	총합계	124,706,250	117,078,750	109,552,500				

2 부분합 구하기('분석작업-2' 시트)

	A	B	C	D	E	F	G
1				동호회 회원 현황			
2							
3	지역	성명	성별	나이	직업	연락처	기부금
4	서울	한동호	남	35	회사원	010-6547-3274	250,000
5	서울	무진장	남	45	대학교수	010-3355-6674	250,000
6	서울	우양아	여	24	대학생	010-2178-2008	120,000
7	서울	전대용	남	28	자영업	010-9357-9956	600,000
8	서울 요약						1,220,000
9	서울 최대			45			
10	대전	고기주	여	34	자영업	010-9374-5274	300,000
11	대전	허수리	여	34	변호사	010-7827-1610	400,000
12	대전	감사용	남	27	대학생	010-3274-1092	100,000
13	대전 요약						800,000
14	대전 최대			34			
15	경기	김만우	남	28	대학생	010-3488-3541	100,000
16	경기	고향이	여	33	의사	010-3574-7257	500,000
17	경기 요약						600,000
18	경기 최대			33			
19	총합계						2,620,000
20	전체 최대값			45			

❖ 문제4 ● 기타작업

1 매크로 작성('매크로작업' 시트)

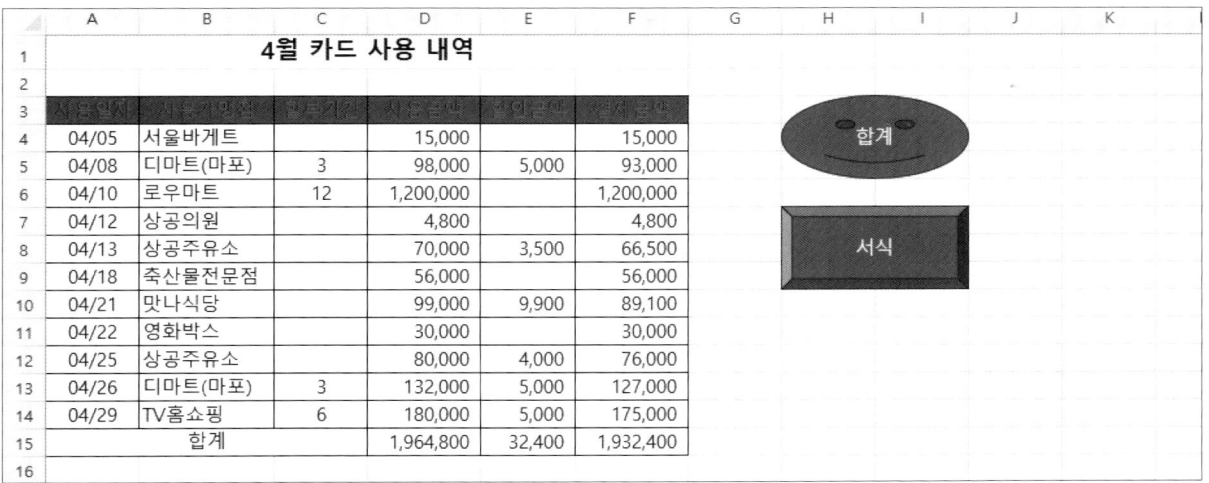

2 차트 작성('차트작업' 시트)

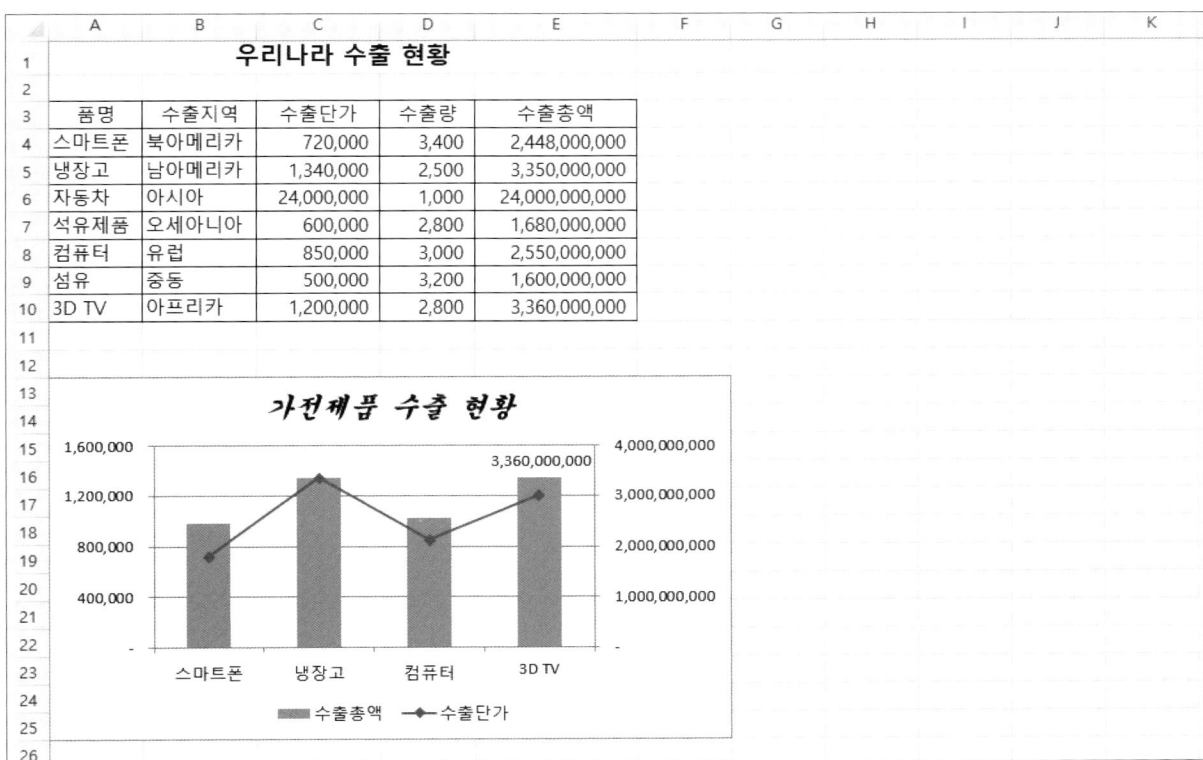

제05회 실전모의고사 정답 및 해설

❖ 문제1 ● 기본작업

2 데이터 편집('기본작업-2' 시트)

	A	B	C	D	E	F	G	H
1			首都圈 가전제품 판매 현황					
2								
3	제품명	판매지역	판매가	입고량	목표량	판매량	재고량	총판매액
4	스마트TV	서울	3000000	340	300	315	25	945000000
5	스마트TV	경기	3000000	240	200	193	47	579000000
6	스마트TV	인천	3000000	240	200	168	72	504000000
7	냉장고	서울	2500000	300	250	283	17	707500000
8	냉장고	경기	2500000	200	180	190	10	475000000
9	냉장고	인천	2500000	200	160	168	32	420000000
10	세탁기	서울	1600000	400	350	384	16	614400000
11	세탁기	경기	1600000	350	300	265	85	424000000
12	세탁기	인천	1600000	350	320	336	14	537600000
13	에어컨	서울	2800000	250	200	218	32	610400000
14	에어컨	경기	2800000	200	150	196	4	548800000
15	에어컨	인천	2800000	200	150	164	36	459200000
16	평균					240	32	568700000
17	합계					2880	390	6824900000

총판매액 합계

3 조건부 서식 지정('기본작업-3' 시트)

	A	B	C	D	E	F
1			9월 카드 사용 내역			
2						
3	사용일	사용내역	사용금액	사용구분	할부기간	이달결제금액
4	1일	한국주유소	70,000	일시불		70,000
5	2일	우리마트	36,500	일시불		36,500
6	3일	예닮갈비	50,000	일시불		50,000
7	4일	서울공판장	75,100	일시불		75,100
8	5일	진성유통	180,000	할부	6	30,000
9	8일	빵집	10,000	일시불		10,000
10	9일	13번가	120,000	할부	6	20,000
11	11일	중앙내과	4,000	일시불		4,000
12	12일	맛나식당	18,000	일시불		18,000
13	13일	바다편의점	7,500	일시불		7,500
14	15일	마동기업	169,000	할부	12	14,083
15	18일	한국주유소	80,000	일시불		***80,000***
16	19일	13번가	90,000	할부	9	10,000
17	20일	서울공판장	63,150	일시불		63,150
18	22일	우리마트	15,240	일시불		15,240
19	23일	바다편의점	9,480	일시불		9,480
20	24일	진성유통	150,000	일시불	3	50,000
21	26일	마동기업	150,000	일시불		***150,000***
22	27일	맛나식당	15,000	일시불		15,000
23	30일	예닮갈비	48,000	일시불		48,000

조건부 서식 지정 : 규칙 유형(상위 또는 하위 값만 서식 지정), 순위(상위, 0)

문제2 ● 계산작업('계산작업' 시트)

	A	B	C	D	E	F	G	H	I	J	K	L
1	[표1]		시외버스 요금표									
2			서울	청주	부산	목포						
3		서울	3,000	8,000	25,000	28,000						
4		청주	8,000	2,000	18,000	20,000						
5		부산	25,000	18,000	2,500	15,000						
6		목포	28,000	20,000	15,000	2,000						
7												
8	<직역코드표>											
9		지역	서울	청주	부산	목포		출발지	도착지	부산-목포 요금		
10		코드	1	2	3	4		부산	목포	15,000		
11												
12	[표2]		신입사원 성적표				[표3]		육성회비 납부 현황			
13		지원번호	필기	면접	총점	평가		학생명	성별	납부여부		
14		C-1035	76	78	154			최유영	여			
15		C-1078	48	64	112			이상민	남	납부		
16		C-2064	92	93	185	우수		전지영	여			
17		C-2075	84	87	171			현주엽	남	납부		
18		C-3015	88	89	177			유연해	여	납부		
19		C-3054	95	96	191	최우수		최미실	여			
20		C-3075	76	86	162			박광명	남	납부		
21		C-4065	68	73	141			김유열	남			
22		C-4088	75	80	155			김은소	여	납부		
23		C-5001	79	86	165			여학생 납부자수		3		
24												
25	[표4]		사원 관리 현황				[표5]		기말고사 성적표			
26		사원코드	성명	성별	부서명	직위		성명	국어	영어	수학	
27		MK-001	김대명	남	영업부	과장		한나라	89	84	80	
28		MK-002	강건웅	남	영업부	대리		정수민	79	78	76	
29		MK-002	유미화	남	영업부	대리		김세하	81	80	75	
30		MK-003	이승운	남	영업부	사원		이부성	82	86	88	
31		PL-001	김산희	여	기획부	과장		최성식	92	91	92	
32		PL-002	여진녀	여	기획부	대리		유하은	89	88	91	
33		PL-003	우섭아	남	기획부	사원		신성희	67	78	76	
34		PU-001	박슬아	여	홍보부	과장		김진만	78	82	81	
35		PU-002	이윤지	여	홍보부	대리		강한나	89	90	88	
36		PU-003	김성민	남	홍보부	사원		신나라	80	91	92	
37		PU-003	신예소	여	홍보부	사원		80점대 인원수	6명	5명	4명	
38												

(1) =INDEX(B3:E6,HLOOKUP(A5,$B$9:$E$10,2,FALSE),HLOOKUP(E2,$B$9:$E$10,2,FALSE))

(2) =IF(RANK.EQ(D14,$D$14:$D$23)=1,"최우수",IF(RANK.EQ(D14,$D$14:$D$23)=2,"우수",""))

(3) =DCOUNTA(G13:I22,I13,H13:H14)

(4) =CHOOSE(RIGHT(A27,1),"과장","대리","사원")

(5) =COUNTIFS(H27:H36,">=80",H27:H36,"<90")&"명"

❖ 문제3 ● 분석작업

1 부분합 구하기('분석작업-1' 시트)

2 데이터 표 작성('분석작업-2' 시트)

	A	B	C	D	E	F	G	H	I	J	K	L	M
1													
2		아르바이트 급여											
3		시급	9,860										
4		근무시간	10										
5		급여합계	98,600										
6													
7													
8				시급									
9			98,600	9,860	10,860	11,860	12,860	13,860	14,860				
10		근무시간	10	98,600	108,600	118,600	128,600	138,600	148,600				
11			15	147,900	162,900	177,900	192,900	207,900	222,900				
12			20	197,200	217,200	237,200	257,200	277,200	297,200				
13			25	246,500	271,500	296,500	321,500	346,500	371,500				
14			30	295,800	325,800	355,800	385,800	415,800	445,800				
15			35	345,100	380,100	415,100	450,100	485,100	520,100				
16			40	394,400	434,400	474,400	514,400	554,400	594,400				
17													

❖ 문제4 ● 기타작업

1 매크로 작성('매크로작업' 시트)

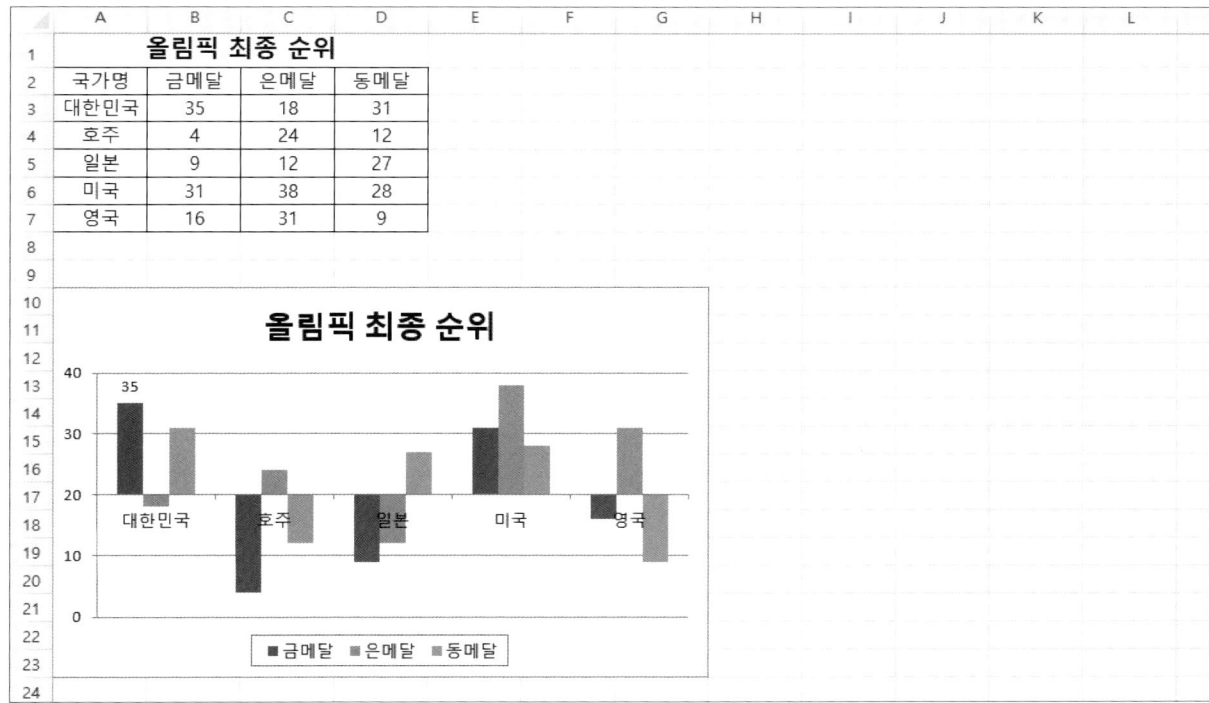

2 차트 작성('차트작업' 시트)

제06회 실전모의고사 정답 및 해설

❖ 문제1 ● 기본작업

2 데이터 편집('기본작업-2' 시트)

월별	문구명	공장출고가	매입량	판매가	판매량	할인액	총 판매액
						단위 : BOX	
1월	A4용지	16,000원	100	23,000원	88	1,610원	1,882,000원
	서류철	10,500원	80	15,000원	62	1,050원	865,000원
	볼펜	14,000원	120	20,000원	111	1,400원	2,065,000원
2월	A4용지	16,000원	80	23,000원	91	1,610원	1,946,000원
	서류철	10,500원	75	15,000원	93	1,050원	1,297,000원
	볼펜	14,000원	100	20,000원	101	1,400원	1,879,000원
3월	A4용지	16,000원	90	23,000원	87	1,610원	1,861,000원
	서류철	10,500원	100	15,000원	96	1,050원	1,339,000원
	볼펜	14,000원	100	20,000원	92	1,400원	1,711,000원

사무용품 판매 현황

3 연결하여 그림 붙여 넣기('기본작업-3' 시트)

도서명	대여자	연락처	대여일	반납예정일
멈추면 보이는 것	함초롱	010-9866-78**	2024-02-26	2024-03-04
아프면 청춘	이가랑	010-5486-62**	2024-02-26	2024-03-04
남들의 물건	송아인	010-3245-55**	2024-03-04	2024-03-11
김철수의 생각	민이리	010-5647-89**	2024-03-05	2024-03-12
스티브 애플	유아람	010-2651-52**	2024-03-05	2024-03-12
프로사회	신다솜	010-6217-35**	2024-03-06	2024-03-13
달을 품은 해	박영청	010-2187-67**	2024-03-07	2024-03-14
상상력 백과	장유별	010-6478-11**	2024-03-07	2024-03-14
아빠를 부탁해	강승훈	010-9005-72**	2024-03-08	2024-03-15

도서명	대여자	연락처	대여일	반납예정일
멈추면 보이는 것	함초롱	010-9866-78**	2024-02-26	2024-03-04
아프면 청춘	이가랑	010-5486-62**	2024-02-26	2024-03-04
남들의 물건	송아인	010-3245-55**	2024-03-04	2024-03-11
김철수의 생각	민이리	010-5647-89**	2024-03-05	2024-03-12
스티브 애플	유아람	010-2651-52**	2024-03-05	2024-03-12
프로사회	신다솜	010-6217-35**	2024-03-06	2024-03-13
달을 품은 해	박영청	010-2187-67**	2024-03-07	2024-03-14
상상력 백과	장유별	010-6478-11**	2024-03-07	2024-03-14
아빠를 부탁해	강승훈	010-9005-72**	2024-03-08	2024-03-15

❖ 문제2 ● 계산작업('계산작업' 시트)

	A	B	C	D	E	F	G	H	I	J	K	L
1	[표1]	DVD 연체 현황					[표2]	진급 심사 결과				
2	고객코드	대여일	반납예정일	반납일	연체료		사원명	직위	필기	실기	면접	진급여부
3	kji21	2024-02-26	2024-03-04	2024-03-06	200		이백원	대리	90	92	69	
4	cmk01	2024-02-26	2024-03-04	2024-03-12	800		정고운	사원	62	70	71	
5	kys23	2024-03-04	2024-03-11	2024-03-15	400		한판만	과장	85	80	88	진급
6	lsh17	2024-03-05	2024-03-12	2024-03-15	300		유명해	과장	94	90	92	진급
7	ksw25	2024-03-05	2024-03-12	2024-03-14	200		전용택	대리	82	88	80	진급
8	wjj05	2024-03-06	2024-03-13	2024-03-15	200		이대로	과장	66	69	72	
9	lgy30	2024-03-07	2024-03-14	2024-03-18	400		방심해	대리	84	80	77	
10	jal08	2024-03-07	2024-03-14	2024-03-19	500		신나라	사원	78	80	79	
11	cdw22	2024-03-08	2024-03-15	2024-03-18	300		김성명	사원	80	91	80	진급
12												
13	[표3]	과일 출고 현황					[표4]	급여 지급 현황				
14	과일명	출고일	총개수	상자당개수	상자(나머지)		사원명	부서	직위	가족수당	수령액	
15	바나나	2024-03-05	331	20	16(11)		강백호	생산부	부장	500,000	4,180,000	
16	사과	2024-03-05	512	35	14(22)		김박사	경리부	대리	300,000	2,820,000	
17	배	2024-03-05	319	35	9(4)		임금진	자재부	과장	400,000	3,550,000	
18	참외	2024-03-05	534	30	17(24)		한국남	자재부	사원	250,000	2,150,000	
19	수박	2024-03-05	286	15	19(1)		현상범	생산부	대리	300,000	2,820,000	
20	감	2024-03-06	521	40	13(1)		장애우	경리부	사원	250,000	2,150,000	
21	귤	2024-03-06	597	40	14(37)		금태우	기획부	과장	400,000	3,550,000	
22	자두	2024-03-06	605	45	13(20)		박대중	경리부	사원	250,000	2,150,000	
23	오렌지	2024-03-06	535	30	17(25)		김상염	기획부	부장	500,000	4,180,000	
24	파인애플	2024-03-06	329	25	13(4)		전환수	생산부	대리	300,000	2,820,000	
25	키위	2024-03-07	574	45	12(34)							
26	자몽	2024-03-07	346	30	11(16)		[직위표]					
27	앵두	2024-03-07	618	50	12(18)		직위	사원	대리	과장	부장	
28	석류	2024-03-07	485	35	13(30)		기본급	1,800,000	2,400,000	3,000,000	3,500,000	
29	복숭아	2024-03-07	507	35	14(17)		직위수당	100,000	120,000	150,000	180,000	
30												
31	[표5]	교내 미술경시 대회										
32	학년	성명	성별	점수	결과							
33	1	전세권	남	78								
34	1	노숙자	여	86								
35	1	하나로	여	90								
36	1	육해공	남	91	동상							
37	2	정인간	남	92	은상							
38	2	방귀남	남	82								
39	2	구주희	여	94	대상							
40	3	이재휘	남	89								
41	3	유희지	여	93	금상							
42	3	한산의	여	87								

(1) =DAYS(D3,C3)*100
(2) =IF(AND(I3>=70,J3>=70,K3>=70,SUM(I3:K3)>=250),"진급","")
(3) =INT(C15/D15)&"("&MOD(C15,D15)&")"
(4) =HLOOKUP(I15,$H$27:$K$29,2,FALSE)+HLOOKUP(I15,$H$27:$K$29,3,FALSE)+J15
(5) =IFERROR(CHOOSE(RANK.EQ(D33,$D$33:$D$42,0),"대상","금상","은상","동상"),"")

정답 및 해설

❖ 문제3 ● 분석작업

1 시나리오 작성('분석작업-1' 시트)

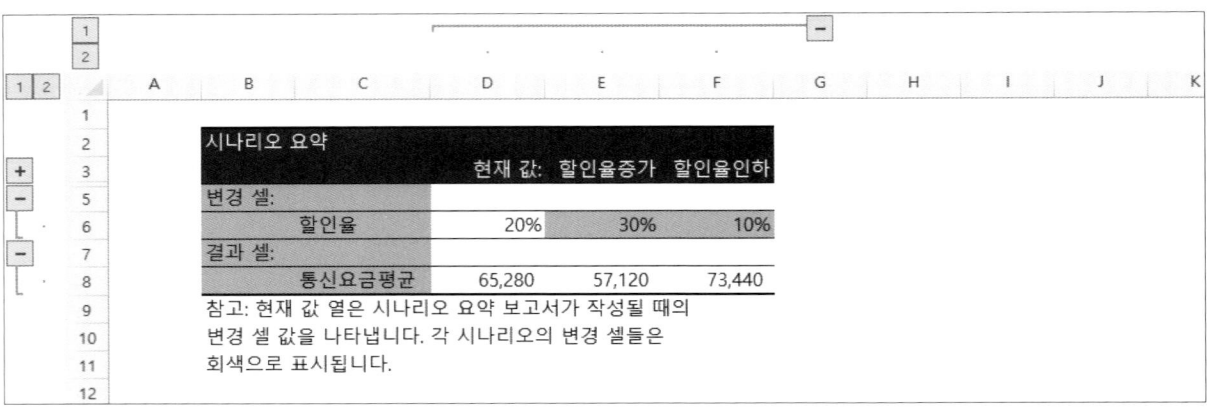

- **시나리오1 작성** : 시나리오 이름(할인율증가), 변경 셀(B19), 변경 값(할인율(0.3))
- **시나리오2 작성** : 시나리오 이름(할인율인하), 변경 셀(B19), 변경 값(할인율(0.1))

2 데이터 통합('분석작업-2' 시트)

	A	B	C	D	E	F	G	H	I	J	K	L	M	N	O
1				[표1] 1월 급여 지급 현황								1/4분기 급여 지급 현황			
2	사원명	부서	직위	기본급	수당	상여금	세금	실수령액		사원명	기본급	수당	상여금	세금	실수령액
3	나잘난	영업부	과장	2,800,000	800,000	1,400,000	600,000	4,400,000		나잘난	2,800,000	683,333	933,333	530,000	3,886,667
4	반수인	영업부	대리	2,200,000	600,000	1,100,000	468,000	3,432,000		반수인	2,200,000	466,667	733,333	408,000	2,992,000
5	라명오	영업부	사원	1,800,000	400,000	900,000	372,000	2,728,000		라명오	1,800,000	333,333	600,000	328,000	2,405,333
6	고장훈	개발부	과장	2,600,000	800,000	1,300,000	564,000	4,136,000		고장훈	2,600,000	683,333	866,667	498,000	3,652,000
7	안수국	개발부	대리	2,200,000	600,000	1,100,000	468,000	3,432,000		안수국	2,200,000	466,667	733,333	408,000	2,992,000
8	탁길태	개발부	사원	1,700,000	400,000	850,000	354,000	2,596,000		탁길태	1,700,000	333,333	566,667	312,000	2,288,000
9	김태은	생산부	과장	2,500,000	800,000	1,250,000	546,000	4,004,000		김태은	2,500,000	683,333	833,333	482,000	3,534,667
10	가미근	생산부	대리	2,300,000	600,000	1,150,000	486,000	3,564,000		가미근	2,300,000	466,667	766,667	424,000	3,109,333
11	최미경	생산부	사원	1,800,000	400,000	900,000	372,000	2,728,000		최미경	1,800,000	333,333	600,000	328,000	2,405,333
12															
13				[표2] 2월 급여 지급 현황											
14	사원명	부서	직위	기본급	수당	상여금	세금	실수령액							
15	나잘난	영업부	과장	2,800,000	600,000	560,000	475,200	3,484,800							
16	반수인	영업부	대리	2,200,000	350,000	440,000	358,800	2,631,200							
17	라명오	영업부	사원	1,800,000	300,000	360,000	295,200	2,164,800							
18	고장훈	개발부	과장	2,600,000	600,000	520,000	446,400	3,273,600							
19	안수국	개발부	대리	2,200,000	350,000	440,000	358,800	2,631,200							
20	탁길태	개발부	사원	1,700,000	300,000	340,000	280,800	2,059,200							
21	김태은	생산부	과장	2,500,000	600,000	500,000	432,000	3,168,000							
22	가미근	생산부	대리	2,300,000	350,000	460,000	373,200	2,736,800							
23	최미경	생산부	사원	1,800,000	300,000	360,000	295,200	2,164,800							
24															
25				[표3] 3월 급여 지급 현황											
26	사원명	부서	직위	기본급	수당	상여금	세금	실수령액							
27	나잘난	영업부	과장	2,800,000	650,000	840,000	514,800	3,775,200							
28	반수인	영업부	대리	2,200,000	450,000	660,000	397,200	2,912,800							
29	라명오	영업부	사원	1,800,000	300,000	540,000	316,800	2,323,200							
30	고장훈	개발부	과장	2,600,000	650,000	780,000	483,600	3,546,400							
31	안수국	개발부	대리	2,200,000	450,000	660,000	397,200	2,912,800							
32	탁길태	개발부	사원	1,700,000	300,000	510,000	301,200	2,208,800							
33	김태은	생산부	과장	2,500,000	650,000	750,000	468,000	3,432,000							
34	가미근	생산부	대리	2,300,000	450,000	690,000	412,800	3,027,200							
35	최미경	생산부	사원	1,800,000	300,000	540,000	316,800	2,323,200							

❖ 문제4 ● 기타작업

1 매크로 작성('매크로작업' 시트)

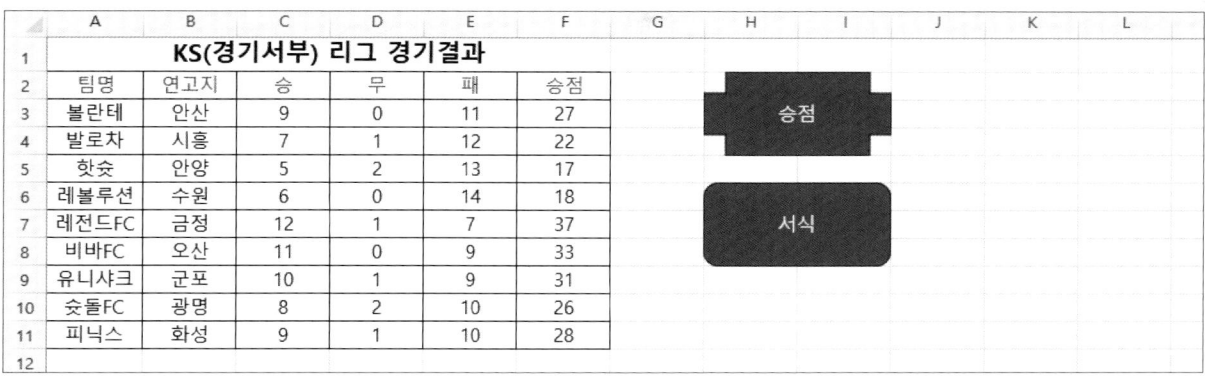

2 차트 작성('차트작업' 시트)

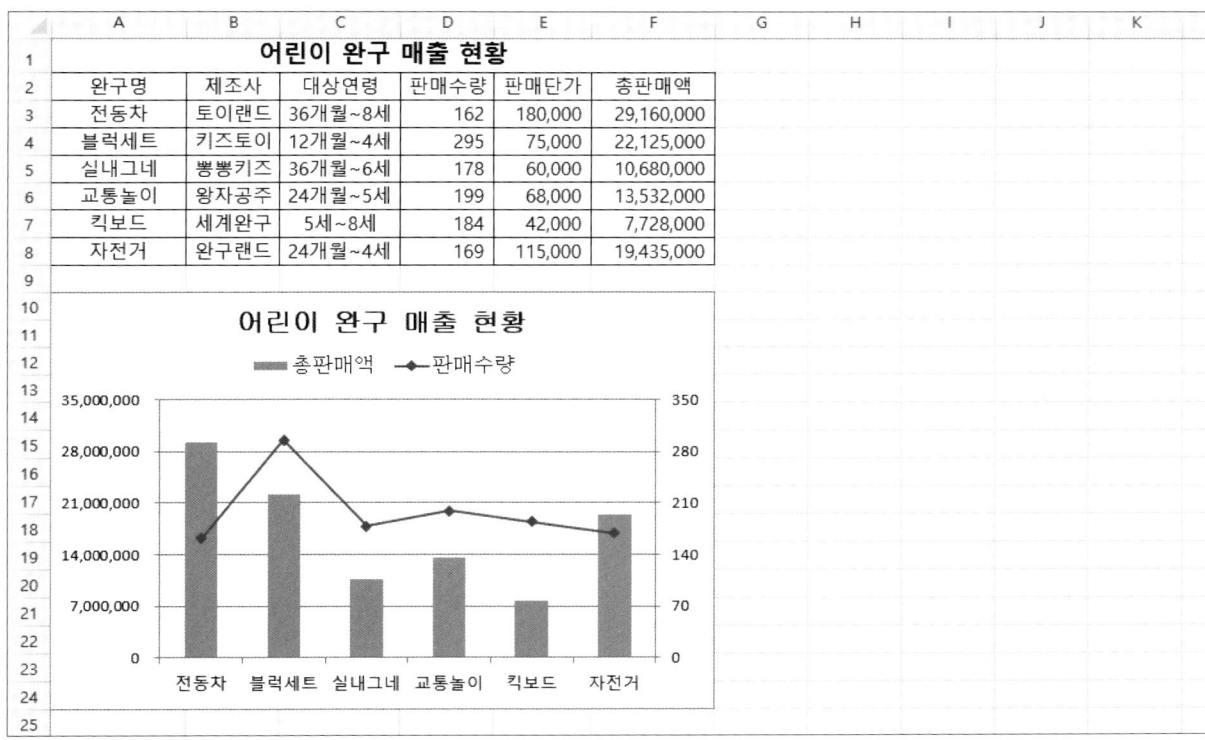

제07회 실전모의고사 정답 및 해설

❖ 문제1 ● 기본작업

2 데이터 편집('기본작업-2' 시트)

	A	B	C	D	E	F	G
1				초중고교 교육여건 개선 현황			
2							
3	구분	초등학교		중학교		일반계고교	
4		학급당 학생수	교원당 학생수	학급당 학생수	교원당 학생수	학급당 학생수	교원당 학생수
5	2020년	30.2명	22.9명	35명	19.1명	32.2명	14.8명
6	2010년	31.8명	25.1명	35.4명	19.4명	33.9명	15.9명
7	2000년	36.4명	28.2명	48.2명	24.8명	48명	22.1명
8	1990년	44.7명	38.3명	61.7명	41.2명	58명	31.6명
9	1980년	56.7명	51.9명 (초등학교 교원당 최고학생 수)	64.5명	43.1명	59.8명	31.7명
10	1970년	65.4명	62.4명	60.7명	39.4명	59.8명	32.2명

3 조건부 서식 지정('기본작업-3' 시트)

	A	B	C	D	E	F	G	H	I
1			[표] 지방대 로스쿨 합격자 출신 학교						
2									
3	대학	정원	서울대	고려대	연세대	이화여대	성균관대	한양대	총합
4	강원대	40	12	11	3	3	3	1	33
5	동아대	80	11	13	6	3	6	4	43
6	부산대	120	19	20	18	8	6	0	71
7	영남대	70	6	9	8	2	3	6	34
8	원광대	60	10	10	9	3	6	1	39
9	전남대	120	12	10	16	9	7	7	61
10	전북대	80	9	14	11	3	4	3	44
11	제주대	40	5	7	1	3	2	3	21
12	충남대	100	22	13	8	6	2	5	56
13	충북대	70	9	12	9	3	3	3	39

> **조건부 서식 지정** : 규칙 유형(수식을 사용하여 서식을 지정할 셀 결정), 수식(=OR($I4>=60, $B4>=100))

❖ 문제2 ● 계산작업('계산작업' 시트)

	A	B	C	D	E	F	G	H	I	J
1	[표1]					[표2]				
2	접수번호	성명	출신고	계열		수험번호	논술	내신	수능	전형결과
3	3001	김두호	상공고	예체능		K-001	82	431	412	합격
4	1001	나정해	대한고	인문		D-001	78	389	399	
5	4001	조성신	우리고	전문		D-002	48	399	401	
6	3002	장경호	우리고	예체능		K-002	91	394	407	합격
7	1002	최신애	대한고	인문		S-001	87	418	387	합격
8	2001	이정구	상공고	자연		S-002	59	379	412	
9	4002	남대천	나라고	전문		D-003	85	405	405	합격
10										
11										
12	[표3]					[표4]				
13	고객명	예금종류	예금액	공제금액		학과	학년	성명	평가점수	
14	강만이	연금저축	3,000,000	561,000		디자인	1	고승수	465	
15	도조아	장미저축	1,500,000	예금종류오류		미디어	2	구만리	604	
16	박주리	연금저축	2,000,000	374,000		미디어	3	노상식	383	
17	이만금	장마저축	3,000,000	225,000		디자인	2	나잘난	465	
18	조아라	장기주식형	1,000,000	37,000		미디어	1	마고수	382	
19	최중금	연금저축	2,500,000	467,500		미디어	2	박흥철	391	
20	황금이	장기주식형	3,000,000	111,000		디자인	3	사수해	572	
21										
22		예금별 수익률						400점 이상인 2학년		
23	예금종류	장마저축	연금저축	장기주식형				2명		
24	수익률	7.5%	18.7%	3.7%						
25										
26										
27	[표5]									
28	매장명	사원코드	판매금액	평가						
29	대한	D1234	5,487,900							
30	상공	S2345	5,789,200							
31	상공	S4567	8,578,900	우수사원						
32	나라	N5678	6,547,800	우수사원						
33	대한	D4321	4,789,000							
34	나라	N8765	5,879,300							
35	상공	S7654	7,589,000	우수사원						

(1) =CHOOSE(LEFT(A3,1),"인문","자연","예체능","전문")
(2) =IF(AND(G3>=60,OR(H3>=400,I3>=400)),"합격","")
(3) =IFERROR(C14*HLOOKUP(B14,$B$23:$D$24,2,FALSE),"예금종류오류")
(4) =COUNTIFS(G14:G20,2,I14:I20,">=400")&"명"
(5) =IF(RANK.EQ(C29,$C$29:$C$35,0)<=3,"우수사원","")

정답 및 해설

❖ 문제3 ● 분석작업

1 시나리오 작성('분석작업-1' 시트)

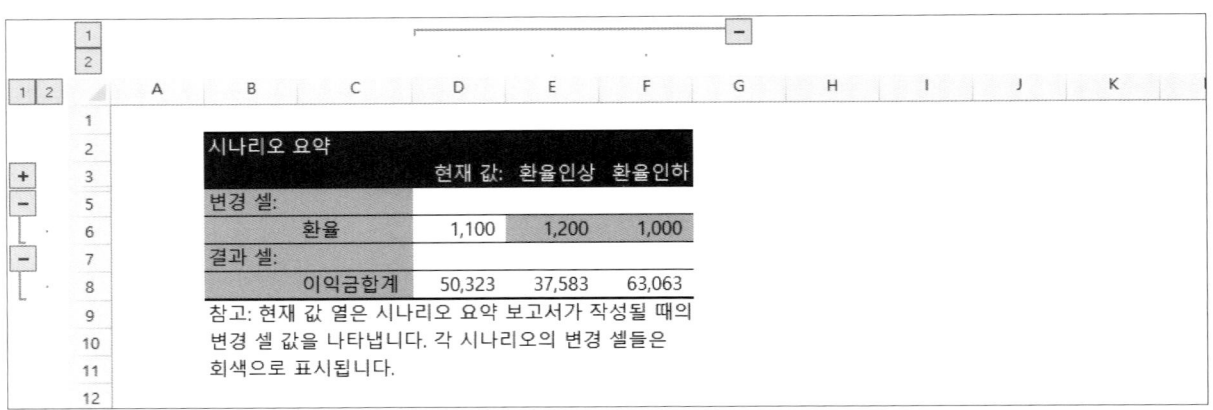

- 시나리오1 작성 : 시나리오 이름(환율인상), 변경 셀(C13), 변경 값(환율(1200))
- 시나리오2 작성 : 시나리오 이름(환율인하), 변경 셀(C13), 변경 값(환율(1000))

2 부분합 구하기('분석작업-2' 시트)

	A	B	C	D	E	F
1	미술/실용아트 강좌					
2						
3	강좌명	과정	요일	시간	모집인원	수강료
4	수채화 정물	초급	목	9:00	10	75,000
5	유화A	초급	화	12:00	12	75,000
6		초급 최대			12	75,000
7		초급 평균			11	75,000
8	뎃생A	중급	화	16:30	25	65,000
9	유화B	중급	금	9:00	10	80,000
10		중급 최대			25	80,000
11		중급 평균			18	72,500
12	회화교실	고급	수	15:00	15	60,000
13	뎃생B	고급	목	19:00	20	70,000
14		고급 최대			20	70,000
15		고급 평균			18	65,000
16		전체 최대값			25	80,000
17		전체 평균			15	70,833

문제4 ● 기타작업

1 매크로 작성('매크로작업' 시트)

2 차트 작성('차트작업' 시트)

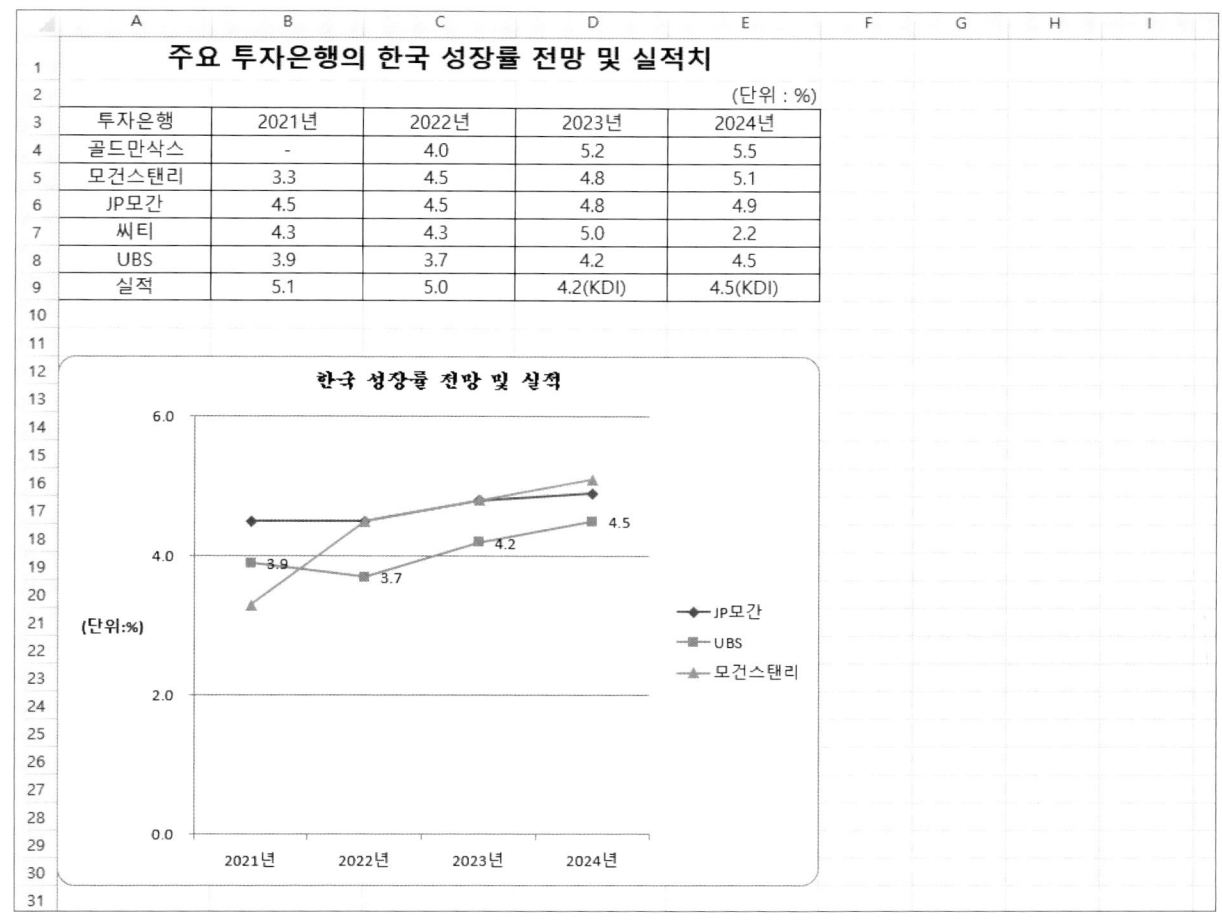

제08회 실전모의고사 정답 및 해설

❖ **문제1** ● **기본작업**

2 데이터 편집('기본작업-2' 시트)

과일명	수입일자	수입국	수입액(BOX)	수입량	세액(BOX)	총액
		나라별 과일 수입 현황				
망고	2024-02-01	베트남	30,000원	250	3,900원	6,525,000원
자몽	2024-02-05	필리핀	28,000원	200	3,640원	4,872,000원
파인애플	2024-02-05	베트남	18,000원	300	2,340원	4,698,000원
멜론	2024-02-11	대만	26,000원	200	3,380원	4,524,000원
바나나	2024-03-04	필리핀	10,000원	700	1,300원	6,090,000원
오렌지	2024-03-11	미국	20,000원	600	2,600원	10,440,000원
청포도	2024-03-20	이스라엘	15,000원	500	1,950원	6,525,000원
체리	2024-04-08	터키	16,000원	300	2,080원	4,176,000원
블루베리	2024-04-10	미국	15,000원	400	1,950원	5,220,000원
석류	2024-04-10	터키	20,000원	350	2,600원	6,090,000원
합계				198,000원	3800	25,740원	59,160,000원

3 외부 데이터 가져오기('기본작업-3' 시트)

환경학과 퀴즈점수 현황

학번	이름	퀴즈A	퀴즈B	퀴즈C	퀴즈D	퀴즈E	합계	평균
202305123	김소예	26	29	28	27	26	136	27.2
202305130	최헌기	29	27	28	30	28	142	28.4
202305103	신영숙	26	30	24	28	30	138	27.6
202305113	김상진	24	28	26	30	30	138	27.6
202305105	장애라	25	25	24	29	28	131	26.2
202305118	신문고	26	28	25	28	30	137	27.4
202305124	심은섭	29	28	28	27	29	141	28.2
202305019	유미라	29	27	29	28	28	141	28.2
202305115	이근상	27	28	29	27	28	139	27.8
202305135	양승영	26	25	28	30	24	133	26.6

외부 데이터 가져오기 : 텍스트 파일(퀴즈점수.txt), 구분 기호(공백)

❖ 문제2 ● 계산작업('계산작업' 시트)

	A	B	C	D	E	F	G	H	I	J	K	L
1	[표1]	동호회 회원관리표					[표2]	중간고사 성적 현황				
2	지역	이름	성별	주민등록번호	생년월일		이름	성별	국어	영어	수학	분류
3	망원동	이희은	여	880325-2315487	1988년 03월 25일		김유성	남	94	88	90	우수
4	서교동	정미지	여	871031-2165351	1987년 10월 31일		강현욱	남	68	84	75	
5	서교동	최찬웅	남	850513-1234875	1985년 05월 13일		장진수	남	92	78	77	
6	합정동	이재민	남	861111-1258743	1986년 11월 11일		신경희	여	91	90	91	우수
7	망원동	김치국	남	840205-1238795	1984년 02월 05일		한인애	여	94	98	89	우수
8	합정동	천대명	남	881219-1425836	1988년 12월 19일		나여인	여	88	88	87	
9	서교동	고우리	여	830909-2345913	1983년 09월 09일		박신현	남	90	57	79	
10												
11	[표3]	자격증등급 분류표					[표4]	대리점별 제품 판매 현황				
12	수험번호	성명	획득점수	자격증등급			대리점	제품코드	제품명	판매가	판매량	판매금액
13	120368	이리오	189	불합격			서울	CT-1025	컴퓨터	750,000	68	51,000,000
14	120625	함상모	538	A			광주	TR-0823	3DTV	1,200,000	48	57,600,000
15	120615	진한석	425	B			부산	NG-1201	냉장고	1,000,000	68	68,000,000
16	120248	김희체	249	D			대전	CT-1025	컴퓨터	750,000	72	54,000,000
17	120357	설수인	485	B			서울	TR-0823	3DTV	1,200,000	81	97,200,000
18	120316	우수아	359	C			부산	CT-1025	컴퓨터	750,000	75	56,250,000
19	120395	김범도	199	불합격			대전	TR-0823	3DTV	1,200,000	77	92,400,000
20	120574	이수정	352	C			부산	TR-0823	3DTV	1,200,000	57	68,400,000
21	120458	박순심	586	A			서울	NG-1201	냉장고	1,000,000	48	48,000,000
22							대전	NG-1201	냉장고	1,000,000	67	67,000,000
23	[등급표]						광주	CT-1025	컴퓨터	750,000	49	36,750,000
24	점수	200	300	400	500							
25	등급	D	C	B	A			컴퓨터 판매 우수 대리점				2
26												
27	[표5]	멀리뛰기 대표선수 선발 결과										
28	이름	1차시기	2차시기	3차시기	평균	최종결과						
29	강철식	752	768	797	772.3							
30	김달려	749	758	752	753.0							
31	박시규	762	755	745	754.0							
32	이문고	812	803	822	812.3	선발						
33	최형민	835	840	855	843.3	선발						
34	김백중	795	810	812	805.7							
35	황마열	838	824	818	826.7	선발						
36	문경후	728	735	749	737.3							
37												

(1) =DATE(1900+MID(D3,1,2),MID(D3,3,2),MID(D3,5,2))
(2) =IF(AND(I3>=90,OR(J3>=80,K3>=80)),"우수","")
(3) =IFERROR(HLOOKUP(C13,$B$24:$E$25,2,TRUE),"불합격")
(4) =COUNTIFS(I13:I23,"컴퓨터",K13:K23,">=70")
(5) =IF(RANK.EQ(E29,$E$29:$E$36,0)<=3,"선발","")

❖ 문제3 ● 분석작업

1 시나리오 작성('분석작업-1' 시트)

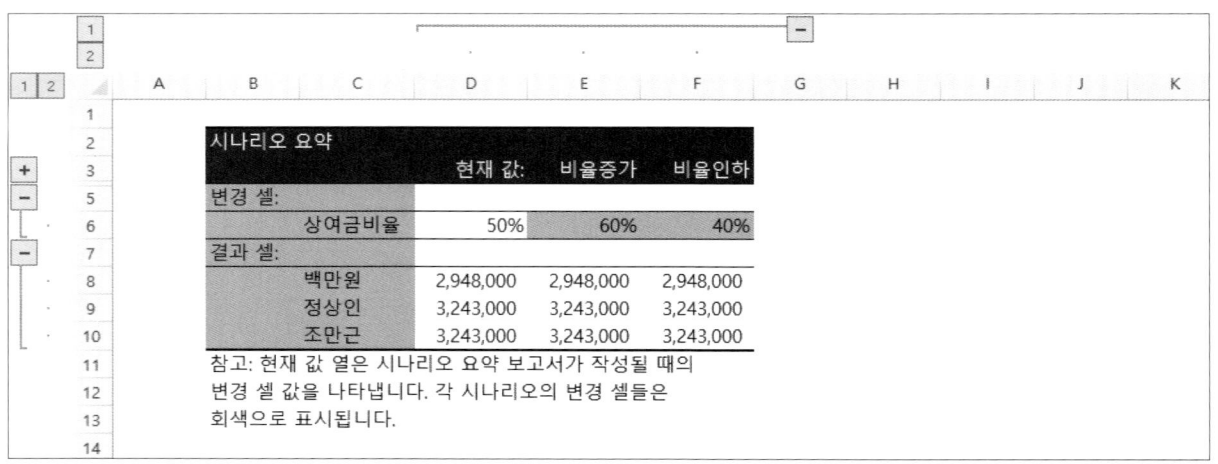

- 시나리오1 작성 : 시나리오 이름(비율증가), 변경 셀(B17), 변경 값(상여금비율(0.6))
- 시나리오2 작성 : 시나리오 이름(비율인하), 변경 셀(B17), 변경 값(상여금비율(0.4))

2 데이터 통합('분석작업-2' 시트)

	A	B	C	D	E	F	G	H	I	J	K	L	M
1		[표1] 1/4분기 소형 가전제품 생산 현황							[표3] 3/4분기 소형 가전제품 생산 현황				
2		제품명	1일생산량	생산일수	총생산량	불량품	출고량		제품명	1일생산량	생산일수	총생산량	불량품	출고량
3		미니오븐	100	60	6,000	24	5,976		미니오븐	100	64	6,400	26	6,374
4		전기밥솥	150	60	9,000	36	8,964		전기밥솥	150	64	9,600	39	9,561
5		믹서기	200	60	12,000	48	11,952		믹서기	200	64	12,800	52	12,748
6		전자레인지	120	60	7,200	29	7,171		전자레인지	120	64	7,680	31	7,649
7		미니냉장고	80	60	4,800	19	4,781		미니냉장고	80	64	5,120	21	5,099
8		가습기	200	60	12,000	48	11,952		가습기	200	64	12,800	52	12,748
9		선풍기	180	60	10,800	43	10,757		선풍기	180	64	11,520	47	11,473
10														
11		[표2] 2/4분기 소형 가전제품 생산 현황							소형 가전제품 생산 현황(3/4분기까지)				
12		제품명	1일생산량	생산일수	총생산량	불량품	출고량		제품명	총생산량	불량품	출고량		
13		미니오븐	100	62	6,200	22	6,178		미니오븐	6,200	24	6,176		
14		전기밥솥	150	62	9,300	33	9,267		전기밥솥	9,300	36	9,264		
15		믹서기	200	62	12,400	43	12,357		믹서기	12,400	48	12,352		
16		전자레인지	120	62	7,440	26	7,414		전자레인지	7,440	29	7,411		
17		미니냉장고	80	62	4,960	17	4,943		미니냉장고	4,960	19	4,941		
18		가습기	200	62	12,400	43	12,357		가습기	12,400	48	12,352		
19		선풍기	180	62	11,160	39	11,121		선풍기	11,160	43	11,117		

❖ 문제4 ● 기타작업

1 매크로 작성('매크로작업' 시트)

2 차트 작성('차트작업' 시트)

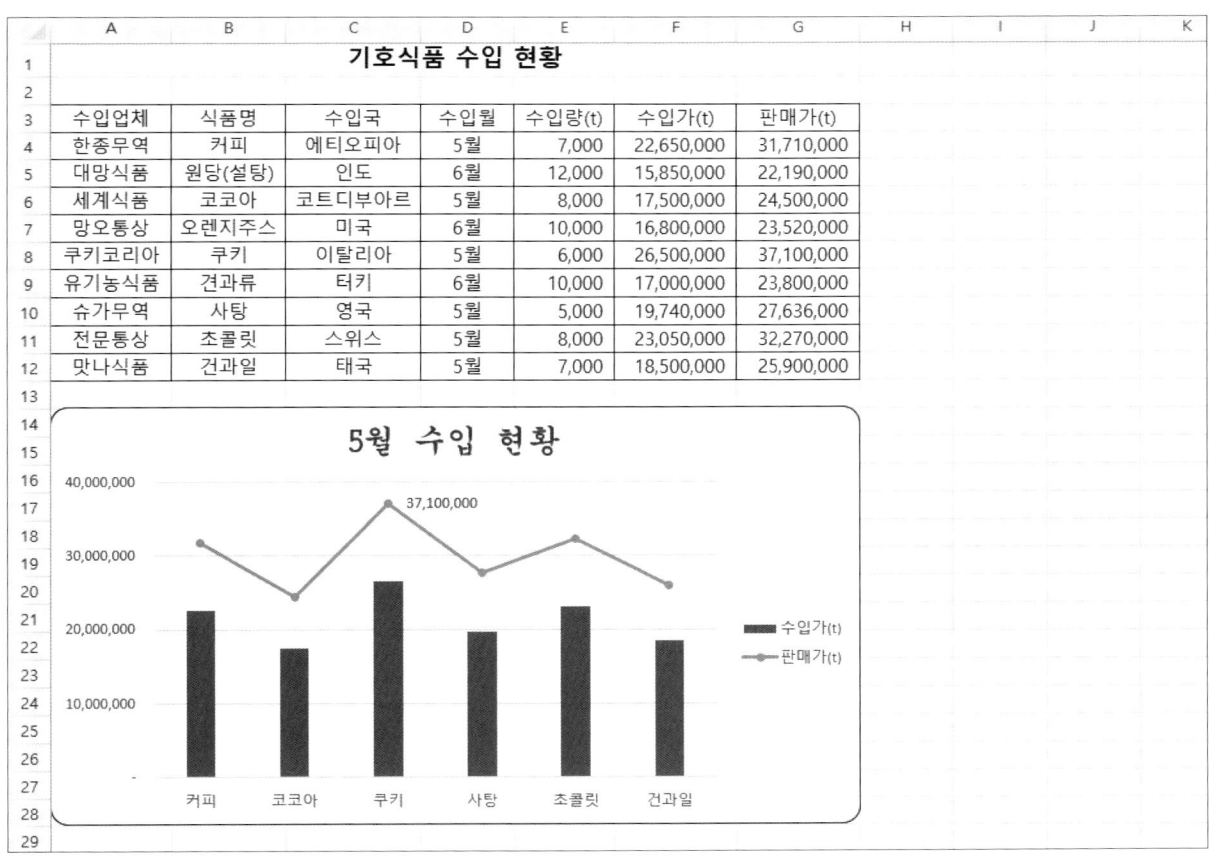

제09회 실전모의고사 정답 및 해설

❖ 문제1 ● 기본작업

❷ 데이터 편집('기본작업-2' 시트)

	A	B	C	D	E	F	G	H	I	J
1				2분기 유아 완구 판매 현황						
2										
3	완구명	판매가	판매량			세금	부대비용	총계		
4			4월	5월	6월					
5	미니자동차	₩ 65,000	999개	1,001개	1,122개	₩ 20,293,000	₩ 73,054,800	₩ 109,582,200		
6	아기체육관	₩ 32,000	1,251개	1,322개	1,299개	₩ 12,390,400	₩ 44,605,440	₩ 66,908,160		
7	악기세트	₩ 40,000	1,182개	1,099개	1,187개	₩ 13,872,000	₩ 49,939,200	₩ 74,908,800		
8	쇼핑카트	₩ 20,000	2,025개	2,110개	2,344개	₩ 12,958,000	₩ 46,648,800	₩ 69,973,200		
9	병원놀이	₩ 30,000	1,300개	1,328개	1,257개	₩ 11,655,000	₩ 41,958,000	₩ 62,937,000		
10	미끄럼틀	₩ 75,000	1,274개	1,332개	1,284개	₩ 29,175,000	₩105,030,000	₩ 157,545,000	2분기 효자품목	
11	기차놀이	₩ 55,000	1,080개	1,187개	1,177개	₩ 18,942,000	₩ 68,191,200	₩ 102,286,800		
12	종합블록	₩ 45,000	1,374개	1,268개	1,292개	₩ 17,703,000	₩ 63,730,800	₩ 95,596,200		
13	낚시놀이	₩ 20,000	2,203개	2,349개	2,311개	₩ 13,726,000	₩ 49,413,600	₩ 74,120,400		
14	미니피아노	₩ 62,000	971개	1,127개	1,186개	₩ 20,360,800	₩ 73,298,880	₩ 109,948,320		
15	소꿉놀이	₩ 78,000	887개	869개	1,103개	₩ 22,300,200	₩ 80,280,720	₩ 120,421,080		

❸ 조건부 서식 지정('기본작업-3' 시트)

	A	B	C	D	E	F	G
1				정보통신학과 시험 성적 현황			
2							
3	성명	실용영어	정보처리개론	인터넷통신	프로그래밍	총점	평균
4	김선욱	92	88	87	96	363	90.75
5	임상호	96	77	45	98	316	79
6	최진경	84	96	87	86	353	88.25
7	황미주	98	94	100	97	389	97.25
8	김가경	74	98	66	68	306	76.5
9	이원영	58	67	59	78	262	65.5
10	최성철	80	89	92	88	349	87.25
11	윤성완	98	80	78	97	353	88.25
12	김은예	74	68	89	54	285	71.25

조건부 서식 지정 : 규칙 유형(수식을 사용하여 서식을 지정할 셀 결정), 수식(=AND($B4>=90, $D4>=70))

문제2 ● 계산작업('계산작업' 시트)

	A	B	C	D	E	F	G	H	I	J	K	L	M
1		회원 관리 현황					[표2]	승진 평가 현황					
2	회원코드	성명	성별	주민등록번호	나이		성명	부서명	직급	근무평가	교육평가	성과	승진여부
3	MK81	민진윤	남	800621-1238899	43		신가람	영업부	사원	90	245	18	승진
4	ES11	김해소	여	820101-2352294	41		길가온	기획부	대리	110	230	9	
5	SJ47	유성심	여	910302-2478591	32		김리아	경리부	과장	95	185	8	
6	AR49	이문혁	남	880325-1478528	35		이단비	경리부	대리	105	285	11	승진
7	JI80	하태선	남	850823-1225269	38		한벼리	기획부	과장	95	260	15	승진
8	YS09	강심장	남	811230-2458746	42		유미르	영업부	과장	90	165	16	
9	NG02	최소한	여	840804-2869874	39		이슬비	영업부	대리	100	150	10	승진
10	CE53	이운명	남	840528-1384528	39		강신성	기획부	사원	100	200	7	
11													
12	[표3]	고객 현황					[표4]	입학 지원자 현황					
13	고객코드	성별	나이	적립포인트	등급		학교명	성명	결석일수	자격증	내신등급	등급	
14	K1001	남	66	580	VIP		대한고	서유민	0	유	2	A	
15	K1125	남	48	700	VIP		망원고	엄진아	10	무	14	E	
16	K3948	여	32	650	일반		명유고	표현진	6	무	0	등급오류	
17	K2840	여	29	500	일반		군자고	전수식	4	유	1	A	
18	K1753	여	46	685	VIP		강서고	김정린	5	유	8	C	
19	K2385	남	33	420	일반		영생고	강남원	1	유	4	B	
20	K9375	남	52	600	VIP		수영고	이진국	2	유	12	D	
21	K8923	여	45	360	일반		명천고	안현정	5	무	6	B	
22													
23		적립포인트가 600 이상인 VIP 고객			3명		[등급표]						
24							내신등급	1	4	7	11	14	
25	[표5]	경기 결과					등급	A	B	C	D	E	
26	팀명	1차대회	2차대회	총점	결과								
27	불사조	98	90	188	본선진출								
28	자이언즈	85	88	173									
29	라이징	94	81	175									
30	천하무적	68	91	159									
31	블루파인	77	90	167									
32	신기루	86	93	179	본선진출								
33	블랙이글	91	90	181	본선진출								
34	슛타임	80	87	167									
35	천방지축	76	89	165									
36	미스터리	87	89	176									
37													

(1) =YEAR(TODAY())-LEFT(D3,2)-1900
(2) =IF(AND(L3>=10,OR(J3>=100,K3>=200)),"승진","")
(3) =COUNTIFS(D14:D21,">=600",E14:E21,"VIP")&"명"
(4) =IFERROR(HLOOKUP(K14,$H$24:$L$25,2,TRUE),"등급오류")
(5) =IF(RANK.EQ(D27,$D$27:$D$36,0)<=3,"본선진출","")

정답 및 해설

❖ 문제3 ● 분석작업

1 시나리오 작성('분석작업-1' 시트)

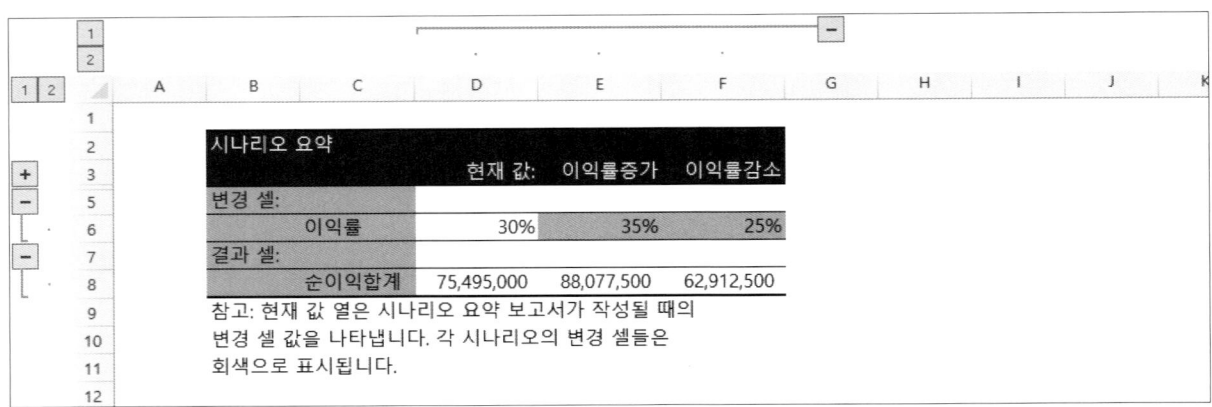

- **시나리오1 작성** : 시나리오 이름(이익률증가), 변경 셀(I21), 변경 값(이익률(0.35))
- **시나리오2 작성** : 시나리오 이름(이익률감소), 변경 셀(I21), 변경 값(이익률(0.25))

2 부분합 구하기('분석작업-2' 시트)

	성명	반	국어	영어	수학	사회	과학	합계	평균
	김민애	1	88	90	95	91	90	454	90.8
	박철수	1	68	66	47	62	55	298	59.6
		1 최소			47				
		1 최대		90					
	허영민	2	78	70	46	76	81	351	70.2
	유승아	2	59	60	60	68	67	314	62.8
		2 최소			46				
		2 최대		70					
	하지은	3	96	95	95	96	97	479	95.8
	강민국	3	96	98	91	95	96	476	95.2
		3 최소			91				
		3 최대		98					
		전체 최소값			46				
		전체 최대값		98					

제목: 과목별 점수 현황

정답 및 해설

❖ 문제4 ● 기타작업

1 매크로 작성('매크로작업' 시트)

2 차트 작성('차트작업' 시트)

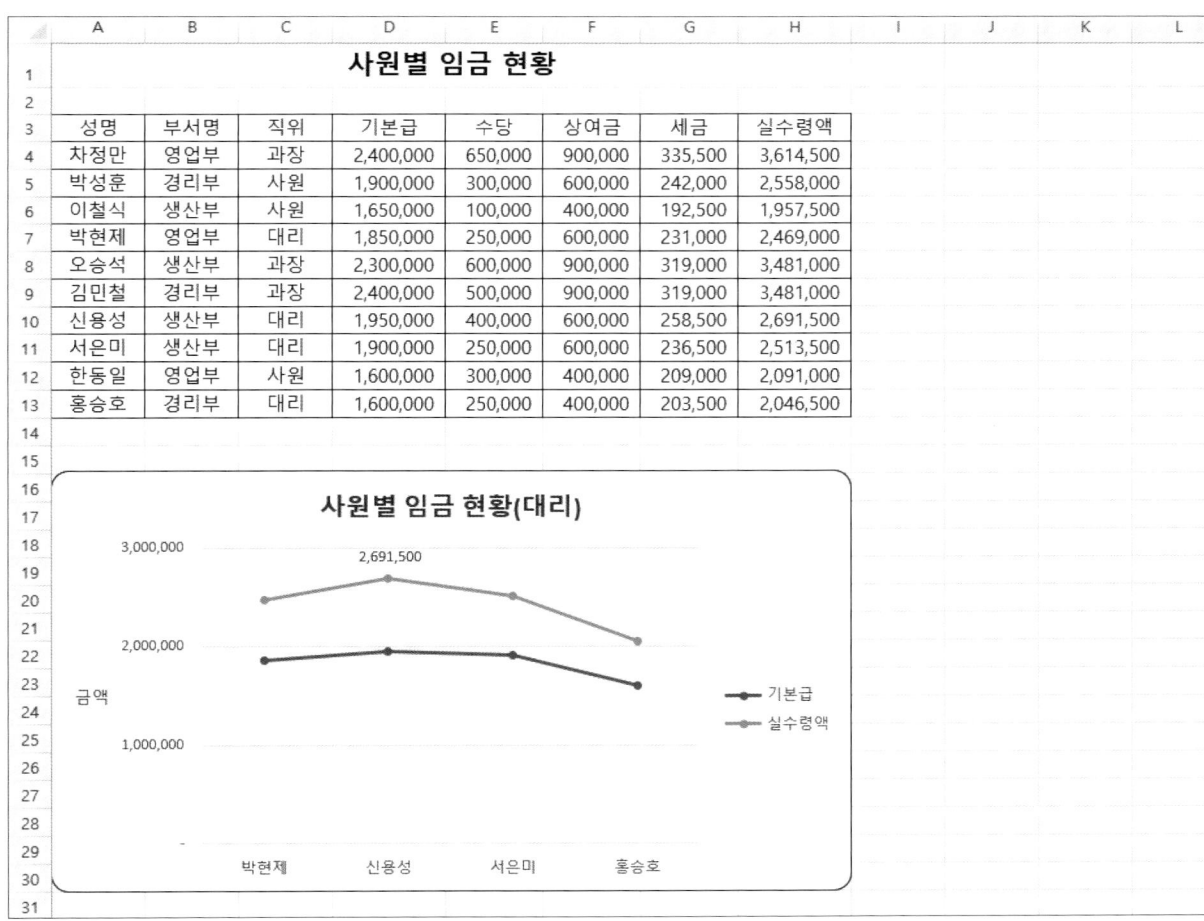

제10회 실전모의고사 정답 및 해설

❖ 문제1 ● 기본작업

2 데이터 편집('기본작업-2' 시트)

	A	B	C	D	E
1		전국(全國) 강수량			
2					
3	지역	2021년	2022년	2023년	2024년
4	서울	1,386ml	1,187ml	1,733ml	1,567ml
5	부산	1,171ml	1,249ml	2,397ml	1,980ml
6	대구	878ml	1,087ml	1,377ml	1,678ml
7	인천	1,145ml	1,590ml	1,473ml	1,780ml
8	광주	1,130ml	1,511ml	1,430ml	1,345ml
9	대전	829ml	1,708ml	1,455ml	1,534ml
10	속초	1,164ml	1,345ml	1,722ml	1,055ml
11	서산	987ml	1,425ml	1,827ml	1,056ml
12	여수	1,023ml	1,238ml	2,078ml	1,879ml
13	포항	1,121ml	913ml	1,577ml	1,530ml
14	울릉도	1,046ml	994ml	1,917ml	1,789ml
15	제주	1,389ml	1,189ml	2,526ml	2,981ml

3 고급 필터 사용('기본작업-3' 시트)

	B	C	D	E	F	G
1			부서별 인적사항			
3	사원번호	이름	성별	직책	호봉	자격증
4	1001	최예인	여	대리	3	컴활용2급
5	1002	윤영근	남	과장	2	컴활용2급
6	1003	이유림	여	부장	1	워드2급
7	2004	이수안	여	대리	4	부기1급
8	2005	최두완	남	대리	2	부기1급
9	2006	이열심	남	과장	4	워드2급
10	3007	김예소	여	사원	3	정보기사
11	3008	이향기	여	사원	2	사무자동화
12	3009	김근성	남	대리	3	컴활용1급
14	성별	직책				
15	여	대리				
18	사원번호	이름	성별	직책	호봉	자격증
19	1001	최예인	여	대리	3	컴활용2급
20	2004	이수안	여	대리	4	부기1급

문제2 ● 계산작업('계산작업' 시트)

	A	B	C	D	E	F	G	H	I	J	K
1	[표1]	미술 대회 결과				[표2]	월별 판매 현황				
2	성명	학년	점수	결과		부서명	1월 목표량	1월 판매량	2월 목표량	2월 판매량	포상
3	배순용	1	85			판매1팀	2,600	2,865	2,600	2,280	
4	이길순	3	78			판매2팀	3,500	3,333	3,500	2,050	
5	하길주	2	91	은상		판매3팀	2,900	3,010	2,900	2,860	
6	이선호	2	88			판매4팀	2,800	3,123	2,800	3,040	보너스
7	강성수	3	95	금상		판매5팀	3,100	3,301	3,100	3,029	
8	김보견	1	98	대상		판매6팀	3,200	3,160	3,200	2,999	
9	천수만	1	77			판매7팀	2,700	2,998	2,700	2,883	보너스
10	이성수	3	90	동상		판매8팀	2,800	3,003	2,800	3,512	보너스
11						판매9팀	2,300	2,643	2,300	2,639	보너스
12	[표3]	전기 사용 현황									
13	코드번호	구분	사용량	전기요금		[표4]	전자제품 판매 현황				
14	A001	영업용	678	135,600		제품명	판매량	판매가	판매금액		
15	D001	가정용	534	106,800		컴퓨터	23	650,000	13,754,000		
16	F001	산업용	1,234	246,800		프린터	43	300,000	12,255,000		
17	F002	산업용	1,090	218,000		스캐너	12	350,000	3,990,000		
18	D002	가정용	689	137,800		카메라	58	880,000	46,956,800		
19	A002	영업용	532	106,400		냉장고	25	1,650,000	33,825,000		
20	D003	가정용	966	193,200		TV	38	1,200,000	38,760,000		
21	F003	산업용	1,345	269,000		노트북	43	1,000,000	37,840,000		
22	A003	영업용	775	155,000							
23						<할인율표>					
24		구분	가정용 전기요금 평균			판매가	300000	600000	900000	1200000	1500000
25		가정용	145,000			할인율	5%	8%	12%	15%	18%
26											
27	[표5]	급여 현황									
28	성명	성별	직급	급여							
29	김은소	여	부장	3,657,800							
30	이건우	남	대리	2,473,600							
31	황진주	여	사원	2,190,800							
32	이상희	남	사원	2,273,500							
33	신의수	여	과장	3,209,400							
34	우양섭	남	대리	2,650,000							
35	이윤주	여	대리	2,495,800		대리 급여 평균					
36	김민서	여	과장	3,199,000		2,540,000					
37											

(1) =CHOOSE(RANK.EQ(C3,$C$3:$C$10,0),"대상","금상","은상","동상","","","","")
(2) =IF(AND(H3>=G3,J3>=I3),"보너스","")
(3) =ROUNDDOWN(DAVERAGE(A13:D22,D13,B24:B25),-3)
(4) =G15*H15*(1-HLOOKUP(H15,$G$24:$K$25,2,TRUE))
(5) =ROUNDUP(SUMIF(C29:C36,"대리",D29:D36)/COUNTIF(C29:C36,"대리"),-4)

❖ 문제3 ● 분석작업

1 시나리오 작성('분석작업-1' 시트)

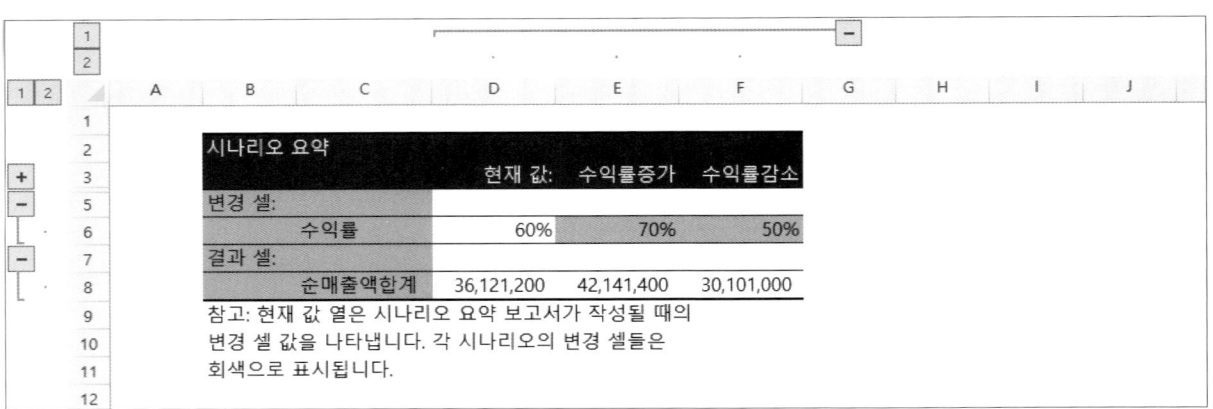

- 시나리오1 작성 : 시나리오 이름(수익률증가), 변경 셀(F16), 변경 값(수익률(0.7))
- 시나리오2 작성 : 시나리오 이름(수익률감소), 변경 셀(F16), 변경 값(수익률(0.5))

2 부분합 구하기('분석작업-2' 시트)

	A	B	C	D	E	F	G	H
1				급여 현황				
2								
3	사원번호	이름	직위	근속년수	본봉	직무수당	근속수당	급여합계
4	85-008	김진수	과장	12년	840,000	250,000	400,000	1,490,000
5	90-008	홍록기	과장	13년	800,000	300,000	300,000	1,400,000
6			과장 평균				350,000	
7			과장 요약		1,640,000	550,000		
8	88-011	구정민	대리	8년	860,000	200,000	400,000	1,460,000
9	89-012	김찬우	대리	7년	880,000	200,000	300,000	1,380,000
10	91-045	강동성	대리	6년	770,000	200,000	350,000	1,320,000
11			대리 평균				350,000	
12			대리 요약		2,510,000	600,000		
13	81-006	이현성	부장	17년	900,000	400,000	400,000	1,700,000
14	88-005	서경석	부장	16년	940,000	400,000	400,000	1,740,000
15			부장 평균				400,000	
16			부장 요약		1,840,000	800,000		
17			전체 평균				364,286	
18			총합계		5,990,000	1,950,000		

❖ 문제4 ● 기타작업

1 매크로 작성('매크로작업' 시트)

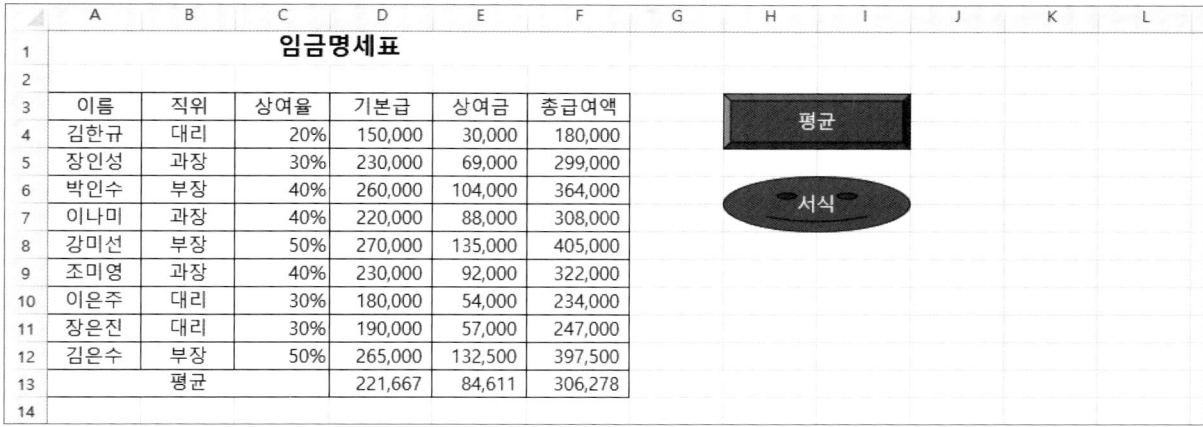

2 차트 작성('차트작업' 시트)

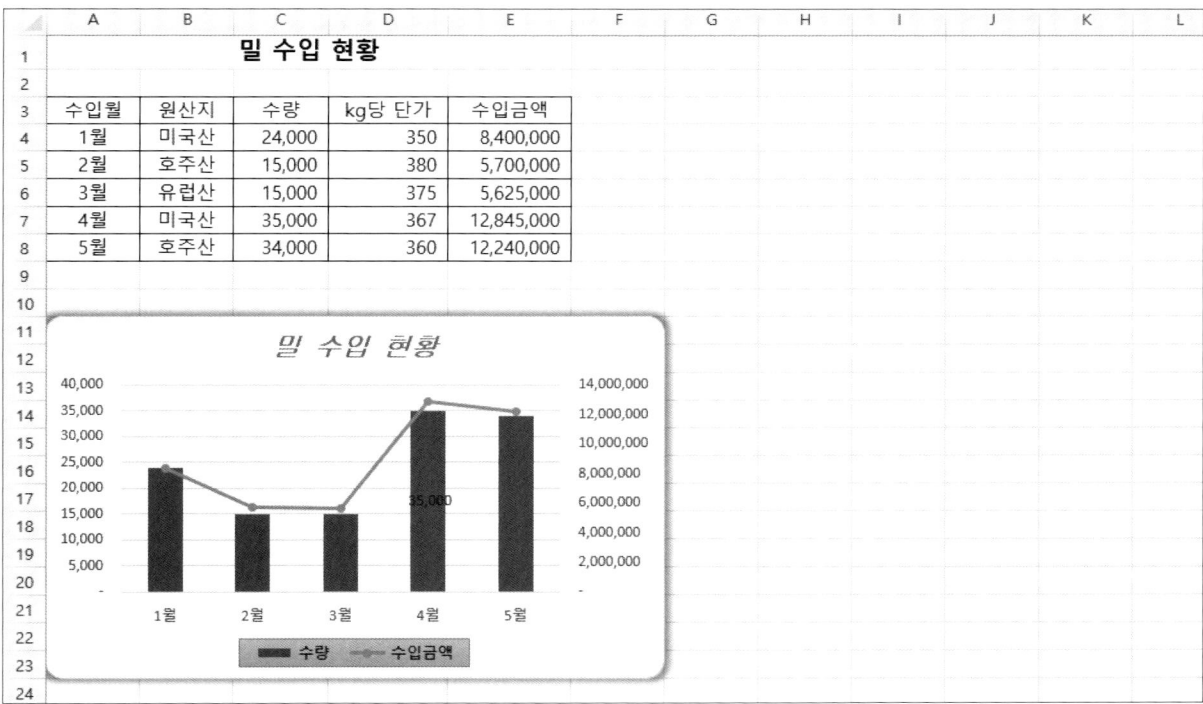

제11회 실전모의고사 정답 및 해설

❖ 문제1 ● 기본작업

❷ 데이터 편집('기본작업-2' 시트)

	A	B	C	D	E	F	G
1			2024년 핸드폰 사용 요금 내역				
2							
3	고객명	주소지	번호	요금제	기본요금	총통화시간(분)	총사용금액
4	한인애	강동구	010-1711-0098	일반형	16000	3852	1,634천원
5	소지우	강남구	010-6783-9908	베이직플러스	25000	4140	1,764천원
6	황동일	중구	010-4567-3245	프리미엄	52000	6288	2,693천원
7	피덕철	종로구	010-2345-0110	패밀리	20000	5076	2,152천원
8	명세빈	강서구	010-3452-7765	미즈 플러스	30000	2520	1,088천원
9	안동진	노원구	010-2234-5678	일반형	16000	1884	807천원
10	민호영	동대문구	010-2231-6657	베이직플러스	25000	1584	690천원
11	평균				26286	3621	1,547천원

❸ 조건부 서식 지정('기본작업-3' 시트)

	A	B	C	D	E	F	G	H	I
1			상공 통신 요금 청구 내역						
2									
3	고객명	등급	기본요금	컨텐츠이용료	정보이용료	서비스료	요금할인	세금	사용요금
4	김동수	실버	15,400	6,800	1,230	3,070	1,325	2,518	27,693
5	성진우	브론즈	14,000	4,300	2,130	2,340	1,139	2,163	23,795
6	정민철	브론즈	14,000	5,400	1,230	4,430	1,253	2,381	26,188
7	김동진	실버	15,500	6,700	560	2,450	1,261	2,395	26,344
8	이천수	브론즈	14,000	3,200	780	2,340	1,016	1,930	21,234
9	형민철	실버	15,400	4,570	920	3,120	1,201	2,281	25,090
10	전치국	실버	20,800	6,740	2,500	3,420	1,673	3,179	34,966
11	박태국	골드	35,400	9,860	1,500	5,120	2,594	4,929	54,215
12	천기우	골드	35,400	8,670	8,200	6,540	2,941	5,587	61,456

> **조건부 서식 지정** : 규칙 유형(수식을 사용하여 서식을 지정할 셀 결정), 수식(=AND($I4>=25000, $I4<=30000,$B4="실버"))

문제2 ● 계산작업('계산작업' 시트)

	A	B	C	D	E	F	G	H	I	J
1	[표1] 지점별 제품 재고 현황					[표2] 고객별 보험료 납부 현황				
2	제품코드	지점명	재고량	제품명		고객코드	가입년도	사고보험금	인상여부	
3	MO-100K	강남	184	TV		K-1542	2022년	1,500,000		
4	QS-200Q	마포	99	냉장고		P-2943	2024년	2,800,000		
5	WG-150A	강남	174	세탁기		M-3847	2023년	3,800,000	보험료인상	
6	MO-100K	강동	86	TV		G-1795	2024년	2,680,000		
7	QS-200Q	강동	138	냉장고		F-2847	2024년	3,250,000		
8						A-3912	2023년	4,250,000	보험료인상	
9	코드표					S-2741	2023년	4,000,000	보험료인상	
10	코드	제품명				K-2734	2022년	1,200,000		
11	K	TV				S-1847	2024년	2,000,000		
12	Q	냉장고								
13	A	세탁기				[표4] 부서별 급여 현황				
14						성명	직급	부서	기본급	실수령액
15	[표3] 신입사원 인적 사항					김민국	사원	영업부	1,600,000	2,160,000
16	성명	생년월일	태어난 요일			윤정희	과장	자재부	2,200,000	2,970,000
17	백사전	1987-06-21	일요일			유하은	대리	생산부	1,850,000	2,500,000
18	대자운	1985-10-17	목요일			이사장	과장	영업부	2,000,000	2,700,000
19	정시감	1986-08-23	토요일			김민성	사원	자재부	1,700,000	2,300,000
20	신용기	1988-12-03	토요일			한지혜	과장	생산부	2,150,000	2,900,000
21	감기철	1987-05-31	일요일			한상민	대리	자재부	1,800,000	2,430,000
22	김치국	1986-02-08	토요일			최미르	대리	영업부	1,800,000	2,430,000
23	이대로	1988-03-25	금요일			정준영	사원	생산부	1,650,000	2,230,000
24	최한나	1985-06-04	화요일			생산부 실수령액 평균				2,543,333
25										
26	[표5] 지역별 판매 현황									
27	제품명	지역	판매가	판매량	판매이익					
28	컴퓨터	경기	700,000	88	61,600,000					
29	스캐너	서울	250,000	92	23,000,000					
30	프린터	경기	450,000	86	38,700,000					
31	컴퓨터	서울	700,000	102	71,400,000					
32	스캐너	인천	250,000	86	21,500,000					
33	스캐너	경기	250,000	99	24,750,000					
34	컴퓨터	인천	700,000	111	77,700,000					
35	프린터	서울	450,000	100	45,000,000					
36	프린터	인천	450,000	76	34,200,000					
37							경기지역 판매이익 평균			
							41684000원			

(1) =VLOOKUP(RIGHT(A3,1),$A$11:$B$13,2,FALSE)

(2) =IF(RANK.EQ(H3,$H$3:$H$11,0)<=3,"보험료인상","")

(3) =CHOOSE(WEEKDAY(B17,2),"월요일","화요일","수요일","목요일","금요일","토요일","일요일")

(4) =SUMIF(G15:G23,"생산부",I15:I23)/COUNTIF(G15:G23,"생산부")

(5) =ROUNDUP(DAVERAGE(A27:E36,E27,B27:B28),-3)&"원"

❖ 문제3 ● 분석작업

1 피벗 테이블 작성('분석작업-1' 시트)

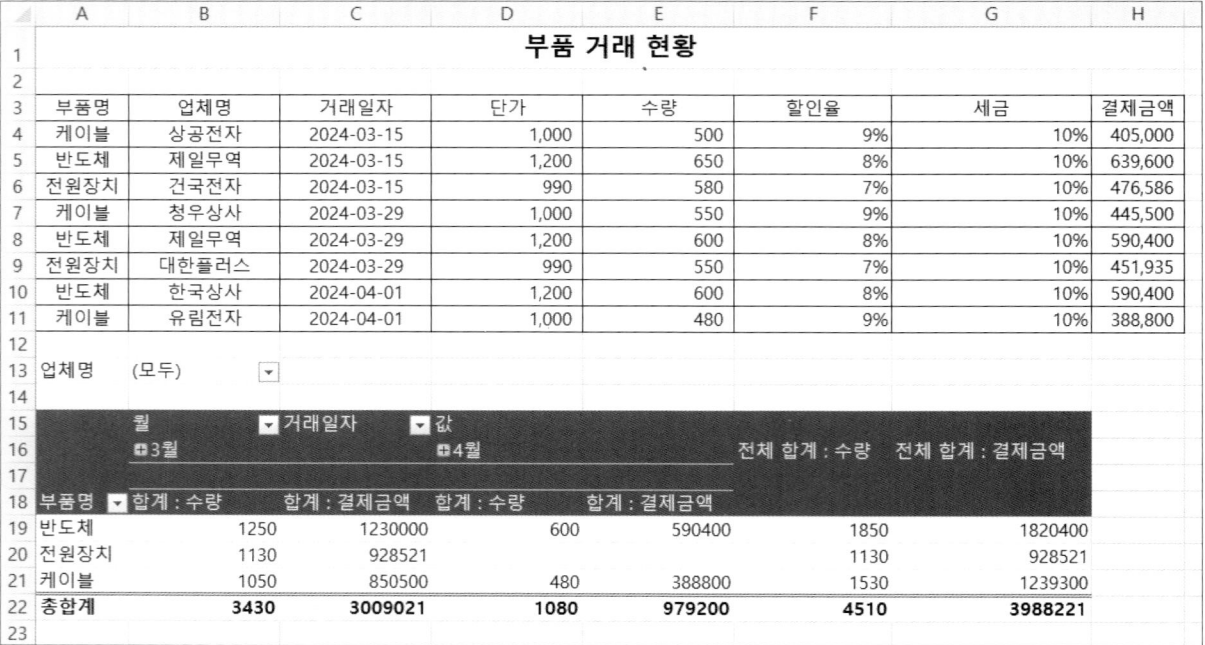

2 데이터 통합('분석작업-2' 시트)

	A	B	C	D	E	F	G	H	I
1		[표1] 전자제품별 판매 현황(1월)					[표2] 전자제품별 판매 현황(2월)		
2	제품명	판매가	수량	판매액		제품명	판매가	수량	판매액
3	MP3	100,000	48	4,800,000		MP3	100,000	33	3,300,000
4	스팀다리미	95,000	52	4,940,000		스팀다리미	95,000	51	4,845,000
5	전자레인지	120,000	33	3,960,000		전자레인지	120,000	40	4,800,000
6	미니튀김기	90,000	46	4,140,000		미니튀김기	90,000	40	3,600,000
7	전자면도기	115,000	38	4,370,000		전자면도기	115,000	39	4,485,000
8									
9		[표3] 전자제품별 판매 현황(3월)					전자제품별 판매 현황(1/4분기)		
10	제품명	판매가	수량	판매액		제품명	판매가	수량	판매액
11	MP3	100,000	42	4,200,000		MP3	300,000	123	12,300,000
12	스팀다리미	95,000	60	5,700,000		스팀다리미	285,000	163	15,485,000
13	전자레인지	120,000	27	3,240,000		전자레인지	360,000	100	12,000,000
14	미니튀김기	90,000	50	4,500,000		미니튀김기	270,000	136	12,240,000
15	전자면도기	115,000	28	3,220,000		전자면도기	345,000	105	12,075,000

정답 및 해설

❖ 문제4 ● 기타작업

1 매크로 작성('매크로작업' 시트)

2 차트 작성('차트작업' 시트)

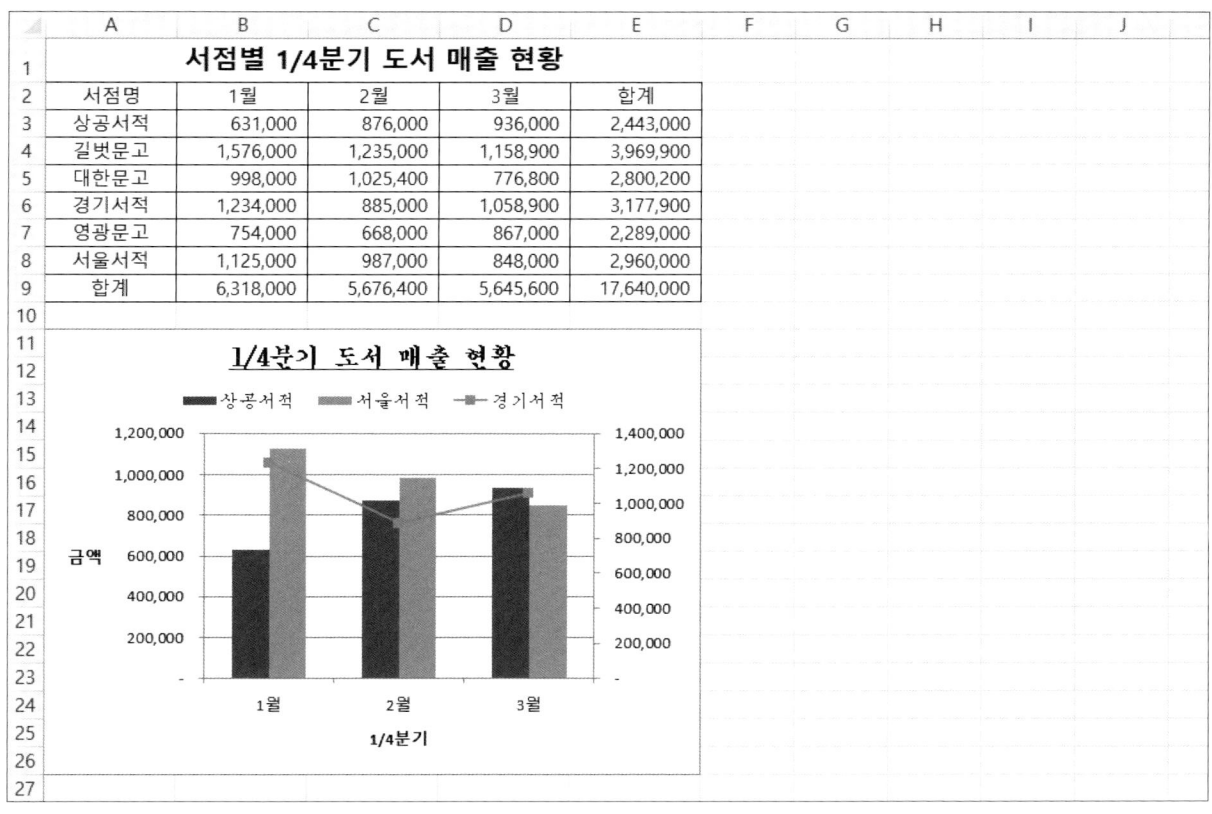

제11회 실전모의고사 정답 및 해설

제12회 실전모의고사 정답 및 해설

❖ 문제1 ● 기본작업

2 데이터 편집('기본작업-2' 시트)

	A	B	C	D	E	F
1			*2024년 상반기 게임 DVD 판매 현황*			
2						
3						2024-03-31
4	장르	등급	상반기 판매량			평균판매량
5			1월	2월	3월	
6	액션	15세이용가	1254	1257	3100	1,870.3
7	시뮬레이션	15세이용가	2351	1358	2400	2,036.3
8	스포츠	전체이용가	1000	2658	2511	2,056.3
9	어드벤처	12세이용가	2348	2177	2375	2,300.0
10	RPG	15세이용가	1658	3111	2681	2,483.3
11	레이싱	전체이용가	3521	2578	3810	3,303.0
12	슈팅	전체이용가	2485	2469	2698	2,550.7
13	퍼즐	12세이용가	3214	2938	1257	2,469.7
14	아케이드	12세이용가	1111	1685	1874	1,556.7

3 조건부 서식 지정('기본작업-3' 시트)

	A	B	C	D	E	F	G
1			세공품 수출입 현황				
2							
3	날짜	코드	제품명	구분	제품단가	수량	입금금액
4	2024-01-22	S200	은타일	수입	4,000	144	576,000
5	2024-01-23	S200	은타일	수출	4,000	135	540,000
6	2024-01-24	S200	은타일	수출	4,000	125	500,000
7	2024-02-09	C100	세공품	수출	4,500	117	526,500
8	2024-03-11	C100	세공품	수입	4,500	115	517,500
9	**2024-02-06**	**G111**	**금도료**	**수출**	**5,500**	**124**	**682,000**
10	**2024-03-08**	**G111**	**금도료**	**수입**	**5,500**	**133**	**731,500**
11	2024-04-09	S200	은타일	수출	4,000	145	580,000
12	**2024-05-10**	**G111**	**금도료**	**수입**	**5,500**	**135**	**742,500**
13	2024-05-13	S200	은타일	수출	4,000	166	664,000
14	**2024-06-11**	**C100**	**세공품**	**수출**	**4,500**	**155**	**697,500**
15	2024-05-29	G111	금도료	수입	5,500	67	368,500
16	2024-06-04	S200	은타일	수출	4,000	54	216,000

조건부 서식 지정 : 규칙 유형(수식을 사용하여 서식을 지정할 셀 결정), 수식(=AND($E4>=4500, $G4>=600000))

문제2 ● 계산작업('계산작업' 시트)

	A	B	C	D	E	F	G	H	I	J	K
1	[표1] 직원급여내역					[표2] 조별단합대회 경기 결과표					
2	사원명	급여총액	누진공제	세금공제액		조	발야구	줄다리기	계주	총점	순위
3	이지연	24,578,500	1,400,000	2,286,770		생산1팀	90	50	80	220	3
4	한가람	36,498,520	2,900,000	2,574,770		경영1팀	70	80	50	200	
5	오두영	36,548,720	2,900,000	2,582,300		영업1팀	100	90	90	280	1
6	안치연	48,685,000	5,800,000	3,937,000		생산2팀	50	100	100	250	2
7	명기영	61,572,700	9,000,000	6,393,170		경영2팀	80	70	60	210	
8	나미인	48,357,100	5,800,000	3,871,420		영업2팀	60	60	70	190	
9											
10	세율표										
11	급여총액	세율									
12	20,000,000	15%									
13	40,000,000	20%				[표4] 외국인 근로자 급여내역표					
14	60,000,000	25%				성명	부서명	기본급	추가지급액	실수령액	
15						쏘완	영업부	1,600,000	600,000	2,200,000	
16	[표3] 버스운행시간표					예양	자재부	1,800,000	750,000	2,550,000	
17	도착지	출발시간	정류장	도착예정시간		크리스	자재부	2,000,000	800,000	2,800,000	
18	시청	10:15	5	10:35		그레펜	영업부	1,600,000	500,000	2,100,000	
19	망원동	9:30	6	9:54		루티	영업부	1,800,000	700,000	2,500,000	
20	서교동	10:05	4	10:21		마봉	생산부	2,200,000	750,000	2,950,000	
21	상암동	9:45	5	10:05		가이온	자재부	2,400,000	800,000	3,200,000	
22	영등포역	9:45	6	10:09		알리	생산부	2,000,000	600,000	2,600,000	
23	신촌역	10:15	4	10:31							
24	남대문	9:30	3	9:42		생산부 추가지급액			1,350,000		
25											
26	[표5] 완제품 생산 현황표										
27	제품	공정	옵션	제품식별번호							
28	abc	ps01	g	ABC-G-1							
29	rpg	ps02	k	RPG-K-2							
30	dga	ps03	j	DGA-J-3							
31	lew	ps04	w	LEW-W-4							
32	kei	ps05	c	KEI-C-5							
33	cle	ps06	r	CLE-R-6							

(1) =TRUNC(B3*VLOOKUP(B3,$A$12:$B$14,2,TRUE)-C3,-1)

(2) =CHOOSE(RANK.EQ(J3,$J$3:$J$8,0),1,2,3,"","","")

(3) =TIME(HOUR(B18),MINUTE(B18)+C18*4,0)

(4) =SUMIF(G15:G22,"생산부",I15:I22)

(5) =UPPER(A28&"-"&C28&"-"&RIGHT(B28,1))

❖ 문제3 ● 분석작업

1 부분합 구하기('분석작업-1' 시트)

	A	B	C	D	E	F	G
1			영화 DVD 대여 현황				
2							
3	영화명	장르	성명	대여료	연체료	대출일	반납일
4	퍼팩트월드	드라마	최철근	1,500	400	07-18	07-24
5	쇼생크탈출	드라마	양해일	2,500	200	08-16	08-21
6	시네마천국	드라마	김민수	1,000	-	06-07	06-10
7	포레스트 검프	드라마	우한미	1,000	-	06-25	06-28
8		드라마 평균			150		
9		드라마 요약		6,000			
10	쿵푸팬더	애니메이션	정은경	1,500	-	06-14	06-18
11	뮬란	애니메이션	김성희	2,500	-	08-02	08-05
12	토이스토리	애니메이션	여진희	1,500	200	07-25	07-30
13		애니메이션 평균			67		
14		애니메이션 요약		5,500			
15	친구	액션	김은조	1,000	600	06-07	06-14
16	레옹	액션	한미인	2,000	600	07-03	07-10
17	글레디에이터	액션	유영조	2,000	400	08-16	08-22
18		액션 평균			533		
19		액션 요약		5,000			
20	엑스맨	판타지	한성기	1,500	-	06-07	06-10
21	반지의제왕	판타지	어수한	1,000	600	06-18	06-25
22	해리포터	판타지	황경엽	1,500	-	07-05	07-09
23		판타지 평균			200		
24		판타지 요약		4,000			
25		전체 평균			231		
26		총합계		20,500			

2 목표값 찾기('분석작업-2' 시트)

	A	B	C	D	E	F	G	H	I
1				손익계산서					
2						2024년 6월 21일			
3	년도	매출액	영업비	관리비	세금	순이익		세율	18%
4	2019년	221,062,500	1,000,000	2,500,000	55,265,625	162,296,875		연평균 성장율	22%
5	2020년	269,017,672	1,000,000	3,000,000	67,254,418	197,763,254			
6	2021년	327,375,777	1,500,000	3,000,000	81,843,944	241,031,833			
7	2022년	398,393,529	2,000,000	4,000,000	99,598,382	292,795,147			
8	2023년	484,817,188	2,500,000	5,000,000	121,204,297	356,112,891			
9	평균	340,133,333	1,600,000	3,500,000	85,033,333	250,000,000			

❖ 문제4 ● 기타작업

1 매크로 작성('매크로작업' 시트)

2 차트 작성('차트작업' 시트)

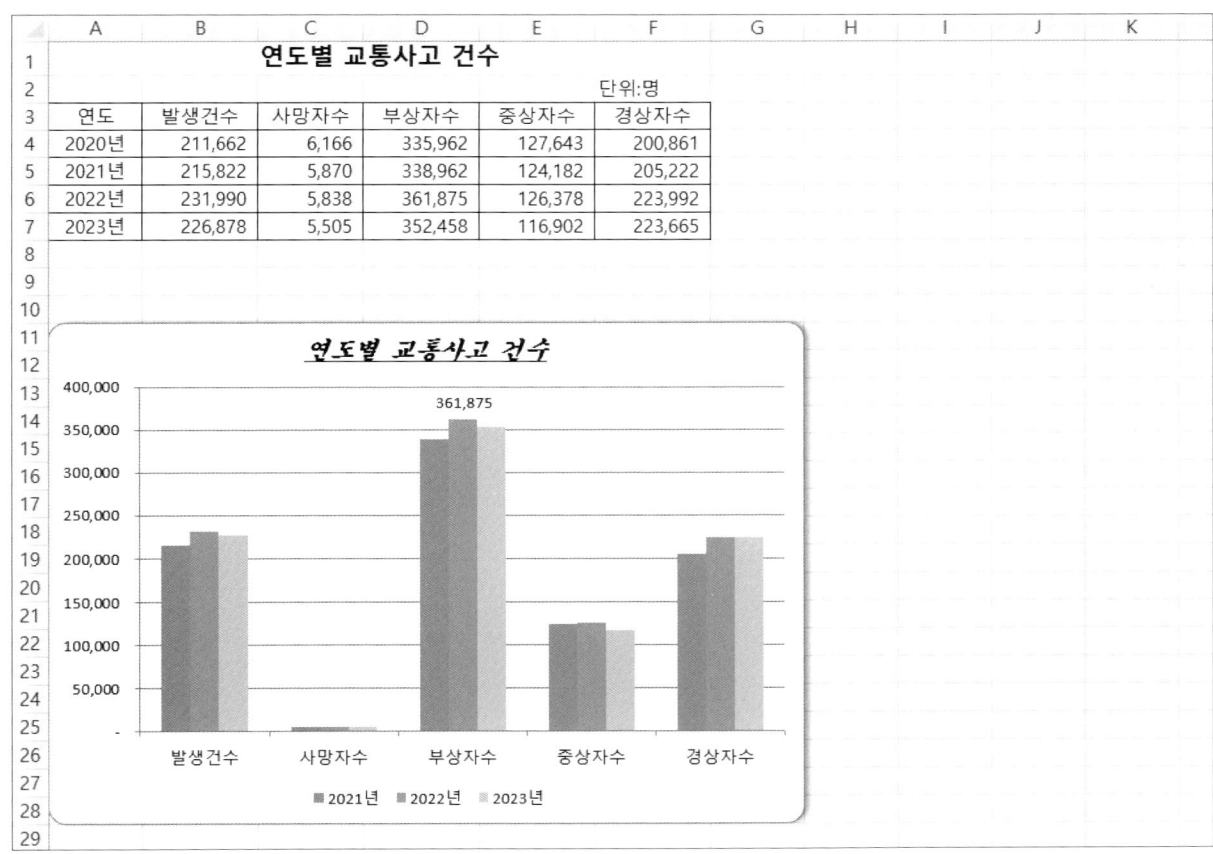

제13회 실전모의고사 정답 및 해설

❖ 문제1 ● 기본작업

❷ 데이터 편집('기본작업-2' 시트)

브랜드	분류코드	주고객	입점연도	1사분기	2사분기	3사분기	4사분기	연매출액
				\<상공 백화점 여성 의류 매출 현황\>				
				분기				
잔쟁이	TLC-100	30대	2020년	4,200원	3,600원	2,800원	6,300원	16900
색진	CSC-200	10대	2021년	3,960원	2,980원	2,640원	4,450원	14030
키젠	MTC-300	30대	2019년	5,600원	4,760원	3,990원	6,880원	21230
럭시룩	TLC-101	20대	2021년	3,390원	3,760원	3,000원	4,500원	14650
참진	CSC-201	20대	2017년	3,280원	3,540원	2,080원	3,700원	12600
비이트	TLC-102	20대	2015년	4,270원	3,330원	3,060원	3,890원	14550
시실리	MTC-301	40대	2018년	4,190원	4,020원	4,780원	6,100원	19090
메트로	SSC-400	40대	2022년	3,830원	4,320원	5,000원	6,000원	19150
이엔씨	CSC-202	10대	2023년	2,010원	2,020원	2,400원	2,350원	8780
스위티	CSC-203	10대	2023년	1,980원	2,010원	2,300원	2,400원	8690

(메모: 여성 의류 매출 현황)

❸ 고급 필터 사용('기본작업-3' 시트)

상공전자 사원별 급여 현황

성명	직급	기본수당	연장수당	자격수당	세금	총급여
김상욱	과장	1,000,000	500,000	400,000	180,000	2,080,000
황진주	대리	900,000	300,000	270,000	135,000	1,605,000
박영선	대리	950,000	350,000	280,000	142,500	1,722,500
최성완	부장	1,800,000	900,000	600,000	360,000	3,660,000
임선호	과장	1,200,000	600,000	500,000	216,000	2,516,000
김민서	과장	1,100,000	550,000	450,000	198,000	2,298,000
고회식	사원	800,000	250,000	200,000	80,000	1,330,000
이가영	사원	850,000	280,000	220,000	85,000	1,435,000
김준용	대리	900,000	370,000	300,000	135,000	1,705,000
박경선	과장	1,200,000	600,000	500,000	216,000	2,516,000

연장수당	자격수당
>=350000	>=500000

성명	직급	기본수당	연장수당	자격수당	세금	총급여
최성완	부장	1,800,000	900,000	600,000	360,000	3,660,000
임선호	과장	1,200,000	600,000	500,000	216,000	2,516,000
박경선	과장	1,200,000	600,000	500,000	216,000	2,516,000

문제2 • 계산작업('계산작업' 시트)

	A	B	C	D	E	F	G	H	I	J	K
1	[표1] 과일 종류					[표2] 펀드 수익률					
2	과일명	판매량	단가	판매금액		수익률	가입일	펀드명			
3	충주사과	268	1,500	402,000		50%	2023-10-30	굿원펀드			
4	성주참외	285	1,800	513,000		36%	2023-09-25	닥터펀드		수익률 순위	펀드명
5	나주배	342	2,000	684,000		39%	2023-09-18	IBS펀드		1	BRK펀드
6	예산사과	198	1,600	316,800		55%	2023-11-02	BRK펀드		2	재테크펀드
7	청주배	264	2,100	554,400		40%	2023-10-11	한국펀드			
8	소백산사과	400	1,500	600,000		42%	2023-10-05	상공펀드			
9	사천배	268	2,000	536,000		39%	2023-11-06	코리아펀드			
10	보은참외	329	1,700	559,300		51%	2023-09-29	재테크펀드			
11	청송사과	311	1,400	435,400		30%	2023-10-09	굿앤굿펀드			
12		사과류 판매금액		1,754,200							
13											
14	[표3] 재고 현황					[표4] 지역별 불량률 현황					
15	회사보유재고	판매오더수량	수입업체보유재고	비고		지역	불량률	공정개수			
16	100	85	50	0		서울	10				
17	98	75	46	0		제주	8	1			
18	75	100	55	25		청주	11	3			
19	48	70	10	10		광주	9	2			
20	65	90	33	25		부산	9	0			
21	78	50	18	0		대구	10	2			
22	43	60	10	10		인천	12	0			
23	55	50	27	0							
24	71	80	26	9		평균불량률		17			
25	66	60	37	0							
26											
27											
28											
29	[표5] 1/4분기 판매 현황										
30	제품명	판매지점	판매량								
31	컴퓨터	서초	98								
32	노트북	강남	123								
33	프린터	서초	200								
34	프린터	노원	154								
35	노트북	강북	162								
36	컴퓨터	강남	245								
37	컴퓨터	강북	198		판매지점						
38	노트북	노원	211		강북						
39	노트북	서초	157								
40	프린터	강남	188		강북판매량						
41	컴퓨터	노원	215		180개						

(1) =SUMIF(A3:A11,"*사과",D3:D11)
(2) =VLOOKUP(LARGE($F$3:$F$11,J6),$F$3:$H$11,3,FALSE)
(3) =IF(A16>=B16,0,MIN(B16-A16,C16))
(4) =TRUNC(SUM(G16:G22)/COUNTIF(H16:H22,"<>0"),0)
(5) =DSUM(A30:C41,3,D37:D38)/DCOUNT(A30:C41,3,D37:D38)&"개"

문제3 ● 분석작업

1 시나리오 작성('분석작업-1' 시트)

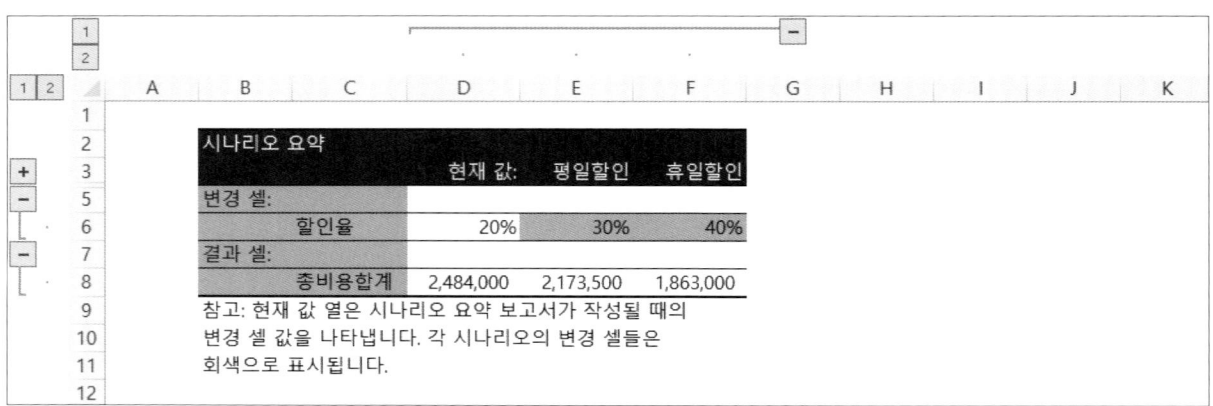

- **시나리오1 작성** : 시나리오 이름(평일할인), 변경 셀(G15), 변경 값(할인율(0.3))
- **시나리오2 작성** : 시나리오 이름(휴일할인), 변경 셀(G15), 변경 값(할인율(0.4))

2 피벗 테이블 작성('분석작업-2' 시트)

	A	B	C	D	E	F	G	H	I
1				휴대폰 제조업체 매출 현황					
2									
3									단위:백만원
4	브랜드명	제조업체	생산지	최신모델	2020년	2021년	2022년	2023년	평균매출액
5	스카이	KS	미국	IM-7100	20,000	24,000	30,000	34,600	27,150
6	흐르미	NIC	일본	MS-150	16,000	18,600	20,000	24,000	19,650
7	멀티규	NIC	일본	SCP-A011	12,000	16,000	19,000	18,500	16,375
8	큐텔	GLS	한국	S2	18,600	23,500	26,400	28,800	24,325
9	레디안	GLS	한국	SD2100	21,000	30,000	32,000	41,000	31,000
10	애드콜	SAMS	한국	E-170	35,000	42,000	56,000	66,400	49,850
11	콜맨	SAMS	한국	E-2500	-	52,000	26,000	28,400	26,600
12	스카이	KS	한국	IM-8100	-	24,000	26,000	34,000	21,000
13	흐르미	NIC	일본	SCP-A012	12,000	16,000	19,000	18,500	16,375
14	큐텔	GLS	한국	S3	23,500	32,400	26,400	23,400	26,425
15	레디안	GLS	한국	SD2101	32,100	21,000	32,000	32,000	29,275
16	애드콜	SAMS	한국	E-171	43,000	45,200	32,100	25,000	36,325
17	콜맨	SAMS	미국	E-2600	-	32,600	26,000	15,000	18,400
18									
19	생산지	(모두)							
20									
21		열 레이블							
22		GLS		KS		NIC		SAMS	
23	행 레이블	합계 : 2022년	합계 : 2023년	합계 : 2022년	합계 : 2023년	합계 : 2022년	합계 : 2023년	합계 : 2022년	합계 : 2023년
24	레디안	64,000	73,000						
25	멀티규					19,000	18,500		
26	스카이			56,000	68,600				
27	애드콜							88,100	91,400
28	콜맨							52,000	43,400
29	큐텔	52,800	52,200						
30	흐르미					39,000	42,500		
31	총합계	116,800	125,200	56,000	68,600	58,000	61,000	140,100	134,800

❖ 문제4 ● 기타작업

1 매크로 작성('매크로작업' 시트)

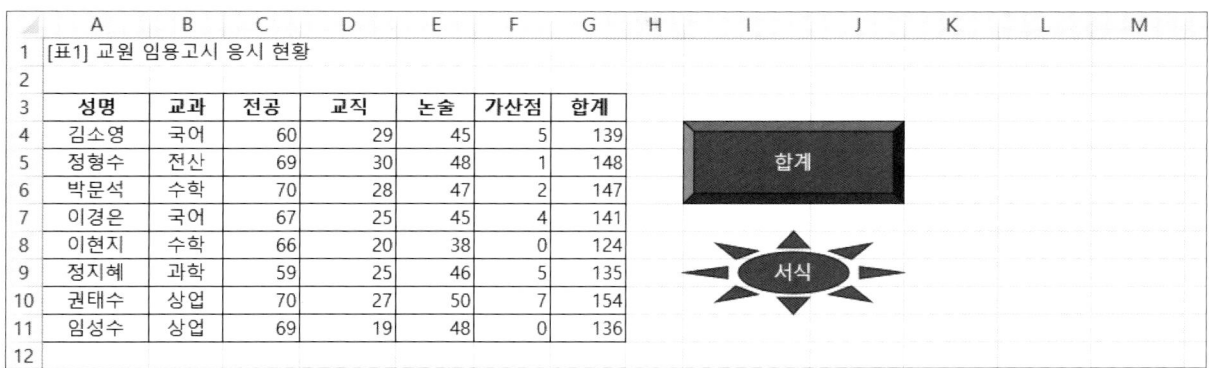

2 차트 작성('차트작업' 시트)

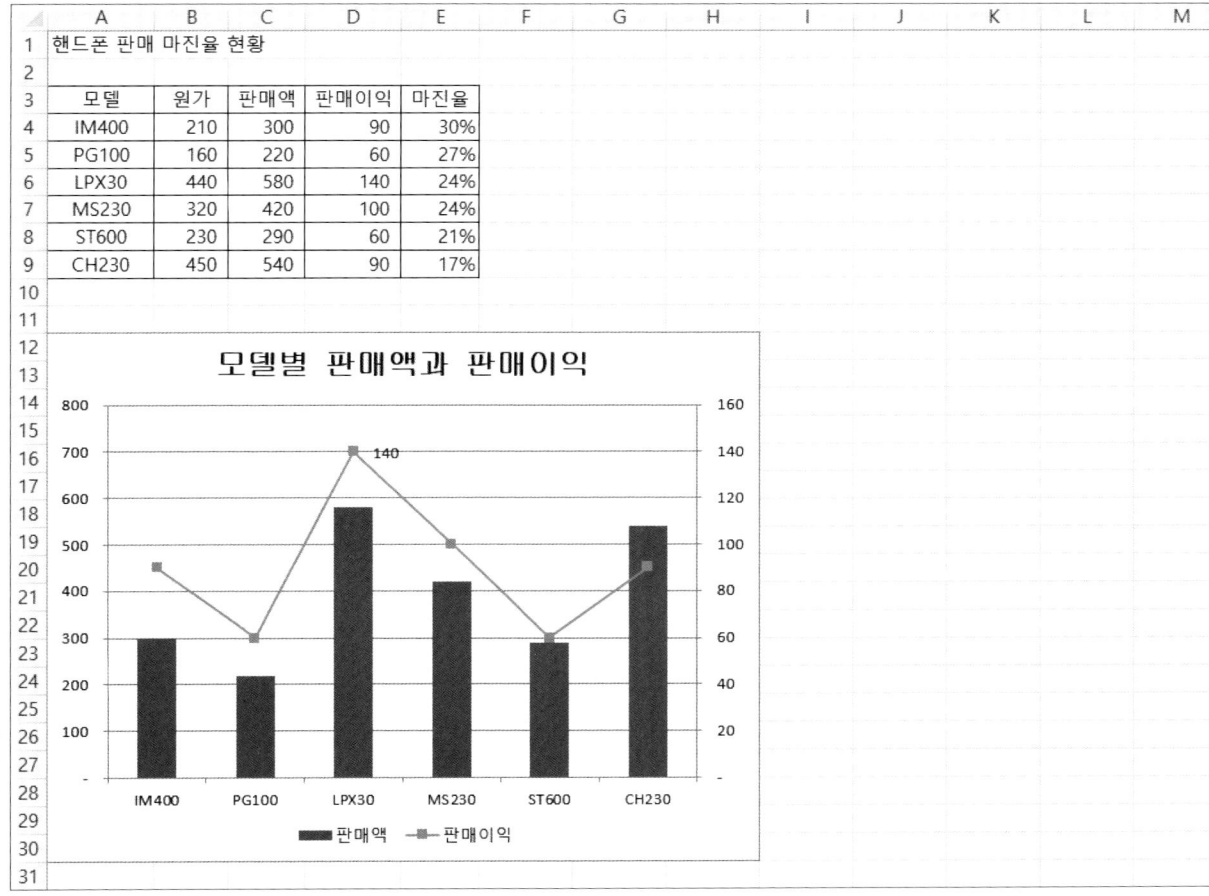

제14회 실전모의고사 정답 및 해설

❖ 문제1 ● 기본작업

❷ 데이터 편집('기본작업-2' 시트)

	A	B	C	D	E	F	G
1			■담당자별 매입 매출 현황■				
2							
3	담당자	일자	매입처명	전기이월	기간매입	기간매출	매출액
4	안동자	2023-07-26	한사랑	55개	220개	160개	800000
5	한구민	2023-07-27	상공상사	45개	120개	130개	650000
6	민들래	2023-07-28	㈜파랑새	29개	100개	115개	575000
7	강소원	2023-09-15	대한문고	30개	220개	210개	1050000
8	한나라	2023-09-16	한사랑	26개	210개	220개	1100000
9	장라면	2023-09-17	상공상사	77개	150개	170개	850000
10	오지원	2023-09-19	대한문고	55개	140개	190개	950000
11	한두림	2023-09-20	민들래	67개	130개	195개	975000
12	오형택	2023-09-21	심바다	78개	90개	155개	775000
13	합계						7725000

❸ 조건부 서식 지정('기본작업-3' 시트)

	A	B	C	D	E	F	G
1				도서 판매 내역			
2							
3	판매 대상	도서명	도서단가	수량	할인율	판매금액	실공급액
4	학교	플래시 MX 고급활용	65,000	125	20%	8,125,000	6,500,000
5	개인	스위시 II	62,000	78	5%	4,836,000	4,594,200
6	서점	네트워크 구축	30,000	68	30%	2,040,000	1,428,000
7	서점	컴퓨터 엔지니어링	80,000	100	30%	8,000,000	5,600,000
8	학교	자바 스크립트	35,000	93	20%	3,255,000	2,604,000
9	학원	Visual Basic.NET	32,000	50	20%	1,600,000	1,280,000
10	개인	웹마스터	60,000	88	5%	5,280,000	5,016,000
11	학교	드림위버 MX	28,000	110	20%	3,080,000	2,464,000

조건부 서식 지정 : 규칙 유형(수식을 사용하여 서식을 지정할 셀 결정), 수식(=AND($C4>=60000, $D4>=80))

❖ 문제2 ● 계산작업('계산작업' 시트)

	A	B	C	D	E	F	G	H	I	J	K
1	[표1]		사원별 현황				[표2]		학원 수강 현황		
2	부서명	성명	근무년수	등급			주민등록번호		성명	과목	성별
3	경리부	이보람	12	B			021010-4231519		나소인	영어	여자
4	영업부	정태훈	13	A			030621-3469851		함하영	국어	남자
5	총무부	구정인	14	A			020725-2348521		오정철	영어	여자
6	총무부	임우택	5	C			031231-1247825		이지함	수학	남자
7	영업부	신성우	7	C			040409-3254874		하나영	수학	남자
8	영업부	박철우	10	B			021122-1352487		류인태	국어	남자
9	경리부	이대로	15	A			030815-4354798		김예윤	영어	여자
10	총무부	한삼인	9	B			020917-2514783		유지온	국어	여자
11											
12	[표3]		상공 문구 판매 현황				[표4]		지역별 판매 현황		
13	제품명	판매가격	판매수량	판매금액	할인금액		품명	지역	단가	판매량	판매금액
14	다이어리	2,550	55	140,250	4,207.50		DVD	서울	6,000	67	402,000
15	수첩	12,350	38	469,300	-		마우스	부산	8,000	98	784,000
16	명함꽂이	3,450	60	207,000	6,210		DVD	경기	6,000	80	480,000
17	딱풀	765	100	76,500	4,590		라이트펜	경기	5,000	78	390,000
18	붓	7,650	77	589,050	35,343		라이트펜	부산	5,000	87	435,000
19							DVD	부산	6,000	78	468,000
20			할인율표				마우스	서울	8,000	98	784,000
21	판매수량	1	40	70			마우스	경기	8,000	89	712,000
22	할인율	0%	3%	6%			라이트펜	서울	5,000	97	485,000
23							서울평균				
24	[표5]		과목별 성적 현황				560000				
25	성명	국어	영어	수학	평균	합격여부					
26	김인철	78	65	64	69	합격					
27	오인영	49	50	57	52	불합격					
28	조인혜	66	54	87	69	합격					
29	차영국	48	70	74	64	불합격					
30	고태평	80	60	70	70	합격					
31	진만철	50	58	48	52	불합격					
32	유인애	89	75	55	73	합격					
33	임나영	78	69	39	62	불합격					

(1) =IF(RANK.EQ(C3,$C$3:$C$10,0)<=3,"A",IF(RANK.EQ(C3,$C$3:$C$10,0)<=6,"B","C"))

(2) =CHOOSE(MOD(MID(G3,8,1),5),"남자","여자","남자","여자")

(3) =D14*HLOOKUP(C14,$B$21:$D$22,2,TRUE)

(4) =ROUNDUP(DAVERAGE(G13:K22,K13,H13:H14),-4)

(5) =IF(AND(COUNTIF(B26:D26,">=50")=3,E26>=60),"합격","불합격")

정답 및 해설

❖ 문제3 ● 분석작업

1. 피벗 테이블 작성('분석작업-1' 시트)

	A	B	C	D	E	F
1			제품 공급 현황			
2	거래처명	제품명	수량	단가	공급가액	세액
3	대한위성방송	모니터	156	135,000	21,060,000	2,106,000
4	상공상사	모니터	44	135,000	5,940,000	594,000
5	온누리	모니터	142	135,000	19,170,000	1,917,000
6	우주통산	모니터	55	135,000	7,425,000	742,500
7	홈플러스	모니터	345	135,000	46,575,000	4,657,500
8	대한위성방송	스캐너	100	225,000	22,500,000	2,250,000
9	상공상사	스캐너	43	225,000	9,675,000	967,500
10	온누리	스캐너	22	225,000	4,950,000	495,000
11	우주통산	스캐너	111	225,000	24,975,000	2,497,500
12	홈플러스	스캐너	200	225,000	45,000,000	4,500,000
13	대한위성방송	프린터	112	155,000	17,360,000	1,736,000
14	상공상사	프린터	18	155,000	2,790,000	279,000
15	온누리	프린터	100	155,000	15,500,000	1,550,000
16	우주통산	프린터	13	155,000	2,015,000	201,500
17	홈플러스	프린터	23	155,000	3,565,000	356,500
18						
19						
20	제품명	(모두) ▼				
21						
22	행 레이블 ▼	평균 : 공급가액	평균 : 세액			
23	대한위성방송	20,306,667	2,030,667			
24	상공상사	6,135,000	613,500			
25	온누리	13,206,667	1,320,667			
26	우주통산	11,471,667	1,147,167			
27	홈플러스	31,713,333	3,171,333			
28	총합계	16,566,667	1,656,667			

2. 목표값 찾기('분석작업-2' 시트)

	A	B	C	D	E	F
1			상공마트 거래 내역서			
2						
3	분류	상품코드	상품명	단가	판매수량	판매금액
4	과일	FA-001	사과	45,000	50	2,250,000
5	의류	WF-001	캐주얼	150,000	10	1,500,000
6	과일	FP-001	배	65,000	120	7,800,000
7	의류	WF-002	여성정장	260,000	27	7,020,000
8	가전	HT-001	HDTV	2,500,000	5	12,500,000
9	가전	HC-002	홈시어터	580,000	13	7,540,000
10	과일	FA-002	복숭아	42,000	167	7,000,000
11	가전	HC-002	세탁기	1,250,000	6	7,500,000
12	가전	HT-002	냉장	3,250,000	4	13,000,000
13	과일	FP-002	메론	62,000	70	4,340,000
14	의류	WM-001	남성정장	250,000	25	6,250,000

❖ 문제4 ● 기타작업

1 매크로 작성('매크로작업' 시트)

[표1] 교육학 성적 평가					
학번	성명	중간	기말	최종점수	평가
2021206	송미리	100	92	96	수
2021201	안아영	88	100	94	수
2021203	한가람	90	90	90	수
2021204	김정환	78	94	86	우
2021205	유정철	55	87	71	미
2021202	오미지	78	45	62	양
평균		81.50	84.67	83.08	

평균

정렬

2 차트 작성('차트작업' 시트)

하반기 자동차 매출 현황

단위:천원

지점	목표량	목표액	판매량	매출액
강서	88	985,600	83	929,600
강남	77	862,400	68	761,600
북부	57	638,400	56	627,200
남부	29	324,800	23	257,600
중부	74	828,800	60	672,000
동부	67	750,400	50	560,000
서부	86	963,200	85	952,000

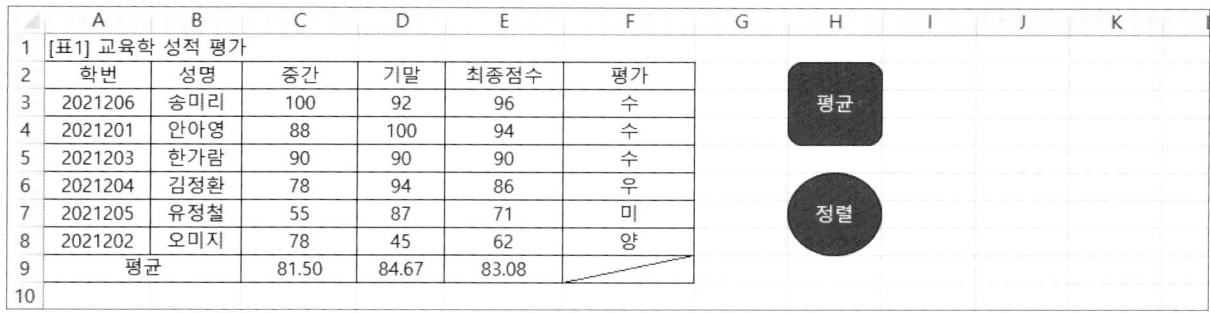

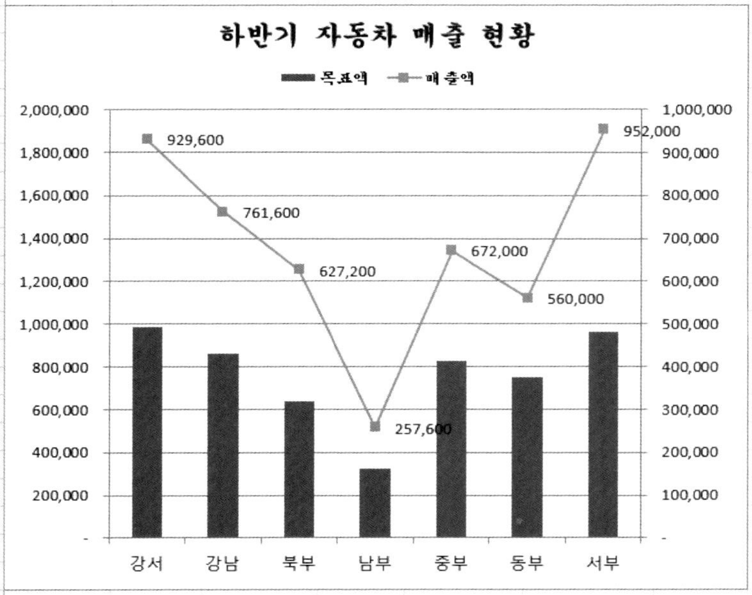

제15회 실전모의고사 정답 및 해설

❖ 문제1 ● 기본작업

2 데이터 편집('기본작업-2' 시트)

일련번호	성명	출결사항					자격증 개수
		1학년	2학년	결석	지각	조퇴	결과	
1	강현철	01	03	00	00	00	00	1
2	지남식	03	02	02	01	02	02	2
3	이현식	05	03	05	03	10	00	3
4	강하나	04	05	07	15	12	04	2
5	최창섭	06	07	02	22	04	00	1
6	노영애	05	05	00	02	00	00	5
7	이관우	03	02	00	01	01	01	3
8	김상문	02	02	03	04	02	00	2
9	문성원	07	01	04	02	03	00	1
10	배공저	01	02	00	00	01	00	0
11	강진찬	03	06	04	03	02	01	1
12	조동일	04	02	자퇴				

3 조건부 서식 지정('기본작업-3' 시트)

고객명	대출상품	대출금액	대출기간	대출일
김민우	일반대출	₩ 15,000,000	36	2023-12-21
박아지	결혼자금	₩ 5,000,000	12	2023-05-04
임철근	자유대출	₩ 32,000,000	60	2023-05-09
왕상규	출산	₩ 6,000,000	24	2023-05-19
양미리	학자금A형	₩ 7,000,000	24	2023-12-29
천도연	일반대출	₩ 24,000,000	36	2023-07-28
유정철	자유대출	₩ 9,000,000	24	2023-02-23
노저일	출산	₩ 14,500,000	36	2023-04-20
나지만	학자금B형	₩ 5,500,000	24	2023-10-05
우태산	학자금A형	₩ 7,800,000	12	2023-06-19
태현일	자유대출	₩ 12,500,000	36	2023-06-08
도지은	자유대출	₩ 25,000,000	60	2023-08-07
만다라	일반대출	₩ 45,000,000	60	2023-07-10

- **조건부 서식1 지정** : 규칙 유형(수식을 사용하여 서식을 지정할 셀 결정), 수식(=LEFT($B4, 3)="학자금")
- **조건부 서식2 지정** : 규칙 유형(수식을 사용하여 서식을 지정할 셀 결정), 수식(=RIGHT($B4, 2)="대출")

문제2 • 계산작업('계산작업' 시트)

[표1] 디지털카메라 판매 현황 (단위: 천원)

모델명	분류	판매량	매출액
DC-01FHA	수출용	25,000	7,500,000
MP-01FHA	내수용	14,500	4,350,000
DC-01FHB	수출용	56,000	19,600,000
DC-01FHC	수출용	43,000	17,200,000
MP-01FHB	내수용	24,500	8,575,000

판매단가표 (단위: 천원)

모델명 3자리	FHA	FHB	FHC
판매단가	300	350	400

[표2] 해외 테마 연수 여행자 명단

성명	여행권역	출발일자	출발요일
김현숙	중부유럽	2024-02-12	월요일
장현숙	남부유럽	2024-02-12	월요일
오남섭	중부유럽	2024-02-12	월요일
신영숙	남부유럽	2024-02-12	월요일
조현재	미국, 캐나다	2024-02-14	수요일
권근창	호주, 뉴질랜드	2024-02-19	월요일
두여랑	중부유럽	2024-02-20	화요일
문상화	북부유럽	2024-02-21	수요일
고영수	북부유럽	2024-03-25	월요일

[표3] 2022 신입 사원 현황

사원번호	희망부서	입사시험 성적
A1204	영업부	98
A1205	총무부	76
A1206	기획부	86
A1207	총무부	80
A1208	총무부	65
A1209	기획부	100
A1210	기획부	98
A1211	영업부	85
A1212	기획부	100
A1213	총무부	90
A1214	기획부	85
A1215	영업부	75

희망부서	인원수
기획부	5명

[표4] 유럽 8개국 연평균 강수량

나라	수도	강수량(mm)	지역
Portugal	lisbon	792	PORTUGAL(LISBON)
Spain	madrid	438	SPAIN(MADRID)
France	paris	614	FRANCE(PARIS)
England	london	695	ENGLAND(LONDON)
Sweden	stockholm	500	SWEDEN(STOCKHOLM)
Germany	berlin	589	GERMANY(BERLIN)
Netherland	amsterdam	765	NETHERLAND(AMSTERDAM)
Switzerland	bern	1000	SWITZERLAND(BERN)

[표5] 아르바이트 모집 채용 결정(미성년자 여부 확인)

성명	채용지점	생년월일	채용여부
천연희	마포	1996-07-13	채용
방한성	동대문	1999-03-12	
류철희	상계	2002-12-29	
최혜정	마포	1997-09-09	채용
김재하	마포	1996-10-04	채용
허마일	동대문	2000-12-09	
문이수	동대문	1996-03-05	채용
고정호	상계	2001-01-03	
마장도	상계	2000-03-07	
박상도	역삼	1996-05-08	채용
이문주	역삼	1995-06-25	채용
강희연	역삼	1995-06-29	채용

기준일	2023-11-01

(1) =HLOOKUP(RIGHT(A3,3),$B$10:$D$11,2,FALSE)*C3
(2) =CHOOSE(WEEKDAY(H3,1),"일요일","월요일","화요일","수요일","목요일","금요일","토요일")
(3) =DCOUNT(A15:C27,3,A29:A30)&"명"
(4) =UPPER(F16&"("&G16&")")
(5) =IF(YEAR($B$48)-YEAR(C35)>=26,"채용","")

❖ 문제3 ● 분석작업

1 시나리오 작성('분석작업-1' 시트)

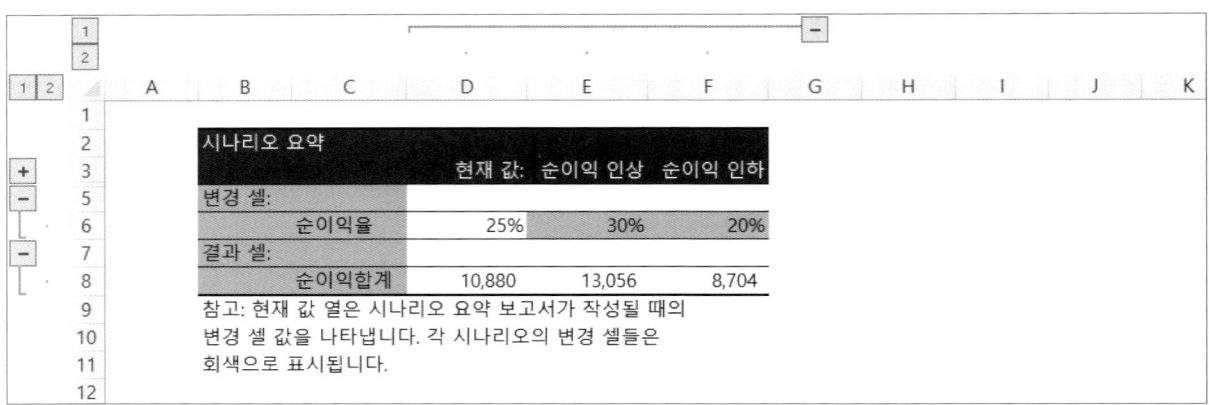

- 시나리오1 작성 : 시나리오 이름(순이익 인상), 변경 셀(H17), 변경 값(순이익율(0.3))
- 시나리오2 작성 : 시나리오 이름(순이익 인하), 변경 셀(H17), 변경 값(순이익율(0.2))

2 데이터 통합('분석작업-2' 시트)

정답 및 해설

❖ 문제4 ● 기타작업

1 매크로 작성('매크로작업' 시트)

2 차트 작성('차트작업' 시트)

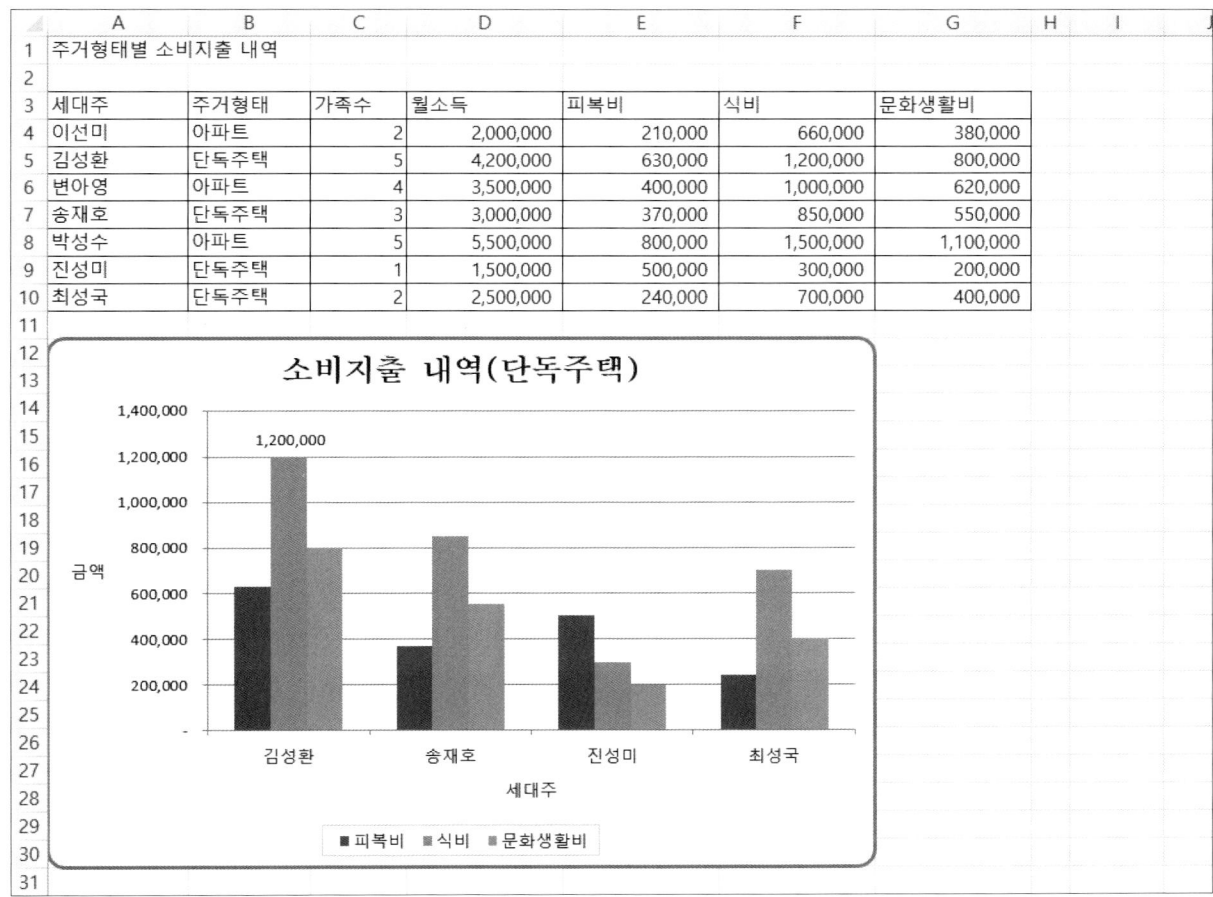

제15회 실전모의고사 정답 및 해설

제01회 최신기출문제 정답 및 해설

❖ 문제1 ● 기본작업

2 데이터 편집('기본작업-2' 시트)

3 외부 데이터 가져오기('기본작업-3' 시트)

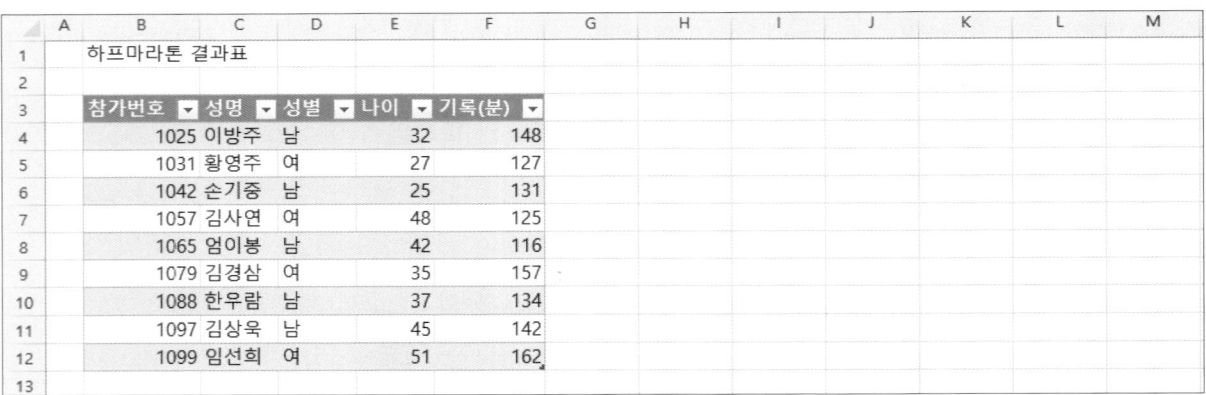

> 외부 데이터 가져오기 : 텍스트 파일(하프마라톤결과.txt), 구분 기호(쉼표)

❖ 문제2 ● 계산작업('계산작업' 시트)

	A	B	C	D	E	F	G	H	I	J	K
1	[표1]	상공마트 판매 현황					[표2]	영업부 우수사원 선발			
2	분류	제품명	판매가	판매량	판매총액		사원명	성별	판매량	결과	
3	식품	한강우유	3,600	12,352	44,467,200		윤성철	남	4,582	장려	
4	전자	신한선풍기	32,000	349	11,168,000		한주연	여	2,341	장려	
5	유아	튼튼기저귀	11,000	6,845	75,295,000		강상희	남	6,853	최우수	
6	식품	싱싱한우	15,000	3,482	52,230,000		이명희	여	1,574	장려	
7	전자	한국가습기	55,000	135	7,425,000		김신애	여	6,572	우수	
8	유아	서울분유	18,000	2,486	44,748,000		한상훈	남	5,486	장려	
9	식품	신양라면	3,400	13,968	47,491,200						
10	유아	씽씽보행기	28,500	86	2,451,000		<순위표>				
11	전자	퀵드라이기	34,000	241	8,194,000		순위	1	2	3	
12	분류가 식품인 제품의 판매총액 합계				144,188,400		결과	최우수	우수	장려	
13											
14	[표3]	회원 관리 현황					[표4]	8월 출석 현황			
15	회원코드	성별	가입일	비고			성명	1주	2주	3주	4주	출석률
16	K-0051	남	2019-02-25				이용석	O	O		O	75%
17	K-0052	여	2021-03-13	초보			신태연		O	O	O	75%
18	K-0053	여	2018-02-27				임태영	O	O	O	O	100%
19	K-0054	남	2017-04-05				안철수	O		O		50%
20	K-0055	남	2020-01-04	초보			김성윤	O	O		O	75%
21	K-0056	여	2019-03-01				한신애	O	O	O		75%
22	K-0057	여	2021-07-17	초보			성민수		O			25%
23	K-0058	남	2019-08-03				한지원	O	O	O	O	100%
24	K-0059	남	2018-03-09				이수영		O		O	50%
25											
26	[표5]	과일별 수입 현황									
27	월	과일명	수입가	수입량							
28	4	망고	15,000	3,600							
29	4	체리	20,000	2,000							
30	4	블루베리	12,000	5,000							
31	5	망고	15,000	6,500							
32	5	오렌지	10,000	8,800							
33	5	체리	20,000	2,000							
34	6	오렌지	10,000	1,800							
35	6	망고	15,000	7,000							
36	6	블루베리	12,000	2,400							
37	망고 수입횟수			3회							
38											

(1) =SUMIF(A3:A11,"식품",E3:E11)

(2) =HLOOKUP(RANK.EQ(I3,$I$3:$I$8,0),$H$11:$J$12,2,TRUE)

(3) =IF(OR(YEAR(C16)=2020,YEAR(C16)=2021),"초보","")

(4) =CHOOSE(COUNTA(G16:J16),"25%","50%","75%","100%")

(5) =DCOUNT(A27:D36,A27,B27:B28)&"회"

❖ 문제3 ● 분석작업

1 부분합 구하기('분석작업-1' 시트)

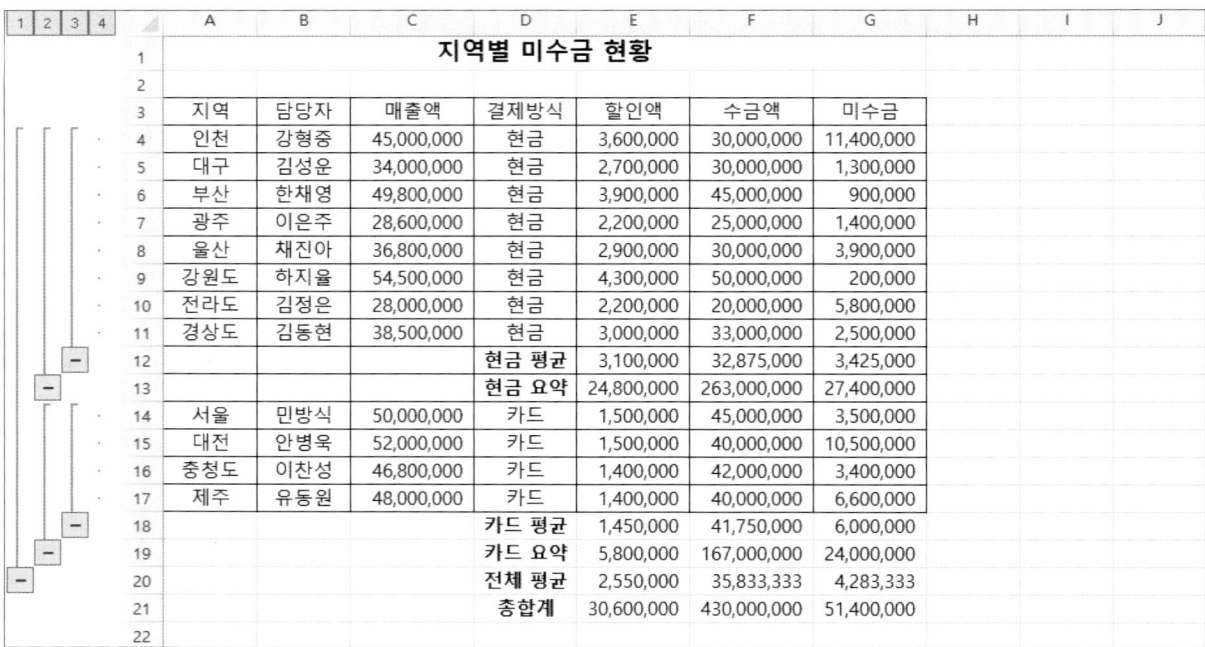

2 목표값 찾기('분석작업-2' 시트)

❖ 문제4 ● 기타작업

1 매크로 작성('매크로작업' 시트)

2 차트 작성('차트작업' 시트)

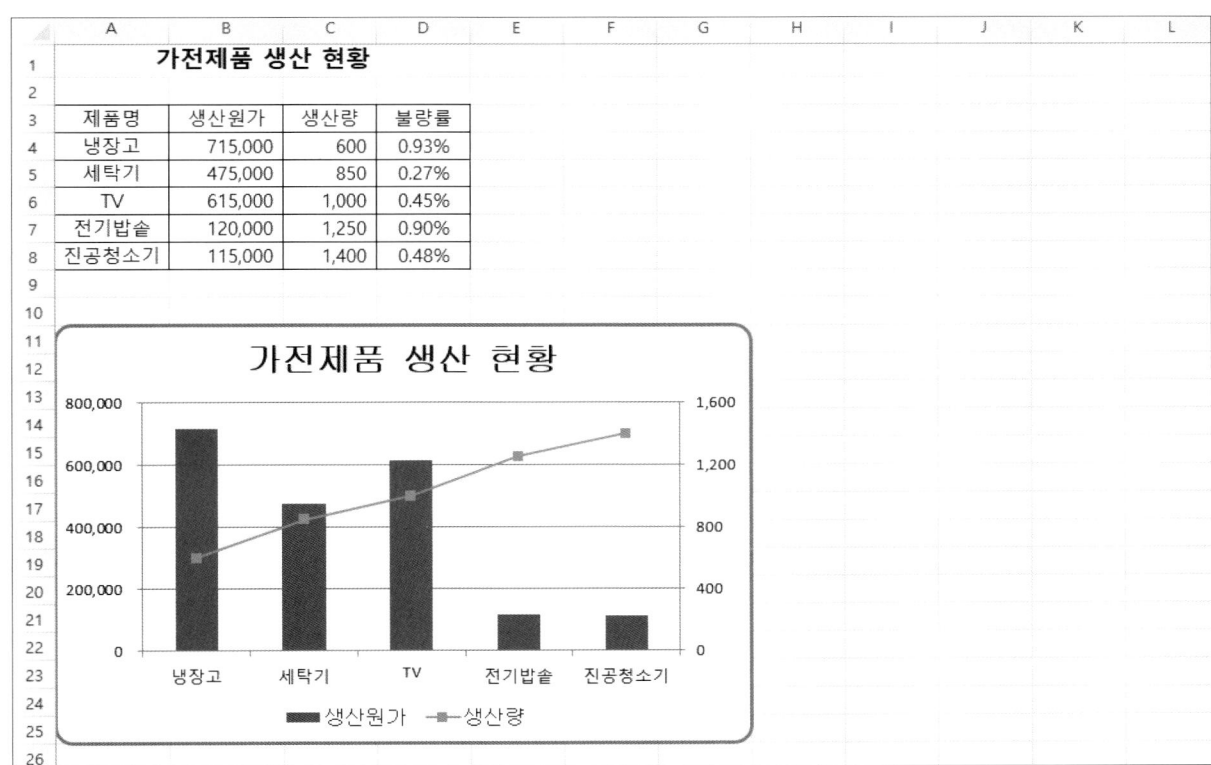

제02회 최신기출문제 정답 및 해설

❖ 문제1 ● 기본작업

❷ 데이터 편집('기본작업-2' 시트)

	A	B	C	D	E	F
1			상공반점 매출 현황			
2						
3	구분	메뉴	단가	판매량	총판매액	서비스
4	면류	짜장면	5,000	1,263	6,315,000원	효자메뉴
5	면류	짬뽕	6,000	1,535	9,210,000원	
6	면류	간짜장	5,500	952	5,236,000원	
7	면류	볶음짬뽕	6,500	765	4,972,500원	
8	밥류	볶음밥	6,000	799	4,794,000원	
9	밥류	짬뽕밥	6,000	657	3,942,000원	
10	밥류	잡채밥	7,000	335	2,345,000원	
11	밥류	마파두부밥	7,000	245	1,715,000원	
12	세트	짜장면+탕수육	14,000	543	7,602,000원	군만두
13	세트	짬뽕+탕수육	15,000	582	8,730,000원	군만두
14	세트	탕수육+양장피	45,000	196	8,820,000원	군만두+짬뽕국물
15	세트	유산슬+팔보채	50,000	133	6,650,000원	군만두+짬뽕국물

❸ 고급 필터 사용('기본작업-3' 시트)

	A	B	C	D	E	F
1			문화 공연 예매 현황			
2						
3	구분	공연명	공연일자	공연요금	예매량	예매순위
4	유아/가족	장난감친구들	9월 5일	15,000	1,685	1
5	연극	옥탑방캣츠	9월 5일	20,000	486	12
6	뮤지컬	점핑점핑	9월 5일	25,000	1,268	2
7	콘서트	스위트쇼	9월 12일	19,500	967	6
8	유아/가족	해피와댄스	9월 12일	24,000	579	10
9	연극	비밀의문	9월 12일	21,500	968	5
10	콘서트	스토리뮤직	9월 12일	32,000	517	11
11	뮤지컬	판타스틱랜드	9월 19일	28,000	657	9
12	뮤지컬	락앤롤즈	9월 19일	31,500	888	7
13	연극	엄마와아들	9월 19일	19,000	685	8
14	유아/가족	난타친구	9월 26일	22,000	1,112	4
15	콘서트	웃겨라개그	9월 26일	26,000	1,208	3
16						
17						
18	공연요금	예매량				
19	>=20000	>=1000				
20						
21						
22	구분	공연명	공연일자	공연요금	예매량	예매순위
23	뮤지컬	점핑점핑	9월 5일	25,000	1,268	2
24	유아/가족	난타친구	9월 26일	22,000	1,112	4
25	콘서트	웃겨라개그	9월 26일	26,000	1,208	3

문제2 ● 계산작업('계산작업' 시트)

	A	B	C	D	E	F	G	H	I	J
1	[표1]	1학년 4반 성적 현황					[표2]	하프 마라톤 결과		
2	성명	성별	중간고사	기말고사	평균		참가번호	나이	기록	결과
3	최미영	여	84	72	78		1001	29	1시간08분	입상
4	김성호	남	80	84	82		1002	43	1시간32분	
5	유승희	여	68	72	70		1003	52	1시간24분	
6	이국진	남	92	90	91		1004	35	1시간21분	
7	백종숙	여	86	90	88		1005	31	1시간03분	입상
8	전은식	남	91	95	93		1006	34	1시간15분	입상
9	윤여정	여	64	70	67		1007	28	1시간26분	
10	이민호	남	77	87	82		1008	42	1시간19분	
11	평균이 80점대인 학생수				3명		1009	44	1시간21분	
12										
13	[표3]	차량5부제 현황		<운행제한요일표>			[표4]	사원별 근무 현황		
14	차량번호	쉬는요일		끝번호	요일		사원명	부서명	입사일	근무일수
15	3조7575	금요일		1	월요일		김세영	영업부	2020-06-22	1,206
16	2가2349	목요일		2	화요일		이현수	영업부	2017-03-02	2,414
17	9하4378	수요일		3	수요일		이승환	영업부	2023-07-25	78
18	1누5400	금요일		4	목요일		김지원	경리부	2021-10-18	723
19	4수4884	목요일		5	금요일		손예정	경리부	2022-05-16	513
20	9자5006	월요일		6	월요일		손영희	경리부	2018-06-04	1,955
21	4차2277	화요일		7	화요일		김희선	자재부	2023-04-24	170
22	3마1541	월요일		8	수요일		홍수율	자재부	2021-12-13	667
23	7사2754	목요일		9	목요일		안선영	홍보부	2022-05-04	525
24	8다9483	수요일		0	금요일		박세명	홍보부	2020-03-11	1,309
25										
26	[표5]	선수별 성적 현황								
27	선수명	안타	홈런	도루	삼진					
28	이승엽	165	45	9	120					
29	이용균	148	12	35	94					
30	최형욱	117	48	12	106					
31	박해만	135	19	42	97					
32	김태굴	142	51	11	114					
33	나선범	135	49	16	108					
34	박병훈	145	29	21	84					
35	강중호	135	22	10	106					
36	유한중	185	16	24	113					
37	홈런타자들의 평균 삼진수				112					

(1) =COUNTIFS(E3:E10,">=80",E3:E10,"<90")&"명"

(2) =IF(I3<=SMALL($I$3:$I$11,3),"입상","")

(3) =VLOOKUP(RIGHT(A15,1),$D$15:$E$24,2,FALSE)

(4) =DAYS(TODAY(),I15)

(5) =AVERAGEIF(C28:C36,">=40",E28:E36)

정답 및 해설

❖ 문제3 ● 분석작업

1 시나리오 작성('분석작업-1' 시트)

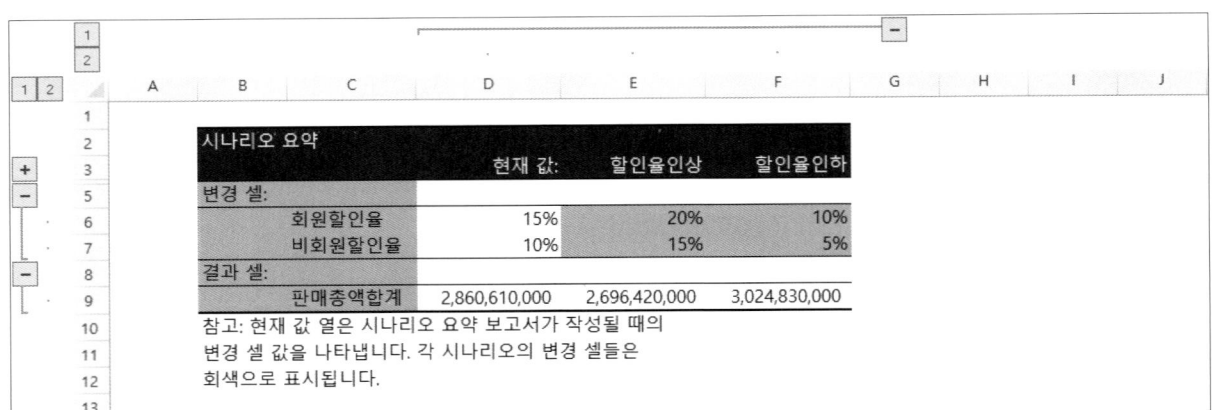

- **시나리오1 작성** : 시나리오 이름(할인율인상), 변경 셀(B20:C20), 변경 값(회원할인율(0.2), 비회원할인율(0.15))
- **시나리오2 작성** : 시나리오 이름(할인율인하), 변경 셀(B20:C20), 변경 값(회원할인율(0.1), 비회원할인율(0.05))

2 피벗 테이블 작성('분석작업-2' 시트)

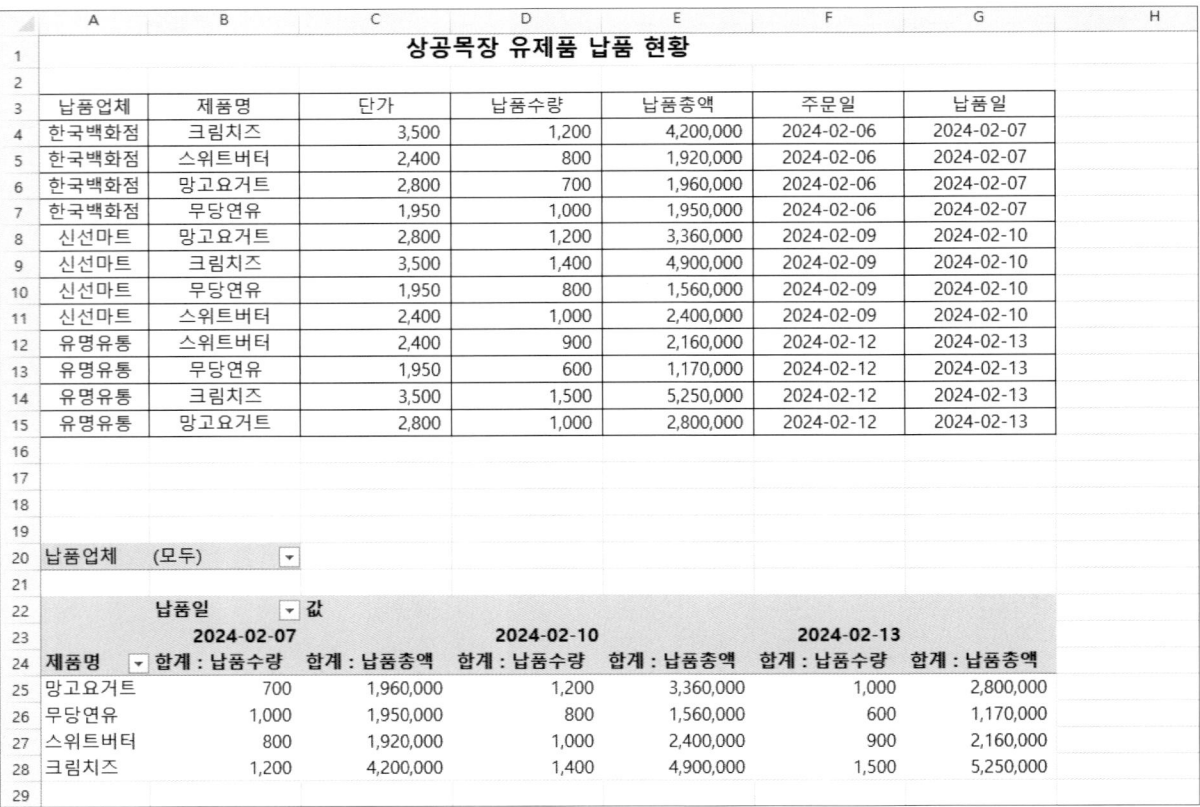

298 컴퓨터활용능력 2급 실기

❖ 문제4 ● 기타작업

1 매크로 작성('매크로작업' 시트)

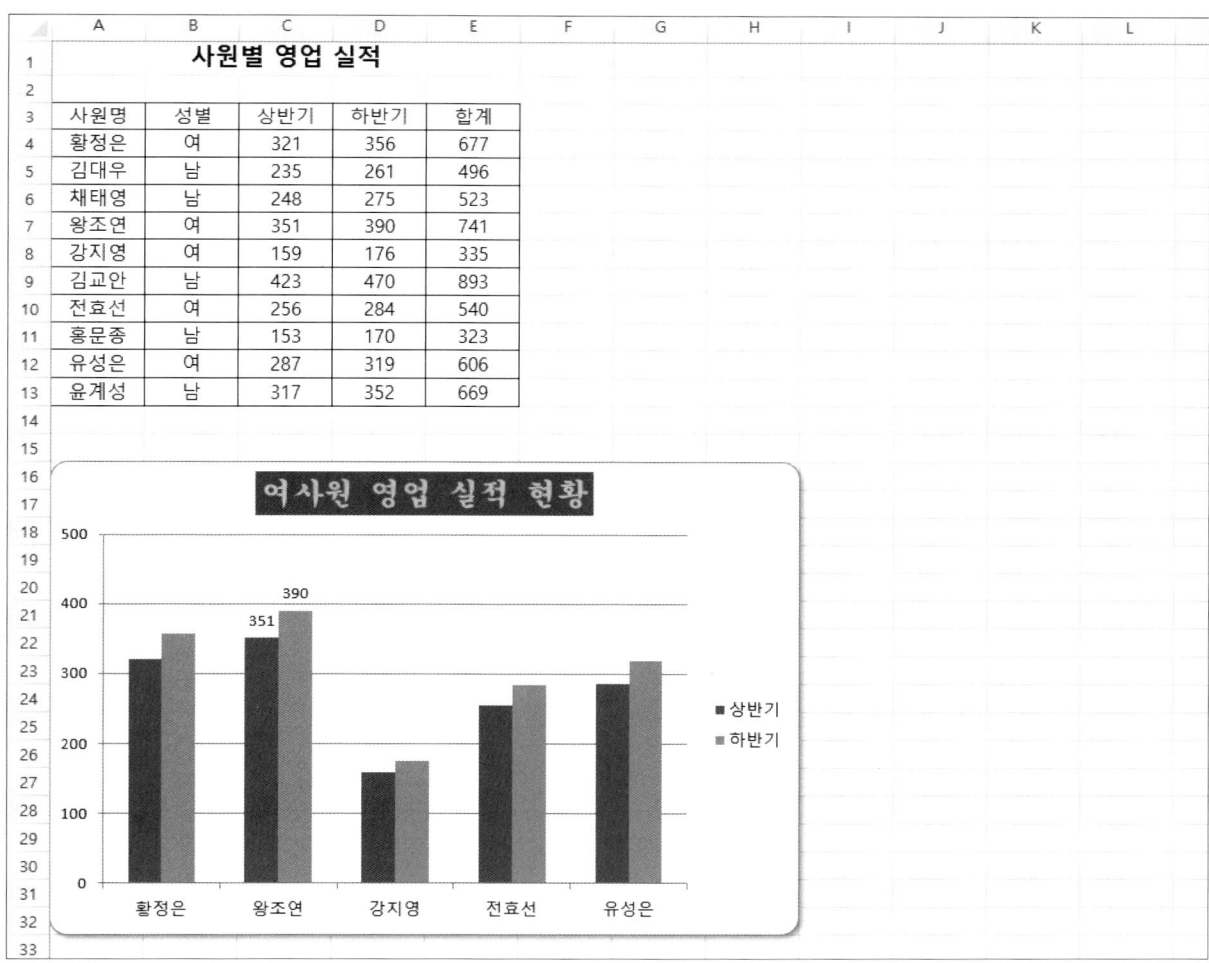

2 차트 작성('차트작업' 시트)

제03회 최신기출문제 정답 및 해설

❖ 문제1 ● 기본작업

2 데이터 편집('기본작업-2' 시트)

참가팀	평가				총점	수상	상금
	창의성	독창성	편의성	유용성			
IDEA-001	21	18	22	23	84	동상	400,000원
IDEA-002	24	19	21	22	86	은상	600,000원
IDEA-003	18	17	15	11	61	장려상	200,000원
IDEA-004	12	20	16	18	66	장려상	200,000원
IDEA-005	11	12	15	19	57	장려상	200,000원
IDEA-006	9	11	8	20	48	장려상	200,000원
IDEA-007	14	16	20	18	68	장려상	200,000원
IDEA-008	21	23	24	20	88	금상	800,000원
IDEA-009	22	24	23	23	92	대상	1,000,000원
IDEA-010	7	11	12	10	40	장려상	200,000원
IDEA-011	16	19	20	17	72	장려상	200,000원
IDEA-012	15	18	20	14	67	장려상	200,000원
IDEA-013	16	14	13	18	61	장려상	200,000원

제목: 청소년 아이디어 경진대회
메모: 아이디어 경진대회 대상팀

3 조건부 서식 지정('기본작업-3' 시트)

상공주식회사 4월 급여 명세표

사원명	부서명	직급	기본급	식비&교통비	특별수당	세금	지급액
강정호	영업부	과장	3,500,000	500,000	880,000	586,000	4,294,000
김강인	홍보부	사원	2,150,000	500,000	540,000	383,000	2,807,000
김민규	영업부	사원	2,200,000	500,000	550,000	390,000	2,860,000
김안중	홍보부	대리	2,700,000	500,000	680,000	466,000	3,414,000
김영자	기획부	대리	2,750,000	500,000	690,000	473,000	3,467,000
서인숙	홍보부	사원	2,100,000	500,000	530,000	376,000	2,754,000
손영희	홍보부	과장	3,250,000	500,000	810,000	547,000	4,013,000
송지은	홍보부	부장	3,900,000	500,000	980,000	646,000	4,734,000
안철수	기획부	과장	3,300,000	500,000	830,000	556,000	4,074,000
이소라	영업부	사원	2,150,000	500,000	540,000	383,000	2,807,000
임지연	영업부	대리	2,800,000	500,000	700,000	480,000	3,520,000
정인혜	기획부	사원	2,000,000	500,000	500,000	360,000	2,640,000
정청수	영업부	대리	2,600,000	500,000	650,000	450,000	3,300,000
지승용	기획부	부장	4,000,000	500,000	1,000,000	660,000	4,840,000
한사영	영업부	부장	3,650,000	500,000	910,000	607,000	4,453,000

조건부 서식 지정 : 규칙 유형(수식을 사용하여 서식을 지정할 셀 결정), 수식(=AND($C4="사원",$H4>=2800000))

문제2 ● 계산작업('계산작업' 시트)

	A	B	C	D	E	F	G	H	I	J	K	L
1	[표1]		신입사원 채용 현황				[표2]		도서관 이용 현황			
2	부서코드	사원명	성별	나이	부서명		학년	반	성명			
3	GE-123	선우선	여	24	총무부		3	2	이다예			
4	MK-789	유한길	남	25	마케팅부		1	1	한명권			
5	AC-456	서정현	여	25	경리부		3	3	김상일			
6	GE-123	이승철	남	27	총무부		1	2	최아랑			
7	MK-789	임성한	여	24	마케팅부		3	2	신비성			
8	MK-789	박유천	남	26	마케팅부		2	1	황수종			
9	AC-456	정민철	남	24	경리부		2	2	이성주			
10	AC-456	김소연	여	26	경리부		3	1	김신성		3학년 2반 인원	
11	GE-123	강정호	남	28	총무부		3	2	박상은		3명	
12												
13	[표3]		피겨스케이팅 경기 결과				[표4]		주문접수 현황			
14	참가번호	1차	2차	총점	수상		제품코드	주문량	할인율			
15	A-1	89	91	180	동		C-1-5	1,200	8%			
16	A-2	75	83	158			S-7-1	600	18%			
17	A-3	94	92	186	금		F-2-4	800	10%			
18	A-4	86	88	174			Z-8-2	950	20%		할인율표	
19	A-5	71	76	147			K-6-3	1,150	15%		코드	할인율
20	A-6	88	81	169			C-1-8	1,200	8%		C	8%
21	A-7	92	90	182	은		Z-8-6	840	20%		F	10%
22	A-8	67	77	144			S-7-4	950	18%		K	15%
23	A-9	69	59	128			F-2-5	680	10%		S	18%
24	A-10	77	69	146			K-6-7	900	15%		Z	20%
25												
26	[표5]		영업사원별 판매 현황									
27	지점	사원명	판매량	판매총액								
28	강북	김민서	685	8,220,000								
29	강북	김강후	694	8,328,000								
30	강북	이지우	796	9,552,000								
31	강북	강예준	957	11,484,000								
32	강북	최건우	684	8,208,000								
33	강남	성우진	529	6,348,000								
34	강남	박윤서	778	9,336,000								
35	강남	조현우	844	10,128,000		지점	판매량					
36	강남	신서영	926	11,112,000		강남	>=800					
37	강남	이민재	801	9,612,000								
38	강남 우수사원 판매총액 평균			10,284,000								
39												

(1) =IF(LEFT(A3,2)="GE","총무부",IF(LEFT(A3,2)="AC","경리부","마케팅부"))

(2) =COUNTIFS(G3:G11,3,H3:H11,2)&"명"

(3) =IF(RANK.EQ(D15,$D$15:$D$24,0)=1,"금",IF(RANK.EQ(D15,$D$15:$D$24,0)=2,"은",IF(RANK.EQ(D15,$D$15:$D$24,0)=3,"동","")))

(4) =VLOOKUP(LEFT(G15,1),$K$20:$L$24,2,FALSE)

(5) =DAVERAGE(A27:D37,D27,E35:F36)

❖ 문제3 ● 분석작업

1 시나리오 작성('분석작업-1' 시트)

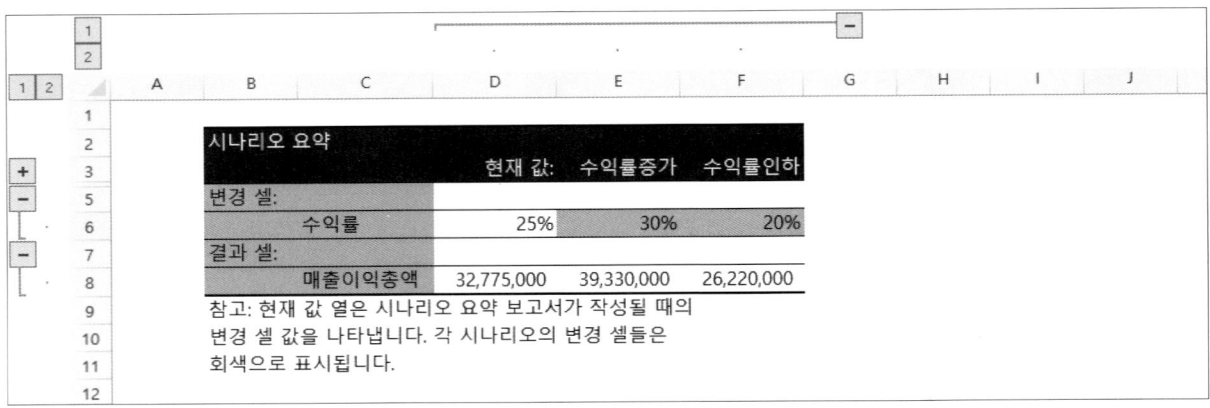

- **시나리오1 작성** : 시나리오 이름(수익률증가), 변경 셀(A20), 변경 값(수익률(0.3))
- **시나리오2 작성** : 시나리오 이름(수익률인하), 변경 셀(A20), 변경 값(수익률(0.2))

2 데이터 표 작성('분석작업-2' 시트)

	대출액 상환	
원금	10,000,000	
개월수	12	
이자율	8%	
월납입액	₩869,884	

		이자율				
	₩869,884	8%	10%	12%	14%	16%
개월수	12	869,884	879,159	888,488	897,871	907,309
	24	452,273	461,449	470,735	480,129	489,631
	36	313,364	322,672	332,143	341,776	351,570
	48	244,129	253,626	263,338	273,265	283,403
	60	202,764	212,470	222,444	232,683	243,181

❖ 문제4 ● 기타작업

1 매크로 작성('매크로작업' 시트)

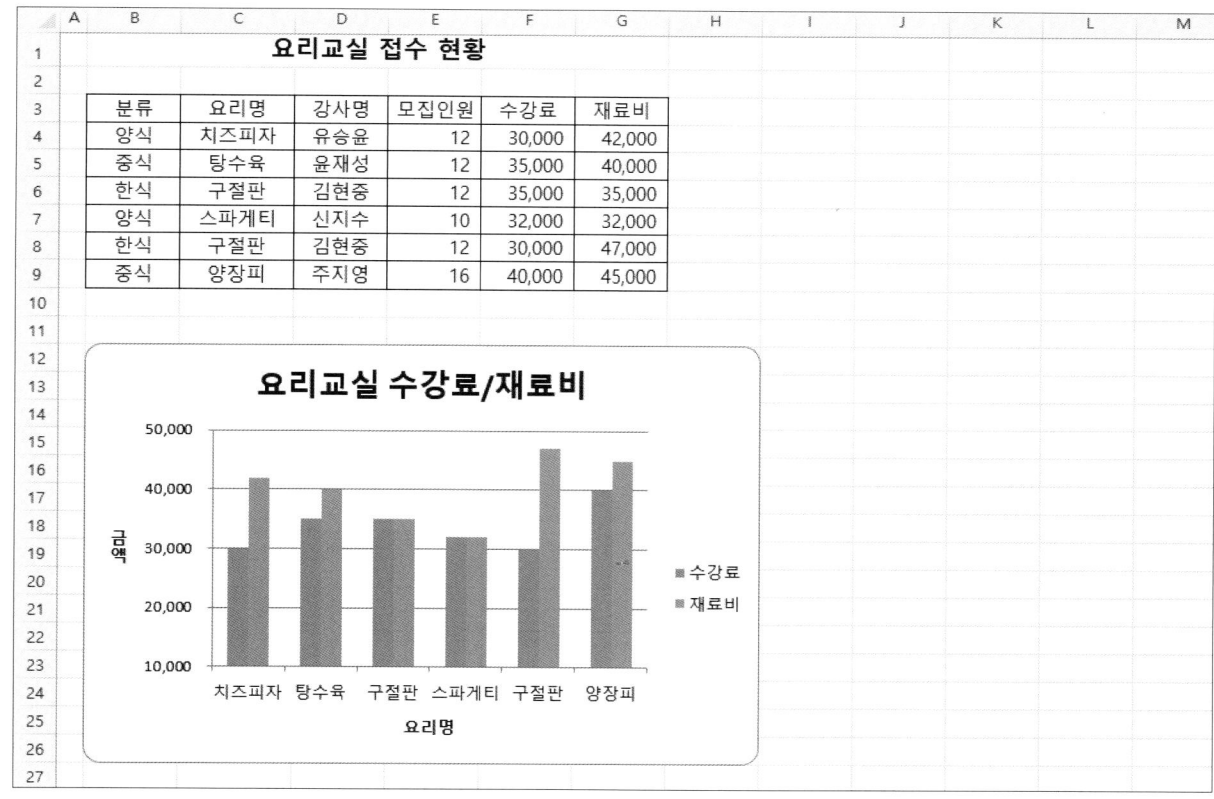

2 차트 작성('차트작업' 시트)

제04회 최신기출문제 정답 및 해설

❖ 문제1 ● 기본작업

❷ 데이터 편집('기본작업-2' 시트)

	A	B	C	D	E	F	G
1				사원별 퇴직금 내역			
2							
3	부서	성명	직책	근속기간	기본급	수당	退職金
4	영업부	김정화	부장	23	3,600,000원	1,000,000원	92,800,000원
5	영업부	송구완	과장	19	3,000,000원	700,000원	64,000,000원
6	영업부	김충렬	대리	7	2,400,000원	500,000원	21,800,000원
7	인사부	최민준	부장	24	3,800,000원	1,000,000원	101,200,000원
8	인사부	서강석	과장	13	2,800,000원	700,000원	43,400,000원
9	인사부	이감찬	대리	8	2,100,000원	500,000원	21,800,000원
10	생산부	김혜영	부장	22	3,500,000원	1,000,000원	87,000,000원
11	생산부	이재석	과장	15	2,900,000원	700,000원	50,500,000원
12	생산부	윤재욱	대리	6	2,000,000원	500,000원	17,000,000원
13			평균		2,900,000원	733,333원	55,500,000원

❸ 연결하여 그림 붙여 넣기('기본작업-3' 시트)

	B	C	D	E	F	G
2	매입처	담당자	상품명	상품단가	입고수량	입고금액
3	은하상사	이성실	볼펜	₩ 10,000	15	₩ 150,000
4	동성상사	유민승	포스트잇	₩ 12,000	20	₩ 240,000
5	휴먼상사	신은소	A4용지	₩ 22,000	8	₩ 176,000
6	은하상사	이성실	볼펜	₩ 10,000	18	₩ 180,000
7	동성상사	유민승	포스트잇	₩ 12,000	24	₩ 288,000
8	휴먼상사	신은소	A4용지	₩ 22,000	10	₩ 220,000
9	휴먼상사	신은소	A4용지	₩ 22,000	15	₩ 330,000

	E	F	G	H	I	J
15	매입처	담당자	상품명	상품단가	입고수량	입고금액
16	은하상사	이성실	볼펜	₩ 10,000	15	₩ 150,000
17	동성상사	유민승	포스트잇	₩ 12,000	20	₩ 240,000
18	휴먼상사	신은소	A4용지	₩ 22,000	8	₩ 176,000
19	은하상사	이성실	볼펜	₩ 10,000	18	₩ 180,000
20	동성상사	유민승	포스트잇	₩ 12,000	24	₩ 288,000
21	휴먼상사	신은소	A4용지	₩ 22,000	10	₩ 220,000
22	휴먼상사	신은소	A4용지	₩ 22,000	15	₩ 330,000

문제2 ● 계산작업('계산작업' 시트)

	A	B	C	D	E	F	G	H	I	J	K	L
1	[표1]	영어경시대회 점수분포						[표2]	휴게소 평가			(단위 : 천 원)
2	이름	학교명	학년	독해	청취	평균차		휴게소명	청결도	주차장	서비스	월매출액
3	신성한	성포중	2학년	86	79	7		금강	○	○		₩ 5,465,000
4	김은혜	청인중	3학년	98	94	-6		천안	○		○	₩ 3,681,000
5	강심장	중앙중	3학년	95	85	0		안성		○	○	₩ 4,400,000
6	노고리	서해중	3학년	87	88	2		오창	○	○	○	₩ 6,600,000
7	안심해	군자중	2학년	92	91	-2		입장	○	○		₩ 3,824,000
8	허영심	매향중	3학년	91	89	0		화성	○		○	₩ 4,867,000
9												
10	[표3]	거주지별 청소년 성장분포						주차장 우수 휴게소의 월매출액 평균				₩ 5,072,250
11	거주지	이름	성별	나이	키	몸무게		[표4]	치과 고객 현황			
12	농촌	이재능	남	16	171	62		고객코드	1차검사	2차검사	3차검사	진단결과
13	도시	전천우	남	15	167	66		A001	3	3	4	주의
14	도시	윤미윤	여	16	159	50		A002	2	5	5	주의
15	농촌	여민홍	여	16	161	50		A003	4	4	6	주의
16	어촌	성일화	남	15	170	57		A004	2	3	3	주의
17	도시	김선호	남	16	174	60		A005	2	2	5	주의
18	어촌	임상희	여	15	162	48		A006	5	5	7	치료
19	농촌	고한숙	여	15	163	52		A007	5	6	6	치료
20	어촌	김회식	남	15	166	60		A008	1	2	2	주의
21								A009	1	1	3	주의
22			거주지	도시 청소년 키 평균				A010	5	5	5	치료
23			도시	167CM								
24												
25	[표5]	미술대회 수상내역										
26	이름	창의성	예술성	총점	수상내역							
27	김시준	88	90	178	장려상							
28	최미령	98	94	192	금상			수상내역 표				
29	지승훈	84	93	177	장려상			순위	수상			
30	이성부	79	87	166	참가상			1	대상			
31	윤성천	86	77	163	참가상			2	금상			
32	조희미	91	90	181	동상			3	은상			
33	김은소	95	90	185	은상			4	동상			
34	최예진	96	97	193	대상			6	장려상			
35	박시운	90	90	180	동상			8	참가상			
36												

(1) =AVERAGE($D$3:$E$8)-AVERAGE(D3:E3)
(2) =SUMIF(J3:J8,"○",L3:L8)/COUNTIF(J3:J8,"○")
(3) =ROUNDUP(DAVERAGE(A11:F20,5,C22:C23),0)&"CM"
(4) =IF(AND(I14>=4,J14>=4,K14>=4,AVERAGE(I14:K14)>=5),"치료","주의")
(5) =VLOOKUP(RANK.EQ(D27,$D$27:$D$35,0),$G$30:$H$35,2,TRUE)

❖ 문제3 ● 분석작업

1 피벗 테이블 작성('분석작업-1' 시트)

	A	B	C	D	E	F	G	H
1				부서별 급여 현황				
2								
3	부서명	직위	성명	성별	기본급	성과금	세금	실수령액
4	생산부	부장	최영감	남	₩ 3,500,000	₩ 900,000	₩ 420,000	₩ 3,980,000
5	영업부	사원	박가이	남	₩ 2,200,000	₩ 300,000	₩ 264,000	₩ 2,236,000
6	생산부	대리	이승은	여	₩ 2,400,000	₩ 500,000	₩ 288,000	₩ 2,612,000
7	생산부	사원	김성산	남	₩ 2,000,000	₩ 300,000	₩ 240,000	₩ 2,060,000
8	기획부	부장	강오선	여	₩ 3,600,000	₩ 900,000	₩ 432,000	₩ 4,068,000
9	기획부	사원	이재신	남	₩ 2,200,000	₩ 300,000	₩ 264,000	₩ 2,236,000
10	영업부	대리	한이주	남	₩ 2,600,000	₩ 500,000	₩ 312,000	₩ 2,788,000
11	영업부	과장	한송이	여	₩ 3,000,000	₩ 700,000	₩ 360,000	₩ 3,340,000
12	기획부	대리	장나주	여	₩ 2,500,000	₩ 500,000	₩ 300,000	₩ 2,700,000
13								
14								
15								
16	성명	(모두)						
17								
18		열 레이블						
19	행 레이블	과장	대리	부장	사원			
20	기획부							
21	합계 : 기본급	*	2,500,000	3,600,000	2,200,000			
22	합계 : 실수령액	*	2,700,000	4,068,000	2,236,000			
23	생산부							
24	합계 : 기본급	*	2,400,000	3,500,000	2,000,000			
25	합계 : 실수령액	*	2,612,000	3,980,000	2,060,000			
26	영업부							
27	합계 : 기본급	3,000,000	2,600,000	*	2,200,000			
28	합계 : 실수령액	3,340,000	2,788,000	*	2,236,000			
29	전체 합계 : 기본급	3,000,000	7,500,000	7,100,000	6,400,000			
30	전체 합계 : 실수령액	3,340,000	8,100,000	8,048,000	6,532,000			

2 부분합 구하기('분석작업-2' 시트)

	A	B	C	D	E	F
1			2/4분기 아이스크림 판매 현황			
2						
3	지역	대리점코드	제품명	판매가격	판매량	판매금액
4	강원도	G001	누구바	800	398,500	318,800,000
5	부산	B004	누구바	800	540,000	432,000,000
6			누구바 평균			375,400,000
7			누구바 요약		938,500	
8	서울	S002	더위사랑	1,500	631,500	947,250,000
9	충북	C004	더위사랑	1,500	524,800	787,200,000
10			더위사랑 평균			867,225,000
11			더위사랑 요약		1,156,300	
12	서울	S001	수크리바	1,000	554,100	554,100,000
13	강원도	G003	수크리바	1,000	357,900	357,900,000
14			수크리바 평균			456,000,000
15			수크리바 요약		912,000	
16			전체 평균			566,208,333
17			총합계		3,006,800	

❖ 문제4 ● 기타작업

1 매크로 작성('매크로작업' 시트)

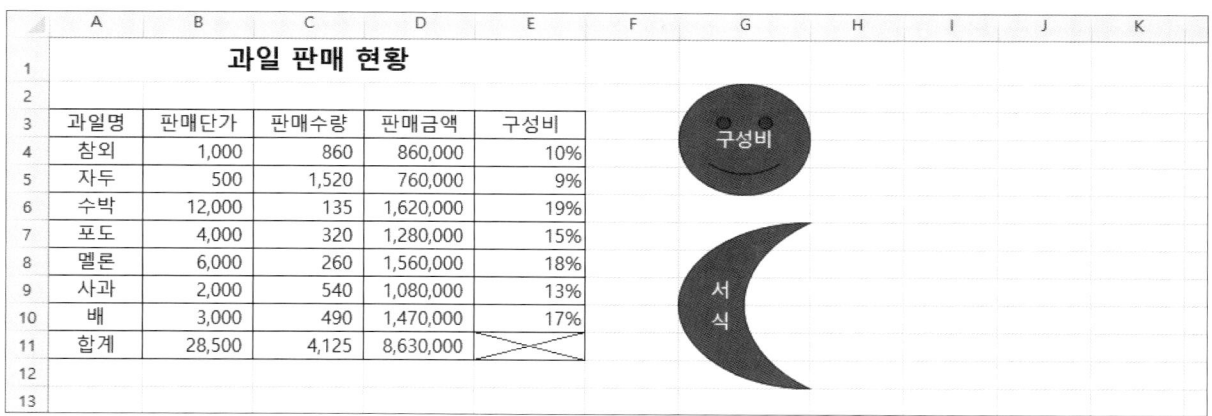

2 차트 작성('차트작업' 시트)

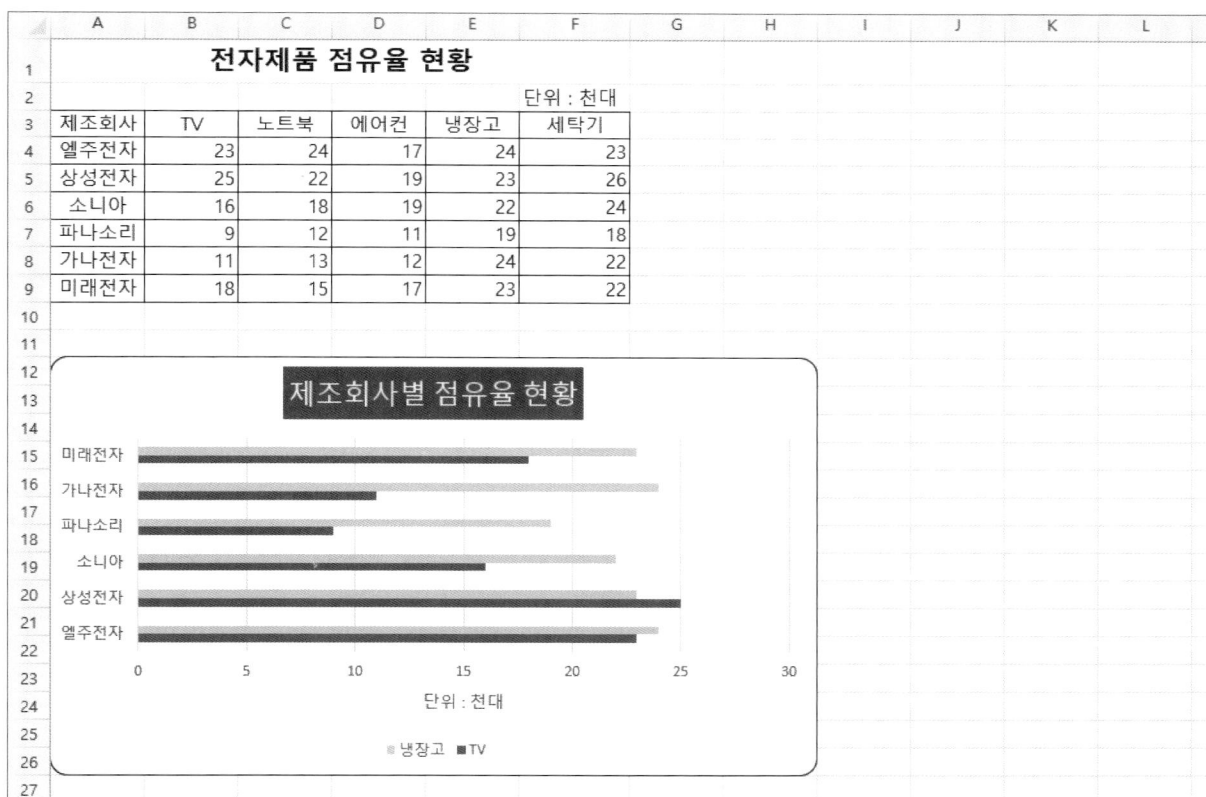

제05회 최신기출문제 정답 및 해설

❖ 문제1 ● 기본작업

2 데이터 편집('기본작업-2' 시트)

	A	B	C	D	E	F	G	H
1			하반기 생활용품 판매 현황					
2								
3							2024년 01월 현재	상품별 매출액 표시
4	상품명	단가	목표수량	판매수량	할인율	실판매금액		
5	뜸질기	₩40,000	550	500	10%	₩18,000,000		
6	보풀제거기	₩5,500	350	325	5%	₩1,698,125		
7	생옥 찜질팩	₩8,000	300	350	15%	₩2,380,000		
8	황토팩	₩5,000	660	590	10%	₩2,655,000		
9	싹쓸이 청소기	₩28,000	540	515	15%	₩12,257,000		
10	전기장판	₩22,000	500	360	10%	₩7,128,000		
11	법랑냄비	₩10,000	700	723	7%	₩6,723,900		
12	슬로쿠커	₩28,000	450	243	4%	₩6,531,840		
13	합계					₩57,373,865		

3 고급 필터 사용('기본작업-3' 시트)

	A	B	C	D	E	F	G
1			세공품 수출입 현황				
2							
3	날짜	코드	제품명	구분	제품단가	수량	입금금액
4	2024-02-21	S200	은타일	수입	4,000	144	576,000
5	2024-02-22	S200	은타일	수출	4,000	135	540,000
6	2024-02-23	S200	은타일	수출	4,000	125	500,000
7	2024-03-08	C100	세공품	수출	4,500	117	526,500
8	2024-04-10	C100	세공품	수입	4,500	115	517,500
9	2024-03-06	G111	금도료	수출	5,500	124	682,000
10	2024-04-09	G111	금도료	수입	5,500	133	731,500
11	2024-05-09	S200	은타일	수출	4,000	145	580,000
12	2024-05-10	G111	금도료	수입	5,500	135	742,500
13	2024-05-13	S200	은타일	수출	4,000	166	664,000
14	2024-06-11	C100	세공품	수출	4,500	155	697,500
15	2024-05-29	G111	금도료	수입	5,500	67	368,500
16	2024-06-03	S200	은타일	수출	4,000	54	216,000
17							
18							
19	입금금액	구분					
20	>=550000	수출					
21							
22							
23	날짜	코드	제품명	구분	제품단가	수량	입금금액
24	2024-03-06	G111	금도료	수출	5,500	124	682,000
25	2024-05-09	S200	은타일	수출	4,000	145	580,000
26	2024-05-13	S200	은타일	수출	4,000	166	664,000
27	2024-06-11	C100	세공품	수출	4,500	155	697,500

문제2 ● 계산작업('계산작업' 시트)

[표1] 사원 현황

사원명	컴퓨터일반	워드	합격여부
이지연	65	75	합격
한가람	77	25	불합격
오두영	85	62	합격
안치연	90	88	합격
명기영	45	55	불합격
나미인	50	78	합격

[표2] 대한고 신입생 지원 현황

접수번호	성명	등록번호	출신학교
1	김민찬	123	동호중
2	홍길동	148	성동여중
3	안국현	157	상공중
4	도지원	116	상계중
5	박수영	139	명성중
6	이덕철	161	대한중

학교코드표

학교코드	학교명
1	상계중
2	동호중
3	명성중
4	성동여중
5	상공중
6	대한중

[표3] 영업실적 현황

사원명	소속지점	판매량	판매금액
정기영	북부	45	2,592,000
장금이	남부	33	1,900,800
박태훈	북부	25	1,440,000
태구영	남부	36	2,073,600
우지원	북부	23	1,324,800
여혜경	남부	34	1,958,400
유미나	북부	15	864,000
북부지점 평균			
1,555,000			

[표4] 사원별 판매실적

성명	지점	코란도	K8
임주영	대전	42	77
김남주	서울	102	88
박수홍	대구	122	109
피형인	서울	89	56
우태형	부산	90	78
송아리	대전	105	44
장인영	서울	110	120
류나연	광주	76	87

K8 총 판매 대수
264대

[표5] 정보올림피아드 대회 결과

성명	1번	2번	3번	4번	5번	총점	등급
오지명	18	20	20	15	16	89	금상
박인영	18	18	20	0	18	74	은상
추정미	13	0	15	20	19	67	
최성오	20	18	15	20	20	93	대상
정오철	5	8	7	20	20	60	
김민태	8	10	20	16	19	73	동상

(1) =IF(AND(AVERAGE(B3:C3)>=60,B3>=40,C3>=40),"합격","불합격")

(2) =VLOOKUP(MID(H3,2,1),$K$3:$L$8,2,FALSE)

(3) =ROUND(DAVERAGE(A11:D18,D11,B11:B12),-3)

(4) =SUMIF(G12:G19,"서울",I12:I19)&"대"

(5) =CHOOSE(RANK.EQ(G24,$G$24:$G$29,0),"대상","금상","은상","동상","","")

❖ 문제3 ● 분석작업

1 부분합 구하기('분석작업-1' 시트)

	A	B	C	D	E	F	G	H	I
1			상공문고 도서 대출 현황						
2									
3	도서코드	도서명	출판사	대여료	성명	성별	나이	대출일	반납일
4	813-429	조선왕조500년	금성출판사	2,500	이한길	남	42	03-08	03-15
5	813-430	한국단편문학32	금성출판사	450	소수연	여	30	02-26	03-04
6	813-432	일본문화	금성출판사	500	황수현	여	22	03-04	03-11
7	813-434	교양한문	금성출판사	300	유미연	여	34	03-07	03-14
8			금성출판사 최소				22		
9			금성출판사 요약	3,750					
10	813-418	요재지이	대현출판사	1,500	안국현	남	23	03-04	03-11
11	813-419	육조괴담	대현출판사	400	이정철	남	45	03-05	03-12
12	813-420	봉신방	대현출판사	300	모한근	남	33	03-05	03-12
13	813-421	논어	대현출판사	700	임철훈	남	56	03-06	03-13
14	813-423	대학	대현출판사	1,000	박준호	남	27	03-07	03-14
15			대현출판사 최소				23		
16			대현출판사 요약	3,900					
17	813-428	대망	중앙출판사	350	정태호	남	34	03-07	03-14
18			중앙출판사 최소				34		
19			중앙출판사 요약	350					
20	813-416	혼불	한길사	1,000	김미현	여	32	02-26	03-04
21	813-417	태백산맥	한길사	1,500	남은영	여	17	02-26	03-04
22			한길사 최소				17		
23			한길사 요약	2,500					
24			전체 최소값				17		
25			총합계	10,500					

2 목표값 찾기('분석작업-2' 시트)

	B	C	D	E	F	G	H	I
1				손익계산서				
2								2024년 2월 29일
3	년도	매출액	매출원가	매출총이익	관리비	영업이익	법인세	순이익
4	2005년	123,500	51,870	71,630	6,000	65,630	15,751	49,900
5	2006년	138,653	58,234	80,419	6,000	74,419	17,861	56,600
6	2007년	155,666	65,380	90,286	6,000	84,286	20,229	64,100
7	2008년	174,766	73,402	101,364	6,000	95,364	22,887	72,500
8	2009년	196,210	82,408	113,802	6,000	107,802	25,872	81,900
9	평균	157,759	66,259	91,500	6,000	85,500	20,520	65,000
10	세금 적용율	24%						
11	연평균 성장율	12%						
12	매출 원가율	42%						

❖ 문제4 ● 기타작업

1 매크로 작성('매크로작업' 시트)

	A	B	C	D	E	F
1	[표1] 12월 문구 생산 현황					
2	품명	수량	원가	불량률	생산비용	목표매출액
3	사인펜	37000	100	3%	3,700,000	4,440,000
4	연필깍기	4500	1200	2%	5,400,000	6,480,000
5	만년필	6500	2200	5%	14,300,000	17,160,000
6	자	32500	450	7%	14,625,000	17,550,000
7	형광펜	6600	660	5%	4,356,000	5,227,200
8	볼펜	78000	89	5%	6,942,000	8,330,400
9	합 계				49,323,000	59,187,600

(하트 모양 도형: 합계 / 백분율)

2 차트 작성('차트작업' 시트)

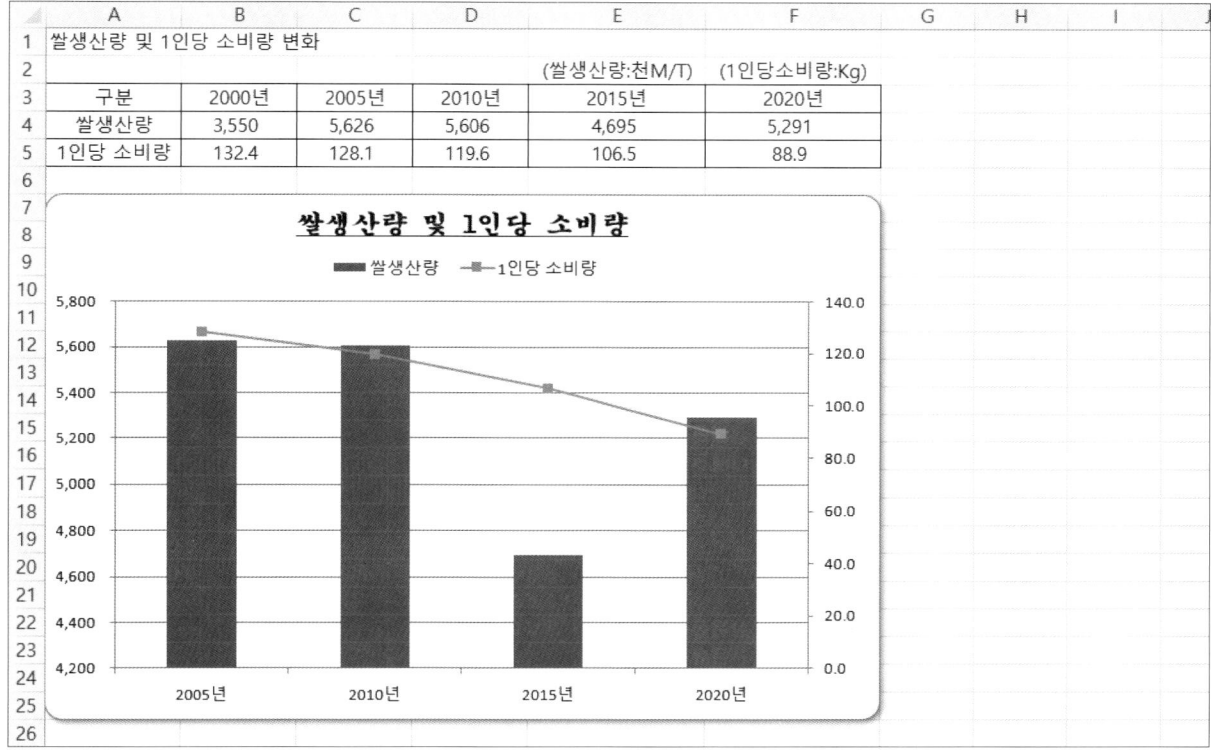

MEMO

'기록은 기억보다 강하다'